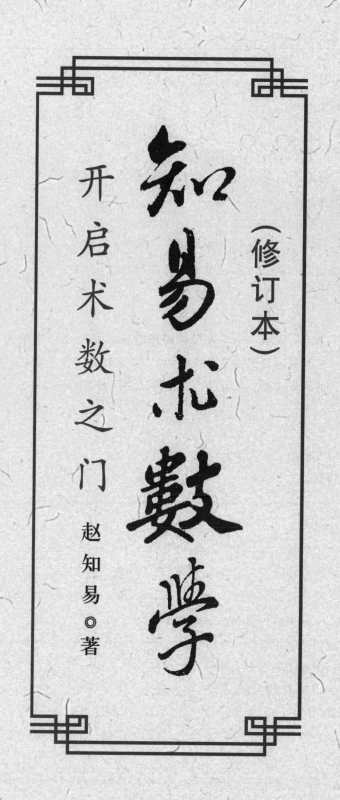

知易术数学

（修订本）

开启术数之门

赵知易◎著

华龄出版社

责任编辑：李成志

责任印制：李未圻

**图书在版编目（CIP）数据**

知易术数学：开启术数之门（修订本）/赵知易著．—修订本

—北京：华龄出版社，2014.10 重印

ISBN 978-7-80178-704-0

Ⅰ．知…　Ⅱ．赵…　Ⅲ．迷信术数—研究—中国　Ⅳ．B992

中国版本图书馆 CIP 数据核字（2009）第 225536 号

书　　名：知易术数学：开启术数之门（修订本）

作　　者：赵知易　著

出 版 人：胡福君

出版发行：华龄出版社

地　　址：北京市东城区安定门外大街甲 57 号　邮　　编：100011

电　　话：(010) 58122246　　　　传　　真：(010) 84049572

网　　址：http://www.hualingpress.com

印　　刷：九洲财鑫印刷有限公司

版　　次：2010 年 1 月第 1 版　2020 年 4 月第 5 次印刷

开　　本：787×1092　1/16　　　　印　　张：23.75

字　　数：308 千字　　　　　　　印　　数：18001～21000

定　　价：48.00 元

# *知易太易心法*

乾坤既定，阴阳纲纪。探赜索隐，钩深致远。

法相天地，四时变通。地载神功，三元之本。

天地合德，五气偏全。寒暖燥湿，四时交替。

气象规模，勿拘格局。富贵穷通，顺逆之机。

由体而用，宏达精微。阴阳为本，相互损益。

器物相变，理随象生。理承气行，宜扬宜抑。

四相为母，干支为子。龙生六子，秉性各异。

时空流转，移神换将。旺衰重判，另寻喜忌。

主客相见，临界相变。天地余缺，天地为药。

药神属性，随主而行。支神进退，干头配气。

阖关往来，运重本性。界内要本，界外要异。

年日相同，动变勿行。再加时同，注意去从。

月日旺神，反喜化泄。时若再帮，酌情而定。

阴包则阳，阳包则阴。阳旺顺阳，阴旺顺阴。

先观岁运，后观日主。喜忌分论，日元为重。

运适日忌，自然应凶。去留舒配，全在运机。

欲晓造化，须知来处。学者静心，慧根即生。

阴阳动变，变化无穷。若能深悟，自能知道。

甲申年戊辰月丙子日知易于知易庐

# 作者近照

**赵知易先生** 易学家、阴阳易术家、企业发展顾问、太易中国易学研究学院执行院长 中国首部大型文化创意动画片《周易》编剧策划顾问

自幼酷嗜易学，经多年苦心参求，明悟宇宙阴阳之道、深晓万物象数之理，博采众长，会通百家。承往而不泥古，开来而不媚俗。以当代学术立宗，一扫易学命理学界神秘玄虚的迷雾，一归其平实简易的本来面目，悟创了全新的易学思维；将天地自然、社会人文变化法则融于生命时空之中，朴实无华，实事求是，真正体现了大道至简、法外无法的原则，使生命时空学奠定在阴阳辩证的哲理与经验实证的科学基础之上。在易学界独树一帜，别开生面，可谓当代中国还原易学真实面目的第一人，太易思维理论的创始者。

2001年设坛施教，桃李满九州。自2005年始在北大、清华举办的企业家培训班授课以来，受到广大企业家的热爱与认可，并被聘请为易学教授。学术特点承古而不拘泥，与时俱进，理论与现场实战相结合，使易学文化真正融入到企业家的修身、齐家、治业中。并为多家企业聘为发展顾问，为企业发展、人才选拔、项目策划等做出贡献。

主要培训课程：1. 易传中的"道"。2. 命运与个体事业及企业命运发展。3. 纳甲筮法在企业决策与人生决策中的应用。4. 环境与人及企业发展的关系。5. 冰鉴的智慧（识人、辨人、用人之道）。6. 易经中的人文精神。7. 易经中的圣贤气象。8. 易经与人生。9. 传统经典导读（道德经、鬼谷子、黄帝内经、论语、止学、韬晦术、庄子、淮南子等）

主要著述有：《知易生命时空学》、《知易生命环境学》、《知易六爻讲义》、《命理精华索隐》、《易海辑钥》、《冰鉴的智慧》、《易传中的道》、《六十四卦中的道》、《易道的传承》等。

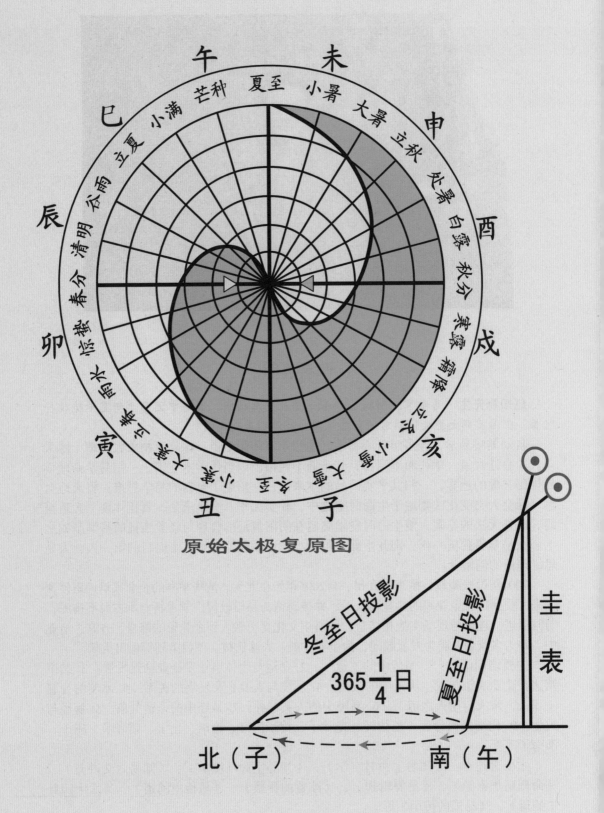

原始太极复原图

# 万法归宗 殊途同归
## （代序）

　　曾几何时，进入了易学的浩瀚海洋，茫茫海面没有航标，东西南北不知何处？都言万法归宗，殊途同归，可是为什么同根相生却好像没有血脉相连。"法于阴阳，合于术数"，"一阴一阳之谓道"，"天地虽大，其治一也；万物虽多，其化均也"。先辈们告诉我们万法归宗，可是易道的宗在何处？为什么术数都是同根相生，却搞得法则不同，都是阴阳五行、天干地支作为工具，何以没有共性？是道不可信？没有规律？没有法则？还是另有蹊跷，彷徨、深思，冥冥中似有似无，欲得欲弃，心中如焚，坚定信念，只要是道通，法则自通。

　　人生的挫折使我放弃经商，由爱好走向专业，十几年的学习、自用至开始著书执教，虽然成绩显著，但是面对很多问题自己不能满意。随着教学的深入，问题的增加，更加促使我的求知欲望，探赜索隐，钩深致远。我查阅了大量的易学书籍，想寻找一条通幽之路，可是路在何方？只有从现有的知识向上反推，是什么力量支持着干支的作用？干支所表达的实质是什么？确定了疑问，开始深思，得到答案"节气"，节气是干支的背后力量。那么节气又是什么？它的背后又是什么？深思……"四气"，寒暖燥湿四气是节气的根本，四气对应四季：春夏秋冬。春夏秋冬，又分阴阳，春夏为阳，秋冬为阴，少阳、少阴、老阴、老阳四气是阴阳二气四相，阴阳二气是四相的源头，阴阳二气的运动过程与状态，由地支进退运动表现出十二种气变状态。地支乃阴阳之气，并非物象，是气运动产生相。

　　我们始终在谈万法归宗，殊途同归。可是"宗"究竟在哪儿？又是什么？

　　我们接触到的几种预测术难道就没有一条相同的路，应该有，那么这条路在那儿？

　　要寻找这些答案我们还要回到它们最初的发源地—阴阳学说。阴阳就是它们共同的"宗"、共同的"路"。

　　《易经·系传》"一阴一阳之谓道"。《黄帝内经·素问》"上古之人，其知道者，法于阴阳，合于术数"。只有"阴阳"才是它们共同的"宗"。我们只有回归到"宗"，才能找到它们共同的家。

　　它们既然都是阴阳学说的子孙，就共同遵守着一个共同的法则，这个法则就是阴阳。

《开启术数之门》一书，是笔者用禅宗方法，回归远古，感悟阴阳而得。本书紧扣阴阳，抓住时空动变，使预测术学习起来更简单。更为突出的是笔者以阴阳为主线，将目前我们所接触到的八字、风水、奇门、六口决、甲子速断等几种预测术，完全回归到阴阳学说。以阴阳为基础，时空动变为依据，将几种预测术串连起来，使原本复杂的几种预测方法，变得简单易学，再也不是一种方法一种理论，真正做到万法归宗。只要你学会了太易阴阳理论，就不会再为繁琐的各种方法而头痛。因为它们再复杂，在太易阴阳理论看来也只不过是几道简单的数学题。太易阴阳理论使几种预测术成为一条美丽的易学项链。

此书使千百年来的各种预测方法回归一家，归于一法，是术数发展到今天还没有的。笔者以无私之心，道济天下之胸怀，使易学回归于本来面目，将大道至简的方法回归于民，让民族文化更好地服务于社会。

成书仓促，尚有很多不完善的地方，请大家交流、指正。

作者联系方式：hbzzy. smx@163. com

赵知易于知易斋

2006.12.26

# 目　　录

# 第一部分　易学的起源与基础

　　关于阴阳学说，对于现在人来讲可能是一个神秘的学问，还有人认为阴阳学说不可思议，难以掌握，如果你喜欢中国传统文化，从《易经》开始，到《道德经》、《黄帝内经》、《鬼谷子》、《孙子兵法》、《黄帝阴符经》等这些经典著作，代表中国传统文化的最高层次，它们都是以阴阳为基础，它是中国文化的根，是中国文化的魂，是中国文化的方法论。现在人读起经典来，总是觉得羞涩难懂，为什么这样？是我们的圣贤故弄玄虚，还是另有契机？实际这一切都是阴阳学说惹的祸，因为这些人从小学的就是阴阳学说，阴阳辩证与阴阳逻辑使他们思维方式的核心内容，而今天的我们，不了解阴阳学说，却去读用阴阳思维写成的著作，试想，你能读懂吗？

　　阴阳学说起于伏羲氏，它并不神秘，也不是迷信，它是中国人古人认识事物的方法论，是天人合一的最基本模式，想探讨人生的奥秘，我们就从阴阳开始吧！

## 第一章　易学一门纠结的学问

　　谈到易学大家都有兴趣，可是一谈到学习，无不是摇头摆手，太难！太玄！天书！买了很多书，花了很多钱，到头来还是没有搞清楚"易"是什么。很多人理解易学就是起卦、算命、看风水，还有人因为读不懂不理解，就认为是迷信。当然不排除很多人将易学神秘化，或者说由于自己不懂干脆别人也不要懂，以讹传讹。不懂的人写书给不懂的人看，把优秀的经典文化搞成商业产品。易学的思想是通过人生哲学与天地的呼应，去完成修身、齐家、治国、平天下的内圣外王之道。趋吉避凶，升官发财更是需要道德作为规范与行为准则，绝对不是一个简单的算卦、风水就能解决，若是那

1

样就没有了朝代的更替。网络上更是"大师"云集，宣传的能力足可以扭转乾坤，殊不知自己深陷其中，反误了"卿卿性命"。文化经典的商业化以至于神圣的文化被践踏！有些人甚至于将易学披上科学的伪装，难道易学产生于几千年前，还要用几千年以后的"科学"来解释？科学只是人类以有限知识的有限认知，以有限认知的现象规律去诠释事物。科学相对于易学而言，只是其冰山一角。那么，易学究竟怎么学已成为想学习的易学者、对易学有兴趣者，以及很多易学学习者、爱好者所面对的共同问题。

## 第一节　学易难否

对于《易经》，很多人都存在着一个相同的疑问："《易经》好学吗？为什么买了那么多书还是看不懂？"我的回答首先是，好学也不好学，学习要找方法，方法不对，那么就会看不懂、学不会。第二，存在认识上的错误。第三，在知识结构与解读上有问题。面对古人的书籍，可能是由于知识结构与文体形式的不同，不能读懂古文。而现在有关《易经》的书籍也是很多，大多数是对古籍的抄袭，或者将简单的易学复杂化，实际这就是不懂。易学的本质是自然之道，是古人通过一套符号化的阴阳文字来表达对人与万物的理解与认知。"书不尽言，言不尽意"现象的变化都是由阴阳二气消长进退而发生，那么现象就是阴阳二气的演变现象，卦象就是阴阳二气的外相与表演舞台，而文字是对事物有限认知的总结，能否真正表现阴阳，这要取决于当时对卦象以及自然事物的认知程度，所以，不可不信书，不可全信书。很多时候，明对当前的文化现象，真的是很无奈。易学是中国农耕社会与内观天人合一的产物。只有深刻的体验农耕文化的节气运动与万物运动之间的关系，只有亲身去观察阴阳运动，认识阴阳是万物生存消亡的契机，才有可能去真正意义上的认识易学，学习易学。如果只想以文字意义来学习易学，只想以文字诠释来取代现象本质，那只能是文字易学，不是自然易学。

第一，学习方法。易学的发生首先是象数学，是人类通过现象的启迪，去研究现象背后的真理与规律。从现象到阴阳，两仪，四象，八卦，二十四节气，不是玄妙之学，而是人类对自然的认知过程与表达方式。而阴阳就是从现象出发去认知事物的一种形式，这种形式没有对错，只是一种认知的结果，是一种认识上的感知条件，是否真正有阴阳并不重要，因为阴阳只是一种现象的认知，一种认知的表现，它不能超越于道法之外，而其本身也在道法之中。很多时候，不理解阴阳，一定要把阴阳当做一种具象的东西，就是错误。阴阳就像正负电，也像是化学分子式中的正负电子，只是一种认知的现象，是现象背后存在的一种动能，是一种难以描述的玄牝之力。伏羲氏通过立杆观影，观察太阳阴影的进退变化，把阴阳作为一种认知条件，那么就是说，易学的产生是对自然认知的结果，它的产生不是占卜，是通过简单的阴阳爻作为认知现象的本体，也是作为阴阳现象的一种文字表现。不论是从太极，还是从两仪、四相、八卦，直到六十四卦都是一种阴阳本体的现象细分，一种认知学的进步，一种从整体到个体规律的演绎。这个过程体现了古人特有的思维方式，从一分为二到一分为三，也就奠定了东方文化的变通思维。也就是说，从现象去解读，要比读文字去理解卦象要真实，因为这更能接近事物本质。而一般的易学书籍，不去用卦象解读文字，而是进入文字的字面解释，以文解文绕来绕去难解其意，所以就造成了看了很多书看不懂。

第二，认识上的错误。很多人直接把《易经》当做占卜算卦之书，只想看看书就学会算卦，算算自己的命运，看看自己以后贫富贵贱。实际上，《易经》是从道德本性出发去谈论万物与人的进退穷达之道，告诉人天地之道既是万物之道，人道包含其中。人道遵守天地之道，不论贫富贵贱，都要自强不息，厚德载物。而六十四卦就是以时空为交替，在阴阳进退的演变下去模仿人类社会的综合现象，告诉人们如何认识事物规律，如何明心见性，如何待人接物，如何成功。喜而不过，泣而不悲，面对着千奇万变的大千世界，万变不离其宗。祸乃福所伏，福乃祸所依，一切都遵循着能量守恒定律，此消彼长，不增不减，不生不灭。《易传》中说："范围天地之化而不过，曲成万物而不遗。"《易经》就是综合了天下事物的终极学问，不论是天地自然、社会人事、婚姻家庭，还是道德、军事、养生、兵法等，都包容其中，真做到了其大无外，其小无内。不论从阴阳开始，还是到演变为六十四卦，阴阳始终贯穿全局，阴阳不但是现象，还是时空标志，是一切事物发生变化的原动力，是地球本身具有的一种自行力。空间的变化则决定时间的认知概念，时间是一个恒定系数，而空间则是决定阴阳性质与现象变化的本体，不同的空间即使在同一时间，它们的现象也不会相同。所以，《易经》通过六十四卦演绎认知规律，将万物之象综合其中，通过卦象的推导去了解事物未来的运动现象与轨迹。当然，六十四卦的哲学含义更是深刻，它可以指导人们更好地认知事物本质，高瞻远瞩，决断未来。

第三，知识结构与解读上的问题。易卦以及卦辞、爻辞，是古人观察天地与实际生活对应总结而来，而今天的人，不知四时八节，不知道一切的事物都是在一个无形而又有象的阴阳能量下生死存亡。不去从伏羲创卦的农耕思维模式出发，不去从自然时空中仰天俯地体验道法的对应性，而是望文生义，不知道文字只是认知后的一种语言表达方式，而语言又受思维与对文字的理解等影响，因此，对于同一个现象不同的人表达会出现不同，所以，仁者见之谓之仁，知者见之谓之知。从《易经》版本的结构看，卦辞、爻辞要早于象辞、象辞，这可能是受文字发展的限制。卦辞与爻辞的词汇简单，不华丽优美。而象辞与象辞是在春秋以后出现，语言结构丰富，并加大了词汇量，语言描述要比卦辞优美。可是中国文化的建立是以"天人合一"为指导，处处体现天人相处的和睦性。所以，只要是抓住卦象的主题，不要过分去强调卦辞与爻辞的理解，因为卦象是本体，语言只是一种当下时空有限的认识描述。不要追求卦爻辞现象的描述，而是看现象背后的意义，人类的社会现象在不断地发生变化，可是其人性的本质没有变，不是越来越具有道德的回归而是越来越陷入名利物质欲望的汪洋大海中难以抛锚登陆。在象辞的大量诠释中发现，象辞的理解诠释，根本就不能与象辞相比，象辞对于卦象与卦辞的理解算是中肯，并达到了一定的意境。而象辞在很多的诠释中，并没有搞清楚爻辞的真正意义，就出现一些模棱两可，甚至于不知所以的言辞。从语言风格，到语言结构与词汇应用来看，卦辞、爻辞、象辞、象辞可能不是出自一人之手，而是经过很多代人的不断实践总结归纳而成，所以在学习研究中若是强调文字的诠释，可能是隔靴挠痒，难达痛处。这种情况下就出现了很多种流派来诠释《易经》，比如利用"乘承比应"的关系，难道古人创易有那么复杂吗？若是最早的《易经》是这样的，就违背了圣人创易的最基本思想——简易，若是真的那么麻烦，恐怕《易经》早就失传了。很多的学者，研究了很多年，写出书来让人看不懂，那就说明自己不懂，因为《易经》阐述的是天地人之道，一切都是从客观的日常生产、生活出发，只有将易卦、易象，以及卦辞、爻辞的微义返回到生活中，那才是真正的《易经》。只要是人，具有了生活的认知，那么就一定可以读懂《易经》。

从出版的书籍来看，很多的学者陷入了文字的诠释中，岂不知一个真正卦象的意义在于理解的境界与不同的着眼点。大家相互抄袭，相互转载，搞得云山雾罩，让看到书的人真的就不知道他们要说什么。所以，很多人买了书打开一看就摇头，一来二去，就对《易经》难免有了负面的认知。《易经》既然表现的是天地人之道，那么人就应该读懂读明白，用于生产、生活并指导实践，才能发挥经典的真正时义。不论在何种情况下，都要以卦象为纲领，指导卦辞、爻辞，才能做到纲举目张，触类旁通。经典的时义也就起到了作用，经典的传承也就做到了"有亲则可久，有功则可大"。

本书希望给你一个全新的思维方式去理解应用易道，不再把易学当做神秘之学，一切都是生活，都是自然的生命写照。天地无人推而自行，日月无人燃而自明，星辰无人列而自序，禽兽无人造而自生。一切都不是莫测高深，一切都是那么显而易见，自然之道的语言我们未必能听懂，可是它们的现象可以认知。万物之象就在眼前，疑情起则万法生，疑情灭则万法无。

## 第二节　何谓易

　　什么是易？蜥蜴、变易、日月……好像千百年来的书籍上一直这样诠释。而本书对"易"有着更新的诠释与理解。中国上古时期的古人造字，显然从形象入手，也就是画字，之后慢慢地演变形成书写的文字。上古时期人类的思想还简单，造字是从观察万物结构开始。看一下易字的结构，就会醍醐灌顶，豁然醒悟，原来大道就是这么简单。上面一个"日"字表示太阳，可以引申为光，一切具有发光、射线的本源体。白天为日，夜晚为月，日月在昼夜中交替发光，故也有日月谓易之说。易字的下半部为"勿"，乃万物之物，从易字的结构来看，易是研究以太阳、光为条件下的万事万物的现象与规律。也就是借助光去认识事物的现象，通过现象去研究探讨现象背后的本质。一些谚语，如"正月十五雪打灯，八月十五云遮月"，"水缸湿，盐发潮，大雨不久就来到"……都是现象的总结。由此看来我们的祖先是相当伟大的，因为到今天为止，我们的科技手段还都是建立在以光为基础之上的。人类用眼睛去观察万物，认知事物，通过现象去追讨现象背后的原因。不论是卫星上天，观察探索太空，还是观测地球，都借助于太空望远镜。无论是物理学，还是化学，微生物学都要借助于光电。所以《易经·系辞》曰：（伏羲氏）仰则观象于天，俯则观法于地……始作八卦，以通神明之德，以类万物之情。万物之情，情就是万物的现象，是万物之性蕴育而出。而观察现象必须借助于光，没有光就无以论象。

　　大家不要迷信易学，只有去除其神秘的外衣，我们才能真正地理解应用我们的优秀文化。在先秦时期，易学的占卜被称为术数之学，"术"是一种处理问题、描述问题、总结问题的方法，是人主观思维方式的一种表现。"数"是事物外在形体的一种观察结果，是表现"术"的演变过程与逻辑，是事物被认知的性质与量化体现。我们说"一阴一阳之谓道"，用"阴阳"来体现道，就是一种"术"，因为这是中国人的一种认知结论。而"数"就是阴阳之下的演变，两仪、四象、八卦、六十四卦、天干地支等都是数的体现。术数是一套被认可的事物规律，通过阴阳运动规律去推衍事物的运动轨迹与现象，是建立在阴阳方法论的基础之上去类推、类比万物。阴阳是中国古人建立的一套方法论，通过阴阳、四象、八卦、六十四卦、天干地支等将认知的时间、空间能量表现出来，在时空的交替中，用阴阳去体现事物的性情，掌握阴阳就掌握了万物的纲领，从而达到"纲举目张，触类旁通"。万物之说，本身出自于易，此万物非万件之物，乃是万类之物，通过阴阳分类，再到四象、八卦、六十四卦、七十二候，以"其大无外，其小无内"为法则，通过一分为二，上升到一分为三，加以时空演变，阴阳量变，就可以对天下事物的情理触类旁通。所以，很多人不去追求易学的道法，而是一味地强调占卜技巧，到头来深陷其中不知所云。易学不能没有占卜，但是占卜是对道法的佐证，要两者相互兼顾，相互体证。但是我们一般习惯将易学看成预测学，实际这是一个错误的理念。预测是在没有根据下凭感觉去推导事物的未来，没有数据，没有参照。就像是一些有特异功能的人，不依靠数据、公式、符号，只是凭直觉，可以感应一些事物未来的发展。可是易学并不是这样，它有阴阳五行、卦象、干支、课局、卦爻、九宫飞星、天地人神等推衍数据，是一套符号推衍与翻译，准确地说术数学是自然信息解读，不是仅凭想象的预测。比如，梅花易数与心易，是直觉思维在当下时空的信息共振解读，怎么会是"预测"呢？它完全是建立在人类认知自然的阴阳属性与阴阳现象下，"一阴一阳之谓道"就是这个道理。因此只有先剥离其神秘的外衣，才能进入其核心学习它、掌握它、应用它！社会上很多易学爱好者，或者是从事易学的工作者，为了包装自己，动不动就是预测大师！严格地说都是一些炒作，术数是一门方术学，只能有家，也就是说易学家、术数家等，因为你永远都是局部的认识，或者说是一家之言。而大师是真正洞天澈地、了悟人生、顿悟成圣的人。其次是特殊的艺术人才，如相声演员侯宝林、马三立是语言大师，但是后来的人只能称之为相声表演艺术家。一个略懂卜筮的术者，怎么能以"大师"自称？如果真的像这些人宣传的那样神乎其神，他完全可以去从事彩票、足球、六合彩的预测，那样发财的速度很快，根本不用到处宣传自己，进行商业活动。占卜可以在适当的时候指导我们，可是我们并不能依靠术数占卜。大家往往说，某某人算得如何如何准，大家可以试想，既然准就具有了规律性，也就是不可更改性。一个八十岁的老人，你看了他的生辰八字，通过推演发现，他的阴阳规律性并没有改变，人生命运趋势还是有迹可循。那么大家可以想想，你遇到的大师就可以改吗？如真能改，恐怕第一个改命的是他而不是你。一个人的生命轨迹，有它的运动方向，但是没有量能的具象化，因为每个人的社会关系、家庭六亲、思想性格、物欲得失等都不能固定化，那么命的格局就有了所谓的贫富贵贱，生命的走向趋势不变，可是此消彼长的量能却难以预测。

易学思想是通过现象推导现象，通过现象反应实质，是现象与未来趋势的解读，绝对不是定位解读。一般的术数推演，不排除心理学的作用，很多时候的不自信，通过别人的未知认可去加持自己，给自己一种暗示。用现在的解释，就是一种心态，心态恰恰是一种力量。若是你没有这样的机遇，术数家再会算也是狂然。风水与人的生理健康有关系，而生理与复杂的思考力、创造力有着莫大的关联，这些潜移默化地影响到一个人的工作心情、工作状态，从而影响到思维状态与工作效率。不是动不动这儿不存财，那儿有煞气！若真像这些大师所讲，帝王、富豪应该出自于易学世家，可事实胜于雄辩！谈风水的往往提到北京城的风水好，紫禁城的风水好，既然这么好的风水，明朝为什么灭亡？清朝为什么被共和取代？十三陵、清东陵、清西陵都是山清水秀，说是龙脉相传，可是各个皇子聪明能干者能占几何？若是能真正读懂天地，认识时运，我们就不会偏重术数占卜，因为最高的境界是"善易者不卜"。风水学没有那么神，之所以神，无不因为商业活动。风水学的核心是仿生学、环境美学、视觉美学、物理学、气候学、生理学，这些都与人的心灵与身体健康有着密切的关系，绝不是什么简单的可以财运亨通。今天大肆地宣传这些，说到底就是一句话——都是钱惹的祸。易学术数是解读万物规律的方法，但其不能违背最基本的道法，若是因为你懂易学卜筮，就可以为所欲为，圣人也就不会创建易学，各位"大师"们也不用再去行走江湖。往往有人会问，为什么那么多人相信占卜呢？我的回答很简单："因为你不相信自己，缺乏足够的自信心，并不断地延伸你的欲望。"很多人也会问这样的问题，为什么我的运气总不好？我的回答是："不是你的运气不好，是你的索取太多，没有索取就没有烦恼，无欲则刚啊！"所以如何去信占卜，如何应用占卜去趋吉避凶，那要看你的心放在哪。占卜是对当下思维欲望的一种判断，看这种思想是否符合大道，若是符合则积极进取，若是与大道相违背，则退而求其安，也就是"达则兼济天下，穷则独善其身"。

何谓知命？知命分为两个方面：一是知天命，即宇宙、世界的变化规律，社会走势、社会环境、社会需求、社会价值观，以及一切外在的信息。二是知己，即自己的能力、自己的社会关系、自己的优势与缺点、自己的条件与当下环境的对接等。只有内外兼顾，内外并行，才能把占卜当做指导人生的一种方法，而不是明知不可而行之。易道趋吉避凶，不是趋吉改凶，是顺应大道，不是因一己之私而背离大道。

易道的宗旨是让人类了解自然，掌握自然，通过万物的常道与非常道之间的征兆，预防未来，指导人类更好地生活、学习、工作，使人类通过方法推衍去解读神秘的自然，使人类不被自然迷惑，趋吉避凶，破惑答疑，从而达到不疑不惧、乐天知命、顺应自然的最高境界——天人合一！

## 第三节　易学的义理与象数

易学是一门庞大的学术思想体系，学术思想是它的理论指导，卜筮功能是它的实践。怎么才能让你的学术思想在生活中得到论证，那就必须有实践，而不是空谈理论学术。《易经》从解释占筮的规则出发，依阴阳爻象奇偶之数的变化，提出一套关于事物不易、变易的法则，并依此法则解释人事和天道的变化，形成了一个以阴阳学说为核心的思想体系，作为世界观和方法论深入到人文和自然科学各个领域。它包括对《周易》经传的文字训诂和考据、卦爻象变化规则的分析、卦爻象和卦爻辞相互关系的解释、阴阳变易法则的阐发、宇宙人生根本原理的探讨、易学原理的理解和总结。依其对易学原理的理解，考察社会的治乱、王朝的兴衰、人生的顺逆、做人处事的常规、道德修养的境界、审美的准则以及经世治国的策略。以其所理解的原理考察天文气象、生命轨迹和人体功能、地理和物理等自然现象变化的规律以及数学中的演算法则……总之，它所研究的领域涉及到文字学、哲学、政治、人伦、宗教、天文、历史、数学、物理、生物、医学诸多方面，因而形成了一个庞大的学术思想体系。在中国学术史和思想史上，没有任何一部典籍，经过后人的阐发，产生过如此巨大的影响。我们有理由说，它是中华学术中绚丽多彩、神韵丰满的一朵奇葩。

现在的很多易学术数作者，不了解中国文化的渊源与生成过程，不加考证，信口雌黄地说易学就是算卦，认为这样说自己就堂而皇之成了正派学者。实际上，并不是说易学是算卦学说别人就会认同。我们不否认易学的卜筮功能，但如果只谈其卜筮就偏离了正道。易学是天地之道的代名词，易学是古人生活经验的学问总结。它最早是人类认识世界的记录、归纳，经过很多年的积累，发现宇宙的运动变化有规律可寻，即开始用符号记录运动变化的过程，通过这种不变的规律推演将来。这种推演的过程被人称为"算"。久而久之，算就代替了易学的实质。

从《易经》形成一直到先秦时期、汉代，易学始终以象数为体现方式。到魏晋时期，玄学思想出现，讲究"得意忘象"，使易学走向一个新的方向——义理。但是王弼提出的"得意忘象"并不是说不要象，而是说象背后的真理要大于看到的现象。

易学的形式就是象数，内容就是义理。由于形式与内容密不可分，象数与义理则紧密地结合在一起。《易经》没有忽视象数，只是在处理象数与义理的关系时，把义理摆在首位，使象数服从于表现义理的需要。《易传》说：形而上者谓之道，形而下者谓之器。就是立足于本体论哲学的高度，来说明象数与义理的关系，象数有形可见，是形而下，义理隐藏于象数之中，看不见，摸不着，是为形而上。但是形而上的义理必须借助于形而下的象数才能表现出来。想学"道"就必须形而上。可是我们目前的所有预测术，都是停留在形而下，只注重形式上的公式，不去深究理论上的至善，想把千变万化的阴阳辩证，用数学的模式表现出来，这就把"道"变成了"器"。那么，何为阴阳学说的"道"？这就是阴阳学说的根本所在。我们预测的工具是天干、地支，是为器。而天干、地支背后的阴阳气变才是真正的"道"。《黄帝内经》开头道：上古之人，其知道者，法于阴阳，和于术数。说明阴阳才是根本所在，万事万物的变化，都是阴阳气变的结果。故言：形而上为气，形而下为行（五行）。

对阴阳本身的认识与应用，是中国文化的根。可是由于文化的断根，使原本优秀的东方文化，渐渐地离我们越来越远。就拿中医来讲，原本就是国医，是我们自己的医道，而不是医学、医术。可是为什么今天却要被很多人称之为伪科学，并倡导废除中医。这些人也不思考一下，科学才是多长时间的事，我们的医道又有多少时间了？科学只不过是认识事物的一种方法，很多超越科学之上的事物，是没有办法用科学来解释的。科学就是形而下的器，医道却是形而上的道。

为什么近代国医难出大家？就是因为我们的方法错了，我周围有很多的国医朋友，但是谈起阴阳，他们的认知又有多少？几乎停留在概念与现象的表面，根本就没有上升到"形而上的道"。癌症——现在医学看似的顽症，要是在阴阳思维的引导下，癌症完全是可以治疗的，而现在西医的癌症认知是错误的，认知的错误就决定了治疗的错误。国医要想真正地发扬光大，就必须从理论上完善突破，只有理论的上升，才能引导思维，去深刻理解悟道国医的精粹，造福百姓，祛除病魔。

《易经》曰：范围天地之化而不过，曲成万物而不遗。《易经》总结、归纳的统一理论模式，可以说是抓住了事物的本质。故庄子言：天地虽大，其化均也。万物虽多，其治一也。《易经》通过总结规律，用"卦"的形式表示事物的运动变化。那么"卦"又是什么？它是伏羲氏观察天地日月变化后，以阴阳为手段，用来表示事物变化状态阶段性的符号。它又是一套文字，以阴阳为笔画，以阴阳进退四时演变为次序，阴阳消长为逻辑。这套文字简单易懂，万法归宗，因为《易经》的认知是"一阴一阳之谓道"。这套文字符号以现象为表现，包含万物阴阳之性、阴阳之量、阴阳之术、阴阳之数，进退消长无不在其中矣！

## 第四节　卜筮到象数

远古时代，人们不知道自己生活在一个什么时空中，没有文字，对于自然灾害他们恐惧，对于战争不知道胜败，不知道怎么去了解未来，并产生对未来的畏惧心理，他们隐隐约约感受到"神"的存在，不能违背"神"的意愿去做事，就形成一种向神问卜的思想。他们在龟壳、牛胛骨上打上洞，然后用火烧，以龟壳、牛胛骨上出现的纹路断定吉凶。从近代出土的甲骨文中就可以证明这一点。

伏羲氏创建易学体系以后，改变了这种向"神"问卜的方式，这套体系以天地之数为模型，大衍之数为应用，通过四营十八变，模仿天地四时演变，形成了一套严谨、逻辑、健全的卜筮体系。这套体系以阴阳动变为依据，数象合一，由爻到卦，由动爻到变爻，由现在推演过去、未来，可谓是"阴阳不测之谓神"。《易经·系辞》曰：夫易，何为者也？夫易，开物成务，冒天下之道，如斯而已者也。是故圣人以通天下之志，以定天下之业，以断天下之疑，是故蓍之德圆而神，卦之德方以知，六爻之义易以贡。所谓"开物"就是开达物理，"成务"就是成就事务。由于一阴一阳之道囊括了天地万物之理，认识掌握了这个易道，就能启发人们的智慧，开通人们的思想。把这个易道用于处理实际的事务，就能通权达变，决断疑惑，进行有效的决策，采取正确的行动，做成一番事业。蓍草的德在于有问必答，只要依据四营十八变的方法求测，就会有答案。而卦的德在于告诉你解决问题的方法。《易经·系辞》进一步阐述这个思想：夫易，圣人之所以极深而研几也。唯深也，故能通天下之志；唯几也，故能成天下之务；唯神也，故不疾而速，不行而至。所谓"神"，即"阴阳不测之谓神"的意思，指阴阳变化神妙不测的客观规律。"几"即阴阳变化的苗头，吉凶祸福的先兆。《易传》认为，《易经》这部书，其根本之点在于"极深而研几"，教人深刻地掌握阴阳变化的客观规律，用来指导主体的行为，使之达到随机应变、应付自如的神化境界。由于"极深"，故能通天下之志。由于"研几"，故能成天下之务。当人们有所行动，有所作为，面对着复杂变幻的客观形势而举棋不定、犹豫不决之际，只要向《易经》请教，就能得到满意的回答。因而《易经》这部书把认识客观规律和人们对这种规律的利用两者结合起来，指导人们根据形势的变化采取正确的决策，实质上是一部"开物成务"、"极深研几"之书。由此可以看出，所谓易道，除了天人合一的思维模式与整体和谐的价值思想以外，还可用于决策管理的实用性的操作层面。如果我们忽视这个层面，是无从窥见一个完整的易道的。

从发生学的角度来看，易道的实用性操作层面是直接利用了《易经》的象数和筮法发展而来的。《易经》以卜筮之书出现，属于巫术文化范畴。卜筮带有强烈的实用性、操作性。在人类文化发展的蒙昧阶段，人们为了实践上的需要，迫切关心自己的行动所带来的后果，于是把蓍草奉为神灵，企图通过一套操作程序，根据蓍草排列所显示的象数来预测吉凶，进行决策。因此《易经》的象数和筮法实际上是一套知往察来，以占筮为表现的操作系统，其用在告人以休咎，而且着眼于实用性的功利目的，对休咎有着极为精确的计算。据高亨先生研究，《易经》一书，所用表示休咎之字凡七：曰利、曰吉、曰吝、曰厉、曰悔、曰咎、曰凶。利者，福祥也；吝者，艰难也；厉者，危险也；悔者，困厄也；咎者，灾患也；凶者，祸殃也。吉与利均表示其有好前途、好结果，属于"休"之范围，两字之含义不殊。吝、厉、悔、咎、凶均表示其有坏前途、坏结果，属于"咎"（广义）之范围，五字之含义有差异。具体来说，咎（狭义）比悔为重，比凶为轻。悔乃较小之困厄，凶乃巨大之祸殃，咎则较轻之灾患。《易传》作为一部解经之作，并没有否定卜筮，也没有否定象数和筮法，只是站在阴阳哲学的高度对它们进行了创造性的转化，因而占筮文化中那种实用性的操作系统和功利性的思想倾向，被完全继承下来了。

从《易传》看来，象数作为一种表现易理的形式，不仅"广大悉备"，"弥纶天地之道"，把天下所有的道理都包括进去，而且可以根据一套操作程序推演象数来预测未来的吉凶，做出类似于巫术文化的那种精确计算。就其前者而言是"彰往"，就其后者而言是"察来"。这种源于卜筮的"彰往而察来"的功能，是为儒、道、墨、法各家所不具备而为《易经》所独有的。《易经》之所以是一部"开物成务"、"极深研几"之书，关键在于它有一套六十四卦、三百八十四爻的操作系统，来表达万物的各种存在状态，可以"彰往而察来"，帮助人们进行有效的预知未来，防范生活、生产及决策管理的不足与漏洞。因此，《易传》十分重视象数，对象数的这种功能极尽赞美。《易经·系辞》说：

夫易，彰往而察来，而微显阐幽。是故著之德圆而神，卦之德方以知，六爻之义易以贡。圣人以此洗心退藏于密，吉凶与民同患。神以知来，知以藏往，其孰能与于此哉！

极数知来之谓占，通变之谓事，阴阳不测之谓神。是以君子将有为也，将有行也，问焉而以言，其受命也如响，无有远近幽深，遂知来物。非天下之至精，其孰能与于此！

参伍以变，错综其数，通其变，遂成天地之文，极其数，遂定天下之象。非天下之至变，其孰能与于此！易，无思也，无为也，寂然不动，感而遂通天下之故，非天下之至神，其孰能与于此！

这些夸张的辞句虽然表现了一种对象数的神秘崇拜之心理，但就其根本的思想倾向而言，却是贯穿了一种立足于阴阳哲学的易道精神，而不同于卜筮。卜筮把象数看成是体现了鬼神的意旨，《易传》则把象数解释为一套由阴阳规律所支配的符号系统，象征着天道人事的变化。这套符号系统是可以操作的，由著以生爻，由爻以成卦。通过"参伍以变，错综其数"的操作程序而形成的象数，穷尽了天下极为复杂的变化，所以称之为"天下之至变"。变中自有不变，变的是现象，不变的是规律。当阴阳规律凝结而为卦的象数结构，这就形成了卦所特有的性质与功能。"卦之德方以知"，卦有定体，止而有分，它的功能在于"知以藏往"，即把以往天道人事的变化规律藏于象数结构之中，使之定型化，给人以哲理的启发。由于规律是变中之不变，作为一种反映事物本质联系的常道支配变化的全过程，所以"藏往"必然蕴含着"知来"。《易传》认为，"知来"是著所特有的功能。"著之德圆而神"，"神以知来"。圆者，唯变所适，运而不滞。神者，感而遂通，妙用不测。这种"神以知来"的功能其实就是卜筮的预测功能。但是，《易传》所说的卜筮是一种哲学化了的卜筮，和《易经》的那种只是为了窥探鬼神意旨的卜筮有很大的不同。它是基于理性的思考由已知推出未知，根据对以往阴阳规律的深刻理解来预测未来事态的发展趋向。《系辞》指出：知变化之道者，其知神之所为乎！这就是说，如果不深知以往的变化之道，便无从推演未来，"知来"是以"藏往"为前提的。这种卜筮仍然由揲著开始。揲著的目的在于决疑。人们在实践中常常会碰到一些既不知其所以然又不明其所应然的疑难问题。为了解答这些疑难问题，通过揲著去向《易经》请教，《易经》就会以其凝结于象数结构之中的变化之道，由"藏往"以"知来"，告知人们应变之方。就其"藏往"而言，它是无思无为，寂然不动；就其"知来"而言，则是穷极精微，感而遂通。所以《易经》的象数不仅是"天下之至变"，而且是"天下之至精"，"天下之至神"。由此可以看出，《易经》是中外思想史上的一种绝无仅有的特殊现象，它把源于卜筮的象数形式和阴阳哲学的义理内容结合为一个矛盾的统一体。

# 第二章　易学的基本架构

人骨子里面喜欢神秘，喜欢去追求探索未知，喜欢掐指一算预知未来。但是，易学的术数占卜方法，不是高深莫测，不是难以接近，而是圣贤了解天地自然规律后的一套象数模型，来比拟万物的运动规律。《易传》曰：古者包牺氏之王天下也，仰则观象于天，俯则观法于地，观鸟兽之文，与地之宜，近取诸身，远取诸物，于是始作八卦，以通神明之德，以类万物之情。易学起源于伏羲氏，或者说是先民的智慧总结。它是从大自然的本体出发，包含了天文、地理、人文思想，但是由于现在教育与传统教育的脱轨，思维方式的改变，用现在的西方教育思维与文字理解去学习易学，真的是隔靴挠痒，离题万里。

## 第一节　学易需要追本溯源

近年来学习研究易理者颇多，可是真正有所建树者甚少。出版的一本本易学著作，只是书名不同，作者不同，可内容几乎雷同。真的像电视剧那样？如有雷同，纯属巧合！不从根本上去研究易道，而是相互转抄，真是应了那句话，不懂的人写给不懂的人看，书就这样出版者，流传着。这是文化的悲哀，是对文化的践踏。为什么？首先是文化断层与教育模式。从"五四运动"后，中国的传统文化受到了西方文化的冲击，丢弃了几千年来文化思想的优良传统，一谈《易经》，动不动就被戴上了迷信的帽子。作为一个中国人崇洋媚外，外国的垃圾文化都是好的，他宁可相信虚无飘渺的上帝，而对几千年的文化精粹进行抨击，这就是我们文化的悲哀。甚至于有些人为了达到自己出名的目的，不惜大肆污蔑传统文化。试想，《易经》阐述的是不是大道，你首先要学习、研究、实证后，才能发言，否则你又有什么权利来评论呢！

《易经》能作为中国文化思想中儒道两大家的发源地，作为帝王、圣贤之学，处在群经之首，难道它不比达尔文的《进化论》更有价值与可信性吗！二是大家学习易学，往往站在玄学的角度来看，这就陷入了一种误区，显示了对《易经》科学内涵的无知。《易》究竟是在讲什么？它讲的是宇宙物理学与地球物理学之间的对应关系，然后是地球物理磁场对人的影响，这些都是实实在在的自然科学的内容，怎么能与玄学神学之类的东西挂上钩呢？三是现行教育模式与传统教育模式的不同，我们现在学习的传统

13

书籍，是古人在传统教育模式下写作的，他们从私塾开始就学习《四书五经》，接触《易经》。而我们今天的好多学易者，连《易经》都没有读过。大家对古文字的陌生和不甚理解，用现代的语文思维，去理解古文，往往是词不达意，这样的古文水平，又怎么能研究并学好易学呢？四是层次的不同，以往的书籍，都是作者集几十年学习之大成，虽然看上去是一本书，可是它往往包涵了作者人生感悟的总和。写书的作者是站在一个很高的层次，综合了多方面的知识。而我们今天的学习者，是从入门的角度学习，那么你想以入门就把作者几十年的综合学会，就很难。实际就是从一层看五十层，太高了，这就需要学习者循序渐进。如果想速成肯定是不行的。近几年的很多易学著作，出现很多偏离易道的理论，动口就是批评传统错误，这肯定是不通的，因为连最基本的易学基础都没有搞清楚是什么，所以才出现了千奇百怪的各种理论。

因此，学好易学不但是要懂得卦爻的象数结构，还要了解传统文化、了解古文，有一定的古文功底。这里顺便谈一下文化底蕴与思维模式不同对学习易学的障碍。古人从小受到的教育模式与思想教育，和我们现在受到的教育模式是截然不同的。从私塾学的是四书、五经，而现在学的是《语文》，这是不同的两个概念。真正的学习不是在学习文字，是想通过文字符号了解古人的思想。包括你所看到的每一本书，不是文字，是作者的思想精华。而我们学到的易学书籍，是传统文化的延续，只有先对传统文化有一个正确的认识，才能更好地学习好易学，否则你用现在的《语文》来理解古文，恐怕是离题万里。如果对传统文化有正确的认识与学习，你再研读《易经》等易学经典易如反掌。譬如《滴天髓》地道篇说："坤元合德机缄通，五气偏全定吉凶"。这里最关键的是要理解"合德""偏全"的意思，可是不知道它的出处，就不能准确地领会。要想实际阐释"合德"的真正含义，最好先读一读《易经》乾卦注释里面的一段话："夫大人者，与天地合其德，与日月合其明，与四时合其序，与鬼神合其吉"。如果不明白这里"合其德"的意思，又怎么会明白"坤元合德"的真正意义呢？这里的"合德"指的是天与地之间的气场配合。什么样空间需要什么样气场配合，如果天相能与地相配而为人所需，则为合德。实质是指天干与地支之间的属性配合变化，对于日元能否达到为我所用。"偏全"偏为弱、少，全为旺、多。五行之气的多少量化是决定吉凶的关键。《易经·系传》中屡次出现"大人"这个词，很多的著作把它翻译成"伟大的人、帝王、为官的人"，这种看法未免牵强附会，没有搞明白古人在讲什么，更没有明白儒家的"中庸"思想。在乾卦九二爻中有"见龙在田，利见大人"；九五爻"飞龙在天，利见大人"。这里的"大人"实际指的是"具有大智慧、德行、学问的人"。"见龙在田"，"飞龙在天"是寓意一个有作为的人的发展过程。"见龙在田"是指这个人已经从初爻潜龙在渊的一无所有，已经有了自己的小领地，这时就得到大智慧、德行、学问的人辅助。一个人"飞龙在天"而"君临天下"时，当然就会吸引更多的大智慧、德行、学问的人来辅助自己。这里的爻辞"见龙在田，飞龙在天"与《庄子·逍遥游》开头篇"鲲鹏"的寓意，有异曲同功之妙。同时乾卦也同样与曾子《大学》相呼应，从初爻到五爻，就是一个人格物致知、修身、齐家、治国、平天下的过程。总而言之，要想真正地学好易学，还是要先从文化源头《易经》认真学起，否则只能断章取义，仅仅学一些技巧性的东西，永远不能得悟其真谛。打开中国历史你就会发现，历来的阴阳学家，并不是一个算卦先生，是精通儒、道两家的智慧者。如果不能通读儒道二家的，只能算是一个术者，永远不能称之为"家"。很多朋友在学习中，没有从根源学起，这就没有了最起码的、正确的学习态度。这里我们看看古人是如何学习的，以便从中得到更多的启迪。

孔子在《论语》开头的"学而篇"，首先讲到了学习的三种途径。而对于这三种学习的途径："学而时习之，不亦说乎！有朋自远方来，不亦乐乎！人不知，而不愠，不亦君子乎！"我们大多数人都是从字面上来解释孔子的学习报告，没有进入现实生活的思维境界。首先孔子提到的"学"不是现在学习的学，这个"学"指的是智慧、学问、知识；后面的"习"才是学习；我对这几句话的理解是这样的：学问、知识是需要用终生的时间学习、并去实践的，因为同样的问题完全会随着时间，年龄的不同，而改变你的认知，这么简单的道理不用我说大家也应该知道（这里因为有很多的人恭维孔子如何如何，孔子说，我学问高，知识多，不是天生的，是日积月累的学习，加以实践而来）。有志同道合的朋友从远方来交流并相互印证所学，这是件很高兴的事情。别人不了解你，你不应该愠怒，而应该谦虚地听取别人的见解，这才是君子的作风！三种学习的方法，一是时刻学习，知识在于积累。二是交流，同行之间多交流。三是不要自大，不要忘了向别人学习。实际上这表明了孔子对学习的态度和向上的途径。如果我们学习命理能够做到这一点，时时学习，相互交流，不保守，大家敞开心扉交流，那么，我们的收获肯定会很大。

我们再看看孔子的学生曾子，在儒家的代表作《大学》中提到了循序渐进的学习方法："大学之道，在明明德，在亲民，在止于至善。知止而后有定，定而后能静，静而后能安，安而后能虑，虑而后能得。物有本末，事有始终，知所先后，则近道矣"。这里我们不再深研原文，只想告诉大家从知—止—定—静—安—虑—得，即所谓的七证，通过这种循序渐进的学习方法，知道事物的本末、始终、先后，最后达到"道"的最高境界。那么学习命理，我们必须从《易经》的原点学起，知道命理的原点是什么？只有这样才能近乎"道"，才能真正进入这个大门（我们将在后面的章节介绍命理学的真谛是什么）。

宋代大慧杲禅师，在他编著的《禅林宝训》一书中，有位明教禅师提到："圣贤之学，固非一日之具，日不足，继之以夜，积之岁月，自然可成。故曰：'学以聚之，问以辩之。'斯言学非辩问，无以发明。今学者所至，罕有发一言问辩于人者，不知将何以裨助性地，成日新之益乎？"明教禅师说："圣贤的学问修养，不是一日学会的，而是夜以继日，焚膏继晷，坚持不懈，持之以恒，自然可以成就圣贤的学问修养。正如《易经·乾卦》所说：'学以聚之，问以辩之。'假若人们不踏实务学，则没有办法融会贯通，自己也无法从中受益。人们若只学而不问则无法辨别众理，分清精粗本末。此言与孔子的假若只读书学习而不思考，就会迷惑而无所得；只思考而不读书学习，问题仍然迷惑不解，何其相似！因此学习若不辩问，没有办法解除疑惑，发明性地。然而现在的学者很少有向人请教辩论的，不知他们如何能发明性地，而使自己的学问修养日新月异的呢？"。

这里提示大家，禅宗的方法是非常值得我们借鉴和学习的。我们先把一些易学的基础掌握，先放下自己所谓的正确见解，来深悟宇宙的真理，一定可以达到很高的境界。在《易经·系辞》中说"《易》无思也，无为也，寂然不动，感而遂通天下之故"。讲的是什么？就是易学修养的最高境界，禅学可以说也是从这里起步的。必须先要放下自己的高傲和自满，才能让自己进入"无思、无为"的境界。只有这时，你才会萌发智慧，真正妙悟"天地人"三元之"道"。

但是，很多的易友在学习中，不是务实地学习，而是一味地寻找窍门，舍本求末。看了几本书就飘飘然，觉得自己成了大师，这种学习态度是不好的。《易经·系辞》曰："继之者善也，成之者性也"。只有继承才能发扬完善，达到至善；真正有成就者，需要明白的是天地之本"性"。这一点与禅学的"明心见性"何其相似！大家如以功利之心，哗众取宠，离大道只会越来越远。我们可以借鉴前人的学习经验，不可自大、虚伪，而要以诚意、正心的态度来学习命理。这样去学所获必丰，由此也定会达到易学的巅峰！

《易经》的衍生，来源于天体物理学与地球物理学二者之间的物象变化，进而产生了思想与哲学。而我们提到的天干、地支，只不过是表示天体与地球之间的运行符号，是天地能量体的表现而已。从现在的磁场学与微波学来看，这些都是我们生活的本源体。我们作为天地之间的生物体，无时无刻不遵循着它们的循环规律。我们的出生时间，是脱离母体进入阳体的一个时空点，从你的哇哇大哭，已经从一个阴体走向阳体，这个时刻才是一个生命的真正开始。我们取这个阴阳变化的点设为人的原点，看这个原点的磁场波段，是否符合以后的天地大场的磁场频率，从而做到顺应天地之道。这是我们认识自然与人生命的最佳途径，怎么会与毫无边际的迷信牵扯在一起呢？难道它不比那些虚无缥缈的上帝、泥塑更可信吗！

我们取五行之间的生克关系，来表示我们与社会大家庭与自己小家庭，以及社会物质之间的对应关系。这一点大家应该知道，《易经》的本身就是宇宙代数学，它可以表示万事万物，因为它的哲学道理已经涵盖天地之间的所有事物："范围天地之化而不过，曲成万物而不遗"。所以大家不要一见到比劫、财星、食伤一类的名词，就觉得似乎是不可理喻的字眼。如果你想认识命运、掌握生命价值，就从这里开始吧！

## 第二节　物理学的属性

学习易学从何入手？神学？玄学？占卜？哲学？文化？历史？等等问题一直围绕着广大的易学爱好者、学习者。其"知往察来"决疑解惑，"阴阳不测"的功能不能不谓神！其神奇的变化，超越逻辑的思想推断，超出神奇的决疑解惑结果，不能不谓之玄！纳甲、命理、奇门、易数等各类象数的预测的方法，称谓占卜！其义理的世界观、人生观，以及解决各类人生疑惑的论点，六十四卦之间对应万物的逻辑关系，是其哲学的一面。从未知到所知，认识自然总结规律，利用自然应用规律，这些都是文化与历史的范畴。易学包罗万象，种类繁多，从那儿入手，成为学习易学学习的拦路虎，也是很多的学习者进入盲区，失去方向。

学习易学从何处入手？从本源入手，从伏曦氏创建易学的缘起学起，从伏曦氏发现运动规律测量运动过程学习，从什么是阴阳学起，从创卦的思维学起，从卦是什么学起，从五行是什么学起，从天干、地支是什么学起，从60甲子学起。……。这么多的知识都是从大道的本源论起，《易经·系辞》：一阴一阳之谓道。

《黄帝内经》曰：上古之人，其知道者，法于阴阳，合于数术。法道阴阳，阴阳是人类认识自然现象的一种表达工具。阴阳是什么？中国文化认为万物之间是一种物化现象，是一个物与物之间的化育过程，而阴阳二气是这些现象与物质的缘起，是这些现象的原动力，是"道"所体现出的本相。实际"阴阳二气"很容易理解，就是流行四时的寒暖燥湿之气，一年的四季变化，阴阳交错，寒来暑往，是万物遵循的变化规律。就是温度变化所产生的现象。而卦、卦爻、五行、天干、地支等等都是阴阳二气变化的符号，是阴阳二气变化变化产生的现象，是对阴阳二气的定量、定性与量变。这些都是物理学的属性。

《易经·系辞》：易何谓者也？开物成物，冒天下之道。

孔子曰：天何言哉？四时行焉；百物生焉，天何言哉？

天干是天体运动的符号，地球上的温度直接受天体运动的影响，故天干动而不居。天体的风雨雷电，都是影响地球温度的主要因素。但是由于地球经纬度的不同，即使是同样的天体外气，到了地球的不同空间，也会发生改变。冷空气在北方会下雪，在南方只是下雨。这样我们就明白了最基本的道理：干支之间生克的本质是温度，它属于现代物理。也就更能深刻地认识干支作用与易学的本源：人的生活气场。这样我们就揭开了玄学的神秘面纱，使大家学习起来更亲切，做到"有亲则可久"。

再者就是卦气演变、干支作用关系，如果站在物理学的角度出发，就简单易学。为什么这样说？是因为干支之间的作用是由"质"与"量"决定的，这恰恰就是物理学的范畴。所谓"质"，指的是干支组合的阴阳性质，"量"指的就是用神与忌神之间的旺衰变化。相同的天干不同的地支组合，由于坐支不同，那么在同样的时空下就会产生不同的现象与信息结构。解决了这个问题，易学预测起来就会轻车熟路，也就真正明白了"损有余，补不足"。现在很多的易学研究者，抛开传统易学精华不学，自己想独辟蹊径。这是极为不妥的。

等你阅完此书，你就会明白，所有的数术预测都是围绕场与场的协调，卦与干支作为数术的工具，就是在表示场的阴阳性质与阴阳量化，是对阴阳运动变化中气场的细化与分解，只有从物理学的角度，从我们感受的温度差异来学习、理解、应用数术，就能很快的走向通神之路。

好了，再次提醒大家，学习并掌握卦与卦、干支之间的作用关系，如能从物理学的角度出发，你一定觉得豁然开朗，又是一片新天地。

## 第三节　数学的模式

看到这儿读者您可能有点要晕，怎么又冒出了个数学呢？实际从伏曦氏从木杆（圭表）测量倒影变化的一瞬间开始，数学就在这个体系中诞生了。我们不去谈几何的勾股定理，也不去谈二进制与计算机，我们来看整个象数形成与断定吉凶的条件就会明白。

我们首先从卦谈起，卦爻的结构是具有数列关系的。八卦的产生后，以时空差异为参照，八卦相重产生64卦。64卦之间的通变，可以通过爻的变化在六十四卦之间任意变成任何一卦，而这些变化具有数学的规律性，比如说乾卦二、四爻动变为家人卦，家人的二、四爻动即变回乾卦。

从《河图》、《洛书》到大衍之数，整个的排列与推演过程，都是数学的排列与演算方法。《河图》的两两相对排列，《洛书》中的纵横相加之和，大衍之数的推演过程，得到的阴阳策数，都是数学的逻辑与演算方法。

首先是卦数，古人按着乾1，兑2，离3，震4，巽5，坎6，艮7，坤8的数理对应，这样在起卦的时候，做到卦数象合一。梅花易数的方法，是利用年月日时相加之和除以8余数得出上卦，再加上时辰除以8余数得出下卦，然后以生克体用为依据进行吉凶判断。四柱预测是以年月日时的干支为推断依据，通过出生日按着阴阳顺逆的方法得到行运数，然后十年一运，进行推算。其他数术方法基本都是在年月日时的基础下进行推演。

　　干支属性与干支阴阳量化，是决断数术吉凶的依据，月令的进退变化使干支的阴阳气场出现量能转化，而这个量能转化，是"损有余，补不足"作出判定的依据，是数术决策的重要工具。

## 第四节　哲学的提升

　　《易经》作为群经之首，是人类思想的起源，是人类探索世界观、人生观的开始，先秦诸子百家，无不从易道中吸取自己的学术需要，"仁者见仁为之仁，知者见之为之知"。从人生观出发，首先以明德为本，遵守易道，方能奉天道应人事。《易经·乾卦》：夫大人者，与天地合其德，与日月合其明，与四时合其序，与鬼神合其吉凶，先天而天弗违，后天而奉天时，天且弗违，而况于人乎，况于鬼神乎？真正的成功者只有与天道相似，施德无私，心明如日月，行事与时势同行，方能决胜未来，此为成为大人物的前提条件。所以在儒家的经典著作《大学》中，继承并发扬这种精神，通过七证八目来达到格物、致知，诚意、正心、齐家、治国、平天下的人生颠峰，成就内圣外王之道。《大学》：大学之道，在明明德，在亲民，在止于至善。……物有本末，事有始终，知其先后，近乎道矣！

　　天行健，君子以自强不息。地势坤，君子以厚德载物。从天地之道谈到人道，人应该效仿天地。象天那样，自强不息的健壮发展，永不停止。象地那样，载负起劳谦的美德。生于万物，养育万物，人应有博爱之心，对社会贡献出自己的能力。

　　《易经》的经传，从天地之象出发，以天地的行为与法则总结出一套与天道并行的人生处事观。人了解天道，遵守天道，进退有序，顺逆自如，行止得中，是谓人生最理想的境界。《易经·系辞》：君子所居而安者，易之序也，所乐而玩者爻之辞也；是以君子动则观其变，而玩其占，是以自天佑之，吉无不利。君子之所以能够安居乐业，是遵守易道行事，高兴的是玩弄卦的爻辞意义，以此来指导人生，防微杜渐。君子有所行事的时候，先观察易道的变化，通过卜筮的方法，得到易道的帮助，如此可以"自天佑之，吉无不利"。

　　老子曰：君子乘时则驾，不得其时，则蓬累而行。孟子曰：穷则独善其身，达则兼济天下。知命而为，遵时行事，是为智者的象征。不遵守易道行事，肌体劳累，名不得，利不见，名誉有损。《易经·系辞》：是以君子将有为也，将有行也，问焉而以言，其受命也如响；无有远近幽深，遂知来物，非天下之至精，其孰能与于此？君子做事先知而后行，故能决胜千里之外。而易学神奇的未知功能完全可以做到，让我们处在现实世界去掌握预知未来世界的吉凶结果。

19

　　《易经》通过现象对事物本性的认识可谓是清晰自然，《易经·系辞》：凡易之情，近而不相得则凶，或害之，悔且吝。将叛者其辞惭，中心疑者其辞枝，吉人之辞寡，躁人之辞多，诬善之人其辞游，失其守者其辞屈。通过人外在的谈话表现，可以知道人的内心与行为，是现象与结论的高度总结。

　　通过现象的归纳总结，抓住问题的本质，万物与人事通过现象表现，通过爻辞对时势的定性表达，事物中间的上下变化，人性对于吉凶的判断本质，对于利弊的欲望渴求，对于爱与恶攻击性，外在现象与情感的关系等作出了准确的阐述。《易经·系辞》：八卦以象告，爻象以情言，刚柔杂居，而吉凶可见矣。变动以利言，吉凶以情迁，是故爱恶相攻而吉凶生，远近相取而悔吝生，情伪相感而利害生。

　　对于时势变化的不确定性，是事物发展的不变定律，只有附和事物本质的大道，才是本道。《易经·系辞》：易之为书也不可远，为道也屡迁，变动不居，周流六虚，上下无常，刚柔相易，不可为典要，唯变所适。

　　在经卦的爻辞中，孔子从世界观、人生观的角度出发，以爻象结合人事，作出了哲理的延伸与修缮。《乾卦》初九爻子曰："龙德而隐者也。不易乎世，不成乎名，遁世无闷，不见是而无闷；乐则行之，忧则违之，确乎其不可拔，潜龙也。孔子从德角度出发，论述了具有德行而甘愿隐居田野，不被功名利禄所诱惑，乐在其中的德行境界。从初爻到上六，孔子从德的境界与处境出发阐述了德行世间的环境与思想。在不同的卦爻中，孔子结合卦象与人事进行哲理的说教与阐述。节卦初九爻辞：不出户庭无咎。子曰：乱之所生也，则言语以为阶，君不密则失臣，臣不密则失身，几事不密则害成，是以君子慎密而不出也。在此孔子以祸从口出、保身、周密、慎重为核心，阐述了"不出户庭无咎"的原因。

　　任劳任怨，不居功炫耀、骄傲，有功而谦逊，此为君子处事之风，也是善终的道路。当代的人有一点点的功劳，就开始飘起来了，我怎么怎么样，张口闭口将自己的一点功，挂在嘴上，向别人炫耀，此不谓谦为傲慢，此行为会招至灾祸，影响自己的工作，只有劳、谦者，才能受人尊敬。《易经·系辞》：劳、谦，君子有终，吉。子曰：劳而不伐，有功而不德。厚之至也，语以其功下人者也。德言盛，礼言恭，谦也者，致恭以存其位者也。子曰："有功劳而不自己夸耀，有功而不居功，不认为自己做了什么贡献，此种人是敦厚至极。说自己的功劳是很多人的帮助成功的，并非是自己的功。德是对社会无私的奉献，不计自己得失，是谓盛德。礼是对别人的恭敬。谦者就是致力于功而不德，乃以恭敬之心对天下，以保存自己的地位"。

　　何为盛德？日新之谓盛德，德不是对社会做一点贡献，而是对社会奉献自己的全部，有奉献而不夸耀，谦虚做人谓之德。有功而不居，乃然以平常人的心态待人接物，这是对人的恭敬，此谓礼德。一个功而不居，谦虚勤劳对社会奉献自己一生的君子，其在社会，在人们心中的地位永远存在。雷锋的一生就是这样的。

天下之道，起于贞观。易道推天理以明人事。通过天地万物的象数演变，圣贤得到人生处事的方法与智慧，使人达到知命而为，遵守易道，内圣外王的人生境界。

## 第五节　玄学的思维

易学的思维虽然从直观思维开始，包涵了形式思维、辨证思维、逻辑思维、象数思维，可它真正的神奇与吸引之处在于它的玄学思维。

易学从现象的直观入手，认识了自然，知道现象是表达大道的一种形式。从现象与结论出发总结、归纳了事物的本质与现象的对应，了解事物的本相与假相。从象数模型的角度，来表达自然与事物运动变化的规律与变化，而这个规律与变化是在一个不变的模型内，事物的变化与发展是具有逻辑关系的。从八卦到六十四卦，从卦辞到爻辞，从出爻到六爻，整体与个体，个体与单元之间，都存在上下的承接关系。这些在《易经》与象数占卜中已经体现出来。而从易学诞生的那一天起，它的卜筮功能，是人类的向往，是人类对未来的控制欲，玄学思维恰恰就是它吸引人的最玄妙之处。

从易学的数学模式与逻辑思维出发，易学卜筮是具有方法性与推理性的演算方法，具有不可更改的一面，可是到了真正的易学卜筮中会发现，它是既有规律又没有规律，既有方法又没有方法，成为学习易学的障碍。"阴阳不测之谓神"，就是因为阴阳变化的不测定性，事物的变化就在规律中而没有规律，所以《系辞》曰：为道也屡迁，变动不居，周流六虚，上下无常，刚柔相易，不可为典要，唯变所适。那么易学的玄学思维体现在什么地方呢？它体现在相同的推演模式，相同的逻辑关系，而得到的结论不同。

《系辞》曰：易，无思也，无为也，寂然不动，感而遂通天下之故，非天下之至神，其孰能与于此？易道没有任何的自私思想与行为，不被外界的任何信息所扰乱，清静无为，永远处在寂然不动的状态下。这是你向它求教问题，马上就与其相感应，进行沟通，得到求教问题的卦象、爻辞，天人相合、阴阳交感可以会通天下所有事物的问题。如果不是天下最神奇的易道，谁又可以做到呢？

在象数卜筮中，同样的卦、同样的课例，在同样的时空条件下，被测事物的不同与被测人物的不同，则决定着结论的不同。同样的课例，测相同的事物，而时空条件的变化，也决定了结论的不同。命理精华书籍《滴天髓·理气》曰：理承气行岂有偿，进兮退兮宜抑扬。理论的成立，必须是在一个特定的条件下，没有了条件事物的关系就不会存在，那么结论就发生变化。

在不同的象数模式下，玄学思维随时会根据当下的条件作出"吉凶悔吝"的判断，

21

而不是在特定的结论中，当然对于课例的得到方法，有很多的种，每种方法都有自己硬式的公式套用。把变化不定的象数卜筮，用规律表现是没有错误的，但是规律中的变化不去掌握，就成了生搬硬套的板式化，那么就失去了象数的神奇，就成为了一个定性模式与结论，就失去了"生生之谓易"的大道实质与精神。

玄学思维所要表现的是在不变模式下的时变模式，不变规律内的时变现象，这些都将通过象数的卜筮方法与推演结论表现出来。真正体会"阴阳不测之谓神"的玄妙之处。

# 第六节　读经开智

有一句读书的明言：读书百遍，其精自现。但是读什么样的书很重要，真正的智慧与真理来源于那些千百年的经典著作，只有这些经典才是我们智慧的总结，那么读经典就成为了寻找智慧的根本方法。

讲到经典的意义，我还有一个切身的感受，就是经典与智慧很有关系，它不仅仅是一个知识问题。如果大家以为研习经典仅仅是为了增加一些知识，那经典的意义当然就不大了。

知识多了不一定就有智慧，知识多了，也不一定学问就高，这个关系大家应该搞清楚。而读经典却确实能够提高智慧和学问。所以，我经常说，学问是从读经开始的。在这一点上很多人都有共识。

现代的脑科学研究认为，人的左脑是逻辑脑，主管语言文字、逻辑思维，人类所使用的大部分都是左脑。而右脑是直觉脑，这右脑大部分时间是在闲置着，当然，这与追求逻辑是有关联的。近些年的脑科学研究表明，人们已渐渐地把目光瞄向右脑这块处女地，如上面提到春山茂雄的《脑内革命》就较多地阐述了这个问题。实际上，大脑处在较多的 a 波状态，就是一种唤醒激活右脑的状态。

对于上述这个左右脑，我喜欢用另外一个概念来描述和定义。左脑，也就是我们常说的逻辑脑定义为现代脑；右脑，也就是我们常说的直觉脑定义传统脑。所以，左右脑之间的关系，实际上就是现代与传统的关系。

具体地说，现代脑的涵义是什么呢？所谓现代脑就是这一世的脑，或者称现世脑，自从你生降到这个世间，与你相关的一切信息就贮存在这个脑里。所以，如果从信息的角度来看这个左脑，它的信息容量有多大呢？就与这一辈子的经历有关。经历的时间长短，这个要看每个人的寿命。经历的事情多少，这个要看每个人的阅历。但，总起来说，与它相关的信息就只是几十年、甚至几百年。这是左脑的大体情况。那么，传统脑呢？传统脑的信息要大得多了，可以说人类历史上所经历的一切，都有可能与右脑发生联系。所以右脑贮存的东西，或者说与右脑发生联系的这些信息，这些经验，就不仅仅是这几十年，这几百年。这个信息关联的跨度可能是几百年、几千年、几万年，甚至若干亿年。而且这个信息、这个经验不是个体的，有可能是整个人类文明的整合（这有点像道金斯所谓的"觅母"）。如果我们借用一个藏传佛教的概念，这个右脑，也可以叫做伏藏脑。什么叫伏藏呢？伏就是埋伏潜藏，藏是宝藏，人类元始的文明宝藏都潜伏在这个右脑里。如果从意识的角度，我们也可以说，人类元始以来的意识宝藏都埋伏潜藏在右脑里。我们这样来对比左右脑，就知道这个差别太大，大到难以形容的程度。只可惜现在大多数人没有认识到这一点，他们只知道现代脑，而没能认识传统脑，进而想方设法去开发它。

大家可以思考，认识右脑，进而开发右脑，这是一个什么概念。这是真正地站在了巨人的肩膀上，我们站在这个基础上往前走，与我们仅仅依靠个体的、非常局限的这几十年，这是一个什么量级的差别？所以，认识、研究左右脑，这个意义太大了，大家不可小视它，也不要当作天方夜谭，这绝不是天方夜谭！我们从《脑内革命》的研究，已经可以看到这方面的可喜苗头，而更值得关注的是，俄罗斯生物学家亚历山大.卡缅斯基在近期得出结论，人的记忆除了我们所知的神经记忆之外，尚有一种遗传记忆和免疫记忆。其中，遗传记忆又被称为"自然界的储备基金"，这与我们前面所称的"伏藏脑"有极为相似的地方。

学医的人都大体知道大脑的结构，在左右脑之间有一个沟通和联结两侧大脑的结构，这个结构叫脑骈体。脑骈体的存在说明左右脑之间的联系是必然的，右脑的信息完全可以通过适当的方式交换到左脑而为其所用。所以，传统与现代的结合也是必然的，这里面有生理结构作基础。我这一节的题目叫"读经开智"，阅读经典为什么能开智慧呢？其实这个意义就体现在上述这个过程。有效地阅读经典、研究经典，可以帮助我们挖掘伏藏，可以帮助我们打开上述的伏藏脑，从而让人类文明的共同宝藏源源不断的流向个体。这个过程如果实现了，大家想想，怎么会没有智慧？怎么会没有学问呢？大家如果从这个高度去认识经典，经典就有意义了，经典就容易学进去了，这是真正的源远流长啊！

当然，现在许多人不但不会对我们上述的观点表示赞许，而且还会嗤之以鼻。因为他们一提到传统就喜欢跟现代对立起来，以为传统的东西都是阻碍现代的，都应该抛弃。其实，这样的认识是没有真正地认识好传统。在门外谈传统，对它望而生畏，这种做法是不可取的。台中师大的王财贵教授有一句话说得非常到位："凡是将传统看成是包袱的人，不是懦弱者，就是败家子！"希望大家能以懦弱者和败家子为戒。传统怎么可能是包袱呢？它是资本！通过适当"投资"，它可以发展和壮大我们的事业。

有关读经，我以为曾国藩的经验很值得借鉴，他在道光二十三年给其诸弟的一封信中有下面这样一段记述："穷经必专一经，不可泛骛。读经以研义理为本，考据名物为末。读经有一耐字诀：一句不通，不看下句；今日不通，明日再读；今年不精，明年再读，此所谓耐也。"曾国藩的这个"耐"字诀，可谓深得读经三昧。当然，对于曾氏的这个诀我们也可以灵活地看，不一定这句不通，就不读下句。但是，今日不通，明日再读；今年不精，明年再读，这是一定要做的。总之，读经不是三年、二年的事，更不是三月、二月、一个学期的事，读经是一辈子的事。经要放在案头，更要常置心头。总之，经典是一辈子的必修课，你要想真正学好命理，学好经典，就必须做这样的打算。（以上内容引用之《思考中医》）

这里顺便提示大家要想真正进入易学的最高境界，必须遵循"为学日益，为道日损"的精神，放下自己的自以为是，用一个平常心去感悟自然，达到易的最高境界"无思、无为，感而隧通"。打破文字表面的东西，真正进入文字背后的思想蕴涵，这时你的眼前已经不是昨日河山，而是通向宇宙真谛的阳光大道。禅宗六祖慧认为"众生皆有佛性，人人皆可成佛"。也就是说只要是按照自然的法则去做，什么人都可以做到。我们不能局限于文字的表面，要放开思想。阴阳的本意是什么，干支的实质是什么，它们究竟是在表示什么，等等，这些都是我们必须深思的问题。

上面提到的开发右脑，实际和禅宗的思维方式应该是相同的。禅的全称是禅那，白话译为静虑、思维修等。静虑就是止他想，系念专注一境，正审思虑。也就是在修禅时，止息一切不应有的妄念，令心专注一境，对之正审思虑。弃除贪、嗔、痴、慢、疑，这时你的思维就会进入宇宙的本源体，得到你想拥有的智慧源泉。禅宗的思维修与曾子《大学》中的七证，是异曲同功之妙。这里再给大家一个提示，在金庸、梁羽生的武侠小说中，塑造了一系列的英雄人物，这些人具有高深的武功，我们统计一下，这些武功高深的侠士门，是用的什么方法达到武术的最高境界的，是靠静修，打通任督二脉，达到阴阳平衡。告诉各位朋友，你看的书已经是够多的得了，可是为什么不能提高呢？是因为你还停留在"文字"的表面，没有用你的右脑来思考你学习的是什么？还没有找到它的本源！放下你所谓的正确，进入真正的本源思维，你就已经离得"道"不远了。

# 第二部分 易经篇

## 第三章 伏羲创卦—人类文明的曙光

在中国历史上，伏羲氏被列为三皇之首。在中国的神话传说中，伏羲氏人身蛇尾，神通广大。位于甘肃省天水市北30公里处的三阳川境内的卦台山地区，有伏羲创绘八卦的画卦台。那里山峦屏翠，渭水环流。渭河中心有滩地数处，形似太极图样，滩河交界，有一大石，不方不圆，似柱如笋，傍实中虚，如画太极，名为分心石。与画卦台隔河相望有龙马山，山上有龙马洞，每逢云雾封洞时，给人以龙马出没之感。相传伏羲为创文字，上观日月飞禽，俯察山石走兽，每时每刻，苦思冥想。一日，他正在卦台山上凝思，忽见对面山洞里云雾滚滚，有一身着花斑，两翼振动的龙马翻腾，与渭河中呈太极图形的分心石相映，不禁灵机触动，立即在卦台山上创画了代表自然界"天、地、水、火、山、雷、风、泽"八种自然现象的八卦符号，卦台山由此而得名。

## 第一节 伏羲氏观天俯地

伏羲氏的年代，是一个以传统农业为生产的时代，科技不发达，思想比较单一。虽然有祖先的一些传承经验，但人们不知道自己生活在一个什么样的时空中。这个时代的部落首领就是伏羲氏，他从小聪明好学，喜欢研究探索事物，从他继承部落首领后，就不断地发现自然奥秘，发明生产、生活工具，使当时部落的生产力与生产效率大大提高。

在日常的生产、生活中，人类要面临无数次意想不到的自然灾害，这些灾害极大程度地影响、破坏当时的农业生产，以及部族的日常生活。在灾害不断发生的过程中，伏羲氏隐约感觉到了一些东西。很多的自然现象好像在一个无形的规律中，因为很多的现象往往是不期而遇。伏羲氏注意观察外部的环境变化，并反复研究先人的农业经验。他发现天空中有一组星星由七颗组成，像一个"勺子"状，当它的"柄"在太阳出来的方向的时候，树木开始开花、发芽，这时候也开始种植农作物；当树上的果子成熟的时候，作物也就成熟了，而天空中"勺子"星星的"柄"正指向太阳落下的方位，它们之间有什么联系与共性？当"勺子"星星的"柄"指向太阳落山与升起中间的方位时，是这个循环中天气最冷的时候，树木的叶子凋零了，花草也枯萎死去了……当"勺子"星星的"柄"转到太阳升起的地方时，天气渐渐变热，树木又开始发芽，花草也开始重新成长……天气最热的时候，树叶茂盛，而树的倒影比较短；到了树叶凋零，天气最冷的时候，树的倒影反而比天气热的时候更长。太阳升起与落下的时候树木的倒影比较长，天气冷；太阳到了最高的中间时，树木的倒影比较短，天气是一天中最热的时候。饲养的家禽、家畜为什么在天气变暖的时候发情？这个时候风开始多了，是从太阳升高的方向刮来；河面的冰开始融化，燕子又飞回了巢中，天空中伴随着轰隆隆的雷声，开始下雨了；到了天气最热的时候，雨下的更多，这个时候还是伴随着隆隆的雷声；果实渐渐成熟，天气渐渐变冷，这时虽然下雨，但是基本上没有了雷声；果实采摘后，天气更冷了，天空中不再下雨，而是飘下白白的雪花，河水不再流淌，而是结了厚厚的冰，从冰面可以穿越河流………。

伏羲氏观察着周围的这些天地现象变化，感觉到冥冥之中似乎有什么东西在主载着周围的一切，它有一定的规律，天上、地下相互对应。我们的生产、生活，山川河流，飞禽走兽，日月星辰，风雨雷电……一切都在围绕这个看不见摸不着的"主宰"在运动。

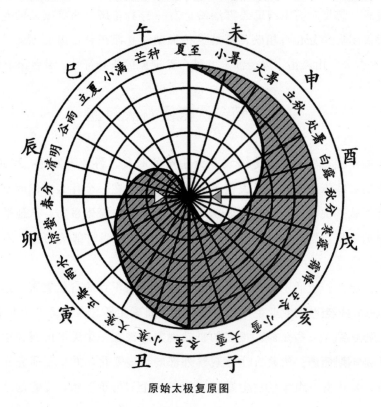

原始太极复原图

伏羲氏渐渐地进入到痴迷的状态，他反复地推断周围似乎有联系的一切事物，将天上日月星辰的现象与地上的山川河流、花草树木、飞禽走兽等现象进行关系的连接与推理……昏昏沉沉，不思饭食……此时伏羲氏的思维进入了一个超越时空的境界，事物的关系链就像是一个个飞速转动的球体，若隐若现，若近若离……突然从远方飞来一条闪光的链条，将伏羲氏正在思考的诸多问题串联到一起，伏羲氏大有所悟，原来如此！

从这一天起，伏羲氏就用一根定量长度的木杆来测量太阳照射木杆的倒影变化。日复一日、年复一年，很长的时间过去了……终于有一天，伏羲氏高兴喊道："我知道了，我知道了，是什么在主宰着我们的一切。"伏羲氏得到了什么？让伏羲氏这样的呐喊高兴，他真的得到了那个"主宰"吗？

## 第二节　确定阴阳破译时空

伏羲氏自己不知道，他的发现为方域文化奠基起到了空前绝后的作用。从这一刻开始，华夏文明进入了一个新的纪元，从混沌的时空生活中，进入了一个时空分明，秩序规范，按照一定的时序去安排生产、生活的时代。伏羲氏也被后人称为"人文始祖"。

伏羲氏发现了什么？——节气运动规律。

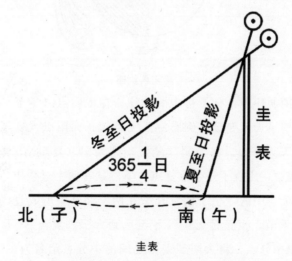

圭表

伏羲氏用木杆经过长时间的测量归纳，发现了照射倒影变化与天体、地球生物之间的对应变化关系。在木杆测量倒影的变化中，他发现在整个的观察过程中，木杆的倒影出现了一个最长点和一个最短点，而且位置长度与所观察到的天体现象、地域生物现象相吻合。倒影最短的时候是这个循环中天气最热的时候，白天的太阳照射时间

27

最长；倒影最长的时候是这个循环中天气最冷的时候，白天的太阳照射时间最短，而且这个时候天空中的"勺子柄"与自己确定的两点几乎成直线对应。首先将这两个点确定命名，倒影最短的点，是太阳发挥功能最强大的时候，故曰：太阳；倒影最长的点，是太阳发挥功能最弱的时候，故曰：太阴。古人的命名，就是通过最简单的天地现象，凸显了易学的简易之道。

伏羲氏为什么有这样的命名？还要从缘起来讲，因为伏羲氏是用木杆测量太阳的照射影像变化，而倒影最短的一天太阳照射时间最长，体现太阳功能最突出的时候，所以将这点定名为太阳（二十四节气中的夏至）。而到了倒影最长的时候，太阳的照射时间最短，是这个循环中天气最冷的时候，太阳不能完整地发挥功能，故将这一点定名为太阴（二十四节气中的冬至）。此时的命名伏羲氏已经完成了整个循环规律中的宏观认识。在这个循环中，太阳升落了365次，也就是这个循环有365天，成为一周年。月亮圆缺了十二次，将一年分成十二个月，365天分成十二份。同时太阳、太阴的确定，给出了伏羲氏最基本的阴阳概念。

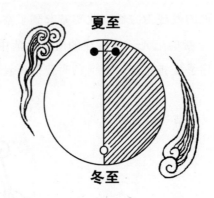

阴阳两仪图

伏羲氏对整个的循环现象有了初步的认识。在太阴点（冬至）后，白天的日照时间一点点增加，天气一天天变暖，倒影一天天缩短；太阳点（夏至）后，日照时间一天天减少，天气一天天变冷。在太阴（冬至）到太阳（夏至），太阳（夏至）到太阴（冬至）的两个过程中，出现了一个重复点，虽然是在两个过程中，但是此时的白天日照时间几乎相等，天空中的"勺子柄"几乎在两个循环中形成直线，两个点正好对应了种植与收获两个季节，也正是太阴（冬至）到太阳（夏至），太阳（夏至）到太阴（冬至）之间的两个中分点，将太阴至太阳之间的中分点定名为少阳（春分），将太阳至太阴之间的中分点定名为少阴（秋分）。为什么有这样的定名？少阳是在太阴向太阳的转化过程中，阴大于阳，故名少阳；少阴是在太阳向太阴的转化过程中，阳大于阴，故名少阴。此时一个整体循环分成了四个认识部分。四个部分的划分使一个原本混沌的循环过程，得到了清晰的认识，伏羲氏将四个部分对应天地万物的变化现象定名为春夏秋冬。

　　春夏秋冬确定后，伏羲氏就将前面发现的阴阳气场变化，重新进行命名：太阳——夏至，表达太阳所达到的极点；太阴——冬至，表达太阴所到达的极点；少阳——春分，表示春夏之间的分点；少阴——秋分，表示秋冬之间的分点。

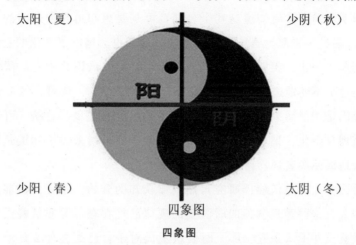

太阳（夏）　　　　　　　　　　　　少阴（秋）

少阳（春）　　　　　　　　　　　　太阴（冬）

四象图

**四象图**

　　伏羲氏认识到在四个现象的变化过程中，是阴阳的进退起到了关键的作用，所以《易经·系传》曰：一阴一阳之谓道。伏羲氏首先从阴阳的表面现象出发认识到阴阳表象与天体、地球之间的阴阳实体，即阴阳二气。从现象进退推断出气场的实体进退，由此又经过了一个漫长的认识、求证、定名的过程，终于确定了二十四节气与七十二候。

　　伏羲氏为了表达自己从混沌思想到认识自然的思想变化与过程，定名为：太极——两仪——四象——八卦——二十四节气。这一刻人类对于自然的认识进入了新的纪元，思想也开始远离了愚昧混沌的状态。

## 第三节　太极、两仪、四象、八卦

　　不要简单地看待这个从太极到八卦之间的划分过程，伏羲是在无形中，体现出了华夏民族的思维方式，从太极到八卦，都是采用了一分为二法。一个原本意识上混沌的时序，通过太阳、太阴两个极点的确定，得到了一个整体的时空观，又认知到整体是由阴阳两个部分组成。因此太阳又划分出太阳、少阳两个部分；太阴又划分出太阴、少阴两个部分。此时一个整体成为四个部分，阴阳各有阴阳。伏羲经过三次阴阳划分，又借用得到的启发，采用一分为三法，将八卦分成二十四份，一年分为二十四节气。一年有十二个月，一天有十二个时辰，每五天六十个时辰完成一圈，故五天为一候，二十四节气采用一分为三法，一年有七十二候。其大无外，其小无内，一切的一切都在阴阳之中，故曰：法于阴阳，和于术数。

# 一、太极

谈起太极、两仪、四象、八卦，不管是学过易学还是没有学过易学的，只要是对传统文化有所了解的人，就知道这几个名词，可是要想知道它们之间的关系，就没有那么简单了。《易经·系辞》言：天下之道，贞观者也。道出了文化的起源。不管科技怎么发展，到今天为止，我们的文化还是停留在有限的认识论中。从伏羲氏的发现到今天我们只不过是不断地进步，不断地总结，不断地否定、认可，这一切都是认识论的总结。伏羲氏是用很简单的思想进化告诉我们认识的进步与总结，可是后人往往喜欢把简单的道理复杂化。把一些本来简单的名词，搞得越来越不知道是什么，什么无极生太极、天地混沌等名词，离大道越来越远。

太极是什么？太极是伏羲氏研究自然规律认知的开始。不管到伏羲氏年代，人类已经生存了多久，这种春夏秋冬四时演变的规律已经存在，并非伏羲氏的发明。本来存在，可是伏羲氏并不认识它。那个时候伏羲氏对于自己处在什么环境下生存，究竟是什么力量主宰着这一切，是混沌不清的，是不能分辨的。从他用木杆测量太阳阴影变化得出结论，到太阴、太阳这两个点的确定，才使原本认识混沌的时序，划分成阴阳两个部分。太极生两仪，就是太阴、太阳两个点的确定，才产生了阴阳两种认知，将一年分成阴阳两个部分。

我们的思维永远是存在于有限的认识论下，当然也可以假设，但是伏羲氏所论述的太极、两仪、四象、八卦，是一个有逻辑思想认识的进化过程，与玄虚深奥、难以测知的宇宙缘起没有关系。

# 二、两仪

太极生两仪，两仪是什么？

伏羲氏从混沌的思想意识下走了出来，他用木杆（圭表）测量了这个循环的周期为 365 天，而在这个周期的中，出现了两种现象，从冬至到夏至是阳升阴降，从夏至到冬至阴升阳降，二者以冬至、夏至为中心轴，在平面图中，可以看出分别是在左右两边上下运动，故称阴阳为两仪。

# 三、四象

两仪的出现，使原本不清晰的循环系统，找到了两个支点。在确定太阴与太阳两个支点后，伏羲氏依据天体与地象变化，采用一分为二法，在两仪的中间又确定了两个点，即少阳、少阴。少阳、少阴的划分，使平面上出现了四个点、四个区域。四个点与区域对应太阳、太阴、少阳、少阴四个现象，实则为四气。天有四气，地有四象对应，地之四象即为春夏秋冬。

## 四、八卦

确定四象后，伏羲氏发现，在阴阳二气的推移过程中，四个点之间的气场变化还是很大，此时伏羲氏已经对阴阳二气的变化可以说是了如指掌，因为他这时已经划分了一周年中的更细微的时间变化，已经认识到十二个月，掌握了阴阳二气进退与月令之间的对应关系，并依据各种自然现象，在原来四个区域的中间又确定了四个点，即少阳中气，老阳中气，少阴中气，太阴中气。四象同样按照一分为二法，进行平分，就出现了二十四节气中的立春、立夏、立秋、立冬四个点，一个整体也就分成了八份：太阴、太阳、少阴、少阳、太阴中气、太阳中气、少阳中气、少阴中气，即节气中的冬至、夏至、春分、秋分、立春、立夏、立秋、立冬八个点位。实际上这时八卦还没有出现，只是八种气场，八个时间阶段。

八卦与二十四节气紧密相连。震卦：小寒、大寒、立春；离卦：雨水、惊蛰、春分；兑卦：清明、谷雨、立夏；乾卦：小满、芒种、夏至；巽卦：小暑、大暑、立秋；坎卦：处暑、白露、秋分；艮卦：寒露、霜降、立冬；坤卦：小雪、大雪、冬至。

# 第四节　月令与节气、时辰

## 一、十二月

伏羲氏上观天文，下俯地理，依据日月星辰、花草树木、飞禽走兽、山川河流的四时变化，利用圭表测量到一个周期循环为 365 天，并在这个周期内，天空中的月亮圆缺了十二次，由此得知这个周期循环是由十二个单元组成。每次月圆之间的周期为30 天上下，有时为 29 天，有时 30 天，有时 31 天。并且在冬至到夏至，夏至到冬至之间各占六个月圆，整个周期十二个月圆，即为十二个月。

## 二、二十四节气

伏羲氏在太极——两仪——四象——八卦的基础上，依据十二次月圆的变化，以十二次月圆为中心，一个月分成上下各半月，又根据太阳倒影的进退消长，一年分为二十四份，俗称二十四节气。一个整体周期分成十二节，十二气。节表示每一个月的开始，到月圆的时候已经过去十五天，这时阴阳二气发生量能变化，但是本质还没有大变，故在月中设置"气"进行区分。在十二个月中节气区分比较大的是在农历的二、

31

八月，也就是两个分点上。

在人类的认知进步中，很多知识都是自然发生的，在二十四节气被认知的同时，"刻"也就产生了，因为以月圆为中心，将一个月平分，十五天为一段，结合圭表的影像变化，规定"十五"为一刻之数，一个时辰有八刻时。

二十四节气的名称是依据天象、气候与阴阳二气的进退来命名的，它和农业的种植关系紧密相连。同时与伏羲氏所创造的卦系统遥相呼应，相互印证。二十四节气与后面的地支相对应，表示阴阳二气的进退量变，也与卦气相对应，是整个易学象数的推断根本。《易经·乾卦》曰：乾道变化，各正性命，保合太和，乃利贞。二十四节气整体上反映了万物本性的运动、生长、消亡。天地之间的事物都受阴阳二气的作用，而二十四节气是对阴阳二气实体变化的证明。

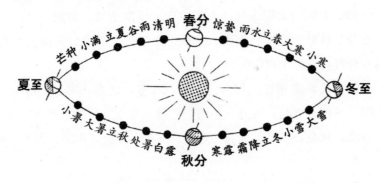

## 三、时辰

一年有四季，一日有四时。伏羲氏应用同样的逻辑思维来确定了一个昼夜的时间概念。一年有十二次月圆，那么一天就划分为十二个时辰。

十八世纪，东西方文化进行沟通，发现西方的计时方法与中国是相似的。西方将一天划分为二十四小时，与一年二十四节气相对应，每小时六十分钟。而易学文化的干支计时法，最大的数即为六十。几千年前东西方的祖先没有文化沟通，但他们受到的是同一个天的引导，冥冥之中也就符合了大道。

出现干支计时法以后，一年的十二月与一天十二时辰，都是使用同样的干支记载。当你真的对易学有所了解的时候，你会发现它们的规律与奥秘，这时你就离易学的大门越来越近了。故《易经·系辞》曰：范围天地之化而不过，曲成万物而不遗，通乎昼夜之道而知，故神无方而易无体。

## 第五节　伏羲创卦

《易经·系辞》曰：古者包牺氏之王天下也，仰则观象于天，俯则观法于地，观鸟兽之文，与地之宜，近取诸身，远取诸物，于是始作八卦，以通神明之德，以类万物之情。

在伏羲氏发现"大道"的时候，文字并不发达，甚至可能还没有文字，怎么来记录自己的发现，用什么来表达阴阳运动变化的过程，这成为伏羲氏面临的又一个难题。他想了很多的方法都不能来记录自己的发现……这天，天气晴朗，伏羲氏来到渭水河边，望着滔滔的河水，他盘腿坐在河边的土垄上，又进入了一种探索的思维境界。

他的脑海中出现了很多画面，但是都被他否定了……昏昏沉沉之中，他似乎看到一只龙马从滔滔的河水中飞跃出水面，龙马的身体一面画着一幅图案……这时的伏羲氏，突然感觉到，这幅图案就是自己苦思冥想要得到的东西。在这幅图案的提示下，伏羲氏创造了惊天地、泣鬼神的八卦系统，以此来表示天地万物在阴阳二气运动变化下的规律与现象。后人将伏羲氏在渭水边看到龙马跃出而得的图案称为河图。

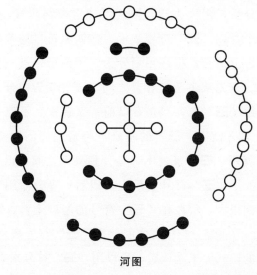

河图

在河图中，下方一个空心的原点与外围六个实心原点相配和，左边三个空心原点与外围八个实心原点相配和，上方是两个实心原点与外围七个空心原点相配和，右边是四个实心原点与外围的九个空心原点相配和，中间是五个空心原点与十个实心原点相配和。伏羲氏看到这个图案与自己的发现是何其的相似，这个就是自己要寻找的。

伏羲氏发现河图与自己的四象是完全对应的，太阴最冷的季节与河图的下方相对应，少阳的季节与河图的左边相对应，太阳最热的季节与河图的上方相对应，少阴的季节与河图的右边相对应。伏羲氏从自己的研究中已经发现，太阳、太阴是两个极点，是发生变化的点。阳极生阴，阴极生阳，阳生于阴中，阴生于阳中，这些与河图的上下图案完美的吻合。那么也就是说，可以用空心的原点"〇"表示"阳"，用实心的两个原点"●●"表示"阴"。这样伏羲氏完成了两个简单的阴阳符号。为了书写方便将原点改成了"—"表示阳，"— —"表示阴。

伏羲氏画卦是在认识整个系统之后，也就是说有了整体概念，才想到用符号来记录自己的发现。现在的易学研究者对于画卦有两种论点：一种是先有六画之卦，然后提炼出六画卦是由八个基本卦组成的；一种是说先有三画的八个卦，然后才有了六画的重卦。我的研究观点是伏羲氏首先确定了阴阳两个系统，在四象出现后，伏羲氏对于阴阳的进退变化更是清晰在目。从春分点来看，春分前虽然是阳进阴退，可是阳气还是处在下风，也就是阳气小于阴气，春分后则阳气大于阴气，阳气占主动。从秋分点来看，秋分前虽然是阴进阳退，可是阳气仍然处在大于阴气的状态。这样一个大的周期循环出现四种现象，即太阳、太阴、少阴、少阳。十二月与四象完全是一个相等的阴阳进退过程。冬至后阳气发生，但是春分前阳气小于阴气，故春分三个月前用"☳"符号表示。春分后阳气大增，阴气经不能抑制阳气，春分至夏至之间的三个月用"☰"符号表示。夏至后阳气退阴气进，但阳气还是大于阴气，夏至至秋分之间三个月用"☲"符号表示。秋分后，阴气大增，阳气不能再抑制阴气，阴气占有主导位置，因此秋分至冬至之间三个月以"☷"符号表示。在四象符号的基础上，伏羲氏根据月亮的圆缺与太阳阴影的进退消长，将一年划分为二十四份，进一步发展用符号来区分气场进退与月令的现象。首先从冬至到春分之间，以立春为中分点，立春前的阴气大于立春到春分之间，故用"☳"来表示立春以前；立春以后不但是大地回春，此时感觉太阳的照射温度在增加，故在"☳"的基础上将最上面的阴爻（— —）变为阳爻（—），立春与春分之间就用"☱"来表示。春分到夏至之间，以立夏为中分点，立夏后的阳气大于立夏前，故用"☰"符号表示立夏以后；春分后阳气旺盛，此时天气的阴晴风雨，对自然的影响很大，所在在"☰"符号的基础上，将最上面的一个爻由阳爻（—）变为阴爻（— —），春分与立夏之间就用"☱"符号表示。夏至到秋分之间，立秋为中分点，立秋前的阳气大于立秋后，所以用"☲"符号来表示夏至到立秋之间，到了秋天，一场秋雨一场寒，天气的影响非常大，故在"☲"的基础上，最上面的阳爻（—）变成阴爻（— —），就变成了"☵"符号。秋分到冬至之间，立冬为中分点，立冬前的阴气小于立冬后，故用"☶"符号来表示立冬到冬至之间；到了冬天，天气寒冷，只要是遇到晴天，或者太阳照射到的地方，就会感觉到温暖，因此秋分到立冬之间，把"☷"符号的最上的阴爻（— —）变成阳爻（—），用符号"☶"来表示秋分到冬至之间。每一符号由三个爻组成，三八二十四爻与二十四节气相互对应，相互印证。上观天文，下俯地理；阴阳进退消长，气机转化，八卦的演变过程完全凸显出中国人的思维方式，从整体到个体，从个体到整体，环环紧扣，血肉相连。这就是中国文化"天人合一"理论的最原始模型。

八种符号的出现，对应了阴阳二气进退变化中的量变。伏羲氏将八个符号分别进行命名，即：

乾（☰）兑（☱）离（☲）震（☳）巽（☴）坎（☵）艮（☶）坤（☷）。

对于八卦的形成有很多的说法，有的采用数学二进制与四进制来解释卦的形成，我认为当时伏羲氏的数学计算还没有这么好，他是从认识、感知开始，以阴阳进退为本，从现象学出发，创造了八卦系统。而这个发现是真正的大道之法，所以即使计算机也不能逃出其外。这更进一步证实了"范围天地之化而不过，曲成万物而不遗"的易道法则。

四象十二爻对应一年十二个月，八卦的建立使二十四爻对应一年二十四节气。

伏羲氏在确定八卦后，不但八卦有名称，同时又对应自然之象。乾卦为太阳之气，太阳代表天，故乾卦之象天，称谓"乾为天"。坤卦为太阴之气，太阳为天，太阴则为地，故坤卦之象地，称谓"坤为地"。震卦为少阳之气，一元复始，雷行天下，故震卦之象雷，称谓"震为雷"。离卦为中阳之气，为太阳初升大地之时，阳光普照，一片光明，故离卦之象火，称谓"离为火"。兑卦为中阳之气，方位东南，东南之地沼泽湖泊较多，兑卦的形体象钵盂与泽相似，故兑卦之象泽，称谓"兑为泽"。巽卦为夏至后少阴之气，天气炎热，风吹降暑，故巽卦之象风，称谓"巽为风"。坎卦中阴之气，立秋后，一场秋雨一场寒，露珠成形，故坎卦之象水，称谓"坎为水"。艮卦为中阴之气，方位东北，东北之地，山脉纵横，故艮卦之象山，称谓"艮为山"。八卦之名，是结合天地人三才之道，相互佐证而成。从气质到名称、到现象，易学之象就成为研易的核心！

# 第四章  河图洛书与先后天八卦

有人把华夏文化称为"河洛文化"，无疑是因为河图、洛书对华夏文化的影响。河图、洛书看似简单的几个点，实际它们是表达万物运动发生的象数模型。河图体现了万物"负阴抱阳"的自然规律，讲述了时空对应的不变法则。洛书同样演示了阴阳在一年与一日中的量化反映，每一点都是阴阳共存、阴阴互化、阴阳承应等量转化规律。

## 第一节  河图与洛书

### 一、河图

中国文化又称为河洛文化，河洛就是指河图、洛书，有关它们的传说有很多种，其中之一就是伏羲氏看到龙马负图跃出渭水；还有说是轩辕皇帝大战蚩尤不胜，九天玄女夜降天书河图于轩辕，轩辕以此排兵布阵大败蚩尤。我们不管河图的出处从何而来，即使借口与龙马或者九天玄女之说，只是为了在当时的社会环境下，增加人们对河图的信任度，图腾、神话是每一个民族早期的文化特征。《河图》是天的启示，也是神人的谶语。神秘的河图想告诉我们什么？为什么几千年来人们都崇拜它？笔者在多年的研究应用中发现，河图没有什么神秘之处。它是古圣贤在大量实践与参悟之中得到的宇宙真谛，是一幅描述万物规律的象数模型，它将万物的本性与生命运动过程，通过几个黑白的原点表现得淋漓尽致。

《易经·乾卦》言：乾道变化，各正性命，保合太和，乃利贞。那么怎么各正万物的性命？怎么能达到万物最佳的太和状态？对于这个问题，老子作出了正确不疑的回答："道生一，一生二，二生三，三生万物，万物负阴而抱阳，冲气以为和。"万物的性命只有两种情况：负阴抱阳或者负阳抱阴，但是阴阳只是一个外在的现象，要想真正各正性命，必须掌握阴阳的量化，就是"冲气以为和"的境界，才能真正了解性命。

阴阳二气在十二个月之中，阴进阳退，阳进阴退，你来我往，相互摩擦。十二个月中每时每刻都有物生也有物死，生者必是时空条件附和其真性方可得生，死者必是时空条件背离其真性方死。腊月寒冷，有顶雪开放的梅花，腊月位于一阳复始之后，其性阴寒，那么梅花负阴抱阳而生。每一个节气都有花开花落，九月百花开败，可是菊花却显芬芳。

再看河图就会明白告诉了我们什么天机。河图的下方，一个空心的原点表示阳，外围六个实心的原点表示阴。一元复始，阳生于阴中，负阴抱阳。那么在这个节气得生者，必附和阳一阴六的气场特征。冬至后，气转东方，阳气上升，在左边出现了三个阳点与八个阴点配合，此时阴气仍然存在，地温逐渐升高，阴气被阳气驱逐。此时春天到来，可谓是百花齐放，那么这个节气得生者，必然与此时的气场相吻合。河图的上方，两个阴点与七个阳点配合，此时阳极生阴，得生者负阳抱阴而生。右边四个阴点与九个阳点配合，此时得生者，负阳抱阴而生，但是阳气小于夏至时，阴气大于夏至时。

《黄帝阴符经》云：观天之道，执天之行，尽矣。天有五贼，见之者昌。世间万物无不得道者昌，失道者亡。河图所透露的天机在于，告诉了我们万物所遵循的秩序规律。那么只有遵循这个象数模型下的秩序法则才能"自天佑之，吉无不利"。

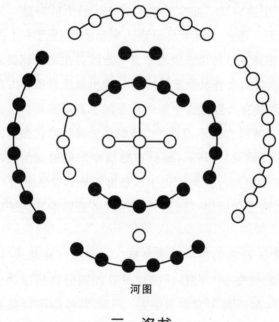

河图

## 二、洛书

相传洛书是由大禹在洛水所得，故名洛书。洛书是由河图演变而来，表示天地万物在阴阳数理下的和合状态，从洛书的数理分布可以看出，不论是横竖斜相加都等于十五，与河图相比舍去十不用，其数总和为四十五。

洛书

从排列上来看，河图是阴阳重叠的数理排列，而洛书是对河图的分解，阴阳成单一列队间隔排列。从图中我们可以看出，冬至一阳复始的阳点没有动，而原来下方的六个阴点，移到了右边；同样三个阳点下方的八个阴点也移动到了对应的右边。而七、九的阳点位置发生改变，九个阳点排在了上方，七个阳点排在了右方，二、四却分布在九阳点的左右。洛书为什么会出现这样的排列组合？实际上《河图》、《洛书》是从天地两个角度描述阴阳数理变化与万物的关系。

《易经·系辞》言：在天成象，在地成形，变化见矣。《河图》即天象，《洛书》即地象。洛书从地的角度出发，描述了人所见到的阴阳量变，阳主生，阴主亡，故四阳之气占据主位，四阴之气占据四隅之地，同时遵循阳顺阴逆的法则。另外的《洛书》深意是体现一年与一日阴阳运动的相互并存现象。从感知学的角度出发，冬至一阳生于众阴之中，那么阴在何处？阴的九就隐藏在阳一之下，体现"负阴抱阳"之道。腊月是一年中最冷的时候，将八个最重的阴点放在十二月与正月之间，一阳之后便是二阳，体现阴气的八数将隐藏了阳数的二。春天阳气上升，春分后阳气大于阴气，用阳数的三来表示阳气的前进，从而将阴气的七数隐藏起来。立夏后，四个阴点位于三四月之间，以阴数的四来表示此时的阴气，而将阳气的六数隐藏起来；夏至阳气旺极，故以九个阳点表示，而夏至一阴发生的阴数隐藏起来。然后，阴气进气，以阴数的二来表示阴气的发生，而将阳数的八隐藏起来。到了秋分以七个阳点表示阳气的退却，而将阴数三隐藏起来。到了立冬以后，阴气增加，以阴数六来表示，而阳数四隐藏起来。通过这样的对比，大家就明白了万物"负阴抱阳与负阳抱阴"的法则，同时以《洛书》来看，四正为阳数，四隅为阴数，这是古人阳正阴偶的思想。《河图》是从太阳运动的角度来阐述阴阳运动的现象，而《洛书》是从大地的角度描述阴阳运动的并存量化。阴生于阳中，阳极生阴，故将阴生排在阳极之后。河图、洛书没有什么神秘之处，它是先贤智慧的结晶，是对天地万物运行认识的总结，是大道之本。

《易经·系辞》言：易之为书也，广大悉备，有天道焉，有人道焉，有地道焉。

# 第二节　先天八卦

关于先天、后天之说，在宋代以前是没有的，而且最早关于伏羲八卦与文王八卦的说法也只存在于文字记载之中，没有真正的图案出现，直到五代十国末年，道家出了个神仙式的人物陈抟，才真正地出现了先天图与后天图。

《易经·说卦》言：天地定位，山泽通气，雷风相搏，水火不相射，八卦相错。数往者顺，知来者逆，是故易逆数也。

先天八卦的来历，就与《说卦传》有关系。其中的言辞不是在伏羲氏年代所形成的，而是与《系辞》所成文的年代相近。其中的用词并不是利用乾坤等卦名而论，而是以卦象论述卦宫的位置。到先秦时期，文王八卦已经出现，并且八卦之象也已经对应。乾为天，坤为地，兑为泽，艮为山，离为火，坎为水，震为雷，巽为风。先天八卦就是这样建立起来的。

先天八卦图的出现想表达什么呢？它的排列间接证明了伏羲氏的圭表测量所得到的结果。坤为至阴之卦，位置在冬至的位置，同时表现了一个立体的时空观，就像一个人站在大地上，脚踩大地，头顶蓝天，左右六个卦表示万物的进退演变。

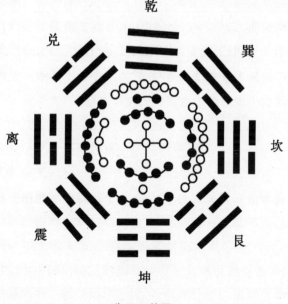

先天八卦图

坤卦（☷）为至阴之卦，对应冬至；冬至后一阳发生，出现了震卦（☳），阳气所生是从地心向外发散（卦从内向外看），阳气上升，震卦的三个爻初爻为阳，表示一阳所生，其余两爻为阴爻；紧挨震卦的是离卦（☲），位置在春分位置，此时阳气更旺。我们会感觉不但是大地的温度在增加，太阳的照射温度好像也在增加，故在震卦的基础上，将三爻的阴爻变为阳爻，就是离卦。继续上升则为兑卦（☱），阳气上升，清明节后阳气占据绝对上风，只有外在天的变化影响着温度，故在乾卦的基础上将三爻的阳爻变为阴爻，乾卦的阳退为兑卦。阳气冲满卦爻的中心；阳气上升到极点，就是乾卦（☰），此时阳气冲满四方，南北两极都已经被阳气征服，这就南北两极夏天到来的时候。阳极生阴，因从内生，阳气向下阴气发生，即为巽卦（☴），阴气继续发展到了秋分的位置，此时的天气只有中午仍保持着阳气的本质，此时以坎卦（☵）；阴气继续发生冲满卦的中心，气势不可扭转，此时卦象为艮卦（☶）；阴气上升到极点，即为坤卦（☷）。

先天八卦图，从阴阳二气的进退角度，通过阴阳二爻的进退位置变化来表达卦气的演变，表现阴阳二气的全部演变过程。

先天八卦与一年四季二十四节气对应。震卦离卦对应春天；兑卦乾卦对应夏天；巽卦坎卦对应秋天；艮卦坤卦对应冬天。震卦包含小寒、大寒、立春；离卦包含雨水、惊蛰、春分；兑卦包含清明、谷雨、立夏；乾卦包含小满、芒种、夏至；巽卦小暑、大暑、立秋；坎卦包含处暑、白露、秋分；艮卦包含寒露、霜降、立冬；坤卦包含小雪、大雪、冬至。

八卦对应现在一天的二十四小时。震卦0—3时，离卦3—6时，兑卦6—9时，乾卦9—12时；巽卦12—15时，坎卦15—18时，艮卦18—21时，坤卦21—0时。

先天八卦图表现的是天象气变，是气变实体的象数模型。而后天八卦是从地象出发，细腻真实地表现了中国地形、地貌、人文等特征。

## 第三节　后天八卦

先天主气，后天主象。后天八卦从实际出发，描述了地形、地貌、人文、物理等方面的信息。

后天八卦图

《易经·说卦》曰：乾，健也。坤，顺也。震，动也。巽，入也。坎，陷也。离，丽也。艮，止也。兑，说也。

乾为马。坤为牛。震为龙。巽为鸡。坎为豕。离为雉。艮为狗。兑为羊。

乾为首。坤为腹。震为足。巽为股。坎为耳。离为目。艮为手。兑为口。

乾为天，为圜，为君，为父，为玉，为金，为寒，为冰，为大赤，为良马，为老马，为瘠马，为驳马，为木果。

坤为地，为母，为布，为釜，为吝啬，为均，为子母牛，为大舆，为文，为众，为柄，其于地也为黑。

震为雷，为龙，为玄黄，为旉，为大涂，为长子，为决躁，为苍莨竹，为萑苇。其于马也为善鸣，为足，为作足，为的颡，其于稼也为反生；其究为健，为蕃鲜。

巽为木，为风，为长女，为绳直，为工，为白，为长，为高，为进退，为不果，为臭；其于人也为寡髮，为广颡，为多白眼，为近利、市三倍；其究为躁卦。

坎为水，为沟渎，为隐伏，为矫輮，为弓轮，其于人也为加忧，为心病，为耳痛；为血卦，为赤；其于马也为美脊，为亟心，为下首，为薄蹄，为曳；其于舆也多为眚；为通，为月，为盗；其于木也为坚、多心。

离为火，为日，为电，为中女，为甲胄，为戈兵；其于人也为大腹；为乾卦，为鳖，为蟹，为蠃，为蚌，为龟；其于木也为科，上槁。

艮为山，为径路，为小石，为门阙，为果蓏，为阍寺，为指，为狗，为鼠，为黔喙之属；其于木也为坚、多节。

兑为泽，为少女，为巫，为口舌，为毁折，为附决；其于地也为刚卤；为妾，为羊。

从河南中宫黄土地出发往南，走到湖北就发现土壤开始变红，变紫红了，走到广东时，土壤就是红色的，再向南，到海南岛、南沙群岛一带，那里的土地都是红色的，因气候潮湿炎热，土壤中的铁离子都被氧化，变成氧化铁和氧化亚铁。其规律是越往南走土壤越红。南方为离火，离火为热，因此越往南走越热，靠近赤道，气温逐渐升高；离还为目，代表眼睛，大家到广东一带看，人的眼睛长得好看、漂亮；离者丽也，美丽、鲜艳、明也，所以南方人的眼睛都较为漂亮，有神。离为火热，南方人大都很热情。离中虚，南方人身体大部分较弱，在广州的人"猛吃猛喝"，因为天气热，人体消耗能量较多，人体内里都比较虚空一些。从河南向北走，到内蒙草原，拨开草丛就会发现，那边土质"黑"；北方为寒水，所以，越往北走越寒冷；其次，坎中满有个特点是内实，南方人招待客人用一盘叉烧肉，半条鱼，一段烧鹅，几只"凤爪"，一斤白勺虾，半只白切鸡等等，一样一点，小盘面面俱到，显得非常热情。而北方人招待客人用几条鱼，两只烧鸡，几只烤鹅，烤全羊等等，整只整只的，坎中满的特点，非常实在。北方人一般眉毛比南方人更黑，更粗些。卦象非常符合这个特点。

从河南往我国东部看，华东平原，华中平原，华南平原，华北平原，都是一路平原地带，到处是绿油油的，郁郁葱葱，并且大的雷雨都在黄海一带。因为震为雷。山东人一般脾气急躁，因震卦为动，性格急躁些，震为龙，天津、山东等东部一带经常会有龙卷风。震为高，突然出来个"龙头"——泰山，从西面祁连山、秦岭往东过来，直到河南、山东一带都成平地了之后，"叭"，出来个高高的泰山；震为高，长高个，山东大汉个子高点，这种场适合产生这种效果，所以山东一带玉米高粱等往高长的生物特别多，包括树木，如苹果树、梨树都很好。山东人的性格比较直爽，震为肝、肝火旺，脾气比较急躁一些。这些符合我国的特点。

向西方，西为兑金、为毁折、为沼泽。兑为泽，西边有沼泽，盆地也特别多；兑为毁折，西边断裂带也多；矿产也多，兑为金，各种各样矿产特别多。新疆一带"白俄罗斯"、"哈萨克"族等，那些民族的人皮肤都是白白的，兑为白；眼窝都较深，兑为泽嘛，凹下去了，西边高原坑坑洼洼，盆地非常多，兑为缺嘛。总之易卦所代表的形象都能表示出来。

看东南，东南为巽卦，巽为风。我国每年一号、二号、三号等台风都在哪里出现？福建、台湾海峡、广东东部一带为多，这不是东南方吗？巽为绳直，福建一带的山都是一条条的，符合巽卦所代表的规律性。

看西南，西南大部分为红色或紫色的土壤，坤卦在"八门"中称死门，因坤卦主肉、主土，即肉入土，死亡的意思。坤卦在西南按理是不正位的，应放在中间，但为何又放到西南了呢？大家可以到西南一带看看，云南地区有许多地方是黄土，类似中原一带的土质特点。另外，坤主重浊，所以云南、四川、广西一带的方言常浊重。而且四川人常有到外地嫁姑娘的习俗。这是因为坤主阴，阴即为女性，那一带女性较多，此外，坤主肉，许多人到了西南一带都变胖了，肚子也起来了，只因其生理特点适应这些规律，必然产生这样的结果。其次坤还主众，我国人口最多的省份是四川省，在西南，人口多，必然生的就更多。当大家总结出这些规律之后，就感到非常有意思。

下面我们看一下东北，艮为东北方，为山。东北主要是长白山、大兴安岭、小兴安岭山区为主。所以东北人的颧骨、鼻子都比较高一些。东北人中长"青春美丽痘"的比较多，艮为山，要从皮肤上表示出来。东北人的脾气比较任性，比较"倔"这都是艮卦的特点。艮为土，土克水，所以东北人较能喝酒。

下面看看西北，乾卦主西北，为玻璃，为玉，为结晶体，那地方有很多的结晶盐，甚至连铺路都用结晶盐。另一特点是昆仑山、祁连山一带出玉石，天山出金子，乾为金为玉，那里有许多天然金矿。就因为这些地方出这些东西，有这些特点，才会用乾来表示。

综合上述讲的各方面都表明，从卦的结构上看，比较符合我国的整体情况。任何一个事物，只有处在相对稳定、相对平衡的时候，才能够认识清楚它的规律。而且这个系统是"其大无外、其小无内"的。

中国古代不管是什么图，不论是《易经》的，还是"河图""洛书"、医学中的"五运六气"等图，所有的图都是上面代表南，下面代表北，左东右西；上表示前，表示外面，表示上面；下还表示后，表示里面，表示下面等等。这个规律永远不变，这是个立体表示方式。上下前后左右里外，往任何事物套用都可以。其结构框式规律是不变的。下面讲人体结构时，就可以体会到了。

现在我们要把你看成是一个整体的人，而不是一个国家了。从人体整体的结构分布来说，后天方位图中，离代表头，坎为下，代表阴部；震为左手臂，兑为右手臂，头（离）与左手臂（震）之间是巽，为左肩，头与右手臂（兑）之间是坤为右肩；人体左下方是艮，为左腿足，右下方是乾，为右腿足。若在判断过程中出现坤卦，表示脾虚，消化不好，浮肿……基本上不会错的。出现乾卦，说明右腿、右足不好，乾为圆，右腿关节不好，膝盖或胯骨、股骨头处引起的毛病。如果出现艮卦，说明左脚腕上容易出毛病，所以在治病上可以帮助我们选择比较好的治疗方案。左腿痛与右腿痛在中国古时的辨正施治中是非常注意的，其治法不一样，就是因为它符合我们讲的后天八卦分布的规律。这是从整个全身看，如果你说我不需要看四肢，那怎么看？这时离还为头，坎还为阴部，震就为左肋了，兑为右肋了，就不是右手臂了。艮就为左下腹了，而不再是左腿足了，乾为右下腹。巽为左肩，坤为右肩。这种对应分布是不会

43

错的，"其大无外，其小无内"系统，在此系统中随便怎么套用都可以。套用在脸上也可以，这时（巽）还在左上方，在太阳穴一带。比如在此区长痣或起疙瘩了，基本上说明胆循环或功能不好。凸出来一块，说明胆结石或胆囊肥大，此区积聚显得比别的地方丰满，说明胆壁增厚或胆管扩张增厚。所以此分布图套在脸上也可以用。如果还想更简单，套在一只眼睛周围也可以用。眼睛右上角（坤）有个疙瘩或鼓出来一块，基本上是脾大。因坤卦主脾。用这种方法判断基本上是准确的。最后也可只套用到一个穴位上。过去历史上讲，好的大夫给病人治病，"药不过两三味，针不过一两针"，就是《易经》帮他抓住了主要矛盾，主要矛盾一解决，其他矛盾迎刃而解，为什么这么说？假如人中穴：直着刺入人中穴，平补平泻，入脾胃之经，往上刺一走气是入心经，往下刺，气入肾经，往左刺气入肝经，往右刺气入肝经……所以在一个穴位上就可以治疗很多的疾病。（以上内容引用张延生《心易》）

后天八卦被称为实用八卦，梅花易数、堪舆风水、奇门遁甲等数术占卜都是以后天八卦为依据，这就是后天图的神奇伟大之处。

## 第四节　六十四卦方圆图

关于六十四卦的方圆图，它的出现不是伴随着易卦的产生而及时出现的。现在大家看到的六十四卦方圆图，是出自于南宋朱熹的《周易本义》。实际此图是由邵雍所创，虽然很多书上都记载着此图，可是对于此图的解释很少。

### 一、圆图

通过圆图我们可以看出，它与先天八卦是完全对应的，乾坤两卦上下对应，乾卦对应着夏至，主天；坤卦对应冬至，主地。从下方的坤卦左转，第一卦为地雷复卦，冬至一阳生发，在震卦发生。可是在这个状态下，天象会出现八种现象，故此时内卦的震卦不动，而外卦从坤卦至乾卦循环一周形成地雷复、山雷颐、水雷屯、风雷益、震为雷、火雷噬嗑、泽雷随、天雷无妄；然后是内卦变成离卦，外卦还是从坤卦起至乾卦。再下来内卦变成兑卦、乾卦，外卦还是同样的顺序。

乾卦向右一阴生成，此时由乾卦变成巽卦，外卦从乾卦至坤卦，依次为天风姤、泽风大过、火风鼎、雷风恒、巽为风、水风井、山风蛊、地风升；内卦依次变为坎、艮、坤卦，外卦的顺序不变。

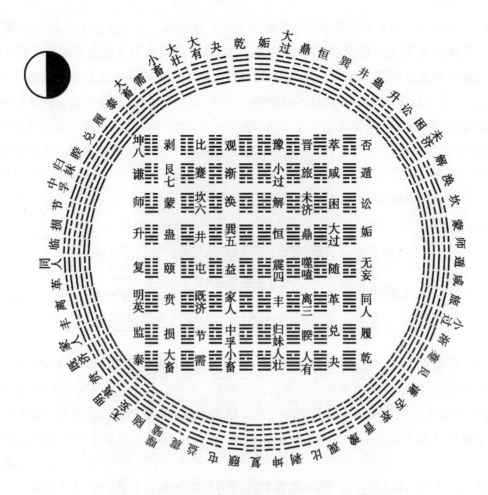

六十四卦方圆图

　　从六十四卦的圆图来看，内卦的变化完全是依据先天八卦的气场变化顺序，完全描述了当空间不变、不动的状态下，天象随时会出现八种现象对应。当然如果以这种思想，我们可以再画出一幅圆图，是天象不动，地象发生八种变化。

　　六十四卦圆图，描述了一个完整的天道运行规律与过程。完全是与先天八卦来对应，先天八卦为纲领，六十四卦圆图就是对先天图的解释与细分。

## 二、方图

　　圆图是从天动的角度描述易道，方图是从天动地不动的角度描述易道，其不同之处在于将六十四卦在方图中形成阴阳相错的对应，从乾卦到坤卦，从右下方开始，按照乾、兑、离、震、巽、坎、艮、坤的先天数（1、2、3、4、5、6、7、8）排列出来。从卦的排列来看，乾坤对角对应。从乾卦向上为天泽履，向左为泽天夬，履卦与夬卦的上下卦组合，正好形成相错，二者都是由天、泽组成，只不过是上下的位置不同。依次是天火同人与火天大有对应，天雷无妄与雷天大壮对应，天风姤与风天小畜对应，天水讼与水天需对应，天山遁与山天大畜对应，天地否与地天泰相对应。从左上角的坤卦开始，向下为地山谦，向右为山地剥，二者的上下卦组合也是相错。向下的依次为地水师与水地比对应，地风升与风地观对应，地雷复与雷地豫对应，地火明夷与火地晋对应，地泽临与泽地萃相对应。这是从外围的方阵来看，第二层的方阵同样是对应的，兑卦与艮卦相对应；第三层离与坎对应；第四层震与巽对应；从第二层到第四层的外围方阵同样遵循两两相对的形式。这样的排列古人是想表达一种阴阳协调的思想，阴阳对立必然统一，表述了从阴到阳，从阳到阴的对立与统一。

| 坤八 | 剥 | 比 | 观 | 豫 | 晋 | 萃 | 否 |
|---|---|---|---|---|---|---|---|
| 谦 | 艮七 | 蹇 | 渐 | 小过 | 旅 | 咸 | 遁 |
| 师 | 蒙 | 坎六 | 涣 | 解 | 未济 | 困 | 讼 |
| 升 | 蛊 | 井 | 巽五 | 恒 | 鼎 | 大过 | 姤 |
| 复 | 颐 | 屯 | 益 | 震四 | 噬嗑 | 随 | 无妄 |
| 明夷 | 贲 | 既济 | 家人 | 丰 | 离三 | 革 | 同人 |
| 临 | 损 | 节 | 中孚 | 归妹 | 睽 | 兑 | 履 |
| 泰 | 大畜 | 需 | 小畜 | 大壮 | 大有 | 夬 | 乾 |

六十四卦方图

六十四卦方圆图，实际是对先天图的分解，描述了易道的完整变化现象与过程。"其大无外、其小无内"的思想是易学的核心，方圆图与八卦图遥相呼应，既对立又统一，反映"一阴一阳之谓道"的合和思想，也是"乾道变化，各正性命，保合太和，乃利贞"的实证。对于时间与空间的流变，从不同的现象与哲理表现出来。左旋阳气上升时，三阳开泰（地天泰）预示着生机盎然；右边阳气下降阴气上升时，三阴升起（天地否）预示着万物的收藏，从气动变化的原理，来描述万物运动的现象与人生的哲理。

# 第五节　易学中的思维方式

思维方式是人类观察世界、认识世界，从而指导自己改造世界的思想方法。掌握了思维方式，也可以说是掌握了智慧的方法，只有"纲举目张"，才能"触类旁通"。

《周易》及其研究展示出了诸多思维方式，其中具有一定价值的有五种，即直观思维、形象思维、象数思维、逻辑思维和辩证思维。这五种思维方式各有自身的特点，各有自身的功用，相互之间不能代替。

## 一、直观思维

直观思维就是以感官或者经验判断事物及发展趋势的一种思维方式。易以直观思维来描绘天地万物，来体认事物、判断事物与人事的吉凶祸福，决定人行为的进退取舍。以直观思维来推断事物未来发展的结果，不是普遍性的，而是以经验与直观观察作为这种思维方式的特点。

直观思维是人类认知自然初始阶段的思维方式，是人类在接触事物时最直接的思维认知。直观思维是以事物的外体形象在头脑中的第一反应作为判断事物的信号来认知事物，并以此为借鉴来类推审视和认知新的事物。因此，直观思维是以事物的外象为认识事物的媒介，通过新旧事物外在的形象及功能进行比较联系，作出判断结果。但是直观思维在认识事物上，具有表面性、肤浅性、简单性的缺点，不能全面认识事物的本质，难以把握千变万化的事物性情与发展。直观思维虽然具有很大的局限性，但是在认识事物的初期是难以避免与超越的。人类要想认识事物的本质，不是要抛弃直观思维，而是要更好认知直观思维的范围与局限性。不要盲目地以直观思维作出判断，而只是将其作为初期认识的一种手段。

比如在日常的预测中，在接触人与事物的同时，就会出现一个简单的外形判断，这个判断是以外在的同相与经验作为判断依据的，但是如果不加以观察，盲目作出判断，就会常常失误，因为犯了直观思维的经验主义。因此，直观思维只是外在形象判断的一种肤浅思维，不可盲目应用。

## 二、形象思维

形象思维是直观思维的进步，它与直观思维一样都是以事物的形象为思维推断过程的媒介，不同之处是直观思维以事物的整体外象去对比、衡量另一事物，具有整体平面移动的特点，而形象思维则不局限于事物的整体，它往往通过对事物外象的再现、拆卸、组合去体会事物中的道理，甚至创造新意。

形象思维在应用中是以事物的形象为媒介的，它可以凭借过去的经验与认知积累，在头脑中拆卸、组合原有的事物形象，从而推断或者创造出新的形象。但是由于形象思维还没有脱离形象认知事物，因此常常将认知事物停留在事物的表面关系上，难以认识事物的本质与事物之间的共性。

形象思维在整个认知的过程中，虽然蕴涵着理性的推理活动，但它还是具有局限性，即停留在事物外象的共性上，不能代替逻辑与辩证思维。

在术数预测中，我们赋予五行一个现实世界的物质形象——木火土金水，这是自然界的五种物质，形象地比拟阴阳二气运动变化过程中的自然现象与自然属性。

## 三、逻辑思维

逻辑思维，是指遵循形式逻辑的法则思考问题、认识事物的思维方式。逻辑思维的法则有很多，从易学的角度讲，可以体现在三个方面，即分类、类推和思维形式化。

### 1. 分类

《易经·系辞》曰：方以类聚，物以群分，吉凶生矣。将天下纷繁复杂的万物归类于八卦之中，万物各归其类，各分其性，找到相同事物之间的共性，以便于掌握应用事物。类是事物之间共性的纽带，可以从形象与性质上进行分类比较，划分类别。虎、豹子和猫虽然大小不同，可是虎豹却归于猫科，具有相同属性。《易传》认为，类是事物之间相互沟通的纽带，事物与事物之间本来是有区别的，从它们的名称到性质各守其界，不可超越，但从类同的角度来看，事物与事物之间又相互沟通，可以超越。

### 2. 类推

类推是指把一个事物的类别属性推及同类的另一事物身上，以求对另一事物有所认识的思维形式。它是分类思维形式的继续和延伸。

类推的思维方式是在分类基础上的初步理性思维方式。相对于直观思维和形象思维而言，它是更为深入的一种认知手段，可以从具体的形象中抽取出共相，并通过共相去推导认识新的事物。这种认识已经不再停留在事物的表面，它走过"具象——抽象——具象"的曲折道路，对新事物的认识比简单的直观思维和形象思维来得深刻。它已经进入了理性思维的领域，尽管仅仅是初步，但它已经开始超越形象，捕捉形象背后的类属性。已经开始用形象背后的类属性或道理去理解未知的事物。

### 3. 形式化

形式化，是指注重思考问题所遵循的思维形式，不涉及所思问题具体内容的一种思维趋向。这种思维的特点是在思维的过程中循序渐进，逐渐形成一定的法则或公式，以此限定思维的定向，衡量得失，而不涉及所思问题在实际中的情况。用逻辑学的语言说，那就是只管对错，不管真假。所谓对错，指思路是否符合思维法则和公式；所谓真假，指所思考的事物是否与实际相符合。

## 四、辩证思维

辩证思维，是指以运动的、联系的、变化的观点认识事物的思维形式。

辩证思维是易学思想研究中蕴含的最为突出、丰富、系统的一种思维形式。就其内容而言，大体上可以归纳为三个方面：变易思维、相成思维、整体思维。

1. 变易思维

变易思维，是从运动变化的角度来观察事物的思维方式。

易学是模拟万物的变化而创建的，自身就充满多变性，也是易具有变易思想的来源。易学的变易思想，在《易经》中一般体现为三个方面：一是卦象及爻象的变化；二是卦象、爻象所象征的人事吉凶的变化；三是卦辞、爻辞借以表示的自然现象的变化。

2. 相成思维

相成思维，是以相互联系、相互依赖、相互补充的观点看待对立的两个方面或对立的两种事物的思维方式。此种思维方式，被称之为"相反而相成"。

世界上任何对立的两个事物或两个方面都不是孤立存在的，其中的一个方面或一个事物虽然与另一个方面或另一个事物是对立的，但又以对立面或对立事物作为自身存在的条件或前提，对立的双方共同构成一个统一的事物。相互对立的两个方面相互补充、相互接济，不但是客观世界自然而然存在的一种方式，而且是客观世界和谐存在的前提。

3. 整体思维

整体思维，是以普遍联系、相互制约的观点看待世界及一切事物的思维方式。这种思维方式不仅把整个世界视为一个整体，认为构成这个世界的一切事物都是相互联系相互制约的，而且把每一个事物又各自视为一个小的整体，除了它与其他事物之间具有相互联系、相互制约的关系外，其内部也呈现出多种因素、多种部件的普遍联系。

辩证思维用对立统一、发展变化、普遍联系的观点看待世界，正确地反映客观世界的实际情况，是人类思维高度发展的重要标志。它与形式逻辑思维相辅相成，共同构成了人类理性思维的高级形式。

## 五、象数思维

象数思维是以符号和数为媒介，认识、推断或预测事物及其发展变化的一种思维形式。与形象思维不同之处在于，它在借助形象进行思维的时候总是伴随着数的变化，以象与数的比拟与数的概念来应用到确定事物判断的思维中，以象数合一的观念考察事物变化的过程和规律。

象数思维是易学特有的一种思维形式。它与中国古代崇术数的观念相联系。在古代一些人的观念中，自然界的变化是遵照数的变化程序进行的。数的变化程序标志着事物变化的趋势和结局，人们称之为气数。因此，推测事物变化方向和趋势，则要通过数的演绎进行。《易经》就是以象和数相互转换的观点解释卦爻

象和事物变易的过程和法则。

象数思维作为一种思维方式，是抽象的思维与具体的思维相互结合的产物，它从具体中引出抽象，如圣人观象作八卦，再从抽象中认识具体，如得卦观象以判吉凶，将抽象的与具体的合而为一。

# 第六节　阴阳方法论

易学之所以被历代圣贤及成功者捧为至宝，绝不是什么能掐会算，而是其方法是认识天下事物最至上的方法，其次是它的思想。

易学是以阴阳为指导思想，以阴阳为方法论，去认知掌握天下事物。比如，大家都知道人参，那么请问人参的性质是阴性还是阳性？很多人的答复是：阳性。先不看回答问题是否正确，从人参的生长环境来看，阴阳属性则一目了然。什么地域的人参是最佳的极品？东北长白山地区。长白山地区是属于寒带还是温带？寒带。人参的生长环境喜欢山的向阳面还是阴面？阴面。综上所述，就可以得到答案，人参的性质为"阴性"。可是一般情况人们容易被语言引导，人参"滋阴壮阳"。只看到"壮阳"，却不知"滋阴"在前。那么，人参种植在北京地区的燕山山脉可不可以成长呢？可以。但是，恐怕它的药性却差之千里。我们的祖先就是抓住了阴阳时空的方法去认识事物，神农尝百草，难道神农氏真的要一味味的去尝试，试想如是不知药性盲目地去尝试，恐怕性命早已完矣！将四方地域与阴阳五行相结合，东方木气，南方火气，西方金气，北方水气，中间土气，结合春夏秋冬的阴阳消长，以及开花结果规律，首先将植物做一个阴阳判断，然后再去尝试。一年有四季象征四象，一天有四时同样象征小四象，也就是一年中有五行之气，一天之中同样有五行之气，一物有阴阳，而一物阴阳之中又有阴阳，故易曰：通乎昼夜之道而知，故神无方而易无体。

化学中表示化学分子，可以用正负电子来表示，正大于负的是负阳抱阴，负大于正的是负阴抱阳。阴阳性质越接近，它们就越容易发生反应。可以说阴阳原理是破解万物的一把金钥匙，万物在阴阳的分类下，其大无外，其小无内，以阴阳去"格物"万物，作为万物生死存亡之根，这样可以简单地掌握事物。

# 第五章　易学的道与象

易学的核心是讲述四个方面：象、数、理、占。象是作为易学的基础，是卦象与万物之象的对应与归纳。道是易要阐述的主要内容。在《易经》的表现中，象与道、易与道、易与象相互替用、相互印证。易中有道、易中有象、道中有易、道中有象……象数理占各有所取、各有所得、相互参差。

## 第一节　道象术数文

### 一、易谓易之道

易学为研究"易道"之学，故"道"为易学之生命，为易学之实质。"道"之一字，其最早含义为"所行道也"（见《说文》），是人生实证事物的结果。其被引用为后来哲学思想上"只可意会而不可言传"的抽象义，实由易学中来。易学当初之所以赋予"道"字这样一个新的抽象义，自然有其思想背景上的因素。不过，易学虽然赋予了"道"字一个抽象义，却也很难为它下一个概念周全的定义。《系辞传》中的几处定义，只能说从不同角度分别指出它的部分义，从这些不同角度的部分义中去认识它。概要说来，所谓"道"可从以下三方面认识：

第一，是形而上的。《系辞传》为"道"下的定义之一是："形而上者谓之道"，这是就其存在方面而言。可是，应该注意，这个"形而上"并非是说在万物形体以外，有一个客观存在的"道"，也不是说"道"寄生在万物形体之内，像灵魂之于肉体一样，有时可以离却万物形体而去。易中之"道"是永远与物体为一的，物的变动即"道"的功用，二者一不存，则二俱亡。同时，在思想中也不可以设想"道"是一种休止状态的存在，它原是动态作用的存在，所以《系辞传》言"生生之谓易"，又言"为道也屡迁，变动不居，周流六虚，上下无常，刚柔相易，不可为典要，唯变所适"。

第二，是普遍的理论或法则。《系辞传》为"道"下的另一个定义是："一阴一阳之谓道"，这是就其功能方面而言。阴阳往复，万物化生，万物即为易道理法的表现，这一义指出了易道无限的涵摄性。《系辞传》在这一方面发挥得最多，如"夫易，广矣大矣，以言乎远则不御，以言乎迩则静而正，以言乎天地之间则备矣"，"范围天地之化而不过，曲成万物而不遗，通乎昼夜之道而知，故神无方而易无体"，"仁者见之谓之仁，知者见之谓之知，百姓日用而不知"……都无非在说明易道理法的普遍性。

第三，有简易、变易、不易三种特性。此即易学中所谓的"易有三义"之说。《系辞传》起首第一章完全在发挥这方面的含义，后来《易纬》乃正式提出"易有三义"之言。所谓"三义"，即指易道的三种属性，前面提到易道以一阴一阳往复为理法，"三义"则为对阴阳二作用的进一步的观察分析。"简易"是就阴阳为理法去认识分析事物，"变易"是就阴阳在时空变化的性质改变而言，"不易"是指阴阳为万物之纲领，万物都在阴阳之中，此不二法则。故曰："法于阴阳，和于术数"。"简易"、"变易"、"不易"为易哲学的要义。易学中有"道"，乃针对易之有"象"、有"术"作分别，"象"与"术"等均依于"道"而生，故"道"为"形而上"，"象"与"术"等为"形而下"。伏羲氏当初看到宇宙万物纷纷扰扰的现象，欲寻求出万物所以生、所以长、所以成、所以毁、所以然、所以不然的原因，乃透过广泛的观察、深沉的思考、细心的推求，发现宇宙万物纷纭错杂的现象中，实有理路法则可循，于是画八卦以象之，创筮术以推广其用。伏羲氏所发现的理路法则，便是易之"道"。所以"道"的被发现，便是易学的起源，也便是中国哲学的开始。

《系辞传》中"易"字，直指向"易道"一义之处，如："易与天地准"，"天地设位，而易行乎其中矣"，"易穷则变，变则通"，"乾坤，其易之蕴也，乾坤成列，而易立乎其中矣；乾坤毁，则无以见易。易不可见，则乾坤或几乎息矣"等等不尽举，读易者于此义不难分辨。

## 二、易谓易之象

易学与其他哲学殊不相同的面貌特点之一，是它的"象"。象就是符号，易学的创立是先有符号，筮术及文字均为倚象而后起。而且，象是直接表现易道，筮术则是透过一套设计方法求得象，再据象以演说易道；文字也是据象以阐释易道。所以在易学中，象的重要性远超过筮术及文字，可以说离开象便没有易。伏羲氏当初画成卦象时，因为彼时尚无文字，不得已而用符号，但到了卦象符号发明成功以后，随着时间的愈久，愈发觉以卦象符号表现易道，确实简捷而明确。后人将伏羲氏的八卦增加为六十四卦。到了孔子赞易时，可以舍弃筮术，而不能舍弃卦象，诚以卦象之表现易道，其直接性，其活变性，其玄奥幽隐的含藏性，非文字所能及。就今日而言，文化界尚无第二套如易象之最简单、最整齐、最具概括性以表现如易学之深广之文化思想的符号。人类文化史上有卦象，实在代表着人类智慧的高度发挥。

《系辞传》中言易象之处，大多直接用"象"字，但仍有少数"易"字是指象而言，如：易有太极，是生两仪，两仪生四象，四象生八卦。这句话可以从易筮术上讲，也可以从易道上讲，但就此处句义所指而言，实为言易之象。《说卦传》曰：故易六画而成卦，分阴分阳，迭用刚柔，故易六位而成章。此处也是指易象而言。

## 三、易谓易之术

易之术谓筮术。乃以蓍策为工具，依据卦爻象变化以占断人事的一种方法。筮术在早期易学中占相当重要的地位，因为它本身的性质虽然是占断吉凶，但完全以易道为根据。周文王将八卦增加为六十四卦，使伏羲氏的哲学理论发挥得更精微、更普遍；同时，由于筮术是用于占断人事的，也开始将易道与人事结合。所以筮术在易学发展史上，是上承伏羲氏之思想而发扬光大。我们绝不能以迷信的眼光去评论筮术，所谓"圣人以神道设教"，筮术只不过是设教的一种方法。在筮术的创设及运用上，实在充满了智慧，充满了哲学思想。

《系辞传》中"易"字，言筮术之处特多，后世人因不知其所言为筮术，以致产生许多歧见异义。例如："易，无思也，无为也，寂然不动，感而遂通天下之故。""夫易，何为者？夫易，开物成务，冒天下之道，如斯而已者也。""易之兴也，其当殷之末世，周之盛德邪！当文王与纣之事邪！"《说卦传》中也有："昔者圣人之作易也，幽赞于神明而生蓍，参天两地而倚数，观变于阴阳而立卦。"

## 四、易谓易之数

"数"之用，乃倚筮术而兴。虽然在伏羲氏画八卦之初，太极、两仪、四象、八卦之中已寓有数目之意在内，但那是自然随象而来，并未发挥其功用。数在易学中取得其地位，起于筮术的创建。筮术的目的，在于断决吉凶。而在命筮行术时必须经过演蓍得卦的一套程序，完全依照计算蓍策数目的多寡进行，于是数就成了求得卦象的关键。换句话说，成了决断吉凶祸福的决定因素。由此观念开始，数逐渐被人视为一种渺冥的、不可把捉的力量，渐演变而成为如《庄子·天道篇》所云：口不能言，有数存焉于其间。

先秦以后，筮术与天文、历谱、五行、杂占、形法诸学相结合，《汉书·艺文志》统称之为"术数家"。在术数家心目中，数是一切事物的决定因，术是求得数的方法。东汉末年的管辂，是打着易学招牌出现的术数家中的佼佼者，他曾说"术足数成"、"数不妙不为术"，由此可见"数"与"术"的关系。到了宋代，易数一科大为发扬，邵康节"元、会、运、世"之学，为易数发挥之极致。

《系辞传》中将易学之数分为三类：

一是天地之数——奇偶之数。以奇数配天，偶数配地，《系辞传》云：天一、地二、天三、地四、天五、地六、天七、地八、天九、地十。天数五，地数五，五位相得而各有合。天数二十有五，地数三十，凡天地之数五十有五，此所以成变化而行鬼神也。

二是大衍之数——演蓍之数。当演蓍求卦时，蓍策分合计算之数，《系辞传》云：大衍之数五十，其用四十有九，分而为二以象两，挂一以象三，揲之以四以象四时，归奇于以象闰，五岁再闰，故再而后挂。乾之策，二百一十有六，坤之策，百四十有四，凡三百有六十，当期之日。二篇之策，万有一千五百二十，当万物之数也。是故四营而成易，十有八变而成卦，八卦而小成，引而信（伸）之，触类而长之，天下之能事毕矣。

三是阴阳老少之数——七、九、八、六四数。七为少阳，九为老阳，八为少阴，六为老阴，此四数系由演蓍中过揲或揲余之策数而来，由此决定所求得卦象中，孰为变爻，孰为不变爻。

以上三种数，都是筮术中所用。十翼文中言数，直用"数"字，仅《说卦传》有"易，逆数也"一处。然先秦以下则多有以"易"言数者，如《易纬·乾凿度》言："易变而为一，一变而为七，七变而为九。""易，一阴一阳，合而为十五之谓道。阳变七之九，阴变八之六，亦合于十五。"宋易中以"易"言数者更夥。

## 五、易谓易之文

易学中文字分为两大类：一是卦辞与爻辞部分，成于西周初年文王及武、成问卜官之手；二是十翼部分，虽言为孔子所做，但更多的是道家对易的思想。前者为筮占时吉、凶、悔、吝的断语，所以文句简截；后者为发挥易之哲学理论，所以理趣幽颐。前者合六十四卦象被称为"经"，后者为"传"。在先秦，周易是经传分离的，即经自经、传自传，至西汉末年费直始"以传解经"，后来经郑玄、王弼的提倡，乃成今日流行的以传附经的《周易》本。

后人引易之文字，有时候固然指明为某卦某爻或十翼中某部分之文字，但许多时候仅书一"易"字，如《系辞传》中引孔子释咸卦九四爻辞、困卦六二爻辞、解卦上六爻辞等，均仅言"易曰"二字。《史记·太史公自序》中"易大传：天下同归而殊途，一致而百虑"乃引《系辞传》之文。自汉以降，后人相沿成习，往往引易经、传之文，只标"易曰"二字。

## 第二节 易学流派与演变

清代《四库全书总目》将易学历史的源流变迁，分为"两派六宗"。两派，就是象数派和义理派。六宗，一为太卜遗法，二为京房、焦赣论机祥，三为陈抟、邵雍穷造化，四为王弼黜象数，五为胡瑗、程颐阐儒理（实际应为程、宋），六为李光、杨万里参史实。

《四库全书总目提要·易类》说：易之为书，推天道以明人事者也。《左传》所记诸占，盖犹太卜之遗法。汉儒言象数，去古未远也。一变而为京、焦，入于机祥。再变而为陈、邵，务穷造化，易遂不切于民用。王弼尽黜象数，说以老庄。一变而胡瑗、程子，始阐明儒理。再变而李光、杨万里，又参证史事。易遂日启其论端。此两派六宗，已互相攻驳。又易道广大，无所不包，旁及天文、地理、乐律、兵法、韵学、算术，以逮方外之炉火，皆可援易以为说，而好异者又援以入易，故易说愈繁。这段文字大致说明了易学的流派。意思是说，《周易》的内容是推演天地自然之道并说明人的生活规律，也就是说以自然规律来说明社会规律，从而指导人们的行动。《左传》里面记载的占筮筮例，大概还是古代太史占筮的传统方法。到了汉朝，经学大师都用象数来说明，与古代的传统还比较接近。象数派传到京房、焦赣，一变变成说明占验征兆的书；传到宋朝的陈抟、邵雍，再一次变成以河图、洛书探究天地奥秘的书，于是《周易》就不适合民用了。三国时期魏国的王弼把象数全部扫荡无余，用老子、庄子的思想来解释《周易》，于是出现义理一派。义理派传到宋朝的胡瑗、程颐，才开始用儒家的思想来阐明易理。再传到李光、杨万里，又用历史事实去考证它的卦爻辞，于是就出现了争论。以上象数、义理两大派，分出象数、机祥、图书、义理、儒理、考史六个宗系，互相攻击驳斥。另外《周易》的大道广大无边，无所不包，可以旁及天文、地理、乐律、兵法、音韵学、算术，以至于道家用炉火炼丹，都可引《周易》里来，所以《周易》的说法就更加繁杂了。

《四库全书总目提要》的说法比较客观：《周易》是中华民族的古典哲学，带有母科学的性质，揭示自然与社会最基本的规律，任何科学都不会与它毫不相关。所以它揭示的普遍性认识可以反映在各种学科里，但又不能把《周易》与某种学科混为一谈。比如魏伯阳的《周易参同契》，用《周易》讲炼丹，这并非说明《周易》是炼丹的书。魏伯阳也不是在讲《周易》，他是用易道来建立自己的学说，另有其价值。从开派的角度说，这类著作都是大手笔，但对《周易》来讲只能是末流。任何一门学科，只要按天地自然之道，正确揭示了本学科的规律，都可能与《周易》的正确原理保持一致。不仅是上面提到的算术、音韵学等，其它如中医、气功、美学、国画、书法都可援易以为说，这丝毫没有什么奇怪。不仅是这些间接的学科，即使是直接受《周易》影响的谶纬、太乙、六壬、遁甲、星命、相术、堪舆等，也只能算《周易》的末流。《四库全书》把它们列入术数类，而与《周易》分开。

至于上面提到的两派六宗，与《周易》的关系就比较密切了。《周易》推天道、明人事，自然离不开义理。《周易》是观象系辞，以数推衍，也离不开象数。只是机祥、图书类著作，大多是创造性地解释《周易》，它们往往在《周易》的基础上又创出了另外的一个相关体系，不能照搬解易。重要的在于从各派中吸取与《周易》一致的内容，博采众家之长，而不是去排斥某一流派。两派六宗在说明《周易》上都有不同贡献。从总体上说，象数派的最大贡献是保留了积古的传述内容。而最大的错误在于为易传寻找象数依据。义理派的最大贡献是精微地阐明了易理，最大的错误在于扫荡象数。离开象数，《周易》就成为无源之水、无本之木，变成空洞的理论。而离开义理，《周易》就会成为无法理解的梦呓。《四库全书总目提要》之后，一度出现了宋易衰微，汉易勃兴的倾向，宋易的图书学说与心理学说越来越被排斥，义理派与象数派渐趋融合，易学研究出现了空前繁荣的局面。到民国之后，《周易》研究又出现两种倾向，一是考古易学兴起，学者们用考古学或历史学的方法，对《周易》的起源、性质等方面作了探讨，新说层出。另一种倾向是科学易学的兴起。人们把易学与现代自然科学结合起来加以研究，再度出现空前繁荣的局面。另一种不能入流的派别就是猜谜派，他们把《周易》当成古人留下的谜语猜来猜去，往往师心自用地提出一种无稽的猜想，附会了很多无益的内容。据近人统计，从古及今知道书名的易学著作大约有六千多种，传世的本子大约有三千多种。

# 第六章  术数推衍的原理

术数发展从诞生直至今天，一直是对立存在的，信者自然言其信之理，不信者自然言其不信之理。那么术数的推衍到底是否有理可循，有据可依呢？一般情况下，不少人把术数推衍称为预测，所以冠于"预测大师"的称呼，动不动就预测了什么无比的准确，搞得神乎其神，觉得无比"荣耀"，实际术数推衍是一种信息解读，不是凭感应、凭直觉来知道事物未来的运动方向，而是通过阴阳五行的运动变化，按照一定的规律，在固定的形式下，去推衍事物未来的运动方向。所以术数学是依据卦、天干地支等作为信息载体的一种解读。这种解读虽然有一定的法则，可是由于每个人的思维方式不同，再加上个人阅历及当下的一些信息提示，同样的卦象却做出不同的结果，或者解读的信息完全脱离事实，这种情况不要去埋怨术数方法，而是人思维的不同，做出了截然不同的结果。术数学只是对事物轨迹及现象的一种解读，一种趋势推衍，不是"大仙"的神算！

## 第一节  术数的根本在阴阳

通过阴阳到八卦、六十四卦，从河图、洛书到天干地支，一切的一切都是阴阳的性质、能量、现象的描述，是在生动、运动地表示阴阳的消长变化以及时空相呼应的气场、节气的演变。一阴一阳之谓道，所有的事物都在围绕着阴阳消长、阴阳进退、阴阳互变在生死存亡，一年四季的演变也就成为术数学成立的最基本条件。法象莫大乎于天地，变通莫大乎于四时。不论是阴阳、两仪、四象、八卦、六十四卦、天干、地支、六十甲子、河图、洛书、先天八卦、后天八卦都是一年四季阴阳运动的一种认知模式，事物都在这个模式中荡来荡去。以一年作为一个固定的周期循环，其大无外，其小无内，所有事物都围绕着这个模式去发展，这就是人类认知的"术"，是一种认知事物的方法。那么什么是"数"？数就是阴阳消长的本质量化，少阳、太阳、少阴、太阴，八卦、十二地支都是对阴阳运动的量化。通过植物学、物理学、化学发现，任何事物的发生都需要一个阴阳和合，只要是阴阳的和合对应符合了事物的量能，事物就会发生。

术数学是一种方术＋数学逻辑计算形成的一种表达方法。其根本原理是通过万物在当下时空的阴阳表现，以一个相对点的阴或者阳来表示事物的主体，然后通过阴阳的运动去推衍阴阳进退的量化与表示事物主体的和合状态。它的原则本着"形全者损其有余，形缺者补其不足"的平衡原理去确定吉凶发展，若是阴阳的运动方向符合事物主体的阴阳损益则应吉，若是阴阳的运动方向不符合事物主体的损益要求，或者损过头，或者补过头，这都是一种不吉的现象。

阴阳是表达事物运动的一种方法论，任何的事物都具有阴阳、两仪、四象、八卦的分析原理。时空是事物发展生存的必要条件，而由八卦相互交替形成的六十四卦与六十甲子，包括各类的推衍方法，如六爻纳甲、梅花易数、四柱、奇门遁甲、大六壬、金口诀等都是推衍数理变化的一种方法，因为任何的一种方法都是一个整体，只要是这种方法能将阴阳在时空的变化下全部表现出来，那么这种方法就可以推衍事物的发展轨迹，就可以成为一种术数方法。

术数推衍通过两个部分的内容。其一，一种术数的表现形式。其二，是人大脑信息波在当下与被推衍事物波的沟通。例如，六十四卦，已经将阴阳在时空演变下模式表现出来，那么六十四卦就是一个整体的运动过程，任何的事物都可以在六十四卦的运动中找到自己的运动阶段。不论你从哪一卦起，到哪一卦结束，这个阶段都是一个整体过程。冬至后，一阳复始，腊月虽然寒冷，梅花顶雪而放，可是梅花开放的时间就那么十几天，这十几天就是梅花生存的整体过程。随后进入春天，可也说是"忽如一夜春风来，千树万树梨花开"，只要是阴阳的消长符合了事物的需要，事物就会自然发生，根本不需要任何的人力所为。故曰：天地无人推而自转，日月无人燃而自明。而在整个的推演过程中，一切的法则不能脱离阴阳之外，不论是六十四卦，还是天干地支，它们都是阴阳的时空量化与性质，不能超越于阴阳之上。

在没有学习术数之前，一般人们就形成一个先入为主的概念。就拿五行来说，五行的本质是五种气质，是五种气质在支撑着现象，可是人们往往是忘记了本质而用现象取而代之。五行来源于春夏秋冬四季的演变，春天阳气发生，自然界最大的现象是百花盛开，树木再次的发芽成长，春天的少阳之气就给它一个对应现象的名字：木；夏天阳气急剧上升，温度越来越高，太阳就像是在喷火，炙烤着大地，和人类点燃火一样，夏天的太阳之气给它一个现象名字：火；夏天过后阳极生阴，秋天到来，阳气开始收敛，由原来的蒸气形态开始形成液态，而且生物开始向回收敛，和冶炼时的形式非常相像，具有收敛、成形、肃杀之意，秋天的少阴之气给它一个现象名字：金；来到冬天，阴气上升，天空飘起雪花，流动的水开始结冰，一切的事物要被掩盖生命进入收藏，与夏天的火形成对比，冬天的太阴之气给它一个现象名字：水；而在春夏秋冬四季的演变过程中，各有一段时间介于两种五行的交替之间，被命名为：土。而一般情况，用现象取代气质，木就是树木，木燃烧就生火，火燃烧后就是灰土，然后土中生金，金化成水，这些物质现象的出现，恰恰引导进入误区，只有从气质上认识五行之气，才能真正地把握阴阳，认识卦，认识干支，准确地推衍事物发展。

## 第二节　时空是推衍解读的重要依据

要想真正地掌握术数推衍，必须从阴阳入手，而阴阳的立体存在与表现形式就是时空。时空是一切术数推衍的必要条件，没有时空，术数推衍就失去了标杆。那么，如何认识时空，如何分析时空与卦的关系，是术数推衍的重要环节。

时是指时间，空是指空间。时间的概念是依附于空间之下，时间本来是一个恒定概念，没有春夏秋冬，早晚四时，有了空间的存在才有了四时的概念。比方说首都北京正是夏天的时候，而澳大利亚正是冬天；东方太阳升起的时候，西方正是太阳落山的时候。在同一时间，空间的不同则决定着阴阳的不同，也就是说空间是大于时间概念的。《生命时空》中已经提出，要立体地看待时空关系，不是平面地看待五行与干支关系。术数推衍中，经常用到月建、日建两个参照点，对于二者来说，月建是天地运行的参照，四时八节全在月建，可是日建却是当下位置之写照。在一些传统的经典中，一直对于二者的应用有着不同的意见，有的说是日建大于月建，有的说月建大于日建，有的说是日月同功同权，那么到底是哪一种正确？一直以来都是争论不休，当然截止到今天更是五花八门、众说不一。实际这个问题，在经典《黄金策》中已经鲜明地写出："日辰为六爻之主宰，喜其灭项以安刘；月建乃万卜之提纲，岂可助桀为虐。"日辰既是日建，是术数推衍的主宰，而月建是提纲。二者日建为空间，月建为时间，空间永远大于时间。比如：癸丑月，很显然是寒冬腊月之时，天气寒冷。可是丙午日，却是另外一种意义，就好比是寒冷的冬天，可是来到了赤道附近的一些地域，如海南、迪拜、印尼、新加坡等空间，虽然时间概念是冬天，可是这些空间仍然是炎热似夏。即使在与时间同步的空间内，同样存在差异，比如像一些山区，"一山有四季，十里不同天"，描绘出空间不同阴阳情景不同的画面。同是夏天，城南大雨倾盆，城北却是阳光灿烂，这就是空间大于时间的真实写照。

一阴一阳之谓道，阴阳是万法之宗，阴阳、四象、八卦是事物的不同表现阶段与形式。比如以卦来看，八卦是作为表示时空运动的必要元素，空间不动可以经历时间推移，也就是说在北京不动可以经历春夏秋冬的阴阳轮回。再者时间不动空间可以移动，也就是说在固定的时间可以去不同的地域，去经历春夏秋冬的阴阳变化。时空可以互为体用。比如以乾卦为参照，以上卦表示时间，以下卦为空间，八个卦分别表示不同的方位，不同的地域空间，将八个卦轮流与乾卦相配合，就形成了"天雷无妄、天火同人、天泽履、乾为天、天风姤、天水讼、天山遁、天地否"，也就预示着同一时

59

间下的不同空间现象，它们分别表示四面八方虽然地域不同，虽然都是晴天，只是着光度不同，阴阳的受气不同。将乾卦定为空间不动，将八个卦轮流与乾卦相配，则可以得到"雷天大壮、火天大有、泽天夬、乾为天、风天小畜、水天需、山天大畜、地天泰"八个卦，以下卦为空间，雷天大壮则表示上空雷声大作，乌云密布，密云不雨。火天大有则表示太阳高照，天气晴朗。泽天夬则表示阴天时候，阴雨霏霏。乾为天则表示在赤道地域的空间，不但是天气炎热，更是日夜温差不大。风天小畜则表示在刮着风。水天需则表示不但是雷声大作，更是大雨倾盆。山天大畜则表示不论是阴晴，不论风雨，都将停止，天气将变。地天泰则表示风调雨顺，空间需要什么，天气就来什么。不同的天气，则阴阳的受气不同。只有将卦象的阴阳之气，回归于自然，自然才能被我所用。

以上列举的是卦，干支组合的六十甲子，也是同样的思维方式。比如六甲"甲子、甲寅、甲辰、甲午、甲申、甲戌"，此六甲，甲木天干为时间，地支子寅辰午申戌为空间，与乾卦为时间八卦为空间意义相同。以地支"子"为例有五子，分别为"甲子、丙子、戊子、庚子、壬子"，此五子与乾卦为空间，八卦为时间的意义完全相同。其大无外，其小无内。任何的一种术数方法，都是以八卦或者干支，或者八卦与干支相互配合，它们都是依托于时空阴阳之下，只有将这些现象符号回归自然，从自然去推衍事物的发展方向，以阴阳为法则，干支、卦为表现，时空流转万物或生或灭，芸芸众生皆归阴阳，得阴阳者生，失阴阳者死！

## 第三节　关于卦的推衍解读

从伏羲创卦到形成卜筮的方法，是圣贤不断地总结归纳与实践的结果，在这个过程中他们格物致知，明心见性，从自然出发，一切遵循自然大道，从简单的卦象解读到不断地诠释卦象的卦辞，诠释卦爻的爻辞，是一个极其漫长的过程，这个过程也许经历了几千年，经历了无数位圣贤，凝聚了他们的心血而成。

在卦辞没有出现以前，是以卦象为依据，去推衍事物的发展。在神话小说《封神演义》中，西伯侯姬昌通过卦象去解读推衍事物的发展与个中缘由，知道纣王送来的肉包子乃是儿子伯考的肉酱。这种思维解卦，是最原始的，必须要搞清楚八卦的所属特性与各自表示的事物，以及八卦之间的变化关系。以乾卦为例，乾卦在人物的表现，在家庭表示父亲，在国家为君主，在单位为领导，在军队为首长，地域表示首都、大城市、高山，动物上表示马，事物上表示金子、珠玉、珠宝、玉石，一切圆形珍贵的东西……八卦各有所代表，有所对应，射覆的推断原理就是这样形成的。

早期的圣贤通过卦象去推衍，比如要推衍天气的变化，近日是否有雨，得风天小畜之水天需，既然是演算天气的变化，现在外卦由巽卦变为坎卦，巽为风，坎为水，自然要下雨。若是得到的卦，不是外卦动，而是内卦动。比如，火风鼎之火天大有，外卦天象不动而内卦的空间变化，由巽卦变为乾卦，阳气更旺，则是无雨的表现。到了宋朝的邵雍继承这一思维，创建了梅花易数体系。比如，《梅花易数》中记载："冬夕酉时，先生方拥炉，有扣门者，初扣一声而止，继而又扣五声，且云借物。先生令勿言，令其子占之试所借何物。以一声属乾为上卦，以五声属巽为下卦，又以一乾五巽共六数，加酉时数，共得十六数，以六除之，二六除增一十二，得天风姤，第四爻变巽卦，互见重乾。卦中三乾金，二巽木，为金木之物也，又以乾金短，而巽木长，是借斧也。子乃断曰：'金短木长者，器也，所借锄也。'先生曰：'非锄。必斧也。'问之，果借斧，其子问何故，先生曰：'起数又须明理。以卦推之，斧亦可也，锄亦可也；以理推之，夕晚安用锄？必借斧。盖斧切于劈柴之用耳。'盖数又须明理，为卜占之切要也。推数不推理，是不得也。学数者志之！"

到了后来，出现了卦辞，人们就以卦辞来分析吉凶，应该说这个方法，比前面的卦象解读简单得多，但是也要根据推演的具体事物来决定吉凶方向。比如，《左传》襄公九年鲁穆姜被贬东宫，占筮得艮之随，史官推断："随，其出也，君必速出。"穆姜说："亡。是于《周易》曰：随，元亨利贞，无咎。元，体之长也。亨，嘉之会也。利，义之和也。贞，事之干也。体仁足以长人，嘉德足以合礼，利物足以和义，贞固足以干事。然故不可诬也，是以虽随无咎。今我妇人而与于乱，固在下位，而有不仁，不可谓元；不靖国家，不可谓亨；作为害身，不可谓利；弃位而姣，不可谓贞。有四德者，虽随无咎；我皆无之，岂随也哉！我则取恶，能无咎乎？必死于此，弗得出矣。"

法无定法，但一定要以道德为准绳，术数之道乃天地之正义使然，万万不可用于巧取或违背正义之事，否则到头来"机关算尽太聪明，反误了卿卿性命"。

对于象数应用，是很多易学爱好者的起步，也是象数的神奇吸引了无数"应用"竞折腰。易学诞生以来的象数体系有很多门类，如纳甲六爻、奇门遁甲、大六壬、金口诀、紫微斗数、八字命理等多种象数方法。它们虽然名称不同，但都是易学的延伸，都是阴阳学说、八卦、干支的应用。它们都遵遁一个运动规律：阴阳损益法则。

# 第七章 易经象数的应用

在《易经》的初期，占卜与义理并不分开，是《易经》相互印证的两个部分。或者说前期的《易经》学习，是部分义理与象数。到了，汉易后期魏晋玄学思想的出现，将象与理进行了分开。只要是遵循《易经》的道理就可以，完全可以抛弃易之象。实际，这是对《易经》一种错误的解读，义理来源于象，没有了象，义理就变得没有根基，因此，学习象数是对义理的做好佐证！

## 第一节 起卦方法

说起起卦方法，从古至今方法众多，从原始的蓍草到现在通常流行的铜钱筮法、报数起卦、时间起卦、随意起卦法。在实际的操作中，很多人对于起卦方法很重视，认为起卦方法决定了推衍的准确性，法无定法，唯心是法，一切皆在当下的感而遂通，灵机一动，不论哪种方法都是唯心所造，与推衍卦机的准确性，可以说是毫无关系，有关系的就是你的断卦本领。铜钱起卦法在一般情况下，动爻比较多，不能突出重点，又是因为动爻太多不好决策。法无定法、我心无法。只要功夫深，任何一种起卦方法，都能预测准确。

报数起卦是让求测者对所要求测的事件报三位或几位数字，然后再把数字变成卦。数字与卦的配合，乾卦为1，兑卦为2，离卦为3，震卦为4，巽卦为5，坎卦为6，艮卦为7，坤卦为8，当报的数字中有0时，计为坤卦，在动爻出现时计为6爻动。我在通常预测中采用三位数，第一位数为上卦，第二位数为下卦，第三位数为动爻。例如求测者报9、8、0三位数，第一位数9除8得1余1，1为乾卦，第二位数8除8得1余0，0为坤卦，第三位数为0，动爻为6爻，得出的卦为天地否，变卦为泽地萃。如报数为3、0、8，第一位数3为上卦离，第二位数0为下卦坤，8除6得1余2，动爻数为2，此时得出的卦为火地晋，变卦为火水未济。如果报数为双位数42、56、79，双位数的三位数起卦，可以将双位数相加，也可以用双位数直接除以8，这里就看你当时的思维来确定，做到"数由心生，卦由心起"。时间起卦是随机性的，就是在当事人问事的时间，看一下表或用年、月、日、时，时空换算数字进行起卦。随机起卦不受任何的限制，我们可以给预测者起卦，自己随意性的三位数，翻一下书的页码都可以，但此时起出的卦与我们没有联系，卦中的信息都是在反映对方，卦中的世爻代表预测的目标。

传统的卦名记起来比较费劲，我们可用简单宜行的方法，就是数字计卦法。根据卦与数字的配合用三位数进行计卦，第一位数为上卦，第二位数为下卦，第三位数为动爻。这种计卦方法适用于数字起卦、时间起卦、随意起卦和单爻发动的卦。例如风天小蓄变卦风泽中孚，可用513来代替，这种计卦法虽然好记，但是往往不能知道卦的含义，最好还是下点功夫将卦名卦意熟记在心。

铜钱起卦法就是找三枚同样的铜钱，或者现在的三个一元或者五角的硬币。将三枚硬币放在手中，双手相合中间成为空心，让硬币可以在其中活动。然后心中想着被推衍的事物，开始摇动钱币，将硬币散在桌面上，看钱币出现的正反面，一共要六次，因为卦有六个爻。以硬币的背面来计算，一个背面，画阳爻，两个背面画阴爻，三个背面画阳动（O），三个字面画阴动（X）。通过六次排好一个卦，标好卦名、五行、六亲、六兽等，当然铜钱起卦一般用于六爻纳甲时候比较多。

## 第二节　卦象、爻象的解读

卦有卦象，爻有爻象。

《系辞》：是故易者，象也；象也者，像也，像此者也。"八卦成列，象在其中"，卦是易象的体现，卦是易道表现的符号，是对万物的类项，通过卦的这种符号，将天下万物分类归象，以象的形式类万物之情，统领易道。象也，像也，就是象征、好像、形象，是对客观事实的形象描述。

《系辞》：古者包牺氏之王天下也，仰则观象于天，俯则观法于地，观鸟兽之文，与地之宜，近取诸身，远取诸物，于是始作八卦，以通神明之德，以类万物之情。伏羲氏通过观察万物变化，始创八卦，八卦的本质是气变，但气变是万物变化的本源。故将八卦与万物演变相对应，表现出它们的性情。通过先天八卦我们可以看出，乾卦位于夏至点，是太阳本性的体现，而古人认为太阳就是天的体现，故以乾卦类象"天"。坤卦位于冬至点与夏至点相对应，既然乾卦为"天"，天在上，则地在下，故以坤卦类象"地"。故在《系辞》中说"天地定位"。春天阳气上升，春雨伴随着隆隆的雷声，故震卦类象"雷"。春分后阳气上升，天气变热，就像是下火，故离卦类象"火"。三月后，阳气炎热，需要阴气的孕育，同时地象东南方位湖海较多，故兑卦类象"泽"。夏至后，天气慢热，风成了散热的最佳条件，此时阴气上升，秋风徐徐，故巽卦类象"风"。八月阴气上升，秋雨绵绵，阴气袭来，同时地象黄河、长江之水都是由西向东而流，以坎卦类象"水"。西北方向为昆仑山脉，是世界诸山之祖，故以艮卦类象"山"。八卦之象以天文、地理、气候现象为参照，来类万物之情。

# 一、乾卦

（1）五行：金。

（2）属类：

天时：天、冰、雹、霜。

地理：西北方、京都、大郡、形胜之地（险要、名胜）、高亢之所（高而干燥）。

人物：君、父、大人、老人、长者、宦者（官吏）、名人、公门人（政府工作人员）。

人事：刚健武勇、果决、多动少静。

身体：首、骨、肺。

时序：秋、九十月之交、戌亥年月之时、五金年月日时。

动物：马、天鹅、狮子、象。

静物：金玉、宝珠、圆物、木果、刚物、冠、镜。

屋宿：公厕、楼台、高堂、大厦、驿宿（旅馆、饭店）、西北方向的屋室。

家宅：秋占宅兴隆，夏占有祸，冬占冷落，春占吉利。

婚姻：贵官之春，有声有名之家，秋占宜成，冬夏不利。

饮食：马向珍味，多骨，肝肺、干肉。木果、动物脑袋、圆物、辛辣物。

生产：易生，秋占生贵子，夏占有损，坐宜向西北。

求名：有名宜随内任，刑官，武职，掌权，天使，驿官（如通讯人员），宜向西北到任。

谋旺：计谋策略、有成，利公门，宜动中有财，夏占不成，冬占多谋，少遂（实现）。

交易：宜金、石、珍宝珠贵货，易成，夏占不利。

求利：有财、金、玉之利，公门中得财，秋占大利，夏占损财，冬占无财。

出行：利于出行，宜入京师，师西北行，夏占不利。

谒见：利见大人，有德行之人，宜见官贵。

疾病：头面之疾、肺疾，筋骨疾，上焦（三焦之一）疾，夏占不安。

官讼：好官司，有贵人助，秋占得胜，夏占失理。

方位：西北方。

色彩：大红色、黑色。

姓字：代金傍者，此人在兄弟中排行老大，或者四，或老九。

数目：一四九（一月、四月、九月或一、四、九数目，或一百四十九）。

五味：辛、辣。

# 二、坤卦

（1）五行：土。

（2）属类：

天时：阴云、雾气、冰霜。

地理：田野、乡里、平地、西南方。

人物：老母、后母、农夫、乡人、众人、老妇人、大腹人。

人事：吝啬、柔顺、懦弱、众多、小人。

身体：腹、脾、肉、胃。

时序：辰戌丑未月、未申年月日时、八五十月日。

静物：方物、柔物、布帛、丝棉、五谷、舆（车）斧、瓦器。

动物：牛、百兽、牝马。

屋舍：西南方、村居，田舍，矮屋，土阶、仓库。

家宅：安稳，多阴气，春占宅舍不安。

饮食：牛肉，土中之物，甘味、野味，五谷之味、芋笋之物，腹藏之物。

婚姻：利于婚姻，宜税产之家，乡村之家，寡妇之家，春占不利。

生产：易产，春占难产，有损或不利于母，坐宜西南方。

求名：有名，宜西南方或教官，农官守土之职，春占虚。

交易：宜利交易，宜田土交易，宜五谷利，贱货。重物。布帛，静中有财，春占不利。

求利：有利，宜土中之利，贱货重物之利，静中得利，春占无财，多中取利。

谋旺：利求谋，邻里求谋，静中求谋，春占少遂，或谋于妇人。

出行：可行，宜西南行，宜往乡里行，宜陆行，春不利。

谒见：可见，利见乡人，宜见亲朋或阴人（女人），春不宜见。

疾病：腹疾。脾胃之疾，饮食停滞，谷食不化。

官讼：理顺，得众情，讼当解散。

姓字：代土姓人，行位（排行）八五十。

数目：八五十。

方位：西南。

五味：甘。

色彩：黄、黑。

## 三、震卦

（1）五行：木。

（2）属类：

天时：雷。

地理：东方、树木、闹市、大途、竹林、草木茂盛之处。

身体：足、肝、头发、声音。

人物：长男。

人事：起动、怒、虚惊、鼓噪、多动少静。

时序：春二月、卯年月、时、四三八月日。

静物：木竹、苇、乐器、（竹木）、花草、核。

动物：龙、蛇、百虫、为鸣。

屋舍：东向之居中，山林之处，楼阁。

家宅，宅中不时有虚惊，春占及秋占不利。

饮食：蹄肉山林野味，鲜味，果酸味，菜蔬，鲤鱼（鱼）。

婚姻：有成，声名之家，利长男之婚，秋占不利。

求利：山林竹木之财，动处求财，或山林、竹木茶货之利。

求名：有名，宜东方之任，施号发令之职，掌刑狱之官，有茶木税课之任，闹市市贷职。

生产：虚惊，胎动不安，头胎必生男，坐直向东，秋不吉。

疾病：足疾、肝经之疾、惊恐不安。

谋旺：可旺、可求，宜动中谋，秋占不遂。

交易：利于成交，秋占难求，动而可成，山林、木竹茶货之利。

官讼：好官司，有虚惊，行移取堪反复。

谒见：可见，宜见山林之人，利见直有声名之人。

出行：宜行利东方，利山林之人，秋占不宜行，但恐虚惊。

姓字：代木姓人，行位四八三。

数目：四八三。

方位：东方。

五味：甘、酸味。

色彩：黑青、绿碧。

## 四、巽卦

（1）五行：木。

（2）属类：

天时：风。

地理：东南方之地，草木茂秀之所，花果菜园。

人物：长女、秀士、寡妇之人、山林仙道之人、僧道。

人事：柔和、不定。鼓舞、利市三倍。进退不果。

身体：肢、股、气、风疾。

时序：春夏之交，二五八之时月日，三月辰巳月日时、四月。

静物：木雷、绳。直物。长物。竹木、工巧之器。臭、鸡毛、帆、扇、臼。

动物：鸡、百禽、山林中之禽虫、蛇。

屋舍：东南向之居，守观楼台，山林之居。

家宅：安稳利市。春占吉。秋占不安。

饮食：鸡肉、山林之味。蔬果酸味。

婚姻：可成，宜长女之婚，秋占不利。

生产：易生，头胎产女，秋占损胎，宜向东南坐。

求名：有名，宜文职，直入风宪（法律），宜茶果竹，本税货之职，宜东南之任。

求利：有利三倍，宜山之利，竹货木货之利，秋不利。

交易：可成，进退不一，交易之利，山林交易，山林木茶之利。

谋旺：可谋旺、有财可成，秋占多谋少遂。

出行：可行，有出入之利，宜向东南行，秋占不利。

谒见：可见，利山木之人，利见文人秀士。

疾病：股肢之疾、风疾、肠疾、中风、塞邪气疾。

姓字：草木傍姓氏，行位五三八。

官讼：宜和，恐遭风宪之责。

数目：五三八。

方位：东南。

五味：酸味。

色彩：青绿、碧、洁白。

# 五、坎卦

（1）五行：水。

（2）属类：

天时：入月、雨、雪、露、霜、水。

地理：北方、江湖、溪涧、泉井、卑湿之地、沟渎、池沼、有水之处。

人物：中男、江湖之人、舟人、盗贼、匪。

人事：险陷卑下，外事以柔，内事以利，漂泊不成，随波逐流。

身体：耳、血、肾。

时序：冬十一月，子年月日，一六月日。

静物：水代子，核产物、弓轮矫輮之物，酒器、水、民工、栋、丛棘、蒺、盐、洒。

动物：猪、鱼、水中之物、狐、水族。

屋舍：向北之居、近水、水阁、江楼、茶酒、长器、宅中湿地之处。

饮食：猪肉、酒、冷味、海味、汤、酸味、宿食、鱼代血、掩藏，带核之物，水中物，多骨之物。

家宅：不安，暗昧，防盗，匪。

婚姻：利中男之婚，宜北方之婚，不利成婚，不可在辰戌丑未月婚。

生产：难产有险，宜次胎，男，中男，辰戌丑未月有损，宜北向。

求名：艰难，恐有灾险，宜北方之任，鱼盐河泊之职，酒职，兼醋。

求利：有财防失，宜水边财，恐有失险，宜鱼盐酒货之利，防阴失。防盗。

交易：不利成交，恐防失陷，宜水边交易，宜鱼盐货，酒之交易，或点水人之交易。

谋望：不宜谋望，不能成就，秋冬占可谋。

出行：不宜远行，宜涉舟，宜北方之行，防盗匪，恐遇险阻陷溺之事。

谒见：难见，宜见江湖之人，或有水傍姓氏之人。

疾病：耳痛。心疾、感染、肾疾、胃冷、水泻、涸冷之病、血病。

官讼：不利，有阴险，有失因讼，失陷。

姓字：点水傍姓氏。

数字：一、六。

方位：北方。

五味：碱酸。

色彩：黑。

# 六、离卦

（1）五行：火。

（2）属类：

天时：日、电、虹、霓、霞。

地理：南方，干亢之地、窑、炉冶之所，向阳处。

人物：中女，文人、大腹、目疾人。甲胄之人。

人事：文化之所、聪明才学、相见虚心、书事。

身体：目、心、上焦（三焦之一）。

时序：夏五月，午火年月日时，三二七日。

静物：火、书、文、甲骨、干戈、槁木、槁衣、干燥物。

动物：雉（野鸡）、龟、鳖、蚌、蟹。

屋舍：南舍之居，阳明（向阳）之宅，明窗，虚室。

家宅：安稳、平善，冬占不安、克体主火灾。

饮食：煎炒、烧炙方物、干脯、熟肉。

婚姻：不成，利中女之婚，夏占可成，冬占不利。

生产：易生，产中女，冬占有损，坐宜向南。

求名：有名，宜南方之职、文官之任，宜炉冶场之职。

求利：有财，宜南方求一有文书之财，冬占有失。

交易：可成，宜有文书之交易。

出行：可行，宜动向南方，就文书之行，冬占不宜行，不宜行舟。

谒见：可见南方人，冬占不顺，秋见文书考案才士。

官讼：易散，文书动，辞讼明辨。

疾病：目疾，心疾、上焦病，夏占伏暑，时疫（流行病）。

姓氏：代次或立人傍人士姓氏，行位三二七。

数目：三二七。

方位：南。

五味：苦。

色彩：赤、紫。

# 七、艮卦

（1）五行：土。

（2）属类：

天时：云、雾、山岚。

地理：山径路近山城，丘陵、坟墓，东北方，门阙。

人物：少男、闲人、山中人。童子。

人事：阻隔、宁静。进退不决，反背，止住，不见。

身体：手指、骨、鼻、背。

时序：冬春之月，十二月丑寅年月日时，七五十月日，土年月日时。

静物：土石、瓜果、黄物。土中之物、阎寺。木生之物。藤生之瓜。

动物：虎、狗、鼠、百兽、黔啄（黑嘴壳）之物。狐。

家宅：安稳，诸事有阻，家人不睦，春占不安。

屋舍：东北方之居，山居近石，近路之宅。

饮食：土中物味，诸数之肉，墓畔竹笋之属，野味。

婚姻：阻隔难成，成不迟，利少男之婚，宜对乡里婚，春占不利。

求名：阻隔无名，宜东北方之任，宜土官山城之职。

求利：求财阻隔，宜山林中取材，春占不利有失。

交易：难成，有山林田土之交易，春占有失。

出行：不宜远行，有阻，宜近陆行。

谒见：不可见，有阻，宜见山林之人。

疾病：手指之疾、胃脾之疾。

官讼：贵人阻滞，官讼未解，牵联不决。

姓字：代土字傍之姓氏，行位五十七。

数目：五十七。

方位：东北方。

五味：甘。

色彩：黄。

## 八、兑卦

(1) 五行：金。

(2) 属类：

天时：雨泽、新月、星。

地理：泽、水际、缺池。废井、山崩破裂之地，其地为刚卤。

人物：少女、妾、歌伎、伶人、艺人。巫师、奴仆、婢。

人事：喜悦、口舌、诋毁、谤说，饮食。

身体：舌、喉、肺、痰、涎。

时序：秋八月，酉年月日时，金年月日，二四九月，日。

静物：金刀、金类乐器。废物、缺器之物。代口之勿、毁拆之物。

动物：羊、泽中之物。

屋舍：西向之居，近泽之居，败墙壁宅，户有损。

家宅：不安，防口舌，秋占喜悦，夏占家宅有祸。

饮食：羊肉、泽中之物、宿味、辛辣之物味。

婚姻：不成，秋占可成，有喜，主成婚之吉，利婚少女，夏占不利。

生产：不利，恐有损胎或则生女，夏占不利，宜坐向西。

求名：难成，因名有损，利西之任，宜刑官。武职、伶官、译官。

求利：无利有损、财利主口舌，秋占有财喜，夏占不利。

出行：不宜远行，防口舌，或损失，宜西行，秋占有利宜行。

交宜：难有利，防口舌，有竞争，秋占有交易之财，夏占不利。

谒见：利行西方，见有咒诅。

疾病：口舌、咽喉之疾、气逆喘疾，饮食不餐。

官讼：争议不已，曲直未决，因讼有损，防刑，秋占为体得理胜讼。

姓氏：代口代金字傍姓氏，行位四二九。

数目：四二九。

方位：西方。

五味：辛辣。

色彩：白。

有了基本卦象，就可以做大体粗略地预测了。学习八卦首先从卦象开始。若不懂卦象乃至由此及彼，由表及里，由近及远的"象"的联系，永远都是门外汉。《周易古筮考》中记载了一则卦例：

北齐的时候，有一个人的父亲病了，就托熟识而又懂占筮的朋友占了一卦，得到的卦是地天泰。占筮者告诉他："泰是康泰的意思，很吉利，你父亲的病不久就会痊愈。"求占的人高兴地走了以后，有个在旁边观看占卜的人名字叫赵辅和，是精通《易经》的高手，就对占筮者说："泰卦是乾下坤上，乾为父，坤为土，土在父之上，他的父亲已经被埋在土中了，怎么能是吉利的呢？"不几天，果然听到求占者父亲死亡的消息。赵辅和是用卦象来断卦的，不取卦辞、卦义。

笔者也常用卦象做些预测的尝试：

2008 年春节后在石景山大江南花园酒店用餐，几个企业家朋友起哄，非要玩一把，当时服务员正走过来，服务员号码为 1011，以前两位数 10 起上卦兑，后两位数 11 起下卦为离，得革之随。主卦革为变革、革新之意，表示此人有很快的思维，学东西比较快，对新事物比较感情趣；兑为二，离为中女，其排行老二；兑为体，离为用，离火克兑金，从上向下读为 23，故断其 23 岁结婚；内卦离变震，婚后生男孩等几条信息，都一一准确。

八卦有了基本卦象，由八卦叠合而成的六十四卦自然也就有了卦象。不过，六十四卦的卦象与八卦直接相关，侧重于两个以上（上卦、下卦、互卦、倒卦等）八卦之间的相互关系。

六十四卦的卦象与爻是分不开的。《系辞传》说：八卦成列，象在其中矣。《周易正义》也认为：象亦有爻，爻亦有象。卦则爻少而象多，重则爻多而象少。故在卦举象，在重论爻也。可见，爻象是建立在八卦相重的基础之上。爻象主要有爻画之象、方位之象、象形之象、爻位之象、反对之象等。（1）爻画之象。六十四卦的每一卦都有六个爻画，下面的三爻称为内卦，又叫下卦，或者叫贞卦；上面的三爻称为外卦，又叫上卦或悔卦。六个爻中的上面两爻叫天，中间两爻叫人，下面两爻叫地，天、地、人称为"三才"。这六个爻因所在的位置不同而又分为阴阳。初、三、五爻是单数，叫

71

阳位；二、四、上爻是双数，叫阴位。如果是阳爻在阳位上，或阴爻在阴位上，这叫得位或者叫得正；反过来，阳爻在阴位或阴爻在阳位，这就叫失位，或者叫不正。《国语·周语》记载了一个卦例：晋成公从客居的周国回晋称晋王的时候占了一卦是"乾之否"，乾卦的下面三个阳爻都变成了阴爻，阳为君，阴为臣，而且变出的初、三爻不得位，乾卦变成了否卦，所以说"配而不终，君三出焉"。就是晋君配天不能长久，短期内会经历三位君王。后果如此。

（2）方位之象。八卦代表八个方位。先天八卦与后天八卦的方位又完全不同。先天八卦的方位乾在正南，兑在东南，离在正东，震在东北，巽在西南，坎在正西，艮在西北，坤在正北。后天八卦的方位乾为西北，兑为正西，离为正南，震为正东，巽为东南，坎为正北，艮为东北，坤为西南。

《晋史》记载了这样一则卦例：

晋高祖二年，张从宾这个人谋反，晋高祖就让善于占筮的马重绩占了一卦遇泽雷随。马说："向南看，木被损折，已经没有生机，外动而内虚，动必覆灭。快到秋天了，震木已经无能为力了。"到了立秋后的七月，张谋反失败，晋高祖非常高兴，就赐给马重绩一匹良马。

马重绩断这一卦用了方位之象。随卦的初爻、二爻、三爻、四爻互成大离卦，离卦的后天八卦方位在南方。内卦震为动，外卦兑为金，兑为毁折，兑金克震木，木必被金折断。再加上兑为西方，属秋天，到秋天金旺木死，张从宾谋反覆灭。

宋代的辛弃疾与党怀英是同学，两人用占筮的方法决定到哪个方向去做官。辛弃疾遇离卦，党怀英得到的是坎卦。坎为水，坎为北方，党怀英决定留在金国为官。离为火，火主南方，辛弃疾决定随宋王朝南下。被称为"辛党"的两位要好的同学，其政治命运却是用占筮来决定的，他们对占筮的迷信由此可见一斑。

（3）象形之象。从卦的六爻组成的形象上看像什么事物，这就叫象形之象。比如鼎卦就是个鼎的形象，初爻像鼎足，九二、九三、九四像鼎腹，六五像鼎的耳朵，上九像鼎铉。其他很多卦都能比喻成某种事或某种物。

《周易古筮考》记载了一个这样的卦例：

明代有一个姓胡的易学高手，精通算卦。有一次与姓袁的朋友一同逛金陵，住在神乐观里。观中的提点（职务名）因丢失了观里的金杯正严厉地斥责、殴打他的徒弟。胡、袁两人就随机占了一卦，得山地剥卦变成山雷颐。胡就告诉提点，金杯没有丢，在土里埋着，从您居室的西南角往下挖五寸就能找到。依胡所说的去做，果然找到了金杯。

胡大师是怎样知道金杯埋在西南角五寸之下的土中呢？那就是依卦的象形之象再结合八卦之象而推断出来的。剥卦上为艮，艮的卦象是"艮覆碗"，有金杯倒覆之象。

下卦为坤，坤为土，因此推断金杯埋在土中。艮为止，止就是没有失掉。而坤卦的方位在西南，坤土的河图数是五，所以推断在西南角挖地五寸就可以找到了。

（4）爻位之象。每卦的六个爻可以用官职作象征。初爻为元士，第二爻是大夫，第三爻为公，第四爻为诸侯，第五爻为天子，最上爻为宗庙。前五个爻位一级比一级高，爻位代表的官职也越来越大。只有上爻为宗庙，因为不管官职多大，地位多高，祖宗是必须敬仰的。

（5）反对之象。一个卦倒过来就成了另一卦。六十四卦除乾、坤、坎、离、大过、颐、小过、中孚八个卦倒过来不变外，其余二十八个卦反正都能各成一卦，计为五十六卦。如水火既济卦倒过来就是火水未济，地泽临卦颠倒过来就是风地观。

宋代的程迥住宿在余姚这个地方的寺庙里，占了一卦是巽为风，程说："今天会失火，但烧不到我这里来。有两个和尚挨打。"果然，过了一个时辰，僧舍北边起火，烧了十几间房子，到程住的僧舍附近火就被扑灭了。县衙拘捕了两个放火的和尚并打了一顿。

宋代程迥断寺院附近失火就是用的反对之象。程是怎样占断失火而又自己无恙的呢？巽为风，上互卦为离火，下互卦为兑，兑有毁折之象，所以会失火。内卦的初六爻代表自己，与互体不对应，所以说伤害不到自己。巽为寡发人，巽上巽下，两个巽就是两个没有头发的和尚。巽的反对即倒体之象就是兑，兑为判决，兑金克巽木，所以两个和尚要挨打。

总之，这些错综复杂的象叫人眼花缭乱。岂不知，古今易学大师无一不是通过"象"取得灵感、演断吉凶的。反过来，不懂"象"，就永远进不了预测的大门。

## 第三节　卦辞、爻辞的解读

卦有卦辞，爻有爻辞。六十四卦就有六十四卦辞，三百八十四爻就有三百八十四爻辞。再加上用九、用六两爻辞，实际有三百八十六爻辞。卦辞主要是概括全卦的大义，具有提纲挈领的提示性作用。

《易经·系辞传》说：卦有大小，辞有险易；辞也者，各指其所之。高亨先生认为"其旨趣都在于指示吉凶"，如恒卦的卦辞是"亨，无咎，利贞，利有攸往"，翻译成白话就是亨通，很好，没有什么错误，只要操守正道就有利，到其他地方去也是有利的。否卦的卦辞就不是那么吉祥了，"否之匪人，不利君子贞，大往小来"，意思是否定了贤人，不利于君子坚守正道，投入大回报小。君子道消，小人道长，不利于君子占问。

每一卦的卦辞文字多少不等，少则二三字，多则几十字。大有卦的卦辞是"元亨"，大壮卦的卦辞是"利贞"，都只有两个字。家人卦的卦辞是"利女贞"三个字。

而坤卦的卦辞就有二十九字之多，"元亨，利牝马之贞。君子有攸往，先迷，后得主。利西南得朋，东北丧朋，安贞吉"。大意是：开始就是亨通之象，有利于牝马的本性（此处以牝马来比喻大地生育万物的本性不变）。君子要向前发展，先迷失方向，然后得到真正的"主"（此主是自己要达到的目的）。有利于在西南得到自己的朋友，东北失去朋友，安于坚守正道，吉祥永康。朋者，同类也。西南方位，夏至后阴气发生，阴气为坤卦之根，是为"朋"。卦辞旨在表达卦的大意与宗旨，是对卦的定性，是对卦象、卦性，对人生哲理的高度概括。爻辞主要是揭示某一爻的旨趣。如坤卦初六爻辞是"履霜，坚冰至"。意思是踏上深秋霜雪的时候，就应该知道，寒冷结冰的冬天就不远了。它告诫人们要防微杜渐、居安思危。显然，坤卦的初六爻辞对人有一定的警示作用。爻辞也比较简短，有提示性的作用。它启发筮者循着爻辞的文字去灵活地去思考求占者要问的问题。不过，这些卦爻辞相当隐晦艰涩，什么"元亨利贞"、"休咎悔吝"、"大人吉"、"不利攸往"等。若没有《易经》方面的知识，很难理解究竟说的是什么，这正是《易经》的神秘所在。正是因为卦、爻辞的多义性、抽象性和模糊性，才为占筮活动提供了更为开阔的思维、判断空间。同是一个卦辞或爻辞，甲问的是关于牛的事情，乙问的是婚姻，都可以从同一句卦、爻辞上作出不同的而又合乎各自实际需要的解答。我们老祖宗的伟大智慧也就在这里。

那么，筮者是如何利用卦爻辞来进行占筮的呢？

例：唐代葫芦生占筮刘辟被杀。

唐代有个人叫刘辟，参加科举考试考中了，就去拜访一个叫葫芦生的盲人算卦先生，起卦得天雷无妄卦变成泽雷随卦。葫芦生对刘辟说，你的官禄在西南方，二十年后不得善终。之后，刘辟果然随韦令公在西川（四川在西南方）做官，官位是御使大夫、行军司马。二十年后韦令公死，刘辟进京上奏，皇帝未准。于是刘辟再一次微服拜访葫芦生并占了一卦。说来也巧，还是天雷无妄变成泽雷随卦。先生对刘说，二十年前你占得这一卦，今又得同样的卦。你不要乱动，否则就要大祸临头。刘辟不大相信，回到四川后聚众反叛。唐宪宗皇帝将其擒获而后被杀。

葫芦生的推断依据是什么呢？就是卦辞和爻辞。无妄的卦辞说：元亨利贞。其匪正有眚，不利有攸往。其意：开始亨通顺利。如果不守正道，会有灾祸，不利于有所前往。显然，无妄的卦辞是不吉利的。再看爻辞，天雷无妄变泽雷随卦，是上九爻发动，要用上九爻的爻辞断卦。上九爻的爻辞是：无妄，行有眚，无攸利。意思是往前走会有灾害，没有任何好处。所以，葫芦生告诫刘辟不要妄动，妄动有大祸。

那么，是否用卦、爻辞断卦就一定准确呢？也不尽然，那就要看筮者各人的理解了，即仁者见仁，智者见智，同一个卦爻辞也会有不同的断法。

例：清代纪晓岚占卦断乡举。

清人纪晓岚参加乡试，他的老师为他占了一卦，得泽水困卦，六三爻动。六三爻辞是这样说的："困于石，据于蒺藜，入于其宫，不见其妻，凶。"这句爻辞很难理解，其意：被困于乱石之中，脚下布满蒺藜，到了宫室，不见了自己的妻子，很凶。大意是灾难临头，已经无处可逃。根据爻辞，纪的老师断纪晓岚考不上，不是明明告诉说"困于石，据于蒺藜，不见其妻"吗？而纪晓岚自己则认为，我现在还没有娶妻，爻辞的"不见其妻"是说现在还没有人能与我匹配，可能是第二名。"困于石"应当是说第一名是姓石的，或是一个带石字旁的人。发榜后，果然自己中了第二，第一名是姓石的，第三名姓米，米字的字形象蒺藜。纪晓岚对爻辞的理解是正确的。

例：孔子弟子测子贡怎样回来。

《诚斋杂记》记载了孔子弟子测子贡怎样回来的筮例。子贡出访多日不回，孔子就让弟子们占子贡何时回来，起得火风鼎卦，其中九四爻辞有"鼎折足"的话，大家都说子贡无足（意思是没有车马）不能回来，唯颜回掩口而笑。孔子问他笑什么，颜回说，子贡会乘船回来，用不着车马即不用足。几天后，子贡果然回来了。

也有依据卦爻辞而得出错误结论的，甚或造成巨大损失。

例：汉武帝测讨伐匈奴。

汉武帝要攻打匈奴，占了一卦，得泽风大过，九五爻动。九五爻辞说："枯杨生华，何可久也。"太史们据这句爻辞说："匈奴不久将破。""何可久也"，就是匈奴已经维持不下去了。汉武帝相信了太史们的说法，就派了两支军队攻打匈奴。结果，一败涂地，汉军大多投降了匈奴。

由以上几例可以看出，用卦、爻辞断卦，容易产生歧义。因为卦、爻辞隐晦曲折，对其理解具有多样性，其结果也就不同，甚至得出完全相左的结论。不过，易学的大家多能从实际情况出发，灵活变通地去理解和应用，其准确率也就很高了。卦、爻辞是《易经》的重要组成部分，虽语句艰涩，也必须突破这一难关。若卦、爻辞都不能下工夫去读，浅尝辄止，就不算真正懂《易经》，更谈不上什么研究成果了。除了卦爻辞外，象辞、彖辞等也都是断卦的重要参考，不可忽视。

《乾凿度》记载了孔子占卜个人命运的故事：

孔子一开始并不懂《易经》，偶然用《周易》占算自己的命运得旅卦，旅卦的彖辞说："小亨，柔得中乎外，而顺乎刚，止而丽乎明。"就向自己的学生商瞿请教。商瞿是懂《易经》的，商解释说：是小亨通，阴柔得于外卦而顺乎于阳刚，静止而依附于光明。离上艮下，离为光明，艮为静止。光明静止不动，你能集大道于一身，却不能将大道推行于天下；有圣人的智慧却没有圣知的权位，就是说只能当圣人鞠而不会居官。孔子听了这话哭泣着说："凤鸟不来，河无图至，天之命也。"意思是凤凰不向这里飞来，黄河没有龙图出现，这是天溺命啊。孔子已经认识到自己有光明圣德却难以推行于天下的命运溺，所以才无奈而哭泣。

卦辞、爻辞、象辞、彖辞，所有的"辞"都源于卦象，也就是说，卦象是根本，"辞"是象的进一步延伸和发挥。"玩辞"与"观象"相互映衬。《系辞·上》言：君子所居而安者，易之序也；所乐而玩者，爻之辞也；是以君子居则观其象玩其辞，动则观其变而玩其占，是以自天佑之，吉无不利。

## 第四节　太易象数法

"法于阴阳，和于术数。"任何一种术数只要是符合阴阳之道，运算逻辑符合象数演变，就可以形成一种推演的方法。从最早的象数卜筮，到先秦时期出现的大六壬、金口诀、奇门遁甲，汉代京房的六爻纳甲，唐代李虚中的断命术，到宋代徐子平形成八字算命术，以及宋代邵雍的梅花易数、皇极经世，陈抟道士的紫微斗数等，包括相法、相地术等，每一位术数的创作者，都是遵循阴阳之道。太易象数法，是笔者依大量实践而得，化繁就简，同样是遵循阴阳之道，以阴阳进退为准则，以八卦之象为依照，以六十四卦为变化，遵循时空、体用之法，直接读取卦象，灵活方便，简单实用。虽然同样是以八卦、六十四卦为推衍数据，看起来有些像梅花易数，但是又完全不同于梅花易数，没有互卦、综卦、错卦之说，并且没有体用互变与体用生克，以先天八卦为时序，在动变之间直取卦象。

太易象数法的推衍原理是以先天八卦为依据，冬至一阳发生，从震卦开始，经过离、泽到乾卦，是事物的发生阶段；从夏至一阴发生，从巽卦，经过坎、艮到坤，是事物的收藏阶段。事物若是处在震卦到乾卦之间，说明具有生长发展的条件，若是处在巽卦到坤卦之间，事物则处在停滞不前的状态。六十四卦不论是动爻在外卦，还是内卦，都是以内卦为空间，为本体，为我、实体等；外卦为时间，为外环境，为用，为他，精神，思维等。事物在震卦到乾卦之间运动，则应吉；事物在巽卦到坤卦之间运动，则不吉。依据不同的问事情况灵活运用，若是对方问吉事，处在震到乾之间则应吉。若是处在巽到坤之间则应不吉。若是对方问不吉之事，处在巽到坤之间则吉，处在震到乾之间则凶。若是动变之卦在本系统内进气运动，则应期迅速；若是在本系统内退气运动，则多波折。然后将八卦与六十四卦的卦象记熟，就可以推衍卦象解读信息。

2011年3月在河南郑州的学习班上，几位企业家想了解一下术数推衍的实际性，其中一位万总想知道自己的一个项目如何，报数789，起卦得山地剥之艮为山，三爻动。我当即对万总说道："此卦来看，项目比较大，可能是你目前遇到的最大项目，前景非常好，项目目前还没有动作，处在前期准备中，并且现在内部结构出现问题，只

76

要是把内部问题解决了，项目就可以顺利进行。项目可能会与土地、房地产行业有关系。"听完我的解释，万总很是惊奇地站起身来："谢谢赵老师，非常准确。我问的是一个房地产项目，注册了公司，已经谈好要购买几百亩土地，可是现在股东结构出现问题，要完成股东变更才能操作。"听到万总的回答，其他人脸上露出赞许的笑容。

其实用太易象数法看卦非常简单，主卦山地剥，大山高高地站立在大地上，说明项目非常大；外卦不动，高山挺立，说明项目不错。现在三爻动在内卦，说明不是项目问题，应该是公司内部变化。

这时旁边的刘总，看到这个情况，也报了三个数：456，看一个项目如何。起卦得雷风恒之火风鼎，六爻动。卦象一出，信息就在心中。我对刘总说道："这是一个长久受益的投资项目，从卦上看刚刚开始，可前途一片光明。此项目已经做了一段时间，目前平稳发展。看上去是一个阳光产业，只需谨慎操作，遵守规章制度即可。"听完我的解释，刘总也是面带笑容的站起来，走上前来和我握手："真是神奇，我去年参股了地方银行，是一个长期投资，当然是小股东。从参与这段时间看受益没有问题，就是放贷款需要谨慎。国家银行对于民间投资限制的越来越紧张，而民间的很多企业发展需要资金，从长远角度看，是一个阳光产业，收益稳定啊！"

雷风恒，恒代表着久远、长远，故断其是长久受益的项目。外卦震卦一阳复始，化出离卦，离卦表示光明，故断其为阳光产业。鼎卦虽然是稳定九州，可是需要稳扎稳打，不要操之过急。

从以上两个卦可以看出，只要是卦象出来，严格地按照卦象的进退与信息解读，就符合事物的现象信息。易学只有简单易学，容易操作，才能体现大道至简，方便易学的简易之道。卦就是象，事物的当下现象，只要按照卦象说话，卦象解读，就不会出现问题，在解卦中不要加入自己的主观意识，要客观地去解读卦象反映出的实际信息。当然，同样的卦象，所问的事物不同，其解释的信息则不同，就像纪晓岚占卜考试得困卦而不困的道理相似。

在苏州的课堂上，有企业家房总问一合作项目如何，报出三位合作者的年龄，分别为：51、47、46，起卦得火山旅之艮为山，四爻动。起卦后，做出如下分析："旅卦，说明项目已经启动，并且在操作中，已经进入市场。从市场的需求看是一个比较有前途的项目，但是目前由于其他股东的认识或者发展目标不同，合作出现了一些分歧，造成项目很难推进，几乎要停止下来。"听完我的解释，房总只是点点头，表示认可，但并没有详细的回答。下午下课后，房总拉我到太湖一边欣赏着雨中的太湖景色，一边讲着卦中的故事。房总做的是快餐行业，有自己的品牌，在苏州、南京、上海等地有几十家连锁店，每年的盈利都可以达到一千多万，并且比较稳妥。由于他有自己的品牌，就有朋友找到他，想合作将快餐做成真空快餐对航空公司进行销售，可以说是一个很好的创意，

77

公司在合作生产后，很受航空公司的欢迎，可是由于要供应航空公司，就要追加投资，扩大生产。这时，另外两个股东却出现问题，一个股东不想再追加投资，想变卖股份，并且高出原来的出资几倍想退出。虽然经过了几次协商，可是对方一直是僵持不下，只想退出不想再合作，并高价转让股份。所以，现在只能停在那儿。

看一下卦象，旅卦就是旅居，说明项目已经做了。外卦为离卦，说明市场比较好，认可度高。现在外卦动，说明不是自己的问题，因为问合作，说明对方出现了问题，离卦为文书，合作意向；离卦化艮卦，艮为停止，说明因为合作意向不同，或者观念不同，项目停止下来。

一位女士王总问朋友被纪委叫去问话，看吉凶如何，根据生日报数12、26两组数字，起卦得雷泽归妹之震为雷，二爻动。分析到："雷行地上，雷声惊人，说明这个人被传讯后，被很多人关注，归妹为当归之意，说明不会出现任何问题，就会解除询问，大概一周左右就会放出。"这位王总站起身来，面容激动地看着我："非常准确，老师你太神了。""不是老师神，是中国的文化神奇"，我答道。"我的朋友被纪委传讯后，很多人都有'城门失火殃及池鱼'的想法，周围的人是人人自危，因为即使没有问题也会找出一些问题，结果是审查了几天，没有发现有问题，只是有一些工作上的小问题，昨天，传出消息，要进行小的经济处罚，大概这几天就出来了。"

看一下卦象，归妹卦，既然是问人事吉凶，归妹就是当归之意，故断其必然无事当回。外卦为震，震为雷，雷声轰鸣，响彻千里，故断引起很多人的注意，并且有人人自危之意。看一下震卦的卦辞"震来虩虩，笑言哑哑；震惊百里，不丧匕鬯"。虽然雷声隆隆，听起来害怕，可是后面是细细绵绵，故笑言哑哑，这还有什么问题呢？断卦就是分析事物的现象，相同的卦可是由于对应的事物不同，其结果则完全不同。比如，归妹卦，问老人生病，那么就不吉，归去之意。所以，不变就是变，变就是不变。

有位企业家周总，问想聘请一位经理可用否，报数1、4、7，起卦得天雷无妄之天地否，一爻动。无妄卦不要抱着幻想，无妄之灾，又化否卦，定不能用。原因是，其人特点，说得很好，做起事来却差很多，不实际。遇事比较急躁，不加分析，难以委以重任。当为一女性。听完分析，周总回答道："很准确，此人已经谈过多次，总是这样那样的有问题。春节前说春节后上班，到现在也没有来，干起事来，风风火火，比较急躁，是一位女同志。准备放弃，不再聘用。"看卦象，无妄卦，就是不要有非分之想，否卦是否定，故此人不会来上班。下卦为震，震为雷，说明脾气大，动不动发脾气，化坤卦，坤卦为收藏之地，为母性，此人有事干，不会来这。卦象、卦意直接读取，一目了然。

2011年3月，朋友张总问现在正在做一件事情看看如何，报数3、5、1，起卦得火风鼎之火天大有，一爻动。直接读取卦象，鼎卦为问鼎九州之意，故此项目乃与国家合作的一个项目，是国家刚刚发展的项目，但是此事在操作中遇到一些问题，比如操作协议或者文本和同类，需要重新修订，修订后的范围更广，更规范。但是此事过程复杂，问题较多。张总听完我的解读，激动地站起来："我从来都没有卜过卦，今天是第一次，原来根本不信，今天看来有点意思，与现在遇到的事情完全符合。本来是某部委的一个市场项目，是由国家刚刚批准的，可是由于前期准备不足出现了一些问题，所以方案文本等重新修订，修订后比原来更广泛，但是是新批项目，问题也比较多，处在试运行阶段。"

易学的最高层次是"感而遂通"，如何做到感而遂通？就是在当事人起心动念的刹那间，抓住对方的空间方位，结合他的出生时间，就可以做到其人生的解读，一切都在你的掌握之中，真正做到大易无课，大象无形。

2011年夏天，我和中筝集团的董事长王总及几个朋友在一起聚会，听说我是做《易经》讲学的，马上就来了兴趣，希望给他展示一下。当时其坐的方位为卯位，出生于1977年，77年为丁巳年，以坐向为体，出生年份为用，瞬间就展开对其人生的解读。丁巳为用，卯木生巳火，但是并没有坐在火的位置，故断其学历不高，很难到本科，答曰：艺术专科。其人生起步比较早，在98年其21岁就进入社会，但在此年多做少成。在99年夏天遇到人生中的第一个贵人，由此而青云直上进入辉煌，并在此年得到人生的第一笔财富。对方回馈：99年毕业进入社会，选择了几个行业都是无疾而终，无所事事。在99年的夏天遇到现在的岳母，一省级厅级干部，从此进入正式的商业投资。在这年的夏天的长春贸易交流会上，倒卖眼镜短短的一个月获利十几万元，奠定了发展的资本。接着断其在2000年有了新的生意机会，但是当年只是投入，从第二年2001年开始获利，但这个生意做到2003年结束，2004年又开始新的生意，但是生意的前三年，多是投入，难以回报，回报是从2008年下半年开始，直到现在这个生意回报利益特别高。听完我的评断，对方激动地站起，双手抱拳，表示佩服，因为在其没有提供信息的情况下，仅凭一坐向与出生年份，就可将其过去的人生展现出来，甚是惊讶！实际上，我们看到这就会知晓其中的玄机，一切都在于时空的进退之间。

2011年初冬与几位文化界的朋友来到天津滨海新区会友，其中一位新区的政界朋友，对《易经》也是比较感兴趣，但对《易经》又有一些质疑，故而有验证一番的兴趣。当时其坐的位置，在正东偏南的辰位上，出生于63年癸卯，根据其坐向与出生年份，断其84年21岁是其人生的起点，对方当下表示惊讶，此年毕业参军。断其86、87年在军队有二次进修学习的机会，88年晋职，对方表示准确。为什么有以上的判断？其癸卯年为用，84年为甲子年，水生木为印星，故断其事业运从84年开始，86、87年丙寅、丁卯都是在向本命位置与坐向位置进气，故断其有进修学习的机会，88年戊辰，当下的位置气场填实，故断其晋职。接下断到，93年有调动的机会，在秋天，若是此年有变动而不动，94年甲戌就会出现麻烦影响工作机会。此人坐在辰位，93年癸酉，辰酉相合，断其有变动机会，当动不动，94 年甲戌冲辰，并合弱卯木，必然引来祸端。在 96、97 年丙子、丁丑，遇到领导赏识，从对立到融合。对方曰：正确。在 99 年与 2000 年，此两年可以说是忽冷忽热，始料未及。对方追问道："怎么有此说？能否更明确地来说这两年的情况。"我回答："山穷水尽疑无路，柳暗花明又一村。99 年看着是死地，而 2000 年超出你想象地遇到机遇，摆脱了困境。"听我讲完，对方激动地握着我的手："佩服、佩服，中华文化真的是莫测高深，难以捉摸。"生活中这样的例子很多，但是只要掌握了时间与空间的进退和合，可以说是"宇宙在乎心，万物在乎手"。

　　一次朋友邀我到办公室看了一下，因为第一次见面，当时并没有谈到什么。办完事中午朋友请我吃饭时，谈到现在工作问题，让我指点指点。我问他你的领导坐在什么位置？他回答领导坐在正进门的地方，也就是他坐的左方。我根据办公室的坐向位置，作了信息分析。你现在工作很如意，工作能力很强，在工作中有许多事情你都自己做主，你的科长往往被你领导。你的科长为人很不好，在行内办事很被动，不能成大事，缺少魄力，科内的工作他都有求于你，并且和你的关系不错。我分析了以上信息，他很吃惊，他说："我并没有提供给你任何信息，你怎么会知道我们的工作情况和关系。"我回答："是你们的工作位置告诉了我，这就是《易》的以象言事，象外无辞。你现在坐的位置，背后有墙为靠山，对面有一位女同事，可谓是阴阳平衡。而你的领导却坐在你的下手，反而为你服务。再有你的领导坐在冲门的位置，而且屁股正好对门，有人进门就要踢他的屁股。有人找他，他都要转身和别人讲话，工作怎么不被动呢？"听了我的解释，朋友会意地笑了，并说他现在有两件事情正办着，让我看看怎么样？在他的问题提出后，我马上回答到："你现在的两件事情，有一件已经插手办理，很快就会成功，另一件可以说现在还没有办并且没有把握。很快办成的这件事，办事人在你的东方或名字中带有木字旁，对方答应给你一笔酬金。"这次的回答使他更惊讶。"我只是一问，没有任何的提示，你马上就回答，而且很准。我现在办的两件事，有一件不超过十天就要办完，托我办事的人不在东方但名字却有木字旁。第二件事正如你说现在没有头绪。我现在纳闷，你是凭什么知道的？"我说："还是你告诉我的，因为在你问问题的时候，你拿起了筷子，吃食物时，吃了一块绿色的饼，就放下了筷子，没有再接着吃。首先和别人讲话时吃东西是不礼貌的，但偏在这时你做了动作，那么这个动作就是你问题的答案。所以，我根据你的动作断定有一件事情很快会办成，绿色代表东方为木，托你办事的人在东方或姓名中有木字旁。你只吃了一块饼，没有接着吃第二块，那么第二件事情很难办成或会时间很长。"他更觉得易学是多么神奇，会通过一个动作，分析出这么多事情。大道无形，大道无言，全在一念之间，心起则法生，心灭则法灭。乾坤虽大，其实全在一掌中。

# 第三部分　阴阳五行干支篇

## 第八章　阴阳五行

学习术数者颇多，往往只注重技法，不注重从基础理论入手加以研习。这种试图走捷径，一步跨入命理殿堂的做法，是很难达到目的的。我们就说干支的性质与作用关系吧。干支的本来性质，不是我们看到的物象，而是地球围绕太阳转动时，地球上的空间对应宇宙空间形成的 60 个不同的空间气场。这 60 个不同的空间气场，以现在物理学来，就是 60 个空间气场的温度不同。实际上也就是地球的 12 个地域空间，在五种宇宙外因下的温度变化。这样我们对干支之间的作用关系，就会一目了然。

五行的对应关系，真的象现在书上写的那样，木火土金水能无条件的连续相生、相克吗？那么，这个作用关系在这个八字中运用很灵验，到另一个八字再这么用时，为什么就不灵了呢？这些问题始终困扰着许多初学命理的人们，问题出在哪儿呢？究其原因，就在于我们没有追根溯源，没有真正掌握《易》的本源。俗语说"万丈高楼平地起""冰冻三尺非一日之寒"。要想在易学殿堂里轻松漫步，就必须从基础开始，把基础打好。这样才能以不变之易理应万变之格局，发挥太极"四两拨千斤"的功效，做到事半功倍；才能突破命理之重重难关，成为真正的易学高手。

## 第一节　阴阳论

八字预测，易学的阴阳平衡是其灵魂。太极——阴阳（两仪）——四象——五行——干支——干支属性——日元特性——五行反生反克等，这些都是八字预测的主要元素。而这个变化的过程，不是物象的转变，是气的总场到小场的变化过程。也是人类从整体到个体，认识宇宙的思想记录。

八字的四组干支组合抽象代表一个人的灵魂，而这个灵魂的生命纪录，就是以干支的气场演变为轨迹，阴阳平衡为基础演算的。《易》曰"在天成象，在地成形"。人的灵魂是看不见摸不着的，看得见，摸得着的是灵魂寄存的肉体。天干为灵魂，地支为身体。因为我们生存在地球上，实际以地为用，但是地受外气"天"的影响。所以八字预测中的地支"理气进退"，也就是"坤元合德"，以天道循环为副。这里举个例子，可以给大家思维上一个启发：2003年的伊拉克战争，对于这个时间应该是全世界同时拥有，但战争却只有伊拉克人民自己承担。这就是"天道"与"地道"的不同。时间对于大家可以同时存在，而空间则不同，只要你远离那个空间，就会远离战争，故曰"天时不如地利"。说起这些，我们需要从《易经》谈起。因为八字预测的理论技法都是从易经里面演绎出来的。易的理论模式来自于天文、地理、人文等宇宙自然变化，它运用阴阳平衡理论，以一个固定时空点的阴阳平衡为主体，以其后的时空为客体，分析阴阳主体与客体之间的消长变化，进而演算人与事物的吉凶得失。

从日常接触中的易友来看，许多人只注重技术，不注重基础理论，甚至于没有读过《易经》，对阴阳与五行、干支之间的来历关系，知之甚少，这就是基础知识不过关。所以，我们先从《易经》、阴阳学说的起源讲起。"易"者，日、月也，又为阴阳，这一个"易"字包含了极其深奥的道理。它包括"不易、变易、简易"三种含义。"不易"是指阴阳变化的规律（阴阳易理）到任何时候都不会改变。"变易"是指宇宙万物包括人事时时刻刻都在"象数"的变化下，这个事物在今天是对的，明天就不一定是对的，一切事物的发展都在相对之中。这里就蕴涵着命局大运喜忌旺衰的变化。"简易"是当你明白"不易、变易"的道理时，就会觉得好多的道理、规律都始终在这个往复循环之中得到体现，人生、社会、天地的一切变化都是那么直接明了。了解了宇宙自然的不易道理，在生活中就可以遵循这个规律，无往不利。故《易》曰"君子所居而安者，《易》之序也。""一阴一阳之为道"，阴阳的变化有轨迹可循。我们从易学的思维模式去探索自然、人生，就会发现其规律昭然若揭。"经"者道理也，《易经》阐明了天理人道的变化规律是亘古不变的。

《易经》最早有卦，"卦者"圭也，圭即是圭表，是《易经》阴阳学说诞生的基本工具。古人认为"天圆如张盖，地方如棋局"。为了观察太阳对地球的阳光折射影响，将圭表也就是一根长杆直立在太阳下，圭表在太阳的照射下出现阴影，阴影又随着四季的变化而发生变化。圭表的阴影往复循环，就是阴阳消长。古人将阴影最长的一天定为冬至，阴影最短的一天定为夏至。阴影在往复循环中，冬至到夏至阴消阳长故为阳生，夏至到冬至阴长阳消故为阴生。在这里，混沌的太极已经化为两仪，也就是阴阳二仪。再把阴阳各自循环的中间点定为春分、秋分，这就形成了四象，就是春夏秋冬（寒暖燥湿、木火金水）。四象的形成，也就出现了五行——金、木、水、火、土。所谓五行者，并不是五种物质。易曰"五行者，天地之气流通于四时，循环不停也，故为之行"。春湿为木，夏暖为火，秋燥为金，冬寒为水，土为阴阳平衡之气，寄于四隅。

四象即是四季，对应寒暖燥湿之气，与五行同步。两仪对应四象、五行，木火为阳，金水为阴。这些是八字预测的根源，我们既然知道太极——两仪（阴阳）——四象——五行，是事物的起源，那么预测的主元素干支，又是以五行为太极划分出来的阴阳的表现，我们对阴阳、五行、干支就不能不深一步地进行探讨。

**万法归宗——阴阳论：**万事万物要想真正地搞明白，就必须知道它的根本是什么？也就是它的先天是什么？不知道这一点，恐怕是你学多少年，也都是迷迷糊糊，不得要领。

所有的预测术，都是由《易经》作为基础衍生出来的。那么，也就是说，只要是用阴阳五行、天干地支作为演算工具的预测术，都是同宗。既然是同宗，它们就应该具有相同性。那么它们的相同性在那儿？它们的相同性在于：它们原始的理论模式是相同的，都是以阴阳五行作为演算的工具。既然是这样，它们的运算模式就是相同的。也就是说，阴阳五行只有一个，虽然预测术有多种，但它们的运算法则必须是统一的。因为阴阳五行只有一个，绝对不会出现一套预测术一套理论，那么如果这样就会产生出几个不同的阴阳五行，这就违反了"道"。只有抓住这一点，我们才有可能将所有的预测术触类旁通。也就是说将所有预测术联系在一体的就是"阴阳"。只有回归到阴阳中，才能真正地掌握所有预测术的真谛。阴阳学说把阴阳划分成三阴三阳，就是中医的少阳、阳明、老阳，少阴、厥阴、老阴六气，这也是五运六气的实质所在。那么阴阳是事物的本质，三阴三阳的六气就阴阳的细化，五行的表现。客观地讲，世间万物不管是什么，都是阴阳二气地一种状态所存在。这个状态就可以用阴阳二气的盈亏表现出来，然后看时空变化对阴阳二气盈亏的影响，来决定事物的吉凶结果。

所有预测术的原则在于阴阳平衡。何为"阴阳平衡"？就是"天之道，损有余，补不足"。要想真正地明白"损有余，补不足"，就必须从阴阳入手，通过干支对阴阳二气的旺衰状态进行量化，通过阴阳的四种状态（寒暖燥湿）将阴阳损益描述出来。只有这样才能知道"损有余，补不足"的真义。总之，只有回到先天的阴阳里面才有可能学好预测术是不可置疑的。

我们必须深刻认识到宇宙物理学与地球物理学，是《易经》阴阳学说的本源。天体与地球的本性是不变的，这些都是物理学的范畴。只有这样我们才能对干支的本质与作用有一个深刻的认识。《易经》言：法象莫大乎天地，变通莫大乎四时。阴阳四相、四时交替是天体与地球运动形成的最终结果。不管任何时候任何情况下，天体与地球最终的变化只有四时。这也是《易经》所言：天尊地卑，乾坤定矣。我们只有抓住这个不变的规律，才能学好阴阳命理。宇宙的物理现象是命理理论形成的根本：以十神表示社会、家庭之间的对应关系。以时间、空间的变化，来演示命运的轨迹；以气场的旺衰确定喜忌；以十神喜忌确定人在社会中的吉凶得失。这些人生现象都是社会现象的本性，都是自然的。道法自然，自然就是人生。

# 第二节　阴阳、五行、干支

太极生两仪，即是阴阳，阴阳变四象，即成五行，五行又分干支。这里的每一步划分都是太极生两仪的表现，我们必须明白每一个步骤的变化含义。太极即是混沌之时，阴阳不分，阴阳两仪的出现，是事物变化的第一步。阴阳是一切预测的根源，我们必须了解阴阳的性质。阴阳具有五大要素，即阴阳对立、阴阳转化、阴阳消长、阴阳互根、阴阳并存。这五句话是一切预测的根源和依据。而其中的阴阳互根与阴阳并存更是重中之重。

## 一、阴阳对立

木火为阳在阳极表示生发之气，金水为阴在阴极收敛之气，这是太极成立的必要条件。如果没有阴阳对立，世间的事物就不会存在。也可以引申到八字中的"体用"关系。一个命局的成立，不管是什么格局，永远都存在着体神、用神。它们在时空状态下永远是对立的两个板块。体用在先天命局的存在就是对立。但是当大运到达用神的位置段时，这时的喜忌由对立变成"统一"。"统一"的出现，就又产生新的对立，新的统一。我们从太极演化图中可以看出，从大太极球分出的两个阴、阳小太极球，以及阴阳小太极球中的木火、金水，永远都处于大太极、小太极的局部对立之中，这就是说只要八字中大运与日主具有阴阳对立时，就不会出现从格，除非阴阳具备转化的条件形成顺势。这里，我说一下当今命理的误区，许多易友认为从格好用，轻易论从，致使格局失偏、预测失误而难以解释。因为阴阳对立与平衡永远是预测的根本，体现在八字中只有同性之间并存，异性永远对立，也就是阴阳对立，这样阴阳对立的形势已经出现，八字就不会是从格，因为此时的日干之气不会去顺从对立的两种五行之气。阴阳对立是以地支之间的对立为依托，也就是说地支之间的作用关系，决定着格局的变化成败。故命书言：寒虽甚，要暖有气，暖虽至，要寒有根，则能生成万物。若寒甚而暖无气，暖至而寒无根，必无生成之妙也。是以过于寒者，反以无暖为美。过于暖者，反以无寒为宜也。盖寒极暖之机，暖极寒之兆也，所谓阴极则阳生，阳极则阴生，此天地自然之理也。从此段的理论大家可以看出，阴阳对立与阴阳之间的转化是八字预测的灵魂。

## 二、阴阳转化

《易经》曰"君子所居而安者，易之序也"。木——火——土——金——水，是五行循环永远不能打破的时序循环规律。从四时上看，春天以后必是夏天，有了木必向火的方向发展。到大暑则阳气旺极必会转阴，就是秋天，秋天以后必会是冬天，金必会向水的方向发展。用五行来表示四时的转化发展过程，就是易的顺序。这也深刻寓意着自然与社会的发展规律。一个人的运气若适应自然及社会的发展规律，会得到很多的帮助，也就是把众多的力量转化为个人的力量就应吉；反之就会不利。八字扶抑格中的通关，从格中的日柱旺极喜泄，都是阴阳转化的表现。阴阳转化在八字的演算过程中是经常遇到的，由于地支作用关系的变化，有时忌神会转化成用神，而用神也会转化成忌神。当八字的五行流通，没有堵塞、没有偏旺的五行出现时，五行之间的力量相对平衡地转化，就会呈现最完美的太极状态，命主的各方面就会向有利的方向发展。五行转化是时序的变化，而干支之间的转化不是时序的转化，已经上升到空间气场的转化，干支之间的转化条件就比较严格。由于干支的阴阳属性不同，因而它们遵循同气相合、对立相克的转化规律。

## 三、阴阳消长

在八字预测术中，阴阳消长和阴阳转化一样，都是指命局中的阴阳二气在行运中的变化状态的。不同的是，前者是指量变的过程，后者是在前者的基础上发生质变的必然结果。八字原局是静态的，只有大运、流年的参加才会动起来。大运是提示日主十年中的运气时间概念，某一大运是阴消阳长还是相反，同时也就表明了这个大运是助长用神还是忌神，要注意理解这一点。阴阳消长有两层含义，一是命局中阴阳二气在大运的变化，二是命局中的阴阳二气存在着用神、忌神。大运的到来，必须分清是忌神还是用神之气在消长。用神长、忌神消，有利于八字命局平衡就应吉；用神消、忌神长，不利于八字命局平衡就应凶。但是，也并非用神长、忌神消就完全应吉，因为阴阳消长也有一定的尺度，这要由原局的"病药"轻重来决定。当阴阳消长到一定的程度时，就会发生阴阳转化，这就有出现相反的结果的可能。这里提醒大家注意，每一个不同的八字组合根据自己的喜忌不同，则适当的气场消长段不同，这一点在八字预测中相当重要。八字喜火为用，但应清楚火的消长应该处在什么段最好。如果超过某个阶段点，就会违背"损有余，补不足"的平衡原则。也就是说，我们必须要掌握阴阳消长的空间度量段和转化点。

## 四、阴阳互根

命理曰：孤阴不生，独阳不长。只有阴阳调和方能万物而化生。四季对应五行，金、木、水、火的长生进气点都是在上一五行的起点，寅、申、巳、亥为四长生之月，一种五行的值令实际预示着下一五行的进气。春夏秋冬四季往复循环，任何时候都不会单独存在，寒极暖之机，暖极寒之兆也，所谓阴极则阳生，阳极则阴生，此乃天地自然之理也。任何事物的发展变化，都不是孤立的，没有矛盾就没有世界。没有矛盾、没有矛盾的解决就不会有发展变化，这一矛盾对立统一的理论是唯物辨证法的基本观点之一。表现在命理中，就是阴阳互根。阴阳互根就是矛盾的对立和统一，地支作用关系中的六合就是阴阳互根的表现。大家可以对比一下，在地支六合中，子水、午火分别为阴极、阳极之点而与本气相合，其余的寅亥、卯戌、巳申、辰酉都是一阴一阳相互配合。

## 五、阴阳并存

阴阳并存可以说是确定阴阳五行气场旺衰的玄机所在。"夫万物负阴而抱阳，冲气以为和，过于不及，皆为乖道。故高者抑之使平，下者举之使崇。或益其不及，或损其太过。所以贵在折中，归于中道。"以往大家只注重月令的本气，而忽视了阴阳并存，负阴抱阳就是阴阳并存的意思。命书言：从无取有，向实寻虚。在五行的气场转化中，实际是阴阳气场同时并存，而不是只有月令之气。月令卯木，一般只看到了木火的存在，而忽视了金水的存在，就出现了思维上的错误。试想卯月之时，太极在春分气中，阳气进而至卯，可是这时的金水之气同时存在。为什么这样讲？卯木为少阳，何谓少阳？就是阳气不足，阴气还有。在阴阳气场的转化中，只有午未子丑月最接近纯阴纯阳之气，其它的月令，虽然是阴阳的偏重不同，可是阴阳是同时存在。故命书言：春土何尝不生万物，冬日何尝不照万国乎？月令的阴阳并存，是确定五行旺衰的玄机所在。比如，辰为三月的少阳旺气马上就转化出巳火来，辰中有戊、癸、乙三个天干，戊指的是辰月中午的阳气，它已经脱离了少阳之气接近了太阳之气，故以戊来表示二者之间的变化气。癸是指辰月晚上亥子丑时的阴气，三月的时候晚上与白天温差很大。但是辰是从寅卯木气转化而来，乙木就是指的三月早晚与阴天时的少阳之气，有人说，为什么不是甲木？很简单，辰是从卯转化过来，不是从寅转化过来，卯辰的少阳之气很接近。举了这个例子，很多的地支藏干，你也许会明白了吧！

五行是以阴阳为太极点衍生出来的，有四象而出五行，即春夏秋冬、暖燥湿寒是也。五行是何物？五行是春夏秋冬四时之气的往复循环。五行是阴阳的细分，这里木火为阳，金水为阴，土为阴阳之间的平衡之气。春季为少阳木气主湿，夏季为老阳火气主暖，秋季为少阴金气主燥，冬季为老阴水气主寒。少阳木气的产生必然是由老阴水气转化而来，这也是春天气寒的原因。当少阳木气旺极时，老阳火气自然产生。老阳火气的产生必然是由少阳木气转化而来，夏天火旺，老阴气绝，因为中间的少阳木气已经转化了老阴之气。当老阳火气旺时，少阴金气已经有气。从物象上看，立夏之后，花草树木的叶子出现潮气；在进入立秋后，潮气则变成小水珠，此时的少阴之气已经转旺。当少阴气旺极时，老阴水气自然产生，夏天的余热经过少阴金气的转化，所以冬季寒冷。当寒冷到了极点，新的太极就会产生，新的一年又来了。

阴阳为本，五行为用。阴阳二气太过粗糙，是一个全程概念，不能细致的表示阴阳二气的变化阶段，就在二至上划分二分，出现四相。把阴阳二气划分四个阶段，用五行来表现。五行可以细致的表示出阴阳的变化过程。表现出阴阳变化过程中，每一个点位中阴阳二气的强弱情况。冬至后一阳解冻，但并不是阳气变旺，只不过是阴气旺到最极点，不能再向前发展。子中阴气处在最旺的状态，那么阳气就处在最弱的状态。丑月阳气继续向上发展，可是阴气仍然旺于阳气，故丑月气寒。寅月冬至后45天，阳气略有上升。在卦气上则是地天泰，阳气已从地心向外发散，但是没有离开地，植物只是根部具有生机。故此时只是阳气进，实际阴气还是旺于阳气。故命书言：初春气寒，首用丙丁调候，便是此意。进入卯月，气至春分，阴阳分离。此时卦气雷天大壮，阳气透出地面，阳气淀放，春花簇簇。此时阴阳处在中分阶段，二者气场在伯仲之间不相上下。故二月白天阳和，晚上气寒。因为此时是阴阳的剥离，也就有了子卯相刑，而寅木中阴气盛于阳气，子寅无刑之说。辰月时令阳春三月，阳气更旺，此时阳气大于阴气，故阴气壬癸之水，到此为墓地。也就是阴气几乎将要消失，辰月的藏干癸水，是水的最后一点气，只有在晚上亥子丑时，体现出来。进入巳月，阳气更盛，此时老阴之气全消，但是此时少阴有气，昼夜气场差还是较大。进入午月，阳气旺极，阴气死绝，此时昼夜温差很小。夏至后，阴气生，未月到来，阳气仍旺，与丑月阴气相似。七月后阴进气，阳气退，阳气仍然旺于阴气，……又开始了新的循环。

阴阳互根，阴阳并存，负阴抱阳。不要只看到月令的字面，要看到月令后面的阴阳二气，这才是根本。不然就永远掌握不了旺衰的真机。

通过阴阳的辨证分析，我们可以知道，八字预测实际是将不同的干支组合气场（日柱）放在一个相对的时空中，看日干所代表的五行之气所处的时间、空间中的旺衰情况。"形全者损其有余，形缺者补其不足"或者是"刚柔不一，顺其势"。然后看其后大运、流年的时空变化对命局"形旺者与形缺者"的消长状况。大运、流年损命局中形旺者的有余，补形缺者的不足应吉；如果大运、流年继续加大形旺者的力量，抑制形缺者则应凶。

# 第三节 阴阳五行的生克关系

对于阴阳五行的生克关系，应该是近代易学发展的一个误区。因为我们没有真正明白古人所说的阴阳五行的生克关系。《黄帝内经》言：物化为生，物极为变。生是变化的一种形式，是对某种一点的接近。古人以生表示"进"，以克表示"退"。如果不明白"进退"之机而空谈生克，就会屡屡失误。不了解真相，必然进入误区。故命书言：进气不死则为生，退气不生则为克。

北方阴极生寒，寒为水。南方阳极生热，热为火。东方阳散以泄而生风，风为木。西方阴止以收而生燥，燥为金。中央阴阳交而生温，温为土。其相生也所以相维，其相克也所以相制，此之谓有伦。

以五行代表春夏秋冬的名称，配合方位，出于天然。北方亥子丑，为冬季。南方已午未，为夏季。东方寅卯辰，为春季。西方申酉戌，为秋季。春夏之交，木气未尽，火气已至，间杂之气为土。其余夏秋之间，秋冬之间，冬春之间相同。土气在两个节气的中间，而且夏季最旺，也就是土居中央的意思。这里必须提行大家注意，五行出于阴阳，它是阴阳二气变化的过程。不管在任何情况下，五行都不能违背阴阳的原则。

《子平真诠》阴阳生克章言：四时之运，相生而生，故木生火，火生土，土生金，金生水，水生木，相生之序，循环迭运，而时行不匮。然而有生必有克，生而不克，则四时亦不成矣。克者，所以节而止之，使之收敛，以为发泄之机。故日："天地节而四时成"。

上文先贤指出，四时配合五行相互转化以生为进，千百年来易书岂止千本，都在相互转抄，木生火，火生土，土生金，金生水，水生木。大家都把它当作不可改变的五行生克关系，恰恰就是这个五行相生的关系，使千百年来的众多学易者，进入了总也难以超越的误区。上文指出："四时之运，相生而生，……相生之序，循环迭运，而时行不匮"。大家一定要注意这里"相生而生"的用词，是先人用词不当，还是另有深意？五行的生克关系，实际是四时的循环变化的一种现象，并不是真正的木生火，火生土，土生金，金生水，水生木，这里的"生"实际是"进"的意思。我们知道四时、寒暖燥湿，是太阳对地球四时的阳光折射而造成的温度差。那么春与夏就存在温差，也就是阳太极中的少阳与老阳对立，也就是说木不一定生火，木火相生是需要条件的。秋季与冬季存在温差，也就是阴太极球中的少阴与老阴对立，也就是金水相生也存在必要的条件。这里必须知道所谓的五行相生，不是物质相生，而是气场的转化。要掌握木火相生、金水相生的条件，就需要掌握气场顺逆与干支的阴阳属性。否则，你就会时对时错，错了也找不到原因。所谓的干支属性，实际指的就是相同时间不同空间内的流通气场不同。因此，我们必须掌握好时间空间的对立影响，只有时空对立思维，才能真正领悟六十甲子的气场变化，掌握干支属性。学过世界地理的人应该知道，在地球上有寒带、热带、温带之分，地域的不同，决定着相同时间上的气场不同。那么六十甲子难道不对应世界上与中国内的各个气场空间吗？领悟这一点，你就会发现，六十甲子之间的关系与五行时序的循环关系是两回事。

就时序而言，春天过后是夏天，夏季阳旺极而生阴，就是秋季，秋季过后就是冬季，冬季阴旺极而生阳，就是春天，这是四时五行的循环变化。如果把四时五行的循环变化照搬到干支的作用关系上，就会出现时验时不验的情况。为什么呢？因为干支的重复组合，使它们的阴阳气场属性发生了质的改变，若再用五行的生克关系去套用，显然就不适用了。八字中有火，岁运遇到木就生火吗？肯定不是的。如果这么简单，就没有地支之间的刑冲合害了。为什么寅亥合，子卯论刑？为什么寅午戌会火局，而寅巳论刑？等等，这些作用关系都是由它们的阴阳性质决定的。我们在这里转变一下思维，以少阳木气、老阳火气、少阴金气、老阴水气四象为太极，再向下划分，是不是每一种独立的五行之气，又都具有自己的五行之气呢？这是肯定有的。这就是干与支的重复组合而出现了它们自己独立的五行气场形式，因为这些必须要由干支的气与行决定。关于干支的作用关系我们在下面的干支篇再讲。

这里提醒大家的是，如果不去分清五行与干支关系的不同，在预测中的作用关系就会分不清。如果认为不管阴木、阳木，有木就生火；不管阳水、阴水，有水就生木，无条件地把五行时序循环的生克关系照搬到干支中去，就必然会出现失误。先人用生克的形式来表达四时的交替变化，无疑是和后人开了一个很大的玩笑。实际上，先人在这里画了一个小圆圈，把我们圈在了里面，使我们永远不能超越其范围。其实，五行相生是在表示时序的转化，不是"生"的意思。五行之间的转化必须是在某一气旺极之时才能转化，并不是有了木就生火，有了金就生水。大家知道寅木为少阳之初，也就是正月之气，正月寒气犹存之时，怎么会马上就进入夏天呢？只不过相对冬天的子丑而言，寅比子丑的阳气旺了一点，位置上接近午火一点，但离真正的木化火还远的呢。就因为这样，才有了寅巳相刑的关系。寅木可以刑巳火，见了午火为什么不刑呢？寅木在什么情况下不生午火，也来灭火？在什么情况下生巳火，不刑巳火？什么情况下是木多火塞？什么时候论木火通明？等等，如果我们不去深思这些看似简单的问题，就永远不能掌握八字预测的真机！若连最简单的五行、干支之间的关系都没有搞明白，又何谈预测！如果干支之间的关系与五行同样，何必画蛇添足再有干支呢？

总而言之，五行之间的关系，不可以阴阳的关系同论。五行是阴阳二气的阶段变化，也就是说干支的阴阳二气的某一段，不是阴阳的全部。而干支是五行气场的阶段与空间变化，比五行的阶段变化更为细化，所以不要把五行的关系，照搬到干支上，这样就违背了阴阳变化的本意。

# 第四节　干支与干支属性

干支是以五行为太极点划分出来的，那么每种五行就具有自己独立的阴阳性质。干支在表达五行时，同样如此。天干为阳，地支为阴。独立五行的干支之间又有自己的干支阴阳划分，这与上面的太极图就吻合了，它们自上而下是按照太极分两仪的形式出现的。

我们知道阴阳在任何情况下都是对立存在的，阴阳大太极是有五个小太极组合而成，五个小太极的本身也具有自己的阴阳两仪，就是干支的阴阳划分。

少阳木气　　　甲乙寅卯

老阳火气　　　丙丁巳午

太极——阴阳——四象（五行）平衡土气——戊己辰戌丑未

少阴金气　　　庚辛申酉

老阴水气　　　壬癸亥子

　　天干：甲乙木为少阳木气主湿，甲木为少阳阳气，乙木为少阳阴气

　　　　　丙丁火为老阳火气主暖，丙火为老阳阳气，丁火为老阳阴气

　　　　　戊己土为阴阳平衡之气，戊土为平衡阳气，己土为平衡阴气

　　　　　庚辛金为少阴金气主燥，庚金为少阴阳气，辛金为少阴阴气

　　　　　壬癸水为老阴水气主寒，壬水为老阴阳气，癸水为老阴阴气

　　地支：寅卯木为少阳木气主湿，寅木为少阳阳气，卯木为少阳阴气

　　　　　巳午火为老阳火气主暖，午火为老阳阳气，巳火为老阳阴气

　　　　　辰戌丑未土为阴阳平衡之气，辰未为平衡阳气，戌丑为平衡阴气

　　　　　申酉金为少阴金气主燥，申金为少阴阳气，酉金为少阴阴气

　　　　　亥子水为老阴水气主寒，子水为老阴阳气，亥水为老阴阴气

　　通过太极——干支之间的划分，大家就会一目了然。每一步的划分都可以单独作为一个太极点，按照阴阳对立统一的规律存在，这些都是预测最基本的条件。八字预测是将一个人的出生点作为太极点，日柱为中心，分析这个时空点的日柱与命局阴阳二气的平衡，找出时空的阴阳病症，也就是平衡点，这样才能对症下药，分析出用神和忌神来。

　　《子平真诠》首篇言："天地之间，一气而已，惟有动静，遂分阴阳。有老少，遂分四象。老者极动极静之时，是为太阳太阴；少者初动初静之际，是为少阴少阳。有是四象，而五行具于其中矣。水者，太阴也；火者，太阳也；木，少阳也，金，少阴也；土者，阴阳老少，木火金水冲气所结也。都是五行，何以又有十干十二地支乎？盖有阴阳，因生五行，而五行之中，各有阴阳。即以木论，甲乙者，木之阴阳也，甲者，乙木之气；乙者甲木之质也。在天为生气，而流行于万物者，甲也。在地为万物，而承兹生气者，乙也。又细分之，生气之散布者，甲之甲，而生气之凝成者，甲之乙；万木之所以有枝叶者；乙之甲，而万木之枝枝叶叶者，乙之乙也。方为其甲，而乙之气已备，及其为乙，而甲之质为坚。有是甲乙，而木之阴阳具矣。何以复有寅卯者，又与甲乙分阴阳天地而言之者也。以甲乙而分阴阳，则甲为阳，乙为阴，木之行于天而为阴阳者也。以寅卯而分阴阳，则寅为阳，卯为阴，木之存乎地而为阴阳者也。以甲乙寅卯而统分阴阳，则甲乙为阳，寅卯为阴，木之行在天成象而在地成形者也。甲乙在行乎天，而寅卯受之；寅卯存乎地，而甲乙透也，是故甲乙如官长，寅卯为官长该管的地方。甲禄在寅，乙禄在卯，如府官之在郡，县官为在邑，而司一月之令。甲乙在天，故动而不居，建寅之月，岂必当甲？建卯之月，岂必当乙？寅卯在地，故止而不迁。甲虽递易，月必建寅；乙虽递易，月必建卯。以气而论，甲旺于乙；以质而论，乙坚于甲。而俗书谬论，以甲木为大林，盛而宜斫，乙为微苗，脆而莫伤，可为不知阴阳之理也。以木类推，余者可知。惟土为木火金水之气，故寄旺于四时，而阴

阳气质之理，亦同此理，欲学命者，必须先知干支之说，然后可以入门。"《子平真诠》开篇就讲出阴阳——四象——干支之间的阴阳对立关系，但是大家必须明白，所谓气与行的关系，地支主气，天干主行。我们在日常的应用中，说出地支卯月，你就会明白是什么节气；如果说出天干壬月，你就不会知道是什么节气？干支之间的作用关系就是气与行相互作用的表现。

干支者天干、地支也。干支是细化五行的分子，五行分阴阳，以木火为阳，金水为阴，土为金、木、水、火冲凝之气，实为水木、木火、火金、金水二气之间的交换平衡气。《子评真诠》言"都是五行，何以又有十干十二支乎，盖有阴阳，因生五行，而五行之中，各有阴阳。"有了五行为什么还要有干、支呢？有阴阳必有五行，难道五行本身就没有阴阳、四象、五行吗？有，肯定有。以木而论，天干甲、乙为阳，地支寅、卯为阴。如果以天干甲乙再分，则甲为阳乙为阴；以地支寅卯再分，则寅为阳卯为阴，这样木的阴阳、四象出来了，其它五行仿此。

这里大家需要明白的是，干与支的特征，干主行，其性动，支主气，其性止。不要小看这两句话，其寓意很深。例如，我们一提到卯月，你就马上会想到是二月，提到酉月你就会知道八月，依次类推，地支代表节气的进退，永不变化，始终如一。而如果同样提到甲月、丙月、壬月，你就会大跌眼镜，不知道说的是什么月？在这里我们就会想到，古人何以规定十干，而不是十二干，因为天干为十地支为十二，它们的60对组合，天干不会重复，干支的组合气就不会重复，这样就能体现自然之"道"。即使同一段时间内，不同空间内的"气"就不同，同一时间全国不同地区的天气就不一样。那么五行的旺衰在相同时间不同空间就存在着不同，故有"一山有四季，十里不同天"的说法。哈尔滨是冰天雪地，南国已是花红柳绿，靠近赤道的地方一年四季不分。我们再看天文的表现，在中央电视台的天气预报栏目里经常会出现，主持人说："我国近日受西伯利亚寒流的影响会出现大面积降温……"西伯利亚不会移到中国的上空，而寒流可以流动到中国的上空。哈尔滨永远不会到海南，而在哈尔滨形成的降雨层可以到海南。上面的西伯利亚、哈尔滨都是地支的体现，天空上的寒流、雨层就是天干的体现。再者每年春夏秋冬往复循环，但每年季节的温差不同，你是否想过壬子月会是一个寒冬，丙子月会是一个暖冬呢？当然这一点不是绝对，也要视太岁的阴阳进退。就是天干动对地球同样月令有不同影响而造成不同的温差。由此，我们可以理解天干主行其性动与地支主静其性止的含义。因为这其中包涵了干支的作用关系，我们弄不明白这些天文、地理常识，就会搞不明白它们之间的作用关系。

我们已经知道，阴阳之间的特点是"阴阳对立"。不管是从五行，还是到干支，都会遵循这个规律。木—火—土—金—水是以五行表示时序的转化过程，也就是以进为生，并不是真正的木生火、火生土、土生金、金生水，而是一个永远不能打破的循环规律。阳太极为木、火，阴太极为金、水，土为阴阳之间的过度平衡期。那么在阳太极之中木火就形成对立，阴太极之中金水就形成对立，实际就是少阳木气与老阳火气之间存在着温差，少阴金气与老阴水气之间也存在温差。阴阳互根，阴极生阳，阳极生阴，这是五行转化的条件，没有极点就不会向另一个太极发展。你见过寅月后就是午月，申月后就是子月吗？没有，一生都不会见到。那么，我们应不应该考虑一下它们之间的真正关系呢？寅木真的可以直接生午火吗？申金真的直接生子水吗？春天木气向夏天火气发展，必须到木旺极的辰月才能转化为火气，也就是木气竭火进气，那么我们以五行的时序循环关系，照搬到干支的关系中，对吗？这个问题大家似乎深信不疑。但是，你有没有考虑到，你在实际的预测中，出现过时而灵验时而不验，有时甚至相反的情况呢？这是什么原因呢？因为大家忽视了这些都是由干支的属性与力量大小决定的。甲寅、丙寅、戊寅、庚寅、壬寅五种寅木的存在形式，对于午火来讲作用相同吗？甲申、丙申、戊申、庚申、壬申五种申金的存在形式，对于子水都可以论生吗？种种最基本的作用关系都没有搞明白，又何谈预测呢？

自古以来的命理书，都把五行的关系应用到干支的作用关系之中，应该说这是不完全正确的。因为五行表示时序的发展变化，而干支的60对组合则不同，它们是在表示不同的气场变化。我们以太极思维来分析，有五行又有干支，如前所说每种干支五行又有自己的独立五行。我们拿天干甲木来说，甲木与地支子、寅、辰、午、申、戌相配，形成6对干支组合，它们的共同点是天干相同，地支不同，这说明什么？说明地支决定了天干甲木的不同存在形式，或者说是甲木流行之气所到的地支空间不同，则表现形式不同。甲寅为天地同气之木，天地合一，上下相同，也就是天气降之，地气合之，为木之纯气。甲辰为木气旺极正退，向火发展的过度期，似火非火，似木非木。甲午为甲木气已竭，为木中火气。甲申为木中金气。甲戌为木中的似金非金、似水非水之交换气。甲子为木中水气，实际子月冬至一阳生，甲子为甲木的进气点初生之时，不是旺点。如果我们再以阴阳老少划分，甲寅、甲午、甲辰为阳，甲子、甲申、甲戌为阴。分四象则是甲寅为木中木气、甲午为木中火气、甲申为木中金气、甲子为木中水气、甲辰和甲戌为过度中气属土。以人事配之，甲子为阳气初生之时，必以母为体为幼年，甲寅身强力壮为青年，甲辰余气犹存为中年，甲午其气已泻为更年期，甲申以身有疾病、难以自理为老年，甲戌为气绝形灭之时为暮年。依此类推，我们就会发现每个五行都有自己独立的五行存在形式。既然干支的生存形式不同，同样是对天干丙火作用，就决定了作用关系的不同。这些不同的存在形式在预测时，为忌应凶，为喜应吉，就有了量比与性质的着眼点。干支之间的关系我们在下面的干支作用关系章中再讲，现在大家必须将剩下的天干依次划分清楚，才能以备后用。

上面我们讲了天干五行的独立五行形式，那么地支与天干同样具有五行形式。以寅木而言，甲寅、丙寅、戊寅、庚寅、壬寅，与上面的六甲相比较，就会发现干动与支静的关系。上面天干可以从子到戌流动，而地支寅则不动，天干五行则流动。这就是夏天也会有寒流，冬天也会有暖流的气象原理。寒流、暖流是怎么出现的？搞明白这些对判断旺衰很有用。地支主静，寅上有甲，必是天地同气之时。寅上有丙，必是上有暖流影响。寅上有戊，必是气候适宜。寅上有庚，必是上有冷风来侵。寅上有壬，必遇寒流影响。依次类推，地支的五行形式就会很明显。这里大家需要明白一个道理，地球的外表并不能产生温度，地球上的表面温度是由太阳照射产生的。地球的自转与天空中的云、雨、风、太阳都可以看作天干。影响着地球的表面温度，这些现象就是由于天干对地支的影响所产生的气场变化。那么，你就应该从中领悟到干支作用的真正含义。说到底，干支的真正含义是：多维空间下与多维时间下的不同气场。这个气场的本质就是物理学中的——温度与气压。

本章的干、支属性是以天干、地支为独立太极点来确定的，熟练掌握每一个独立干与支的阴阳、四象变化，对在选择喜用，辨别大运、流年与命局作用，确定吉凶的量比时很重要。

## 第五节　气场物理学

大家研究命理多年，今天怎么突然跑出来个物理学，这就需要原始返终。《易经》之所以又称为阴阳学说，因为阴阳是一切事物的原始基因。试想，当初的伏羲氏上观天文、下俯地理，依据四时交替创立的阴阳学说，不就是天地的本性吗？这些不就是宇宙物理学吗！四时变化是地球气场的大变化，任何一个地球上的生物都遵循这个规律。这个规律是不易的，这样我们才好遵循。命理学以及所有的预测学所用到的工具——干支，是在细化阴阳气场的存在与变化。阴阳气场的形成实际是太阳与地球的公转、自转所形成，也就形成了"寒暖燥湿"四气。四气的本质就是"温度"，寒暖燥湿只不过是相同空间内四时的温度变化——温差。

我们生活的空间不变，而四时随着天体与地球本体的运动发生着变化。五行生克就是温度变化引起的，干支具体细化地表示了天体与地球的运转规律。认识了干支我们就掌握了它们运动的规律，它们运动的规律就包括了五行气场的循环变化。

天干是天体运动的符号，地球上的温度直接受天体运动的影响，故天干动而不居。天体的风雨雷电，都是影响地球温度的主要因素。但是由于地球经纬度的不同，即使是同样的天体外气，到了地球的不同空间，也会发生改变。冷空气在北方会下雪，在南方只是下雨。这样我们就明白了最基本的道理：干支之间生克的本质是温度，它属于现代物理。也就更能深刻地认识干支作用与命理的本源：人的生活气场。这样我们就揭开了玄学的神秘面纱，使大家学习起来更亲切，做到"有亲则可久"。

再者就是大运、流年与命局的作用关系。如果站在物理学的角度出发，就简单易学。为什么这样说？是因为干支之间的作用是由"质"与"量"决定的，这恰恰就是物理学的范畴。所谓"质"，指的是干支组合的阴阳性质，"量"指的就是用神与忌神之间的旺衰变化。相同的日干，由于坐支与大运的不同，决定着用神的变化阶段。解决了这个问题，预测起来就会轻车熟路，也就真正明白了"损有余，补不足"。现在很多的命理研究者，抛开传统命理的精华不用，自己想独辟蹊径。这是极为不妥的。为什么？因为只有继承才能发扬，你没有真正验证传统的精华以前，是不能作出这样的结论的。即使你发明了什么"反断论"、"测不准原则"，恐怕也只能表示自己的愚昧而已，根本不能说明什么问题。

另外，上面提到的月令中阴阳二气的消长变化，就是五行气场的量化反映。

现在的很多人没有搞清命理学真谛，而是弄出许多连自己都不能解释清楚的种种规则。实际就是因为自己的无知，不能解释遇到的矛盾和问题，就自己规定一个原则。实际这个原则离真理越来越远。现在我在网上发现个别人，现在竟然说我们用的万年历都是错的，大运的排法都是错的，自己又怎么发明了一套。我不知道作者做过多少实证，做出这样的结论，我认为这只能表示你的无知！如果你连命理学所涉及的哲学与物理学都没有搞清楚，只能是盲人摸象，大放厥词而矣！

命理是一个综合学科，并不是单一的阴阳。从阴阳二气到五行干支，这些是宇宙的本能体现，属于物理学的范畴。理论的辨证，同一个日元，会随着出生时间的变化，喜忌会发生变化。相同的八字，出生的空间不同，成长的空间不同，都会影响个人的人生轨迹。每一个理论都是有相对应的条件成立，不是一成不变。同时间出生的八字，他们的信息未必相同。这些都是阴阳的哲学范畴。讲辨证，不讲唯一。同样的八字，出生的年代不同，生活的空间不同，所从事的职业不同，我们预测时会根据不同的人生历程，对应不同的信息写照。同样的八字，一个为农民，一个为工人，一个为军人，在相同的流年下，即使都有吉事，可是事件的性质不同，这就是社会人文学。其中社会人文学是最复杂难学的，因为这和一个人的阅历，读书的多少，对社会各个行业的了解等等。总之，学习命理不是三天五天的事。不是象现在的很多"大师"吹嘘的那样，几天就悟出了一套学说。经验告诉我们学习命理就要脚踏实地地学习，不要走什么捷径。"道法"是没有任何捷径可言的。

# 第九章　天　干

天干地支是所有术数学最基本元素，可是就是这一个最基本的元素，我们并没有认识它，从一开始我们就用干支现象取代了干支气场，进入到了一种物象的生克关系中，陷入沼泽，难以自拔！五行是阴阳二气的细化分解，可以用五种（木火土金水）状态来模拟两种（阴阳）状态，为的是更容易让我们理解，而干支是对五行之气更细致表达，天地相合，天有五气：甲乙丙丁午己庚辛壬癸，地有十二月：子丑寅卯辰巳午未申酉戌亥。天干地支就模拟了一年四季中阴阳二气的运动变化，它们的属性遵循着"大无其外小无其内"的原则。因此，只有先搞清楚什么是干支，才有可能学好术数占卜。

## 第一节　天干与天干性质

### 一、什么是天干？

古人通过伏羲创卦认识了阴阳，划分了四季，找到了天地人合一的规律性，认识到当地域不变而天象变化的影响力，其中包括行星之间的吸引力。通过《河图》的启发，以十为基数，创造了十天干来表示天象的运动变化。天干主行其性动。古人仰观天象，发现天空中的星星，随着四季的变化，位置也在变动。就北斗星而言，斗柄指东是春季，斗柄指南是夏季，斗柄指西是秋季，斗柄指北是冬季。实际地球上的四季（四象）是天体运动形成的。古人站在大地上，发现自己并没有动，而气候在无形之中自然而然地变化着，就以阴阳五行的形式表现天空中运动的星体，可以说古人用十天干代表了地球附近行星对地球的作用力。十天干是天空星体的代名词。

天干共有十个：甲、乙、丙、丁、戊、己、庚、辛、壬、癸。

五阳干：甲、丙、戊、庚、壬。五阴干：乙、丁、己、辛、癸。千百年来，这个区分一直延续到今天，它是根据奇数为阳偶数为阴的排列关系，进行了天干五行的阴阳划分，实际这种初浅的认识是有问题的。我们今天不是依奇数为阳、偶数为阴，而是根据气的阴阳来划分。我们从太极图中可以看出，木、火在阳极之中，金、水在阴极之中，故：甲乙丙丁木火为阳，庚辛壬癸金水为阴，戊己土为阴阳的交接点为中性。

95

## 二、天干的四时方位与五行

甲乙东方少阳木值春令，丙丁南方老阳火值夏令，戊己中央土值四季月，庚辛西方少阴金值秋令，壬癸北方老阴水值冬令。

## 三、十天干喻意

以下十干喻意旨在让学者对天干五行的阴阳现象有一个区别，一定不要被这些现象的描述而取代气场本质，不然又回到了沼泽地中，是非混肴，难以区分！

甲木为纯阳之木，为大林之木。有参天之势，其性坚质硬，可做栋梁之材，故为阳木。

乙木为纯阴之木，为花草之木。有娇艳大地之美，其性柔质软，情满人间，故为阴木。

丙火为纯阳之火，为太阳火。有光明天地之功，其性猛烈，欺雪侮霜，普照万物，故为阳火。

丁火为纯阴之火，为太阴火。有明照千家万户之功，其性柔质弱，为人不为己，故为阴火。

戊为纯阳之土，为城垣之土，为万物司令。其性高质亢，硬而向阳，生育万物，故为阳土。

己为纯阴之土，为田园之土，有培木止水之能。其性湿质软，低洼向阴，造福人间，故为阴土。

庚为纯阳之金，为剑戟，有刚健肃杀之力。其性刚质硬，肃杀万物，故为阳金。

辛为纯阴之金，为珠玉，有镶嵌珠宝之用。其性温柔，质温清韵，装饰人间，故为阴金。

壬为纯阳之水，为江、河、湖、海，通天河而周流不息。其性猛质硬，灌溉万物，故为阳水。

癸为纯阴之水，为雨露之水，有气化之神。其性至静至弱，滋生万物，故为阴水。

## 四、十干配人体：

甲为头 乙为肩 丙为额 丁为齿舌 戊己为鼻面 庚为筋 辛为胸 壬为胫 癸为足

## 五、十天干配脏腑：

甲为胆 乙为肝 丙为小肠 丁为心脏 戊己为胃脾 庚为大肠 辛为肺 壬为膀胱 癸为肾

## 第二节　天干属性

很多人看到这里觉得是云里雾里，难以理解。天干怎么会有属性？属性又是什么？可以说，搞不清楚干支的属性关系，术数占卜就永远不可能提高准确了，古人当时没有物理学，就把干支属性之间的关系通过断语实现，可是断语如海，即使背下来如何去用，又是问题。因此，只有了结了属性，知道了断语对应的应用条件，那就会是轻车熟路！

甲乙丙丁为阳，庚辛壬癸为阴，戊己为中性。这是一种最基本的划分，实际天干的属性划分完全取决于地支，也就是说天干的本身不具有属性，而坐支的不同决定着天干的不同。

每一个天干与地支相配合都会出现六种情况，这一现象告诉我们，每一种天干都具有六种属性，这与中医的《五运六气说》非常相似。每一个天干与地支相配合都具有阴阳四相的特征。

比如以乙而言，乙丑、乙卯、乙巳、乙未、乙酉、乙亥。若是以阴阳来划分乙木，乙卯、乙巳、乙未为阳，乙丑、乙酉、乙亥为阴，若是以五行来划分，乙卯为木之本气，乙巳、乙未为木之火气，乙酉为木之金气，乙亥、乙丑为木之水气。这样以划分，不知各位能否看明白，不知道属性关系，生克的关系就没有办法去应用，这也是为什么大家用生克制化的关系去断吉凶而不能应验的原因。

不要小看这简单的干支阴阳属性，当你真正弄明白它的时候，你就掌握了天干作用的规律。这里点到为止，有缘者机缘到时自会领悟，从而成为高手。这些属性的划分，是根据天干的运动变化。假使天空的气场相同，可是因为站在地球上的空间不同，所感受的天干气场就会有变化，还是地球物理学的概念。明白了这些，你在断定流年的吉凶大小时，就有了思路。地支是用神，天干是忌神，这时发生了凶事，也会化解减轻，不应大凶，或者因祸得福。如果天干是用神，地支是忌神，即使有好事，都很难成功。所以，在《滴天髓》说道"配合干支仔细详，断人祸福与灾祥"。

## 第三节　天干的作用关系

古今命书都对天干的作用关系有论述，但大都复杂难用，把天干五合搞得乱七八糟，弄出许多连自己都搞不清的合化条件。这些都已脱离了《易》的不易、变易、简易的原则。《易经》曰："乾以易知，坤以简能。易则易知，简则易从。易知则有亲，易从则有功。有亲则可久，有功则可大。可久则贤人之德，可大则贤人之业。易简而天下之理得矣，天下之理得而成位乎其中矣。"乾为天，这里说得很明白，既是天干，天干的作用很简单，就是生克，只有这样，我们才容易有所遵循。我们为什么学了十几年命理还是糊涂？是因为把本来简单的问题复杂化了，脱离了易的本性。我们只有掌握它，才觉得它的伟大。好多易学者，动不动言自己泄露了天机，显然这是夸大其词。《易经》反映的是宇宙变化的规律，你讲不讲它都存在，我们只是把宇宙信息进行破译解读，和所谓的泄露天机没有任何的联系。今天我们使用的是最原始的作用关系，回归原点，只论生克，有时可论绊，绊只有力量大的绊力量小的，绊实际是力量大的五行利用本身优势，对力量弱的五行进行抑制。至于合化实际是一种五行弱极无气时不能自立，去顺应别的五行。

首先，什么是生克？大家一直相信自己的眼睛，认为看到的就是真东西，金克木，就是斧头、刀可以劈断树木；木生火，木点燃了就有火焰；金生水，金化掉了就是金水；水生木，树木浇上水就可以茁壮成长。一切都进入了一个唯象论，实不知就是因为这一点才错上加错！

何谓生？生是不是我们理解的生产的生，生娃娃的生，实际生克的生，是一种事物发展进化的关系，《黄帝内经》曰："物化为生"。事物向另一事物递进的发展变化是一种生化现象。木生火，春天为木，夏天为火，冬至一样发生以后，三阳开泰春天到来，而春天的到来就是向夏天靠拢接近，温度越来越符合夏天的状态，也就是春天的发展必然向夏天接近。

什么是克？生是一种状态的发展接近，可就是本位状态的一种远离。金克木，木是生发之气，春天阳气生发百花盛开。金是收敛之气，不论是开花也好，结果也罢，到了秋天，结束你的成长。所以，落叶纷纷残花一地。一个生发，一个收敛，这就是金克木。它们不是现象的克制，是一种属性的克制。

## 一、天干相生相克：

甲乙木生丙丁火，丙丁火生戊己土，戊己土生庚辛金，庚辛金生壬癸水，壬癸水生甲乙木。

甲乙木克戊己土，戊己土克壬癸水，壬癸水克丙丁火，丙丁火克庚辛金，庚辛金克甲乙木。

这种相生相克关系是静态的，不具有任何意义的作用，只是在交代五行循环的过程而已。

在天干的生克作用中，我们一直认为"同性生克力大，异性生克力小"。单纯地从天干的同性、异性上来区分生克力量的大小是不正确的。天干之间发生作用时，必须要看它们的坐支才能确定。天干的作用有生先生，无生则克。但是真正意义上的生克，不是由天干决定，而是由它们所处的空间决定。

以上我们只是讲了相生、相克的顺序。相生不用怀疑，相克这个顺序难道就不能打破吗？实际上，天干之间的相克是任何两种五行相互之间都可以发生的，甲乙木也可以克制庚辛金，丙丁火可以克制壬癸水，为什么？因为天干之间的关系，不是有形物质之间的转化关系，而是阴阳二气之间的相互影响。春天少阳木气与秋天的少阴金气相见，是相互抑制，但它们要分主动、被动与力量的对比，永远都是主动影响被动，力量大的制约力量小的（可以参照徐大升五行反生反克论）。在八字预测中，流年永远都为主动性，命局为被动性。再者，八字预测是对一个固定时空点的阴阳评定，这个评定就是使时空点的阴阳二气达到一个相对平衡。命局壬癸水旺、庚辛金旺，一定是阴气占有上风，那么就用阳气平衡，甲乙木、丙丁火自然就成为用神，顺理成章，甲乙木、丙丁火也就可以抑制庚辛金、壬癸水。

比如：甲子干支的甲木，属于阴性，它就不生阳性的丙火，丙午。要想对丙火起到生发的作用，甲辰、甲午是最好的选择，甲申、甲戌、甲寅的甲木不去对丙午之火加力，反而是一种减力。

## 第四节　天干五合

甲己合化土；乙庚合化金；丙辛合化水；丁壬合化木；戊癸合化火。

对于天干五合的问题，一直是这些年命理争论的重点。有的认为天干相见有时论合，有时论绊。论合的，还规定许多让人难以认可的合化条件，使用起来却是无所适从。我们要了解天干五合，就必须从原点说起，知道它的出处。天干五合取象于《河图》，一六相合居北方坤宫为土，二七相合居南方乾宫为金，三八相合居东方离宫为水，四九相合居西方坎宫为木，戊癸相合居中宫为火。同时符合先天八卦的天地定位，水火不相射；也符合五行的连续相生，土生金，金生水，水生木，木生火，火生土。大家可以想一想，干支是来细化五行的特性性质，两种五行之气相遇，只有二者相互影响，它们的性质能否改变，完全是由它们的坐支来决定的。相合的两个五行相见，一种五行旺另一种五行弱，弱者只有顺应旺者。

天干若是能发生相合的关系，一定是因为它们的属性相同。比如：乙酉与庚申，此时乙庚相见一定是金旺，若是换成乙卯与庚申，一个木气一个金气，二者只有相互影响，不可能形成合化关系。再比如：甲午与己未，一定是火土旺。可是甲寅与己未呢？二者同样相互影响，甲寅中的阴气受伤！通过两个举例不知道各位明白了没有？

对于天干的作用记住一句话：只有同性之间才能论生合，异性之间论克绊！

|   | 枭 | 比 | 日 | 才 |
|---|---|---|---|---|
| 例 | 戊 | 庚 | 庚 | 乙 |
|   | 申 | 申 | 戌 | 酉 |

分析：庚戌日元生于庚申月乙酉时，庚金旺极，又得年上戊申相助，金已经形成成群结党之势。时干乙木临绝地无根无气，只能顺应强大的金势。乙木弱极，不能再在流年出现禄刃，它们的出现只能是小绵羊遇到恶狼，招来杀身之祸。

未行大运前，甲寅、乙卯流年，财星出现引起群比夺财，生病出现生死之灾，破财严重。

```
    杀  枭  日  才
例  癸  乙  丁  庚
    卯  卯  巳  子
```

分析：丁巳日元生于乙卯月，丁火旺，取子水、庚金为用。命局中乙木得两个卯木为根旺极，日元丁火旺，庚金弱极，与月干乙木有求合之象。

丁巳大运，火更旺，庚金更弱，在于顺应丁火之势，不喜金水旺。庚申年，巳申合，合弱巳火，水进气，逆火之旺势。此年胳膊受伤。辛酉年，金旺生水克火为忌，父亲去世。

# 第十章 地 支

地支是指地气的分支，伏羲氏通过观察，知道一年中月亮圆缺了十二次，将一年分为十二个月，每一季各有三个月，将一年阴阳二气的过程分为十二份对应十二个月，表示每一个月令阶段下的阴阳状态。在《易经》中乾为上为天，坤为下为地，在形成天干的同时，古人下俯地理，根据大地的结构和状态，时间、空间的并存性，创造了地支，以对应大地的五行、现象和时序。地支不同于天干的是地支主静，时序与空间的区分只有在地支上表现出来。天干主动，永不静止，不能体现空间、时间的对立性。

## 第一节 十二地支的阴阳属性

地支共有十二个：子、丑、寅、卯、辰、巳、午、未、申、酉、戌、亥。

阳支：子、寅、辰、午、申、戌。阴支：丑、卯、巳、未、酉、亥。这种分法是延续千百年来的阴阳分法，我们不同于前人的是从阴阳二气的对立分开，寅卯辰巳午未为阳，申酉戌亥子丑为阴。寅卯辰为少阳之木气，巳午未为老阳之火气，申酉戌为少阴金气，亥子丑为老阴水气。在八字中首先阴阳对立，然后再四象对立，这是选择用神，确定格局的重要法宝。记住，在八字中，首先存在四象而非五行，只有理解四象才能应用五行，否则你在应用上就会出现错误。

地支的阴阳属性：地支的作用关系不是完全由地支决定的，而是由阴阳循环的系统来决定的。太极分两仪，阴阳都具有自己的五行，生的关系只在同性循环系统内产生，克的关系只在异性循环内存在。

结合太极图，我们发现在阴阳运动的二十四节气中，有两个分界点，那就是春分与秋分，可以说二分以上为阳，二分一下为阴，当然这是以阴阳的量化比较进行划分的。实际，每一个地支都具有五行状态，以辰土为例，甲辰、丙辰、戊辰、庚辰、壬辰，五个天干不同，表示了其中的阴阳属性不同。甲辰，是辰中的木之余气，丙辰则是辰中的阳气，阳春三月的小阳天，中午也是烈日如火，那就是丙火的力量。戊辰与丙辰的意义可以列为相同。庚辰是辰中一点阴气，准确的说辰土是不生庚金的，因为二者的气场截然相反，一个生发一个收敛。壬辰是指辰月中晚上亥子丑时的阴阳。通过比较，我们会明白，它们的性质不同，则决定它们发生关系的不同。这就解决了为什么再断大运流年时，按着生克制化与刑冲合害的关系去分析，反而不能对应。

地支阴阳属性的划分，实际就是对相同空间、不同天象时的气场变化分类。这样在流年分析吉凶时，可以事半功倍。

## 二、十二地支四时方位与五行

寅卯辰为东方少阳木值春令，巳午未为南方老阳火值夏令，申酉戌为西方少阴金值秋令，亥子丑为北方老阴水值冬令。其中辰、戌、丑、未四季土值四隅，为五行之间过度的平衡气。

## 三、十二地支配生肖

子为鼠、丑为牛、寅为虎、卯为兔、辰为龙、巳为蛇、午为马、未为羊、申为猴、酉为鸡、戌为狗、亥为猪。

## 四、十二地支与月令

正月建寅，二月建卯，三月建辰，四月建巳，五月建午，六月建未，七月建申，八月建酉，九月建戌，十月建亥，十一月建子，十二月建丑。十二地支表示地球公转的四时变化，这就是干支的不同之处。春夏秋冬四时往复循环，不会因为任何一年而改变，时序只有从地支上来体现，天干永远不能独立表示四时的存在，只能配合地支来表示天体对同样节令的不同影响。甲寅、丙寅、戊寅、庚寅、壬寅都是正月，由于天干的配合不同，这五个春天的气候就不相同，地支寅则不动，五天干流动。寅上有甲，必是天地同气之时；寅上有丙，此春必是上有暖流影响；寅上有戊，必是气候适宜；寅上有庚，此春必是上有冷风来侵；寅上有壬，此春必遇寒流影响。月令为忌神，而月干为用神应吉，表示此人会得到外来的帮助比较大。月令的干支如果都是忌神，为凶时较重。

## 五、十二地支与时辰

子时为23—1点、丑时为1—3点、寅时为3—5点、卯时为5—7点、辰时为7—9点、巳时为9—11点、午时为11—13点、未时为13—15点、申时为15—17点、酉时为17—19点、戌时为19—21点、亥时为21—23点。

## 六、十二地支与人体

子为耳、丑为胞肚、寅为手、卯为指、辰为肩胸、巳为面、咽齿、午为眼、未为脊梁、申为经络、酉为精血、戌为命门、腿、足、亥为头。

## 七、十二地支配脏腑

寅为胆、卯为肝、巳为心、午为小肠、辰戌为胃、丑未为脾、申为大肠、酉为肺、亥为肾、子为膀胱。

## 八、地支藏干

子宫癸水在其中，丑癸辛金己土同，寅宫甲木兼丙戊，卯宫乙木独相逢。

辰藏乙戊三分癸，巳中庚金丙戊从，午宫丁火并己土，未宫乙己丁同宗。

申宫庚金壬水戊，酉宫辛金独相逢，戌宫辛金及丁戊，亥藏壬甲是真踪。

地支的藏干相当重要，在决定格局高低与吉凶信息时起很大作用。地支的藏干为用神，受克制时可以根据它的藏干十神进行信息类象。再者，提醒大家，地支中藏干是在表示天象在地支上的循环存在规律，如果明白这一点，你就会知道天地运转与干支搭配对八字的影响是多么重要，古人的智慧是多么伟大。因为至今为止，还没有人能够解释明白藏干的来历与应用。前面已经对辰中的藏干有所论述，其它不在累述！

## 九、人元司令分野与节气

寅月：立春后戊土七日，丙火七日，甲木十六日    立春、雨水

卯月：惊蛰后甲木十日，乙木二十日    惊蛰、春分

辰月：清明后乙木九日，癸水三日，戊土十八日    清明、谷雨

巳月：立夏后戊土五日，庚金九日，丙火十六日    立夏、小满

午月：芒种后丙火十日，己土九日，丁火十一日    芒种、夏至

未月：小暑后丁火九日，乙木三日，己土十八日    小暑、大暑

申月：立秋后戊土十日，壬水三日，庚金十七日    立秋、处暑

酉月：白露后庚金十日，辛金二十日    白露、秋分

戌月：寒露后辛金九日，丁火三日，戊土十八日    寒露、霜降

亥月：立冬后戊土七日，甲木五日，壬水十八日    立冬、小雪

子月：大雪后壬水十日，癸水二十日    大雪、冬至

丑月：小寒后癸水九日，辛金三日，己土十八日    小寒、大寒

人元司令分野与节气配合相当重要，是根据周天 360 度为一个太极，将五行按量比分配到一年之中。很多书上没有讲明它的用法，今天告诉大家一个秘密，这是节气进退确定天干旺衰最权威的依据。我们知道预测的主题是阴阳平衡，阴阳二气就是从月令与时辰的进退而来的，气的进退深浅是我们预测的主要依据。就辰戌丑未月而言，辰月谷雨前木有余气，谷雨后木气已竭火气以生。未月大暑前火气旺，大暑后火气退

金气生。戌月霜降前金有余气，霜降后金退气水进气。丑月大寒前水有余气，大寒后水退气，木进气。这些在确定旺衰时很重要，在下面的四墓月详细讲解。

# 第二节　地支的作用关系

关于地支之间的作用关系，千百年来一直争论不休。有的说地支之间只论刑、冲、合、害，其它不论，实际在应用中大家发现利用这些关系并不能准确的断准流年吉凶？可是又找不到头绪，究竟地支之间是怎样的一个关系？

## 一、地支生克

### （一）地支相生

我们一直认为寅、卯木生巳、午火，巳、午火生辰、戌、丑、未土，辰、戌、丑、未土生申、酉金，申、酉金生亥、子水，亥、子水生寅、卯木。这个相生的顺序，已经沿用了千年，似乎从没有人去怀疑，它的相生关系就这么简单吗？如前所说，这里的"生"实际是"进"的文字表述，前者进，后者就会加力。在没有任何条件的限制下，木火都在阳太极之中，可以论加力，但是在与天干重复组合后，它们的阴阳属性已经发生改变，再用单纯的生克关系，就不能完全表达它们的作用关系。阴阳对立是任何预测体系的基础。有木一定生火吗？有金一定生水吗？水木能直接论生吗？显然是不可能的。这正如鸡蛋孵小鸡一样，是有条件的。

首先纠正一下地支生克的误区。寅卯辰为春天，巳午未为夏天，申酉戌为秋天，亥子丑为冬天。以递进的关系来论述，就是：寅卯辰生巳午未，巳午未生申酉戌，申酉戌生亥子丑，亥子丑生寅卯辰，这是时序的一个循环过程，可是在应用中，没有五行都具有阴阳两种性质，就像中医辩证一样，肾有阳虚阴虚，肝脏也有阴虚阳虚。比如，木遇火旺，那就是犯阳气旺的病，需要阴气收敛，是用金还是用水，那就要看火旺的程度来确定。因此，地支之间的生克关系不是绝对的五行生克关系，它是气场张扬与收敛的转化关系。

在预测中，干支的组合性质相当重要。就以甲寅的寅木为例，在遇到甲子、丙子、戊子、庚子、壬子五组组合的子水时，它们能都以相生论吗？子卯相刑在什么时候成立？这就是我们在通常预测中遇到的难题。同样在甲寅大运，都是在子水流年，却发生不同的吉凶效果，为什么？就是因为你没有注意到地支子水的阴阳性质。八字中午火为用神，到寅卯木的流年应该应吉，却反而应凶，为什么？还是因为你没有注意到寅卯木的阴阳属性。阳木可以生火，阴木不能生火。火的力量转旺时，不管阴木、阳木都生火。有人说丑、辰土可以生金，可是为什么又有寒土不生金的论点？未、戌土脆金，可是为什么又有润土生金的论点？这些论点在什么情况下成立？怎么应用？易理称为"变易"，就是说任何变化都是有条件的，即使辰土符合生金的条件，这时也要看酉金的性质，决定是否可以受生，五行之土只有在合适的条件下才能生五行合适之金。记住，我们研究的不是真正的五行相生，而是天地气场的变化影响。以寅木为例，寅木处在炎热的夏天，火气正旺，寅木被泄，此时必然以水为用，就是水生木。如果是在寒冷的冬季，天寒木冷，水不能生木，必以火为用，你说此时是火泄木，还是火生木。这就是哲学的道理，只是相对应的条件，才能成立相对应的关系。

### （二）地支相克

寅、卯木克辰、戌、丑、未土，辰、戌、丑、未土克亥、子水，亥、子水克巳、午火，巳、午火克申、酉金，申、酉金克寅、卯木。首先，这样的循环相克关系是错误的。十二地支的实质是节气的进退，不是物象的生克。寅卯辰春天木气是呈递进式的发展关系，以寅卯来与辰比较，寅可以克制辰，但也是在倒行大运的反作用中，如是正行大运寅是对辰的进气。所以，再次强调《滴天髓》的经典，"理承气行岂有常，进兮退兮益抑扬"。

地支之间的相生需要一定的条件，相克也是需要条件的。地支的相克与天干有些相同，任何的五行之间都存在相克的关系。申酉金可以克制寅卯木，寅卯木也可以抑制申酉金。反过来讲，申、酉金可以生寅、卯木，寅、卯木可以生申、酉金，当然不管是"生"还是"克"，都是要从八字组合的阴阳需要与地支的气场进退中体现出来。例如：寅、卯木逢火旺用水，申、酉金则能泄火生水，水受到生扶，申、酉金则是水的元神，你能说金不生木吗？地支之间相克不管异性、同性都可以相克，只是量比不同。

```
     枭  伤  日  食
例：甲  己  丙  戊
     寅  巳  辰  子
```

分析：丙辰日元生于己巳月，比劫当令，丙火旺。子水为用神。此造的忌神在火，不在木，所以木不是忌神。注意此造中丙临辰，此处的辰不以土论，以丙火进气的印星论。因为辰位是火的进气点，辰中乙木主气，可以论丙火的印星。

辛未运，火仍然旺，此时顺应火势。（注意：在大运的变化中，阴阳二气的旺衰也在发生着变化，当任何一方的力量超越60％以上的绝对优势是，只能顺应旺的五行，却不能抑制。）戊寅、己卯年，阳气进，木生火旺，财运很好。进入壬申运，丙火还是旺，可是此时子水进气，此时必用子水。壬午年，火旺冲伤子水，父亲去世。（壬申运，大运进入立秋，壬水得气可用。）

```
        印  财  日  比
坤：    戊  乙  辛  辛
        申  卯  丑  卯
```

分析：辛丑日元生于乙卯月辛卯时，财旺身弱。（实际就是阴气旺，阳气弱。）取年支申金比劫帮身为用。（这时候要不要取火为用神呢？以原局中的阴阳旺衰对比是不可以用火的，因为阴气不是很旺。若是此人生于北方地区，东北三省，火也可为用，生于南地则不同。这就是九州分野的妙用之处。后边再做介绍。）丑土临夫宫为忌，表示丈夫信息不好。丑中辛金为用，丈夫能干、感情好，这些与双卯克丑的情况不能同论。

壬子运，子丑合水旺，丑土更旺。此时命局与大运变成水旺、木旺、金弱。壬子运寒气过于旺，只能顺应阴寒之势。局中又不见火，见火反凶。辛巳年，巳火气势太小反而受克，丈夫突发病死亡。（顺从阴旺，不可见阳。）所以说，弱神最好不要出现，出现时反而应凶。同时壬子运与辛丑日柱，形成至寒，这样的情况下不能遇暖，遇暖反而应凶。

从以上两例可以发现，五行的力量与性质相当重要。如果出现的五行性质不专、力量又小，就会遭到旺五行的制约，也就是反克。

这里提醒大家，干支之间的作用关系，无论是生克冲合，都是由不同的参照点决定的，一切的真理在于"变易"。四言独步云：进气不死，退气不生。五行之间的生克关系，实际是气场的进退关系。而这个关系的成立，必须有一个参照点才能成立。《滴天髓》理气章：理承气行岂有常，进兮退兮宜抑扬。每一个"理"的存在与成立，都是有一个条件限制，在一定的条件下某种关系才能成立。"生既是克，克既是生。生生克克，往复循环，只不过一个太极图的变化而已"。当你从物理学的角度真正明白了十二地支之间的气场变化关系时。你会觉得学习命理是那么的轻松愉快！

## 二、地支六合

子丑合，寅亥合，卯戌合，辰酉合，巳申合，午未合。

合就是合体、合力。地支六合是地支阴阳互根的体现，是阴阳消长运动中，同位互根的表现。以冬至到夏至拉一条直线发现，左右两边的六组地支正是六合，是一个平行进退的关系。地支六合到底可不可以有合化？准确地说，是存在的，可是这一切也是要有大运的进退关系所决定。再者，就是干支的阴阳属性，地支的属性不同，不能发生相合的关系！

在介绍之前提示一下学《化学》的时候，还记不记得在同样的酸碱反应中，什么样的物质优先发生作用，属性越相同，越容易优先发生化合反应，还记得吗？地支六合同样受到属性的影响！

子丑合。子丑是阴寒之气的代表，一个冬月一个腊月，寒风怒吼，冰天雪地，任何时候都不可能化为土，只能是寒冰一块。壬子与癸丑相见，就是寒水旺。如果壬子与己丑、丁丑相见，相互不会发生合的关系，而是影响牵制对方的气势，这点由它们的主动与被动确定是谁受伤。当水为用，遇到阳性丑土时，丑土不帮子水，反而牵制子水。如果丁丑为用神，遇到壬子时，丑土的阳性气受伤。

寅亥合。寅亥合是亥水生寅木吗？回到太极图，以冬至点为起点，若是倒行大运到亥月位置与从冬至节正行大运到寅月有什么区别？答案是"没有区别"。是的，相合就是同气，倒行大运的亥与正行大运的寅，是同位作用是同气。同样，从上向下倒行大运的寅与正行大运的亥，也是同位关系，寅亥相合就是同位相求，相互取代！

倒行大运到亥位，就是生发之气，寅亥合就是木旺。倒行大运到寅位，就是阴寒之气，寅亥合就是水旺。当然，地支配上天干更是麻烦，但是只要是同气则作用，不同气则不作用。

壬寅与癸亥相合，水旺。甲寅与乙亥，木旺。壬寅与丁亥，不作用！

卯戌合。卯戌合一定是火吗？通过前边寅亥的作用，大概已经有所明白。不是卯戌合能不能成火的问题，是要看运动的条件来决定它们的关系。卯为二月的少阳之气，春分以后阳气大旺。而戌位在从冬至的倒行运动中与卯性质相同，也是向阳气进发！

丁卯与丙戌（倒），火旺。癸卯（倒）与壬戌，水旺。乙卯与甲戌（倒），木旺。庚戌与丁卯，不作用！

辰酉合。辰酉合金是辰土生酉金吗？不是的，首先，辰为生发之气，酉为收敛之气，一生一收怎么可以作用？实际还是倒行运动的位置关系。从冬至节倒行到酉位置与正行大运到辰位置，是同位作用！

说到这里，你是否有了一种太极互换的思维。在冬至到夏至倒行大运的过程中，子一丑，亥＝寅，戌＝卯，酉＝辰，申＝巳，未＝午。若是从夏至到冬至倒行大运，午＝未，巳＝申，辰＝酉，卯＝戌，寅＝亥，丑＝子。这就是移星换位，转动太极的本事，学会这一点，估计你的水平会提高很多了！

庚辰（倒）与辛酉，金旺。癸酉与壬辰（倒），水旺。丙辰与乙酉，不作用！

巳申合。巳申合是克的关系吗？不是的，巳火在进气的情况下可以克申金。丁巳与庚申，申受克。丁巳与丙申，火旺。辛巳（倒）与庚申，金旺。

午未合。午未合是午火对未土生的关系，它们实际是同气专旺的表现。当午未表示同阳性时，午未合就是加力；当午未不在阳性之间时，未土可以合绊午火。在未年午月以未泄午火论

107

在实际的预测中没有必要论合化。合的关系中也存在生、克、泄。在取象之中可以优先考虑"合化"。再次提醒大家，地支之间的相合是古人的智慧结晶，这里面有更深的含义和寓意。为什么寅亥论合、巳申论合、卯戌论合、子丑论合、午未论合、辰酉论合？当它们在不同的阴阳属性之间怎么作用？这些都是预测的基础，也是最关键的知识。不将这些看似简单的知识搞懂，预测起来就会出现失误。不搞清地支之间的阴阳性质，预测起来又怎么会准确！六合对于相合的两个地支来讲，都有合旺、合弱受伤的可能。可是具体是受伤，还是合旺，这完全取决于二者之间的阴阳属性。明白了这些，也就知道六爻预测中为什么弱神可以合起。六合在实际的应用中至关重要，它决定用神的阶段选择，因为六合是阴阳互根的表现。它具有阴阳两种性质，也就是《滴天髓》谈到的"进退之机须理会"。

```
        财  官  日  劫
    乾  癸  甲  己  戊
        巳  寅  丑  辰
```

分析：己丑日元生于甲寅月，官星当令，日元弱，巳火、戊辰比劫帮身为用。

辛亥大运，与日支丑作用，阴气旺，不可以抑制，只能顺从。辛亥大运为倒行大运，亥与寅性质相同。甲寅年，寅木是阴性的，寅亥合，不发生属性问题，本人无事。

```
        才  食  日  伤
    乾  癸  庚  戊  辛
        亥  申  子  酉
```

分析：戊子日元生于庚申月辛酉时，食伤当令而旺，日支又临子水，年上癸亥，戊土虚浮无根必弱。七月阳气仍存，戊土只言弱，不论从。

乙未大运，未土出现，戊土有根，可以论旺。丁丑年，丑未相冲冲旺未土，而子丑相合的性质是助阳气损阴气，丁火正印为忌，母亲去世。

```
        枭  食  日  枭
    乾  丙  庚  戊  丙
        辰  寅  子  辰
```

分析：戊子日元生于庚寅月，不得令又临财星，戊土弱。时上丙辰、年柱丙辰印比相帮为用，可以任财官之力。原局中辰土、寅木、子水相对中和。

壬辰大运土有气，地支三辰，戊土旺。此时寅木、子水、天干壬水变为用神，丁丑年，丑土合克子水，财星被制破财。此造的丑土合克子水与上造相同，丑土天干临丁火，性属阳帮土克水，而不帮水，如换成癸丑则另当别论。

108

## 三、地支六冲

子午相冲，丑未相冲，寅申相冲，卯酉相冲，辰戌相冲，巳亥相冲。

地支六冲是地支相克的意思，它们之间可以相互制约。地支六冲在地支的作用关系中很重要，故《滴天髓》言："支神只以冲为重，刑与穿兮动不动"。子冲午是子水克午火，当午火对子水作用时同样以克制论。相冲是来源于方向的对立和气的对立，故六冲有主冲、被冲之分，主冲者为克，被冲者受伤。但是在实际的应用中，又不完全是这样，例如衰神冲旺，旺神冲衰，子水冲午火，遇到甲子、丙子、戊子、庚子、壬子，不同的子水性质，造成的影响和损失是不同的。四库之冲墓库中的余气受伤，只有戊己土透干时以土旺论。主冲、被冲的关系是由它们的先后次序决定的，命局与大运比较，大运为主动，命局为被动。命局、大运、流年相比较，流年对于命局、大运为主动。这里提醒大家的是，相冲如果发生在同性、异性之间是不同的。当相冲发生在同性之间，力量均衡时为冲动；当体现本性的相冲时为冲克；力量大的冲力量小的一方时为冲掉。在地支的相冲中，虽然六组都是以相冲论，但它们相冲的结果不同，是由它们位置距离所造成的温差大小所决定。其子午、丑未相冲最重，寅申、巳亥次之，卯酉、辰戌更次之。当然天干的不同，也决定相冲后的结果不同。

```
      印  比  日  印
   坤  戊  辛  辛  戊
      戌  酉  酉  子
```

分析：辛酉日元生于辛酉月，日元旺，取子水泄金为用。象这类日元很旺的格局，只能用食伤泄身，不可强行制约，更不能轻易用财，以免引起比劫夺财。但是坤造，大运南行火地，八字格局成为假从格。子水成为闲神不可为用，只能等子水进气之时为用。

己未运，阳气更旺。乙卯年阳气进，财旺冲旺酉金，此年结婚。戊午运戊土更旺，阳气更盛，可顺不可逆，辛酉年阴气进逆反阳气，离婚。

```
      才  劫  日  印
   例  壬  戊  己  丙
      寅  申  卯  寅
```

分析：己卯日元生于戊申月不得令，年支、时支寅卯助木己土弱。乾造，大运行北方，阴气更旺，丙火不可为用。

壬子运财旺，己卯日元只能顺应财官旺势，不喜欢用火来生己土。壬午年，午火冲伤子水，投资被骗。

## 四、地支相害

子未相害，丑午相害，寅巳相害，卯辰相害，申亥相害，酉戌相害。

地支相害的作用关系，是由于六合再加六冲形成的。子水为忌，现有丑土克合子水，而见未冲，丑受制不克水而应凶，此时子未相见为害。或在午火冲子水忌神，而见未土泄合午火，而减小冲子的力量也可为害。害的意思是由好变坏的意思。其余仿此。

## 五、地支相刑

子卯相刑，丑未戌相刑，寅巳申相刑，辰午酉亥自刑。

地支相刑的关系比较复杂。真正相刑的意义是什么？恐怕是很少有人知道，只不过是顺着古人的说法在用。相刑是古人为了区别五行之间的关系，因为大家一直认为，五行相生是一个不可打破的转化链。也就是水生木，木生火，既然水生木，何以子卯相刑？木生火，为什么寅巳相刑呢？丑未戌都是土旺，何以相刑？种种问题，都是阴阳的变化起到作用。我们这里只讲一个子卯相刑的问题，子卯相刑的本意并不是水生木，而是阴阳的一个进退变化点。要想搞明白子卯相刑的问题，我们还是要从阴阳上讲起。冬至后一阳生，卦为地雷复，对应的是子月。地在上表示为外为天，雷在下表示为内为地。所谓的一阳生，是从地内生出，也就是坤卦的最下方。随着阳气的上行，十二月地泽临，阳气上行至二爻。正月阳气上行至三爻，对应地天泰卦。我们看从初爻的阳气生一直到正月的三爻，阳气还是在地内运行。到了二月卯上，阳气上行，突出地面。这时我们看到树木钻芽，冬眠的动物苏醒。此时的阳气已经到了外卦，与内卦分开。二月春分，阳太极走到中分线，过了春分后，阳气大于阴气。此时的卯则是阳气旺论，并与内卦阴气彻底分离，故为相刑。实际也就是说子水与卯木的性质形成阴阳对立，二者已经是阴阳分离。何以寅木不与子水相刑呢？因为寅木与子水，都是在内卦的循环中，并且寅中的阴气大于阳气，寅木的本体还是阴寒之气，与子水基本相同，二者在同循环中，二者不会发生相互克制的问题。当然，子卯相刑的前提是，一定形成阴阳对立的局面。比如，壬子与丁卯，子卯相刑的关系成立。如果是壬子与癸卯，子卯相刑的关系不成立！

其它的几组相刑同样是阴阳运动消长的一种现象，可以动动脑筋自己琢磨一下！

## 六、地支三合局、三会局

寅午戌三合火局，申子辰三合水局，亥卯未三合木局，巳酉丑三合金局。

寅卯辰东方木局，巳午未南方火局，申酉戌西方金局，亥子丑北方水局。

地支的三合局与三会局，表示力量的强大，但本八字预测体系中不采用三合局、三会局，它们合化与会局是否成功，只是作为力量大小的一个衡量依据。由于干支的阴阳属性不同，它们很少会合化。因为月令的值令神与天干的引透都决定了三合、三会的成功与否。只有子午卯酉中神在月令时才能考虑会合的条件。注意以后的例题分析。

八字预测中地支的作用关系非常重要，地支是八字力量的根本来源，没有地支的扶助，虚浮的天干用神不会有用。但地支为用，而天干不透，格局又不高，所以需要干支的双重配合，故《滴天髓》言："配合干支仔细详，定人祸福与灾祥。"本书天干地支的作用关系本着"大道至简"和"不易、变易、简易"的原则，以五行之间最本质的生克与阴阳属性为根本，去繁就简，应用更简单，分辨吉凶直观、明了，可谓一语道破迷惑，一学就懂、一看就会，实践应用更准确，真正体现命理的魅力。

* 这里提醒大家几句，对于干支之间的作用，不用考虑得过于复杂。只要你领悟到干支作用的实质是"相同时间不同空间、相同空间不同时间下的气场进退变化"，这个变化完全是天地气象物理学的温度变化（寒暖燥湿四气），你就觉得轻松自然了！

# 第三节　干支配合

干支配合应该说是命理研究的最高层次，可是这么重要的课题，却被遗忘了。古籍《滴天髓》把它放到开头的重要位置："配合干支仔细详，定人祸福与灾祥"。必须正理搜寻详推干支配合与衰旺喜忌之理，不可弃四柱干支弗论，专从奇格、异局、神杀等类妄谈，以致祸福无凭，吉凶不验。命中至理，只存用神，不拘财、官、印绶、比劫、食伤、枭杀，皆可为用，勿以名之美者为佳，恶者为憎。果能审日主之衰旺，用神之喜忌，当抑则抑，当扶则扶，所谓去留舒配，取裁确当，则运途否泰，显然明白，祸福灾祥，无不验矣。

天干地支的配合，是判定吉凶的关键，如以神煞格局论命，只怕是吉凶不验。不能对日主的吉凶富贵评定，也就难以为人指点迷津。天干地支的作用关系是定准吉凶的标准，是定财官伤印吉凶的法官。不能以喜用忌神统一而论，只有干支配合的作用关系是分析信息的唯一天平。喜水，如果遇到壬午、癸巳、壬寅、癸卯这样的水怎么会起作用？用金，遇到丙申、丁酉、甲申、乙酉，此时的金又怎么能发力？干支的配合在分析命局信息，大运、流年的吉凶判定中起着至关重要的作用。天干的透出发用、隐藏支中发用都是由不同的干支组合决定的。干支组合的阴阳属性是决定吉凶信息的重要参照，干支阴阳属性不同则决定了作用关系的不同。子卯刑在什么条件下成立，甲子、丙子、戊子、庚子、壬子五种组合不同的子水，在遇到卯木时的作用相同吗？相同的干支组合，在不同的时间下，表达的十神性质也会发生变化。就甲子而言，如

111

果在冬天，寒水阴气太重，此时的子水怎么可以作为甲木的印星呢？如果在夏天，暖气过旺，甲木必然需要子水滋润，又怎么会不作印星看呢？所以，一切的信息变化都在随着时空的变化而发生着改变，如果我们不能很好地理解和应用这些基础理论，而是照搬死套，就永远不能突破"变易"的层次，又何谈准确预测呢?!

<pre>
    财  枭  日  食
例  甲  戊  庚  壬
    子  辰  申  午
</pre>

大运：己巳  庚午  辛未  壬申  癸酉  甲戌  乙亥  丙子

分析：此造庚申生于辰月，庚金旺明矣。取年上子水甲木为用。运喜水木之地。运行火之旺地，虽有祖业，亦一败而尽，且不免刑妻克子。此造在结构上戊土当令，时上壬水为用，但临午火，壬水则绝。又运行南方，则子水死绝而凶。

<pre>
    伤  财  日  印
例  丙  己  乙  壬
    子  亥  丑  午
</pre>

大运：庚子  辛丑  壬寅  癸卯  甲辰  乙巳  丙午  丁未

分析：此造与上造似乎相同，都是壬午时，但是本质上却不同。此造年月日，阴寒气旺，天干丙火透出，阳有气，则运喜南方，以去湿寒之气。后运南方，焉有不贵之理！运行南方，甲辰、? 乙巳?、丙午、丁未，干支配合协调有情。

所以运行东南木火之地，青云直上，到丙午运恐难免为祸，因为火过也。万事万物都需要条件，不是无条件的，所以干支的搭配是分析吉凶的关键，这就是我们为什么强调干支属性的原因所在。

# 第四部分　八字命理篇

## 第十一章　说　命

　　谈到命，我们日常都是讲"性命"，性命是什么？性是人的根性，是来到这个世界上的缘起赋予每一个个体的精彩烙印，俗话说"江山易改本性难移"，性是一个人内在的本质，或者说是一种禀赋，是赋予"命"的一个特质。父母生育了几个孩子，有男有女，也许他们在相貌上他们有相似性，可是在性格上却是各有春秋，也许就是性格的不同，历史才造就了那么多英雄豪杰，文人雅士的结局不同，或悲慨高歌，或富贵勤隐。在历史的长河中，我们看到了无数的英雄与枭雄，他们或成功或失败，或名垂青史或一唾万年，这一切也许是命运的安排，一个人的出现就是为了成就另一个人，一个人的牺牲就是另一个人的奖杯，是宿命的因果，还是命运的八卦阵真的让人难以选择的注定。这一切是命运的安排还是禀赋的不同，刘邦与项羽，可以说是都是君主之命，他们的运气也是相当的好，可是为什么项羽却失败于刘邦呢？是因为性质的不同，没有脱离开因果注定的性。项羽出身的高傲特性与自负的特性，不能听取别人的一件，刚愎自用，胸无城府的个人特性让无论哪一方面都优秀的他却失败给一个混混出身的刘邦，霸王举鼎的气势随着滚滚江水东去，大汉王朝的辉煌被载入史册。虽然不以成败论英雄，可是活着的每一个人都有自己的理想与抱负，不一定为了结果，可是那些经历，却注定了人生的精彩色彩斑斓！

## 第一节　人生的无奈

　　命是什么？以易家、道家的观点，万物都有命，命是自然给予的一种生存形式，命是万物存在的一种外相，我们常说某某命怎么样？是不是好命？在都是以一个人生活的外相来推断结果。中国人信命，非常喜欢去研究命，但是论命不能离开运，命运命运，命的能量释放要通过运的运动来体现，运是天地的运动轨迹，一个人只要符合天地的运动，那么就是好运气。俗话说"命好不如运好"，是想说，命中的能量再大，信息在完美，也必须通过大运来完成命中能量的释放。这个能量的释放，就是"富贵贫贱"。孟子说"穷则独善其身，达则兼济天下"，穷就是不行好运，天地不佑。而达就是好运相助，有了好运自然就是"自天佑之吉无不利"。

无数的圣贤面对命运的无奈，他们愤世嫉俗或者隐居山林。或者等待着生命中的宿主，诸葛亮属于刘备，不属于曹操与孙权，不是曹孙不是明主，他们的实力与智慧绝对不输于刘备，可是这一切就是宿命。孔明先生知道自己的能力，到了刘备哪里就是一盘红烧肉，到了曹孙哪里就是一盘凉拌菜，人生掌握命运就是掌握时位，时运不能脱离，而决定一切的只有位置，哪个合适你的位置，这个位置就是你的命运舞台！

圣人说："君子当知命而为"，首先知天地之命，而后知小我知命。当然谈到命运往往有两种态度，一种人说是宿命论，一种人说自己创造了命运，不承认命运的存在。实际存不存在，不是某一个人说了算。"一切的一切，都好像是冥冥之中自由安排"这个安排就是生命的轨迹，是难以说清的命运。佛说"天地万物，一切生命皆有定数"。那么，你我有没有命运的定数呢？让我来回答"肯定有"。我们就来先看看圣贤对命运的观点，来帮助我们端正态度，去伪纯真。

古人虽然有智慧，可是对于命运他们他们也是显出无奈。"一切都是命，万般不由人"。有的人一生平顺，虽然不能高官厚禄，却是衣食自足，颐养天年。有的人既不富贵，也不显达，一生困顿，一身疾病。有的人总是想升官发财，天天付出劳累，可是却事与愿违。面对形形色色的人生历程与遭遇，人总是摇摇头，对于命运他们真的是无奈。虽然看不见，摸不着，却不能说他没有。

人一生遇到的每个人，每一件事都是一种安排，是一种命运的暗示，不存在偶然性，是必然性。世人有死生寿夭之命，也有贵贱贫富之命。不管是从王公侯爵还是到一般老百姓，自圣贤到愚蠢的人，只要是有头脑、有眼睛、有呼吸、有血液的生物，都有"命"在。命应贫贱，虽然暂时可以让他富贵，仍然不能免于灾祸。命该富贵，即使一时处于贫贱的地位，将来自然会得到富贵。命该贫贱，即使一时处于富贵的地位，也自然会沦为贫贱。所以富贵好像有神灵帮助，贫贱好像有鬼魂在祸害。这就是命运的无奈，并不是以人的意志为转移。人生随着年龄的增长，很多的道理自然就明白了。可是年轻的时候，追名逐利，这山看着那山高，到头来却是两手空空。自古以来，人多算计，可是算来算去却算不过命运的安排！

现在每年的高考中，各个省市高考中产生很多的高考状元，红极一时，上电视采访被社会推崇，可是调查一下，这些省市的高考状元等到大学毕业以后，真正有所建树的又有几人！会学习不一定会工作，成绩好不等于能力好，学习不好不等于事业不好！看看世界现状，真的让人感慨，比尔盖茨、乔布斯、宗庆后、黄光裕、马云他们都是世界级别的企业家，可是他们却不是世界顶尖级的学习高手，不是高考状元。天

114

生我材必有用，发挥你的长处，这是天地的给予，你就可以成功，可以拥有财富。看看历史与周围，很多的富贵人反而夭亡，汉朝的韩信、晁错，都是富贵之人，反而遭至早亡。当代的王均瑶、陈逸飞，一个富甲天下，一个才华横溢，却早早撒手人寰。唐朝的薛仁贵虽然早年贫贱，最终富贵。当代的很多企业家，都是农民出身，却创造了亿万财富。五十三岁的宗庆后接手一个街道工厂，可是短短的十几年却成为世界品牌，这一切不论你是否认可，莫不有命。

命当贵的人，虽然大家在一起学习，只有他自己出仕，向我们的锦涛书记与克强总理。一个清华一个北大，可是他们的同学有几千人，到他们这个级别的凤毛麟角，他们当时学习也许不是最好的，也许专业不是最好的，可是这并不影响他们成为国家领导人。命当富的人，大家都去求财，却只有他自己发财。现在社会上的培训很多，对于这些培训的老师而言，发财好像是一件手到擒来的事情，可是，这麽简单的事情他怎么不做呢？他还要站在摊上歇斯底里的去教别人。现在大家在社会中接触很多的成功学，让人热血膨胀，认为自己马上就可以按照这些方法成功！可是，等离开课堂，走上社会就会发现，书上教的学的与现实有着很大的区别。若是人人都可以成功，这个社会就没有了贫富贵贱！大家做同样的一件事，别人失败只有他成功。是因为他比你聪明，很是他比你业务能力强，都不是啊！命该贫贱的人，虽然学习名列前茅，考试时却不能高中。事事难以达愿，难以得志，难以升迁，难以成功。相反会犯过失，会承受罪责，会生病，会无故地丢失东西，从而丧失他们的富贵，处于贫贱的状态。看看每年的中国式高考，这个问题不难理解啊！因此才能卓绝、品行厚道之人，不能保证他一定得富贵；智慧少寡、德行浅薄者，亦不能保证他一定会贫贱。这就像当官一样，某官员因为某件特发事情而辞职，数年后从新启用，可是当他到了某地任职时，又赶上了矿难，但是引咎辞职之风盛行，没有办法，他也只好辞职！你说这不是命，我也不好说啊！

世上的聪明人和会读书的人几乎一样，聪明人几乎都有着一个毛病，喜欢要小聪明小计谋，认为自己比别人聪明，可以把别人玩弄于股掌之间。可是事实证明，要心眼的小计谋不如诚实待人。能让人看出聪明要计谋的人，实际不是聪明人，不是有那么句话"大智若愚，智者不就"。

假如得到富贵就像挖沟砍柴一样，施加点努力的趋向，给予点强健的趋势，挖个不停沟就深，砍个不停柴就多，那么，就没有好命坏命的人，只要努力也能得到向往的东西，哪里还会有贫、贱、凶、危这样的灾难呢？如果事事如人愿，想得到什么，只要付出就可以实现，也就没有了命运了。然而，或许沟没有挖通就遇上了大水，柴没有砍足就遇上了老虎。做官不尊贵，积累财富不富足，就如同挖沟遇大水，砍柴遇老虎一样。有才能不能够施展，有智慧不能够运用，或者施展了才能，没有立下功劳，运用了智慧没有成就事业，即使才智如孔子，也无法取得成就事业、立下功劳业绩。认识命运是让我们掌握人生，有利的时空去做有利的事。时机不到，就要养精蓄锐，等待搏击，认识命运就是顺天应人，不是消极怠慢。

# 第二节　人生的逍遥

人的富贵寿夭不是以聪慧而论。刘邦智不如张良，战不如韩信，可是二人却臣服于刘邦。命有贵贱，不是一两句话可以说明白。因果循环，今世是上世的果报，而今世是未来世的缘起。

大家一致认为才高的人应该身居要职，实际上前面已经说过，能说会道，聪明伶俐，不一定有领导力，不一定有组织力，所以说，才高未必身居高职，才高未必富甲天下！

天下没有绝对的英雄，横扫欧洲大陆的皇帝拿破仑在滑铁卢一去不复返。所以说，时事造就英雄，没有时运即使是天才那也是无用之地。每一个人都有好恶之心，不论英雄出身还是能力大小，若能得君主赏识，则能平步青云！

圣人言"死生有命富贵在天"。此言不虚，看看悠久的历史，如意者不过十之一二，而不如意者却是十之八九。即使是名医，也只能是"治的病，救不了命"。刘备先生马跃檀溪，逃过蔡瑁的追杀。可是其坐骑"的卢"有妨主之说，可是关键时候却就刘备之命。同样的一匹马，可是却送掉了庞统的命，到底是战马妨主，还是刘备与庞统各有天命！

王均瑶成为了亿万富翁可是却中年寿夭。黄光裕成为了中国首富却引来牢狱之灾。薄公子想官运亨通没想却半路摔倒。是命？是运？

命运，命是本质，运就是机遇。一个人有命没有运气，那就是怀才不遇。有命再加上好运，那就是"三年不鸣，一鸣惊人"，"三年不飞，一飞冲天"。一个人命运的改变，往往是不期的相遇，不相识的人，却带来螺旋式的改变！好运来了就是天地庇佑，平步青云，象东方冉冉升起的太阳，气势恢宏，挡都挡不住！

世人往往以富贵而论人，实际上天地对于所有的人的能量是守恒的，若只以富贵论英雄未免是大巫见小巫，因为富贵者未必幸福，贫穷者未必不是乐天派，所以，人的命运会通过很多地方体现出来。你出生在城市，生活条件好，可是你的子女未必优秀。出生在农村，亦不一定就失去机会。就像读书者不一定富贵一样的道理。世界不会让一个家族长久不衰，欧洲的贵族是因为他们有一个好的家族管理制度，而不像中国父亲去世了一个家族就会分散，各自为政。而他们有一个很好的家族制度，是这个制度让他们打造了百年家族，而不是百年家庭。

世界是一个永远不能解释清楚的东西，千百年来如此，以后也会如此。过去我们不能说清，以后也绝对不会。任何事物的存在，都是有着不同的使命。战争中枪林弹雨，冲在前面的一定会死亡吗？不会！落在后面的一定可以不死亡吗？不会！每一个人都有自己的天命，冲锋陷阵在最前面未必死亡，战争就是他富贵成名的条件！没有战争他也许是一无是处。世界上的很多东西具有同频共振原理，一个人有死亡的信息，当他在某一时空点到达一个地方，就成为他的丧身之地。一场落水，可以成就你，就是英雄！不成就你，就是烈士！

　　世间万物是相对应的，没有贫就没有富，没有贵就没有贱。所以，智慧的人会明白一个道理，愚蠢的人就是为了他而牺牲，凸显出他的聪明。贫贱的人是为了凸显富贵的人而存在，人要学会感恩，感恩那些牺牲自己成全你的人。

　　天地之间岂止是人有命运，万物都有自己的命运。人以富贵论成败，而事物却以位置轮贫贱。宋代，官窑的瓷器到今天价值连城。可是民窑的器皿却大大低于官窑。因为官窑具有政治因素，而民窑却没有这样的因素。"时位之移人也"时间与空间是决定一切事物富贵贫贱的重要因素！

　　舜帝的家庭中，父母兄弟都对她不好，可是他却不记恨他们，被尧帝看中禅让地位。实际上，没有这些顽虐的家人，又怎么能体现出舜帝的品德呢？这些都是为了成全舜帝而存在。所以，人生遇到很多困难问题不是痛恨，而是应该端正态度，他就是成就你的必然因素。你能明白吗？

　　评价一段历史，一个人，真的是能者居之，愚者不就吗？肯定不是！从古至今任何一个人，都有好恶之心，很多人的富贵或者出名，不一定是靠能力。这完全是由于那个时代或者当政者的好恶所致。不然，怀才不遇的人就不存在了！

　　识时务者为俊杰，一个智慧者可以掌握命运，是因为他掌握当下的社会需要什么？孔子的学说不是没有道理，是因为不符合当时的事实需要。当时的诸侯国，时刻面临着被灭亡的情况，可你这是却要他讲仁义道德，仁义道德可以停止当时的杀戮吗？仁义道德可以停止其他诸侯的欲望吗？当时的诸侯认为，只有强大振兴，才能保候国家。仁义道德是没有用处的。所以，孔子的学术也就没有了用武之地。

　　世道轮回，东郭先生命运好的时候，君主喜欢合奏！而当东郭先生命运不佳的时候呢？遇到的君主却喜欢独奏！时也！命也！

# 第十二章 知 命

"一阴一阳谓之道，乐天知命故不忧"。孔子若是早年知命，也许就没有了十三年的周游列国，也许就多了更多的学术著作。所以，晚年的孔子学易以后说"三十而立，四十不惑，五十而知天命，六十耳顺，七十而从心所欲，无逾矩"。是啊！五十而知天命，真的有点晚了。孔子五十三岁后，周游列国总想以自己的学术思想说服诸侯，来求得富贵，可是事与愿违。今天，我们不再做孔子这样的悲叹，因为，文化是进步的，到了唐朝有了命理术，可以通过出生时间来预知命运的趋势，做到未雨绸缪，决胜于千里之外！

## 第一节 知命的意义

对于神秘事物的好奇心，可以说是人类的一个通病。因为在我们周围总是有着很多人对于命运的好奇心，可以说是非常强烈。一旦听说那儿有一"大师"算命很准，大家会争先恐后的去算一下自己的命运。因为，从内心的最深处总是有着那么一种声音，我的命是不是不错？我将来是不是很有钱？我的婚姻会怎么样？我的仕途会怎么样？等等与自己攸关的问题总想去得到别人的印证。

这种心态不能说是不好，应该说是对自己命运的一种尊重，对生命价值的一种判断。通过这种未知者的判断增强自己的自信心，来把握出现的机会，更大化的创造机遇，以达到命运能量的最佳释放。虽然，有时候谈起问题时天高云谈，清风徐徐，毕竟人的生活，有一些物质与精神欲望的需要，还不得不低下头面对现实！

一个人不论是出生在什么样的家庭，当你来到这个世界的时候，你的父母都是把你看得很珍惜，这是他们的希望，是未来的延续，总觉得自己的孩子能够成龙成凤与众不同，将来时光耀门庭，富贵有余。可是，很多的社会现实扼杀了很多人的成功之路。随着年龄的增长，自己的理想与抱负也是越来越觉得不现实。不断的降低自己的目标位，最后甚至于随波逐流，淹没在茫茫人海之中。到了不惑之年回首往事，发现自己盲目的只向前看，而没有留意周围，而丧失了很多的机会。因此，知命很重要。了解自己的运程，把握机遇，使命中的能量得以发挥与体现。

我一直告诉大家一个道理，"人生遇到的每一个人，每一件事，实际都是一次因缘，只是在这个相知相遇的背后暗藏着什么样的机遇。若是我们从中发现了这个人以及这件事对我人生的暗示，抓住它也就抓住了成功的绳索"。所以，很多人总是有着这样那样的感慨，"在什么什么时候，有一次机遇却丧失掉了"。为什么会丧失，实际就是因为"不知"。

从很多的历史中，我们可以看到王侯将相甚至于领袖级人物，到了山穷水尽之时很要去向《易经》大师请教。在电视剧《长征》中，毛周在宁夏遇到一老者，询问红军的去向，老人说："西北是八卦的生门之地，象征着生生不息之意"。中央红军来到了延安，韬光养晦终于建立新中国。天时不如地利，中央红军从江西到四川、贵州，爬雪山过草地，最后就是为了找到息身之地。历史证明，这个选择是正确的，符合天道。

很多人命运困顿，不去思考命运艰难的原因所在。在北方发展不顺，那就去南方，俗话说得好"人挪活树挪死"，地域空间变了，机遇也就变了。所以很多了背井离乡来到大城市发展，城市中的机遇要比偏僻一隅的农村机会多多，很多有志之士成功了！

人生就像是一列运动的火车，旅途中间有着大大小小的很多站点。山区的小站上下的人比较少，相对机会就比较少，平原的小站要比山区人多，可是很是还比不上城市的站点人多，城市的站点比不上省会城市，省会城市比不上直辖市与经济发展城市。北上广深，为什么要这么说？是因为以上四个城市是机会最多的城市，流动人口最大的区域，只要有人就有机会，人越多机会越多，所以很多人了到了北上广深，经过努力的拼搏，他们成功了！人生的车站，有上的有下的，在茫茫人海的上下中，都是一次机会，只是你是插肩而过还是笑脸相迎的寻找机会！

通过多年的命理研究发现，实际每一个人的能量总和是一样的，富贵、婚姻、子女、伤病、父母兄弟，它们都一个胚芽，相互之间彼此关联，消长盈虚，保持着一种能量的平衡转化关系，很多时候呈现出一种鱼与熊掌不可兼得的画面。它们就像是一粒种子，要找到合适的土壤，给它适宜的湿度与温度，它就会生机勃勃，茁壮成长！

因此，找到生命中的能量精华点，给它合适的空间，创造合适的机缘，让生命之花，灿烂多彩，含苞怒放！虽然不能青史留名，但可以似黑夜的流星，划破那寂静的星空！

## 第二节  人生必有的几点素质

### 一、情商＝品德

一个人的成功不是偶然的，一定是具有某些特殊的人格魅力。人类的自私心非常重要，尤其是在当下的这种经济形势下，人心不蛊，只想到以利益最大化为目的主流思潮下，其实更需要高素质的情商。

任何的一个成功者，首先想到的不是产品，而是人性的需要。苹果手机的成功，就在于乔布斯抓住了简单一键操作的理念，减少了操作步骤，更广泛的为用户着想，提供更多的人性化软件。想成功就必须为他人着想，只有得到别人的认可，就已经成功！

情商是一种品德，是一种舍得的胸怀！舍得、舍得，只有舍才有得，可是很多的人没有付出却想得到回报。当遇到问题时，总是抱怨别人不帮助他，这时你应该冷静的思考一下，当别人需要帮助时，你出现过没有，你的帮助又在哪里？

耶稣基督所以成功他用自己的生命向他的信仰者证明上帝的可信性。佛陀成功了，他用他的证道来帮助那些沉入欲海难以自拔的人，不论出身不论地位，只要你信我，我就可以把你普渡到智慧的彼岸。

请记住人性的弱点，虽然不喜欢帮助别人可是却总是盼望别人的施舍。郭明义的捐款并不是很多，可是作为一个底层的鞍钢工人，他二十年如一日的去做，不但自己做还鼓励影响别人去做，所以，成为了"感动中国"十大人物。成为全国人大代表。你对这个社会的关心与付出决定了你成功的机会与层次。

虽然说是"万般都是命，半点不由人"，可是一个人的成功，绝对不是只靠八字，所以才有了"性格决定命运，气度决定格局"的说法，项羽与刘邦的区别不是八字，而是两人性格的优略。而情商恰恰是性格中最能体现人能否成功的绝对条件，一个人具有了情商，可以说是具有了无数次的机遇。看看下面一则故事也许你会明白一些道理。

最有魅力的微笑：

一天，天突然下起了倾盆大雨，商场里生意冷清。这时候，一位打扮的非常普通的老太太走进商场，售货员一看便知道她是来躲雨的。因此，最大是看上她一眼，没有和她说话，更谈不上微笑服务。

就在老太太无聊的在商场中闲逛时，一位女售货员走了上来，"太太，你有什么需要帮助的吗？"老太太告诉她，"我是进来避雨的，不计划不买任何东西"。售货员说："即使你不购买任何东西，只要你进入我们的商场，我们就欢迎你"。说着，又给老太太聊起一些话题。不一会，售货员与老太太就成为了朋友，雨停了，老太太在离开上场时，售货员还送给她一把雨伞路上用。

之后，售货员就忘记了这件事情，她依然像往常一样接待着每一位光临的顾客。有一天，商场的经理把她叫来办公室，对她说道："你上次接待的那位老太太是石油大王肯顿的母亲，她给公司写了一封信，感谢那天你对她的照顾，并点名要你代表公司去纽约谈一笔大生意"。服务员很是诧异，因为她没有感觉到自己的特殊。经理告诉她："老太太说是你的微笑打动了她，你的微笑很有魅力。"

女服务员的微笑就是一种情商，她的内心不会因为你是否购买东西而分别对待，只要你进入了商场，就是一位顾客，不管你是否购买东西。而现在的很多售货员，你买东西他就笑脸相迎，不买东西就阴沉不理。所以，只能做一辈子售货员。

很多人不是能力问题，不是技术问题，只是付出的心态问题。舍得，舍得，不论是物质还是精神，都是需要一种付出。人生很多的时候，不是山穷水尽，只要你改变一种心态，不论是否有回报，都用你的心去打动别人，这时的你离成功已经不远了。有心栽花花不开，无心插柳柳成荫！

用你的热情去温暖这个世界，去热爱你周围的人，去关心你周围的人，不求回报多少，但求随遇而安！

# 二、逆商＝勇气

人的成功有一個必然的條件，那就是逆商。即使你的情商与智商再高，若是没有逆商，你将是一无是处，那是因为，任何的一条成功之路都不可能是平坦天衢，成功之路充满荆棘，充满坎坷，很多人不是没有能力，不是缺乏情商，却是不懂得逆商。当遇到坎坷之时，如何调整心态，如何使自己信心十足的面对危机，这就需要强大的内心力量，不抛弃，不放弃。

孟子曰："天降大任于是人也，必先苦其心志，劳其筋骨，饿其体肤，空乏其身，行拂乱其所为，所以动心忍性，曾益其所不能。"是的，成功一定属于那些有准备的人，而真理却不是平淡就能得到的，一定会经历那种死去活来的折磨，山穷水尽，遍体鳞伤，可是只有那颗火热的心，没有因为挫折而冰冷，坚定强大的内心，使他冷静思考，寻找战机。可是在与困难的斗争中，他经历了考验，学到了东西，等待机会！三年不飞，一飞冲天。三年不鸣，一鸣惊人！

曾国藩先生之所以能成为中兴名臣，并且影响现在，就是因为他在平定太平天国的战争中，屡败屡战，不被失败所打到，坚定信心，调兵遣将，规划精密，终于打败太平天国起义，成就大业，出将入相，位极人臣。

伟大的领袖毛泽东先生，在江西苏区时，被苏区中央领导排斥，三起三落，到江西瑞江养病，可是养病其间毛泽东并不气馁，在瑞江积极发展工作，当地百姓缺水，他就带领群众挖井取水，建立苏区苏维埃人民政府。毛泽东没有气馁，而是积极的工作，锻炼自己，建立群众基础。

再看看在世界 NBA 中成功的林书豪。林书豪在多年与大学生的交流之中，发现有不少大学生不够自信，有些甚至还有点自卑。他们总喜欢看别人的长处、别人的优点，总喜欢看自己的短处和弱点，还总喜欢拿自己的短处与别人的长处去比，结果越比越没有自信，越没自信就越自卑，结果少数人还选择了自暴自弃。

NBA 华人球星林书豪的成功可能会对你一些启发。我们知道 NBA 一般都是黑人球员天下，即使我们出了一个姚明，但姚明的成功一般都归结为他的身高，别人很难复制。按习惯思维，哈佛的出不了什么好球员，华人更不可能出优秀的控卫，华人控卫在 NBA 球队中能打上球就不错了。可是，就是这样的习惯思维和偏见，使得林书豪在 2010 年的选秀中无人问津，他并没有对自己失去信心，经过努力在勇士队得到一年的非保障合同，可根本没有受到球队的重视，也很少获得上场的机会。赛季结束他就被勇士队裁掉。再次的挫折，同样也没有让林书豪心灰意冷。

所以，在 NBA 停摆期间，他也没想过来中国 CBA 打球，他钟爱篮球，他相信自己有能力立足 NBA，他每天刻苦训练，。新的赛季他试训火箭队，结果又被火箭放弃，好不容易在尼克斯队找到了打短工的机会，可他仍然是球队中可有可无"跑龙套"球员，他没有丝毫抱怨，执着地坚持，更刻苦地训练，耐心等待机会。本球队正准备裁掉他，可正好球队中两位超级球星因伤和别的原因缺阵，教练不得已才把他派上场，他抓住这仅有一次机会，一发不可收拾，演绎了比好莱坞大片还神奇的惊世之举，带领球队连胜七场，成了球队当之无愧的领袖。他上了时代周刊和在体育画报等美国顶级媒体的封面，NBA 不得不为他而破例邀请他参加全明星新秀赛，全世界的人都在关注他，他成了 NBA 新时代的宠儿。

成功后的林书豪低调而谦虚，林书豪的成功来源于对篮球热爱，更来源于他人格品质和对自己的信心，不管遇到什么挫折，不管别人对他有多么偏见，多么轻视他、小瞧他，他都没有对自己丧失信心，始终坚信"我能行"。

你从林书豪现代版"灰姑娘的故事"得到了什么启发？虽然我们不可能演绎林书豪式的传奇，但我们每个人都是独特的自我，我们都是与众不同的，我们身上有无穷的潜力等待自己来开发，不要与别人去攀比，更不要在意别人的评价，追求自己的梦想，不轻言放弃，愈挫愈勇，相信自己，抓住机会，一切皆有可能。

记住，不论你的成就有多大，而成功逆商却是不可没有！

## 三、智商＝判断

人们的成功总是喜欢归于聪明或者智慧，实际若是没有了情商与逆商的聪明智慧，就失去了意义，成为一种伎俩，成为一种谋略。可是，人们不知道一个基本的法则，没有绝对的聪明，只有相对的聪明，若是不考虑自己的德行，只以聪明为手段，那就始于聪明败于聪明。

隋代大文学家王通的《止学》说："智极则愚也。圣人不患智寡，患德之有失焉。才高非智，智者弗显也。位尊实危，智者不就也。大智知止，小智惟谋，智有穷而道无尽哉。谋人者成于智，亦丧于智也。谋身者恃其智，亦舍其智。智有所缺，深存其敌，慎之少祸焉。智不及而谋大者毁，智无歇而谋远者逆。智者言智，愚者言愚，以愚饰智，以智止智，智也。"

真正智慧的极点不是智慧，不是聪明，而是以愚蠢来掩饰智慧，因为任何事情的终点是一片虚无。伟大的圣贤不忧患自己的智慧，而是忧患自己品德是否让众人欣赏。有才能不等于有智慧，真正的大智慧不是在众人面前炫耀自己。因为圣贤知道一个道理，那就是处在高位是一件非常麻烦的事情，危险会随时到来。大智慧的人之道任何事情有一个止度，不违背它的规律，做起来恰到好处。而那些精于算计的小智慧，只能说是一种谋略。智者知道一个简单的道理，一个人的智慧一定有山穷水尽之时，而自然大道却永不停止永不止境。那些精于算计的人一定也会被别人算计，所以，智者从来不以自己的智慧来取胜于别人。

聪明固然是一件好事，可是没有道德底线的智慧，没有情商的聪明，缺乏逆商的内心，这样的聪明不能成就大事，只能成为伎俩的笑柄！

## 第三节　知命的方法

对于命运的奥秘可以说是人们内心一直追求的一件事。圣贤们感觉冥冥之中有一种魔力，似乎在操纵者一切的运动规律，不知经历了多少年，到了伏羲氏年代，伏羲氏"上观天文，下俯地理"找到了天地运动的法则，找到了一套符号来表示运动的过程，久而久之形成了一套占卜方法，来演绎万物的运动规律。

从伏羲氏创造八卦开始，人类就开始了对自然规律的研究，随着阴阳学说的建立，又出现了更为精细化的五行学说与干支学说，这样我们的祖先就找到了一套认知人与万物的规律。

从最早的卦象占卜，到奇门遁甲、大六壬、六爻纳甲，直到唐代李虚中创造了命理术《李虚中命书》，也就是从人出生的时间来探讨一个人富贵贫贱与穷通寿夭的规律性。在李虚中的墓志中，唐代文学家韩愈写到"殿中侍御史李君，名虚中，字常容。其十一世祖冲，贵显拓拔世。父恽，河南温县尉，娶陈留太守薛江童女，生六子，君最后生，爱于其父母。年少长，喜学，学无所不通，最深于五行书。以人之始生年月日所直日辰支干，相生胜衰死旺相，斟酌推人寿夭贵贱利不利，辄先处其年时，百不失一二。其说汪洋奥义，关节开解，万端千绪，参错重出。学者就传其法，初若可取，卒然失之。星官历翁，莫能与其校得失。"看了韩愈对李虚中的评价，大家时候会明白一个不信鬼神的韩愈，却相信李虚中的命理术，可以说从命理术出现的那天起，一直被世人所认可，因为它是解决了解命运的最佳途径。唐代以后，到了宋代有了著名命理作品《滴天髓》，在我研究过的经典中，个人认为《滴天髓》是命理术的最高境界。到了明代命理书籍更多，《渊海子平》、《三命通会》、《穷通宝鉴》、《星平会海》，一大批优秀的命理书籍出现，这也说明明代人对命理研究的发展与喜欢。命理的再次振兴是到上世纪的民国时期，各路军阀、达官贵人都是相信命理之说，同时也出现了一批专业的命理术士，象徐乐吾、韦千里、袁树珊等。新中国成立后，由于某些原因，认为命理术是一种迷信，也有很多人不相信命理之说，实际信与不信不取决于某一个人，命运不会因为某一个人存在，也不会因为某一个人而不存在。还是那句话，人在天地之间，天地都有规律可循，人难道没有规律吗？

《易经·系辞》曰"法象莫大乎于天地，变通莫大乎于四时"。在天地之间最大的法则与现象没有事物可以超越于天地，而天地之间最大的变通就是四季的变化。人在万物之中天地之间，那么万物与人就必须遵守天地的规律，掌握了天地的规律就是天命，而我命只有顺应天命，才能"自天佑之吉无不利"。

我们就从阴阳开始，踏上命运的寻根之旅，通过命理的方法，掌握命运，使我们在生活的海洋中，游刃有余！

# 第十三章　认识命理的意义

命理研究不是一个简单的干支生克，更不是一个五行旺衰的损益。它是包含着天地与人道之间的对应关系，自古以来书籍众多，没有一定学术研究的人，很难去识别真伪。再加上现在思维方式的改变，更是让很多人失去方向，因此正确的认识命理，重回命理真髓是当务之急。

## 第一节　八字预测的思维是什么

要想学好八字，首先必须知道八字研究的是什么？但从目前的学习者来看，大多数的朋友不仅没有搞明白，而且还掉入了一个怪圈之中。总想把人生的任何信息通过干支分析出来，认为八字是万能的，这种认知首先是错误的，从人类文明开始到未来，天下就不会出现究竟的学问，即使从逻辑上的究竟的学问，也会因为人的理解与思维障碍难以精通。首先，没有搞懂干支的本来性质是什么，只是停留在简单"字"面的五行现象说，就不能领悟干支是天地阴阳气场的变化形式，不能领悟干支配合的背后含义是什么？不能领会命局多元信息的分占，单单强调必须测准八字的每一个信息，这点就不是易学的辨证思维。因为命理研究的是天地气场与人生轨迹的对应问题，这个轨迹是固定的，信息却是多样选择的。如果学习者想从八字中预测到日主的每一个信息，就陷入了一个思维误区。要想学好命理，必须有一个正确的学习思路，知道你学习和研究的是什么。它的优点是对命运趋势的掌握，而不是日主本人任何信息的诠释，只有这样，才能更好地认识命理、掌握命理！

我们从众多的相同八字中发现，他们的人生轨迹相似，可是各自的信息并不相同，这说明了什么？我们必须知道，命理是辨证的，不是教条的；信息是相对的，不是绝对的。每一个信息，都离不开人们特定的生活范围，脱离这个范围就不能形成对比。同时出生的人，都是杀人犯吗？都是清华大学的大学生吗？肯定不是。这就是命理的信息多元分占（相同八字的人，分别占有这个八字包含的多个信息中的某一个或某一部分信息）。一个八字有多重信息，要看他本人所注重或所占有的是哪个信息？甲注重印星的信息，学业好；乙注重官星，官运好。乙虽然没有甲的学历高，可是有个如意的丈夫、美满的家庭。甲的学历高，印星必然要泄官星，所以她的学历高、名气大，可是婚姻家庭方面就没有乙好。这就是命理中普遍存在的能量总体守恒、信息随机转化的现

125

第四部分　八字命理篇

象，这也是需要我们认真体会的命理思维。

现在的很多人把八字相同命运不同归于个人的风水不同，实际这种思维是片面的。风水不同实际就是空间的不同，这一点不错。也就是相同的人，出生、成长的空间不同，所受到的教育，和社会环境等等，那么最后的结果不同。空间的不同，也决定了他们所受五行气场的影响不同。但是不管怎么变化，他们还是生活在地球上，就会受五行气场的制约，只不过制约的力量大小有别而矣。我见过相同的两个八字：乾造 甲子 壬申 癸未 己未 二人一个是山东沂南，一个是四川重庆。山东沂南者于己卯年死于爆炸。而后来四川重庆者电话咨询，那么肯定就不能断死亡，要断此年凶。对方回答"此年是不吉"。那么说明二人己卯年都凶，只不过是凶的程度不同。山东居于卯，重庆居于申。卯年应凶居卯者大于申者。我们只有掌握这些变易思维，才能不陷入误区，走向命理颠峰！

同时出生的八字可以上千，他们的命运确实不同。这一点不是个人风水的原因，是地球大场的变化影响了八字的阴阳旺衰。我们知道地球的空间场，基本分为热带、温带、寒带。地域的不同，阴阳气场的变化就会大不相同。往往在相同八字上造成很大的悬殊。古书上有个非常有意思的故事（河南淮阳县志里记载）：在商丘这地方有一个人，从小的时候就双目失明了。为了维持生计，他母亲让他去学批八字。在学成之后给自己批八字的时候发现，自己是个帝王星，是皇帝命，在二十岁的时候就可以显现，他一边批着八字一边期盼运气的到来。可是，二十岁这一年非常平淡地过去了，他很疑惑，又重新推算了一下，发现二十三岁这年还有一次机会。同样这一年又非常平静的过去了。他觉得自己的运气马上就没了，心中很是焦急。由于他批八字的名气越来越大，找他的人自然非常多，有人和他提到了陈州的一个盲师高手马步云，他即刻拄着拐去拜见马步云。一报生辰八字，马步云说"你的命真好啊，是一个帝王星！"他说"是啊，怎么没应验呢？"马步云说，我送你三句话："你这个人，若生南方，一代帝王；若生北方，占山为强；若生中方，与我同行！"

马步云的回答说明了什么？说明空间地域的不同对同一一个八字的影响几乎是天地之别。现在很多的易友在网上，至今还为很多无聊的问题争论不休。古书云：八字有不见之形，不见之气。当你真正明白这一点的时候，你就离"道"不远了。

## 第二节　命理的思维方式

广大易学爱好者在学习的道路上大都崎岖坎坷。有的只知道看书或死背断语，而不注重理解易理，更有甚者不惜重金寻找什么绝招。实际学易者都明白，易学是讲阴阳五行变化规律的，没有什么绝招。一个预测准确的易学大师，是凭他深厚的易理知识和辨证推理，而不是靠什么绝招。

我们首先要认真学习易理。有很多人看古书、背断语，不求甚解而胡乱套用。其实断语是有其特定的使用条件的，而不是见了就用。学习易理，要从基本知识学起，大家应该明白"千里之行，始于足下"的道理。再高的楼房也要有地基，飞机总要在机场起飞。只有扎实地学好基础知识，才能举一反三，做到学、会、用、精、巧、神。

易学是以物理学作为基础，哲学作为应用。直观、形象、逻辑思维与辨证思维作为手段，易理是古先贤千百年来总结的自然与人文变化的体现。在实际应用中又夹杂了一些封建社会的上层意识。我们对正确的要肯定，错误的一定要废除。学易者要具备辨证思维与逻辑思维的能力，不可盲目追风。现在易学界大都没有脱离传统，有的脱离了传统但又进入了另一个误区。《易》云："为道也屡迁"。在由一个几千年的农村经济社会，进入一个高速发展的信息产业时代，一切都在变。易学也在变。问题在于如何变。

我们要继承并发扬传统的精髓，去其糟粕，让易学人人可学、人人可用。《系辞》曰：继之者善也。成之者性也。不要神秘化，搞什么派别，和过去的江湖一样。孔子曰："三人行，必有我师"。只要我们遵守易德，抛弃门派之见，加强相互交流和学习，就能体现周易的博大。《易经》云："生生不息谓之道"，说的就是这个道理。只有发展易学才能前进，才能跟上社会前进的车轮。要发展就必须返朴归真，真正体现"简易"所昭示的道理。

化繁就简、返朴归真，说起来容易，做起来难。如何变？每一个理论的出现，都会遭到外来的攻击。实际我们要放弃老的传统很容易，命理哲学是辨证思维，但不管怎么变，《易》的宗旨不能变，不能脱离易理。《易》的变化是"不易、变易、简易"。大家都知道日月为易，也可为明。因此，在学习过程中应遵循易的原则，吸取精华，删繁就简就是变易。

学习命理一定要以"易理"为指导。《易》的最基本原则就是阴阳之间的平衡、变化规律，这个变化所遵循的原则是"损有余、补不足"，由五行气场的"进退"形式完成。有些"理论"观点，不是从自然规律角度认识易，反把易学搞得神秘化、复杂化。命理以天干地支类万物、万象，以天干地支为时空坐标来演示人生，而天干地支的信息可大可小亦无穷无尽，这就是易学"大无其外，小无其内"的变化。如果我们明白天干地支的组合变化，利用太易思维去理解、应用就简单多了。

太易思维——就是最基本自然变化规律的体现，不夹杂任何的人为观点，是人类最原始状态下的天人合一思维。《易》的变化就是自然变化。只要不违背自然变化就是遵循了易理。山崩、海啸、火山喷发、洪水是大自然阴阳失衡的表现，生态环境的恶化及由此引起的气候异常、瘟疫流行等对人类的惩罚，便是人类行为违背自然平衡的结果。命理与自然是同样的道理，只要我们生活的行为符合自然平衡就应吉，否则就应凶。我们把宇宙看作一个太极，将人的八字看作一个小太极，如果人与自然的信息合一而达到同步，那就是真正的天人合一。

我们把自然与人进行比较，发现人与自然的信息是相同的，在自然界甲乙为树木，在人为头发胡须。在森林中生长着数以千计的动物，而我们的头发中也寄生许多微生物；自然有大山、土地，我们人体有骨骼、肌肉；我们有明亮的眼睛，自然有太阳、月亮。人的八字是由金木水火土五行构成的，每个八字都有自己的用神，如果你生存的环境符合你八字的用神，那就是你充分利用了自然。如果你与自然相违背，那如何会应吉呢？我们学易一定要遵循自然理法，一切来源于自然，一切命理思维也应符合自然，与自然相应。我们的方法只要不违背自然，研究起来就容易多了。

易的产生，天干地支的排列组合，不是先人凭空捏造的，它来源于最基本的自然现象。先贤做易"上观天象，下察地理，觉寒暑往来，视鸟兽昆虫和四时变化"，远取象于宇宙万物，近取象于人身相配，这是何等的伟大！我们学易一定要从最基本的自然出发，回归自然，采取人与自然结合的方法进行学习、研究，只要结合自然就比较容易学。现在有些命理已违反了自然运行的规律，试想会准确吗？

在学习中，我们如果采取贴近自然的方法，学习命理就会大大开悟。有人说辰丑土为水，学易者便盲目的紧随其后说辰丑土为水。试想，在自然界有这样的现象吗？它符合阴阳二气地进退原则吗？"万物负阴而抱阳"。每一个五行都有它阴的一面、阳的一面。辰为少阳土，天干配一阳干，何以论水？丑土为腊月阴寒之气，即使丁火在干，也是难以去寒，自然以水论。《滴天髓》云：阳乘阳位阳气昌，最要行程安顿。阳乘阴位阴气盛，还须道路光亨。可谓是道破天机。这种不符合自然的论点不辩可知其谬也！有人说未戌土脆金，未戌土就真的脆金吗？未为六月紧挨七月申，没有六月就演化不出七月申金之气，未土脆金吗？如果说戌土脆金，那就更是不对，因为戌月为九月马上进入冬天亥月，戌在向太阴之气转化，它是不会生金的。可这是在阴阳正行方向的情况下，若是倒行大运，戌土就可以生金。所以，《滴天髓》说"理承气行岂有常，进兮退兮益抑扬"。任何的一条应用理论，一定有它的应用条件，如果没有搞清条件，就在那儿信口开河，实为大缪也！

谈谈空亡。前几年出现新派命理，有人乱用空亡。广大易友想一想，依凭日就决定月上空亡，显然是错误的。月令是昭示节气之"气"的深浅，以日论月令空亡只能论其字空亡，其"气"永远存在是不会空亡的。八字是由年月日时四个时空组成，各自发挥着特定的作用，它们是不同的时空点，相互之间又有相辅相成的关系，缺一不可。如果一个空亡就舍弃不用，可见其人根本不懂自然理法。老子曰："道法自然"，佛陀说："一切有为法皆在当下"，一个日柱，若是把其它柱空亡了，你出生的时空，是从哪里来？可见一切都不能脱离自然之法。欲立此论，请先悟悟自然吧！

"法外无法，法无定法，不拘古法，我心为法"。这是理解易理的最高境界。这几句话中的"法"是思维方法。运用方法，不能违反自然法则。只要不违背自然就是大法、好法。只有不违背自然之法才可称之为"道"。

在漫长的历史长河中，先贤积累了丰富的实践经验，时过境迁，有许多已不适应现代社会，我们就要大胆立论，但不管怎么变，而易理不变，"法"不能变。我们结合六壬、六爻、奇门好的思路、方法，对八字预测进行修饰，不但丰富了取象，更丰富了思路。易理相通，只要大胆实践，肯定无误，以巳火为朱雀，类爱说爱跳，口才好，爱唠叨等都很准确。这就是变通。所以我鼓励大家在学易中大胆假设、小心求证。只要不违反自然规律，一定会有许多收获。其实学习命理没有绝招，学的是一种辨证思维，而这种思维不能抛弃自然，那就是自然思维，太极思维。

笔者的命理知识还很肤浅，将我的学习思路和感悟写出来，目的在于抛砖引玉，以便与广大易学爱好者和良师益友进行交流指正，激活大家的易学思维。众人拾柴火焰高，滴水相聚成大海。命学的海洋浩瀚无边，充满了神奇的魅力。只要我们端正学习态度，学会利用自然，利用逻辑思维、辨证思维、直觉思维等，不脱离实际，就一定能造福人类。对传统的命理，我们不可一概否定，要吸其精华，古为今用，遵循易理，化繁就简，让人"一学就会，一看就懂"，进而创造一个美好的易学世界，揭开易的神秘面纱，走出易的玄学殿堂。让我们手拉手，心连心，为完成易学使命，只争朝夕，领悟大道，把握自然太极的精髓，真正做到"乐天知命而不忧"！

## 第三节　怎样才能学好命理

怎样学好命理？这个问题一直困扰着很多的命理学习者。有人认为命理是简单的数学概念，是1+1＝2的数学公式。如果你也是这样理解命理的话，不能不说你也进入了思维误区。命学理论来源于阴阳学说，它以阴阳辩证为理论基础，是对立辩证的逻辑思维，不是固定化的公式。学好命理，掌握人生，做到知命。只有先学好阴阳易理和天地阴阳变化的规律，掌握干支的阴阳变化、阴阳属性，掌握日元旺衰属性的不同，以及干支不同属性的作用关系，才能进入命理的海洋。实际上，这些理论，在古籍《滴天髓》、《子评真诠》等书中都已经提到，只是大家不能认真地学习和研究基础理论知识，总是想寻找"窍门"，以至于浪费了大量的时间而收获不大。我在这里告诉大家，命理没有任何的窍门，只有对自然和人文的理解与深悟。如果不从这些学起，你是学不好命理的！

我的学习心得是，先从基础的《子评真诠》入门，学好基础知识，然后学习《滴

129

天髓》。当你学好这两本书上的理论后，最后研究《渊海子平》上的诗词歌赋与断语，一定会成为预测高手！许多人说看不懂，那其实是你的思维没有放开，只是停留在干支字面上的意思，没有与天地、人文相结合，没有把自然与命理相结合，没有把广阔的宇宙与人类相结合。命理来源于自然，就需要回归自然。对于经典命理我们更应该多多学习。如果不是这样，你永远不能进入命理的浩瀚天空，展翅翱翔！

形而上与形而下：谈到形而上与形而下，这本来出自于《易经·系传》。原话为：形而上者谓之道，形而下者谓之器。这两句话谈的是认识上的层次，学习命理也是同样的。想学"道"就必须形而上。可是我们目前的所有预测术，都是停留在形而下，只注重形式上的公式，不去深究理论上的至善，想把千变万化的阴阳辩证，用数学的模式表现出来，这就把"道"变成了"器"。那么何为阴阳学说的"道"？这就是阴阳学说的根本所在。我们预测的工具是天干、地支，是为器。而天干、地支背后的阴阳气变才是真正的"道"。《黄帝内经》开头道：上古之人，其知道者，法于阴阳，和于术数。说明阴阳才是根本所在，万事万物的变化，都是阴阳气变的结果。故言：形而上为气，形而下为行。这一点后面将进一步阐述。

# 第四节　论命理起源——人事尽从天机现

欲知命理，须察天理，不察天理，焉知命理？

子平曾云，天地阴阳两气，降于春夏秋冬，各生其时，有用者吉，无用者凶。是以识天机之妙理，谈大道之玄微，天既生人，人各有命，所以早年富贵，八字运限咸和。

按：命之出处，自阴阳两气结成，将于四季寒暑之中，凡命之好歹，重在有用无用喜忌之间，是故推命，非究用神不为功，其他各种格局次之。

若推察用神，必先认清"天机妙理"四字为标准，发用在于天理之间。人既由天而生，命之理由，亦有天理而定。非独人焉，万物亦由天地之气而生。

欲穷究天理之法，唯有从阴阳二气，五行之化，于二十四节气寒暑之中，观其兴衰，定其去留，故曰：人事尽从天理见。

清朝画家邹一桂所著的《小山画谱》提到四知：知天、知地、知人、知物。

一曰：知天

万物生于天，天有四时。

夏秋之花皆有叶，春则梅杏桃李各不同：梅花最早，天气尚寒，故无叶而必有微芽；杏次之，则芽长而带绿矣；桃李又次之，则叶已疏而尚卷曲。至海棠、梨花、牡丹、芍药之类，已春深而叶肥。

水仙本三月花，而以法植之，则正月开，故叶短。

迎春与梅花同。

兰惠宿叶不凋，其新叶亦花，后方长。

至禽鸟蜂蝶，各按四时。梅时无燕，菊候少蜂，冬花不宜绿地，春景勿缀秋虫。

随时察体，按节求称，各当其可，则造物在我。

二曰：知地。

天生虽一，而地各不同。

庾领梅花，北开南谢，其显著矣。北地风寒，百花俱晚；滇南气暖，冬月春花。如朱藤，江南叶后方花；冀北则先花后叶；小桃、丁香、探春、翠雀、鸾枝，北方多而南方绝少；梅花、桂花、茉莉、珍珠兰、紫薇，则盛于南而靳于北；芍药以京师为最，菊花则吴下为佳；湖南多木本之芙蓉；塞北无倒垂之柳。

物以地殊，质随气化，生花在手，不可不知。

三曰：知人

天地化育，人能赞之。

凡花之入画者，皆剪裁培植而成者也。菊非删植则繁衍而潦倒，兰非服盆叶蔓而纵横。嘉木奇树，皆由剪裁，否则树丫不成景矣。或依兰磅砌，或绕架穿篱；对节者破之，狂直者曲之。至染药以变其色，接根以过其枝，播种早晚则花发异形，攀折损伤则花无神采。

欲使精神满定，当知培养功深。

四曰：知物

感阴阳之气生，各有所偏。

毗阳者，花五出，枝叶必破节而奇；毗阴者，花四出、六出，枝叶对节而偶。此乾道、坤道之分也。

春花多粉色，阳之初也。夏花始有蓝翠，阴之象也。

花之苞、蒂、须、心，各各不同：有有苞无蒂者；有有苞有蒂者；有有蒂无苞者；有无苞无蒂者；有有心无须者；有有心有须者。

花叶不同，干亦各异。梅不同于桃。推之物物皆然。一树之花，千朵千样。一花之瓣，瓣瓣不同。

千叶不过数群，纵阔宜加横小。刺不加于花顶，禽岂集于棘业，草花有方干之不同，折枝无蜂蝶之来。牡丹开时，不宜多生萌芽；腊梅放候，偶然乾叶离披。新枝方可著花，老干从无附萼。

欲穷神而达化，必格物以致知。

一个画家都这样严格按照地域、节气的不同来做画。那么一个易学爱好者，命理

131

学习者，更应该了解知道这些最基本的时空变化。相同的八字，不同的地域，看上去时间相同，可是空间（地域）的不同，则决定了八字本身阴阳二气的旺衰不同。八字相同，出生空间不同，则决定了命运的不同。每一个八字信息都是多元论，有当官的、发财的、坐牢的等等都会存在，是因为空间不同，十神的受气不同所造成的。

# 第五节　能量守恒与信息变化

**编者按：**

本章内容来自网上的一篇文章，转述的目的是想告诉大家命理的有限性与变易性。由于地域不同、成长空间的不同，相同的八字存在着很大的变易性，这就需要每一个命理研究者，必须面对现实，切勿玄虚、夸大命理。使一门民族文化走向迷信的深渊。树立一个正确的学习思想，不要盲目迷信，道听途说。你如果看到的命理书籍，没有全面地从时空变化角度来论述命理，而是从一个固定公式、五行字面，谈论命理。没有涉及到宇宙整体思维、阴阳变易思维等，这些命理的理论首先是不完整的，又怎么能准确预测！同时本篇文章告诉你，相同八字的信息变易性，即使八字相同、出生地域相同，他们的穷通寿考也未必相同，种种八字人生只可因人而宜，不可一视同仁。

让大家在学习命理的过程中，要辩证学习得失吉凶之象，同样同时的八字，由于出生环境、发展的趋势不同，最后他们的人生历程就存在着很大的差异。这就提示我们在平时的预测中，不要去套用，要辩证信息来源，一个八字到手，印星不吉，不一定是学业，也可能是母亲。最近我遇到一例，印星为忌，我断此人有文凭不理想，但对方说是中国财经大学毕业很理想，我当时有点想不通，我接着补充，你母亲不吉，对方说怎么不吉？你自幼离母不和母亲在一起。对方说是父母离婚。这就表示得失对立。大家在研究八字时，一定辩证对待，不可千篇一律，套用断语。相同的八字，他们的人生总趋势是相同的，但在一些细微的琐事上，存在很大的差异，由于出生空间的不同，他们的人生存在差异就很正常。相同的八字，父母、妻子、儿女不同，人生的历程就不同。

## 论能量守恒与信息变化

能量守恒与信息变化是所有预测者面临的最大考验。按照命理原则相同的八字应该是信息相同，可是在实际的应用中，往往不是这样的，这就涉及到能量守恒与信息的变化。有些人，他们的出生时辰相同。在这些时辰相同的人中，有一些人，他们后天的命运很相似，另一些人，他们后天的命运不那么相似，还有一些人，他们后天的命运，则相去甚远，这是难以理解的。理论上说，命理推论，对于同一个时辰，应该只有一个答案。传统的命理学相信，人的生辰与命运之间具有严格的对应的关系。依此推论，假如我们面对几个，甚至更多的同辰的案例，我们有多大的把握去用同一个结果来解释所有人的命运呢？我们总不能为同一个生辰准备若干不同的结论吧？

命理学研究的是人的出生时辰，而与具体的个人特征无关。换句话说，命理学研究的是人的时辰特征，而不是个人特征。只要时辰相同，理论上说，他们就应该具有同样的命理学结论。如果我们为若干个同辰的人，准备若干个不同的结论，就等于说，我们为同一个人，准备了若干个结论，这是可以接受的吗？显然，对于一门学科来说，这是基础研究的内容。通过对命理学的基础理论进行研究，我们可以获得一系列全新的发现。从研究方法来说，同辰是一种理想条件。使用同辰的案例，在逻辑上就控制了时辰的变项。换句话说，当时辰不变的条件下，我们可以观察人们的命运是否也不变？如果我们发现，同辰的人可以具有不同的命运结果，那么，传统的命理学的基础理论，就需要反省。正是由于存在着同辰的人之间，包括孪生之间的命运存在着差异，所以命理学长期受到各方面的质疑。道理很简单，同辰，包括孪生，具有完全相同生辰，理论上，按照时辰与命运的对应关系，这些人应该具有相同的命运，至少也应该极为相似。如果发现同辰的人之间存在着命运差异，有时，这种差异还颇大，这就形成了对命理基础理论的巨大挑战。实际上，在命理学中，学者常常使用模糊的手段，来回答类似的问题。概率策略就是其中之一：比如说，命理推论的准确率为"十之八九"，等等。显然，命理学界是承认命运的差异的。可是，谁也没有意识到这个问题的重要性。下面的研究，可以说明这个问题的背后，隐藏着若干极其重要的理论奥秘。

案例分析《命理用神精华评注》（王心田原著、钟义明评注）中有一个案例：

四柱：癸酉　癸亥　丁丑　壬寅

大运：壬戌　辛酉　庚申　己未　戊午　丁巳

王心田："此命一式二人，一为银行行长、一为中等商业帐司。然而行长生有二子，帐司则无子。推此八字，子息本少。何以一有一无？莫非妻妾分上，或阴阳宅之关系也。不过成败方面，以个人之命为主。子息非一人之能力，是故有应、有不应者也。然，应验居多。此二人，寿元亦不同。帐司亡在巳运中，尚可理解。盖巳酉丑会金局，而伤寅木用神。衰火之根既被损，岂不亡哉？行长亡于丁初，正在佳运之中，莫非亦在宅基及心田之关系也？所以谈命最不易定寿元，于此可见一斑"。（赵注：此二造原著分析有不妥之处。丁丑日元生于癸亥月，水旺阴气重，官杀旺丁火必弱，以《五言独步》论"有病方为贵，无伤不是奇，格中如去病，富贵两相随"。局中官杀旺若是大运帮其丁火必然是富贵相随。日主倒行大运，至辛酉运后，阳气转旺，必然是富贵可求。到丁巳大运，火气转弱，巳亥相冲，再次冲旺亥水，引起忌神回归，则当亡矣。至于二人先后不同，实乃身体素质与六亲能量的转化而已。）

借此案例，我们可以对以上事实作出若干讨论：二者相似之处：事业，命理称"禄"，同为金融高层主管。二者差异之处：子嗣，命理称"子"，一个两子，一个无子；寿元，命理称"寿"，二者相差至少 5 年以上。在妻、财、子、禄、寿等项，以上两人，除了"禄"项具有相似以外，其余诸项完全不同。

下面作个假想实验：如果将上面二人的生辰，先后交给同一个分析师去分析，难道这个分析师可以对同一个时辰给出两份不同的答案吗？1，如果这个分析师给出的是同一个答案，那么，说明命理学的推论方法与实际情况不符，因为这两个人的命运存在着显著的差异。2，如果这个分析师给出的是不同的答案，那么，说明命理学的推论方法是前后矛盾的，因为同一个时辰，可以看成是一个人。我们总不能说一个人的命运，既是这样，同时又不是这样吧？

**命理研究的是命运**

而上面的案例表明，即便是同辰的人也会存在不同的命运。显然，生辰与命运之间，并非存在着严格的，或者说是唯一的对应关系。强调展开的惟一性，是古典命理学的基本特征，但却是一个错误的观念。由于传统命理强调命运展开的惟一性，从而与宿命理论划不清界限。对同辰现象的研究表明，人的生辰与命运之间，可能蕴藏存在着一种新的命理原理，即总量守恒。由于上面的案例中，两人具有相同的生辰，他们具有相同的禀赋，因此他们理论上共同拥有某种相同东西，而且可以用量的概念来表达。这个量，纪晓岚称之为"禄"。在总量一定的前提下，同生辰的人可以存在命运上的差异，但是，相对的差异可以通过补偿机制，使其遵循守恒定律。

上例中的行长，其社会地位高于帐司并且子嗣得意，但是，命运通过给予帐司寿元的补偿过程，保持一种守恒关系。总体来看，各人的"量"却保持一种平衡。显然，守恒定律调节的是命运的结构。上例中的命理结构重点是地位、子嗣、寿元，等等。行长与帐司的命运，就是选择不同的结构的过程。这样，我们的研究表明，命运并非是时间的一元函数。上例中的两个人，可以看成同一个人在不同的环境下的不同表现。也就是说，人在不同的条件下，可以有不同的命运。

守恒定律导致命理推论的多元化发展，显然，它允许命运后天的可变性。所有命理元素，与时间一样，都是变动因素，在某种量值一定的条件下，人有可能选择自己的命运。

举例来说，假设一个四柱，日元强旺，局中财气虚弱，那么请问是钱财的问题？或是妻子的问题？或是父亲的问题？因为财的要素与妻子、父亲以及钱财是处于同一个命理项目之下，概率各占一部分。即便是加上官位理论，也还是存在不确定性。可以肯定的是，不同的人，即便生辰完全一样，他们的问题也会不同，更何况那些生辰不同的人呢？命理是一个抽象程度极高的理论集合，例如上面提到的"财"的概念，是"父亲"、"妻子"、"情人"、"异性"、"钱财"等等概念的抽象物。逻辑上说，把"财"的概念推论到"妻子"，或者"情人"的过程，是概念具体化的过程，可以用还原的概念来描述。

命理学目前还没有一种有效的推理方法，来起到还原的精确目的。如果推论者在此情况下，非要在具体的概念中进行还原推理，那么，命理就成了概率。冒险是江湖术士的手段，它引导了社会大众的神秘心理。实际上，与命理一脉相承的中医，也需通过望、闻、问、切等辅助手段，然后才能确诊，更何况命理推理呢？

《三命通会．论女命》说："若夫星不旺，或受克制，必嫁夫迟，或嫁夫不明，或夫不济事，或有外情"。这里，有几个"或"字，表达的是逻辑上的并列关系。很清楚，《三命通会》所表述的是或然关系。什么叫或然关系？就是逻辑上的概率关系。如果强行选择其一，来进行概念还原，也就是从"或"中选择一个，就是概率冒险。

从理论上讲，"夫星不旺"，是一个高度抽象的概念，是一个指向丈夫的贬义的统称。而将这个统称可操作化的结果，就可能有"夫迟、不明、不济、外情"，等等选择。至于现实中究竟会表现在哪个具体方面，则因人、因时、因地不同而不同，绝对没有"天生注定"的绝对道理。所谓"天生有命"，按照守恒定律的理解，并不是说每件具体的事情都由生辰来决定，而是在一个总体的层次上，存在着一个总体的规定，人不能逾越。自然有很多守恒的现象，人是自然界的一部分，人为什么不可以存在一个守恒问题呢？

守恒理论在命运的不确定的因素之间，寻找一种统筹的东西。在总量一定的前提下，强化某种命理要素，必然以弱化另一种要素为代价。我们常常感叹人生总是不能全美，道理恐怕就在于此。理论上说，我们可以通过试探法则，来寻找一个人的命理结构，就象中医师对病人的望闻问切一样。关于抽象的"财"的概念，如果不是金钱，也不是父亲，又不是身体，那么，还原到妻子的可能性就显得很大了。

古人说："每有贫寒之命，生于富贵之家，锦襁绣褓，享用太过。其福不足以当之，则必夭"（转摘自《中国八字评注》，持明居士）。这段话是说，一个禀赋了贫寒之命的孩子，如果生在富贵人的家庭，是没有享福的承受能力的，一定会夭折。据此推论，一个禀赋了相同造化的孩子，如果生在贫寒人的家庭，由于没有福禄的耗费，不一定会夭折。"贫寒"一词有问题，应该是"量值低下"的意思。既然是贫寒之命，如何可以生在富贵人家呢？既然生在富贵人家，又如何称其为贫寒之命呢？这是传统命理的思维方式，认为禀赋与命运是惟一的对应关系。既然同一种禀赋，可以处于富贵与贫寒两种状态之下，那么，禀赋与命运就不是惟一的对应关系。

由此看来，同样一种禀赋，具有某种同样，或者大致相当的福量。因为所处的家庭环境不同，对其福量的"消耗"也不同，从而命运的过程和状况也不同。这种理论应该可以推广到所有的命理分析中去。命运可以在福量守恒的前提下，因环境不同而呈现出广泛的差异性。

下面的案例来自于纪晓岚的《阅微草堂笔记》，袁树珊在《中国古代命理探源》中也有摘录。

"按推算干支，或奇验，或全不验，或半验半不验；余尝以闻见最确者，反复深思，八字贵贱贫富，特大概如是，其间乘除盈缩，略有异同。无锡邹小山先生夫人，与安州陈密山先生夫人，八字干支并同。小山先生官礼部侍郎，密山先生官贵州布政使，均二品也。论爵，布政不及侍郎之尊；论禄，则侍郎不及布政之厚，互相补矣。二夫人并寿考，陈夫人早寡，然晚岁康强安乐；邹夫人白首齐眉，然晚岁丧明，家计亦薄，又相补矣。此或疑地有南北，时有初正也"。

"奇验"、"半验半不验"以及"全不验"，讲的是推命的准确性问题。同一种推理手段，为什么会推出三种不同的结果呢？这么严重的理论漏洞，居然没有得到认真的对待，这真是不应该的事情。显然，纪晓岚提出了两个重要的概念：一是命理守衡概念（"贵贱贫富，特大概如是"）；另一是差异补偿概念（"乘除盈缩，略有异同"）。守衡是互补的前提。两位夫人具有完全相同的禀赋，所以她们具有相同的福量。由于后天的差异，二人在寿元、子嗣、钱财以及丈夫的爵禄方面，明显存在互补现象，说明一种恒定的因素，在起约束作用。

我们可以做一个理想实验：两位夫人的时辰一样，理论上可以看成是一个人。因为命理是关于时辰分析的学说，既然是同一个时辰，那么，理论上她们是一个人。她们的命运，可以看成同一个人在不同的环境下的不同过程。这表明人的命运在后天是可以有差异的，这种差异并非全部由先天来决定，而是后天的环境，或者是自己的选择来决定。例如，如果选择爵，则可能付出禄的代价；选择子，则可能付出寿的代价，等等。每一个人在后天都有一定程度上的选择权利，从而，理论上说，每一个人都可以缔造自己的命运，自然，人们的命运就可能偏离传统命理的逻辑过程。先天的禀赋强迫人遵循一种守恒规定，但不强迫人遵循惟一的展开逻辑，或者说宿命逻辑。

为了考察地域和时间对命理的影响，纪晓岚又例举了案例如下："余第六侄与奴子刘云鹏，生时只隔一墙，两窗相对，两儿并落蓐啼。非惟时同刻同，乃至分秒亦同。伊至十六岁而夭，奴子今尚在。岂非此命所赋之禄，只有此数。伊生长富贵，消耗先尽；奴子生长贫贱，消耗无多，禄尚未尽耶？盈虚消息，理似如斯，俟知命者更详之"。纪晓岚的记述，是罕见的命理案例：不但同辰，而且同地。此二人的命运毫无相同之处，但是守衡的概念可以对他们的命运作出合理解释，而且只能如此。这就是所谓"全不验"的情形。

对于上面两个人，理论上可以理解成同一个人。是因为人在后天具有完全不同的环境，导致了他们完全不同命运。显然，守恒定律肯定人的后天环境对人的命运具有重要的影响力，同时，也为这种影响提供了一定的模式。一般命理强调格局的重要性，即，具有相同格局的人具有相似的命运。这虽然是命理现象的主流，但决不是命理理论的全部。一旦发生纪晓岚所说的"全不验，或半验半不验"的情形，格局理论将经受严峻的考验。如果命理逻辑展开的惟一性值得怀疑，那么，它应该是一个可能性的集合。好比是一个多元方程组，具有多元的可能解法，不是吗？

我认为，惟有将守衡定律引入命理理论，才能确立命理学的真正基础。命运，按照命理的解释，是一个客观的禀赋和过程。不同的流派，有不同的理论模型。例如，宿命就是一种典型的命理模型，在这个模型之下，命运的展开过程是时间的一元函数。

下面我们将依据守恒原理，来建立一个新的模型。假定存在一个常数，是量的概念。每一个人都拥有一个这样的量值，自然，相同的禀赋拥有相同的数值。这是可以接受的假定。我们换一种表述：常数＝总量守恒。假定这是天地给予每一个人的规定。依照这种描述，我们可以尝试建立命理模型如下：命理常数＝妻＋财＋子＋……＋禄，设：命理常数为C，妻为XQ，财为XC，子为XZ，禄为XL，寿为XS，其它为XX，有：C＝XQ＋XC＋XZ＋XL＋XS＋XX

以上是一个六要素命理模型，前提是：X系列是可变因素，并假定X系列之间是简单线性关系。

**命理守恒和新的模型，可以解释一系列传统命题**

1，"吃亏是福"。按照命理模型理论的解释，"获得"是命理模型的消耗指标，而"吃亏"则正好相反。例如，抑制木炭的燃烧速度，则必然延长它的燃烧寿命。由于命理常数的存在，"吃亏"所产生的某些要素值的减少，必然导致其它要素值的增加。这里所谓的"福"，是指的某种属性的转移，而不是总量的增加。命理与宿命的根本区别就在于，宿命否认这种转移的可能性，而命理则肯定它。人的生命的积极意义，在于让这种转移更具有价值。

2，"破财免灾"。按照五行生克理论的解释，"灾祸"是一种客观现象，也是一种必然现象。宿命的观点认为灾祸是不可避免的过程，然而，依照命理模型理论的解释，灾祸虽然不可以避免，但却具有转移的可能性。"灾祸"是某种命理要素的一种值的改变，通过将这种值的改变，转移到钱财方面，也就是"富"的减值过程，则可以达到某种消灾的目的。

3，"贪财坏印"。以公职人员为例：如果一个公职人员的命理常数一定，但在钱财上过于贪婪，即所谓在"富"上获得过多，则必然拖累其在"贵"上的命理数值，也就是降职。严重的甚至会损害到"寿"的数量，或者损害到其它的命理要素方面，这是显然的道理。等等。

命理模型需要一个完整的命理要素集合。古代命理常用的要素前面已经提及，它们是：妻、财、子、禄、富、贵、福、寿、父、母、兄、弟。其中"富"与"财"，"禄"与"贵"相互重迭，福可代指荣辱、顺逆，较为抽象。

《子平真诠评注》沈孝瞻："大凡命中吉凶，与人愈近，其验益灵。富贵贫贱，本身之事，无论矣，至于六亲，妻以配身，子为后嗣，亦是切身之事。故看命者，妻财子禄，四事并论，自此之外，惟父母身所自出，亦自有验。所以提纲有力，或年干有用，皆主父母双全得力。至于祖宗兄弟，不甚验矣"。

参照各种理论，我们有：命理要素集：妻、财、子、禄、福、寿、父、母、兄、弟……。

当然，专业人士会全面理解各要素的含义。例如兄弟包含姐妹的内容，父母包含叔伯姨姑的内容，寿包含身体、疾病、夭折的内容，妻包含妾、情人、异性的内容，等等。前面已经们给出过一个包含六要素的模型，是理论模型的简化版本。由于要素与要素之间的属性不同，例如寿的单位是年，财的单位是元，子的单位是个，所以，要素之间具有独立性。换句话说，六要素模型是一个六维空间模型。人的一生的发展，大致就在拓展这个六维空间。

一块木炭的质量很好，但是重量太少，那么，它的火焰燃烧的时间就有限。相反，如果它的质量一般，但是重量很大，那么，虽然燃烧的效果一般，但是它的燃烧可以相对长久。木炭的重量好比是人的命理常数，它是总量的概念；火炭的质量好比是人的命理要素，它是结构的概念，也就是格局。

总量恒定，意味着模型右边的要素之间是互为因果关系，或函数关系。当某一个要素发生变化，则必然导致其它的要素进行适当的调整，这是命理与宿命之间的本质区别。宿命的概念将方程的右边看成是恒定不变的要素的总合，相反，命理将方程的右边看成是可变要素的总和。总量是一只看不见的手，在控制我们的基本命运。

有些著作，例如袁树珊在他的《润德堂手稿》中，时常对案例的子嗣进行肯定的推论，这是无法理解的。不同的社会阶段，或者不同的社会环境，子嗣的数量是大不相同的。难道在禀赋上有如此清晰的标识吗？如果不是这样，那么，子嗣就是一个可变的要素。或许，先天的标识只是一种可能性。由命学常数的恒定性质可知，子嗣的变化，必然影响到其它要素的变化。同理，其它要素的变化，也会影响到子嗣的数量，怎么可以对子嗣的数量进行绝对的评判呢？

还有些著作，例如林庚白在他的《人鉴.命理存验》中，时常对案例的寿元进行肯定的推论，这也是难以理解的。实际上，他的推断大多数是不正确的。林庚白的案例，大都是些显赫的人物，如曹汝林、梁启超、章丙麟，等等。这些充分拓展了自己命运空间的人物，其命理要素已经得到了充分的调整，难道可以对他们使用常规的理论进行推论吗？

命运的展开首先是由命理模型来解释的，而命理要素的展开，是由格局学说来解释的，例如富格、贵格，或是富贵双全格，等等。《渊源集说》："身弱徒然入格，纵发早亡"。发，可以理解为发展，指的是在富贵。入格，是具备了富贵条件的意思。身弱，表明日元失令寡助。身弱不胜财官，恃强所得必然招损，这是命理常识。所以说"纵发早亡"。"纵发"，说明命弱时也可以发；"早亡"，则需要付出寿元的代价，这里讲的是富贵与寿元之间的消长，或者说调整和转移问题。

按照传统的命理分析，身弱是不可胜任财官的，也就是说，日元弱的人，理论上是不可能"发"的。《渊源集说》讲"纵发"，则说明命运是可以违反命理常识而产生变化的，这时候，只能用"早亡"来描述。"早亡"不是传统命理分析，而是命理守恒的规定。实际上，按照守恒分析，纵发也不一定早亡。因为人一生除了财之外，不光是寿，还有妻、子、禄，等等，可以互相转移。另外，财来财去，正负为零，也不一定伤及寿元，所谓"破财免灾"，就是这个意思。财富厚的人，多资助他人，或捐助些慈善事业，理论上是对自己，有利而无害。所谓阴德，无非是讲人的付出，终究对人的总体命运来说，包括宗族，具有隐秘的益处。这种无法指明的回报，人们称之为"阴"。

《金玉赋》说："八字无财，须求本分；越外若贪，必招凶事"。无财，是禀赋贫寒的意思。贫寒者求富，也是人之常理。但是，思之太过，则称之为贪。贪则可以突发，那就是"越外"，所以"必招凶事"。贫寒属于命理要素"富"的范畴，贫寒是指"富"的量值低下，这里讨论的是先天获得的"富"的空间数值较小的情况。如果后天不适当地增加自己"富"的量值，必然引起其它要素的调整要求，而且是向下调整。所以说"必招凶事"。"凶事"的对象是泛指，是除了"富"以外的所有命理要素。不当的拓展"富"的空间，必须以降低其它命理空间为代价。

《论兴亡》说："如有高见明识，知进退存亡之机，而保其身者，虽官禄逢伤，六亲免祸，亦当自己受恶疾而终者矣"。这一段谈的是伤官见官的情形。高明者，说的是知命之人；进退存亡之机，说的是命理要旨。纵然是知命的高人，也不能避免灾祸的降临，只不过可以在财官、六亲、身体和寿元上进行调整和转移罢了。不可避免，不等于是宿命。主动进退，以图存亡，这才是中国命理存在的意义。

《子平真诠评注》原序："人能知命，则营竟之心可以息，非分之想可以屏"。营竟之心，本是常理。有了营竟之心，人们后天可以奋发图强，实现理想。社会在竞争中，不断拓展人们命运的相对空间。同样的命造，在不同的文明之下，其现实内容是不相同的。换句话说，命理常数在更大的尺度上，是社会文明的函数。非分之心，确不可要。有了非分之心，则命运

141

的调整将失去控制，命理的空间结构将失去平衡，紊乱和崩溃将不可避免。

任铁樵在注《滴天髓·何知章》中说："倘使富人无子，能轻其财与亲族之中，分多润寡，何患无子哉"？这句话的意思很明显，后天行为的取向可以影响人的命运。轻财与得子，是消长关系。

任铁樵又说："然散财也有功过，散财于僧道，有过无功；散财于亲族，有功无过。修德获报，人事原可挽回；作善降祥，天心讵难感召"。修德、作善，如果是真的付出，则一定会有回报。所以说："人事可以挽回"。至于散给僧道或者亲族，似乎是对所散之财的进一步考察。任铁樵的意思是说，能够带来更多"善"的付出，可以挽回人事的不足；而那些不能够带来更多"善"的行为，则达不到这个目的。我们可以进一步推论，能够带来"恶"的付出，不但不能得福，而且还会得祸。

不过，这种因果推论是否成立，需要理论来证明。善恶报应之说，有价值倾向，而命理讨论守恒问题，与价值无关。进一步说，命理体系，与价值无关。比方说，一个富贵的命，在命理分析中是上格，但格局的高低与人的品行并无关系。进一步说，格局与时代、文化、家庭、品行，等等，也没有关系。在任何地方、任何时代、任何出生的人之中，都会有富贵的格局。

任铁樵有若干案例，可以作为本章主题的佐证。

案例一：

四柱：癸卯　甲寅　丁巳　己酉

大运：癸丑　壬子　辛亥　庚戌　己酉　戊申

任铁樵批："此造财藏煞露，煞印相生，似乎贵格，所以祖业二十余万。不知年干之煞无根，其菁华尽被印绶窃去，不用癸水明矣，必用酉金之财。盖头覆之以土，似乎有情，但木旺土虚，相火逢生，则巳酉不会，财不真矣。一交壬子，泻金生木，一败如灰。至亥运，印遇长生，竟遭饿死"。

用财，在这里就是用金。初运癸丑，巳酉丑金局，用神三合，祖业二十余万。但是，此命为什么过不了庚戌呢？庚戌以后，运转西方，用神之地，眼看就要好起来，命却终在亥运，且年纪尚轻，看来他提前耗尽了自己的"量"。因为水运虽然不佳，但是也决非恶运。水运虽然生木，但也降火护金，何至于如此呢？一种可能的解释就是，那二十余万祖业是祸根。显然，按照守恒原理，如果没有这份祖业，此命显然将发迹于庚戌运之后。

案例二：

四柱：庚辰　乙酉　丁丑乙巳

大运：丙戌　丁亥　戊子　己丑　庚寅　辛卯

任铁樵批："丁火日元，时逢旺地，火焰金迭，似乎富格。不知月干乙木，从庚而化，支会金局，四柱皆财，反不真矣。祖业亦丰。初运丙戌丁亥，比劫帮身，财喜如心，戊子己丑，生金晦火，财散人离，竟造冻饿而死"。

财多身弱，用神在火，喜神在木。己丑运之后是庚寅，就是喜神之地，但是他却过不去。己丑是中运，如何就过不去呢？显然，"祖业亦丰"，可能是他命运的杀手。

案例一身强，案例二身弱，所以，这里的命运衰败，寿命夭亡，与身强身弱没有关系。两者显然是提前消耗了自己的"量"值，按照守恒的原理，他们必须付出相应的代价。假如他们天赋又薄，那就只好缩减寿元一条路了。

案例三：

四柱：壬申　戊申　庚辰　甲申

大运：己酉　庚戌　辛亥　壬子　癸丑　甲寅

任铁樵批："庚金生于七月，地支三申，旺之极矣。时干甲木无根，用年干壬水，泻其刚杀之气。所嫌者，月干枭神夺食。初年运走土金，刑丧早见，祖业无恒，一交辛亥，运转北方，经营得意，及壬子癸丑三十年，财发十余万。其幼年未尝读书，后竟知文墨，此亦运行水地，发泄菁华之意也"。

此例也是中年运为喜用之地，不但发达，而且长寿，可能与"初年运走土金，刑丧早见，祖业无恒"有极大关系。既然早年命运窘迫，那么，按照守恒原理，他对"量"值的消耗，就集中在中晚年了。

案例四：

四柱：壬戌　戊申　庚寅　丙戌

大运：己酉　庚戌　辛亥　壬子　癸丑　甲寅

143

　　任铁樵批："庚金生于七月，支类土金，旺之极矣。壬水坐戌逢戊，枭神夺尽。时透丙火，支拱寅戌，必以丙火为用。惜走四十载金水之地，所以五旬之前，一事无成。至甲寅运，克制枭神，生起丙火，及乙卯二十年，财发巨万。所谓蒲柳望秋而凋，松柏经冬而茂也"。既然"五旬之前，一事无成"，那么，依据守恒原理，此造后运东方木地，喜用之神，必然奋发。

　　以上数造，都是禀赋了较大的"量"值，前两造消耗在前，衰败在后；而后两造坎坷在前，辉煌在后，理应如此。这些案例也足以警世：财富于子孙，未必都是福。

# 第十四章 命局四柱

中国古人在阴阳学说的贡献非常大，从伏羲氏创卦以后，阴阳学说的发展非常迅速，在八卦之后，有了五行学说，然后有了干支学说，作为伟大的是用干支来模拟时空的运动规律，这一点通过几千年的术数应用时间，证明它是非常的准确，这一点也是现在人难以明白可以捉摸透得，玄学的神奇也可能就在于此。

## 第一节 六十花甲子

六十花甲子是古人在发明干支的基础上，将它们进行组合：同性干支依次配合所进行的不重复的排列。从数学角度讲就是干支数的最小公倍数，产生了 60 对干支组合，俗称六十花甲子。

| | | | | | | | | | |
|---|---|---|---|---|---|---|---|---|---|
| 甲子 | 乙丑 | 丙寅 | 丁卯 | 戊辰 | 己巳 | 庚午 | 辛未 | 壬申 | 癸酉 |
| 甲戌 | 乙亥 | 丙子 | 丁丑 | 戊寅 | 己卯 | 庚辰 | 辛巳 | 壬午 | 癸未 |
| 甲申 | 乙酉 | 丙戌 | 丁亥 | 戊子 | 己丑 | 庚寅 | 辛卯 | 壬辰 | 癸巳 |
| 甲午 | 乙未 | 丙申 | 丁酉 | 戊戌 | 己亥 | 庚子 | 辛丑 | 壬寅 | 癸卯 |
| 甲辰 | 乙巳 | 丙午 | 丁未 | 戊申 | 己酉 | 庚戌 | 辛亥 | 壬子 | 癸丑 |
| 甲寅 | 乙卯 | 丙辰 | 丁巳 | 戊午 | 己未 | 庚申 | 辛酉 | 壬戌 | 癸亥 |

六十花甲子是一切预测术的主元素，它的出现的确伟大，不能不让我们为先人感到自豪。用它可以分别来表示年、月、日、时四个时间，它可以记录和表达任何一个过去时空点和将来时空点。这个时空点可以模拟一切有生命物体的生命里程，记录一个人的灵魂存在，是英雄名垂千古，是奸雄遗臭万年。它们在一切的预测术中始终在表示空间、时间的对立性。六十甲子的反复组合，表示不同的生命体素质与不同的五行气场。八字预测是以天干五行为原点，可是近几年来的八字书籍都在犯同样一个毛病，在评定命局时只注重天干而忽视了地支对天干的影响作用。

六十甲子的组合是在表示干与支的组合气，是在表示不同空间内的天干之气，古人提到的"得时不旺，失时不衰"，也是六十甲子在月柱与时柱之间的关系，这对确定格局旺衰、病药轻重很重要。我们只有掌握领会六十甲子的真正含义，才能在预测中游刃有余。这里我们应该明白知道，六十甲子抽象表示六十个不同素质灵魂的人，也在表示天干五行所处在不同空间内的旺衰。这样六十对干支的阴阳属性就出现了，它

145

们的干支属性就决定了它们在不同时空下的病药不同，同样的天干即使在旺衰相同的情况下，由于它们的坐支不同，它们的取用就发生变化，这些细微差别是很重要的（关于六十花甲子的阴阳属性，将在取用章介绍）。用六十花甲子可以记载任何一个时空的存在，它们是八字预测的主要信息来源。将六十花甲子熟练掌握，是学习预测的第一步。在这里我们不再对六十花甲子纳音进行评说，但是利用纳音可以分析流年的应象，我们在以后的资料中再作介绍。

# 第二节　八字的排法

大家都知道，八字是由四个时空点组成，但年月的确定要根据节气的变换来定。

年的确定，是从立春节开始为一年的第一天，不是正月初一为一年的开始，从今年的立春到明年的立春之间为一年。

月令的确定，同样不是以每月的初一为起点，而是以交节为换月令的标志。月令的节气确定：正月立春，二月惊蛰，三月清明，四月立夏，五月芒种，六月小暑，七月立秋，八月白露，九月寒露，十月立冬，十一月大雪，十二月小寒。从交节之日起进入下一月。日的确定用公历、农历都可以，要看出生的日子在哪个月。

## 一、年柱的排法

年柱是八字的第一柱，没有年柱就没有月、日、时。年的分界以每年的立春为界线，立春前为上年，立春后为下年。年柱的确定用万年历查取。如1984年为甲子年，2001年为辛巳年，2002为壬午年，把查的干支写在前面为年柱。

## 二、月令的排定

根据上面十二地支与月令的配对，这个格式是固定不变的，但每个月的天干要视不同的年份来确定，可以从万年历中查取。月干的求法有以下口诀：

> 甲己之年丙作首，乙庚之岁戊为头。
>
> 丙辛之岁寻庚上，丁壬壬寅顺水流。
>
> 若问戊癸何处起，甲寅之上好追求。

此口诀的用法是在甲、己为干的年份，正月为丙寅，例如甲戌年、丙寅月，其余仿此。

以上口诀在记忆上还有技巧，以阳干为准，甲己合化土，生土之阳干为丙。乙庚合金，生金之阳干为戊。丙辛合水，生水之阳干为庚。丁壬合木，生木之阳干为壬。戊癸合火，生火之阳干为甲。在使用上应注意节气的交换，月令不以每月初一为准，以交节为界限。

## 三、日柱的排定

日干支的排定从《万年历》中查取，例如 2002 年 3 月 5 日（农历）查《万年历》得，壬午年、甲辰月、乙卯日，乙卯就是日柱。

## 四、时辰的排定

时辰的确定，以前面十二地支所代表的时辰来定，子时没有早子时、晚子时之分，以 23 点以后为第二天。时辰配天干的口诀如下：

> 甲己还需甲；乙庚丙作初。
>
> 丙辛从戊起；丁壬庚子居。
>
> 戊癸何方发；壬子是真途。

此口诀的使用方法是，在天干为甲、己的日子，第一个子时配的天干为甲，也就是甲子时，天干为乙庚的日子，第一个时辰子时配的天干为丙，也就是丙子时，其它仿此。例如：2002 年三月初五下午十七点四十分排出的四柱为：壬午年甲辰月乙卯日乙酉时。请大家注意我们应用的时辰以现在历法为准。

# 第三节　时辰的确定

时辰的确定说法很多，现在还有好多人总结了全国各地的时差换算表，我个人认为没有必要。我翻阅了大量的历法书籍，发现历法的确定经过了一个漫长的历程。首先大家应该知道我们应用的是历法，在古代是由国家钦天监，就是由天文台所制定的，也是根据星体的运转而定的，不以某个人的意志而随意更改的。我们从古至今应用的太阳历，是以地轴为中心确定的时间。并不象某些大师那样，在预测不准确的情况下，而随意更改出生时间。某书有一例为：1972 年 3 月 14 日辰时：

```
        财  杀  日  枭
坤例    壬  甲  戊  丙
        子  辰  子  辰
大运：癸卯  壬寅  辛丑  庚子  己亥  戊戌
       2    12    22    32    42    52
```

命主从 2 岁 9 月 18 天开始行大运，于每一交运年的一月二日交运。

此造戊子日元生辰月，乙木当令不以旺论，何况月令辰土又不透出，地支双财，天干有甲木克制，幸通根时支，戊土弱以扶抑格论命，以印比为用。天干甲木为忌，壬

147

生甲是命局最凶的组合。在壬寅大运忌神甲木得根，94年甲戌流年，壬水生甲木，戌土用神受制，此年应凶，是很简单的分析。

但当时由于此人没有断准，反而断94年大吉，这是因为没有把四墓的性质搞懂，而说此八字时辰不准，又弄一通风水，都是自己在胡编。大家学易多年，有亲身经历，在论命之中，你根据日主提供的时辰，百分之九十以上是准确的。我在实际教学中，全国各地都有，就以他们提供的时间为准，基本都准确而不需要更改。

现在好多人对全国的时间根据地域不同进行太阳时的划分，我个人认为是没有用的。易曰"《易》之为书也，不可远；周流六虚，变动不居，不可为典要，唯变所适"。历法的更改不以自己的意志为转移，它是国家进行时间统一的一种手段。历法在历史的长河中，变化了不知多少次，我们以什么年代的为准？我们生活在中华人民共和国，就应该以这个国家的历法来预测，故易曰"不可为典要，唯变所适"。

## 第四节　大运与流年的排法

### 一、大运的排法

八字预测是用出生时的时空定位的，看出生以后的吉凶情况，就必须用大运、流年来演算。什么是大运？大运是以出生时的月令为基点，在出生年的天干为阳干出生的人（年干为甲、丙、戊、庚、壬），以男顺女逆的方法，按月令的次序向下或向上排列；在出生年天干为阴干出生的人（年干为乙、丁、己、辛、癸），以男逆女顺的方法按月令次序向上或向下排列。在本书中不采用小运、命宫、胎元，以大运、流年为主。

例：1978年11月初十　卯时

才　劫　日　财
戊　甲　乙　己
午　子　巳　卯

以上造为例，假如为男命将从月令甲子顺行，大运依次为乙丑、丙寅、丁卯。而在此时出生的女命将从月令甲子而逆行，为癸亥、壬戌、辛酉。

### 二、起运数

是从出生之日起，按男命阳年顺行到本月交节终止日，阴年逆行到本月交节开始日，女命按阳年逆行到本月交节日，阴年顺行到本月终止日。计算它们的实足天数，一定要以交节 时辰为准。数好天数以三天折一年计算，除尽的以整岁交运，得几就是几岁交运。如有余数按一天为四个月，一时辰为十天进行累计，一定要计算到实际的交运日。一大运为十年，只管十年的吉凶大权。

例：2002 年正月初五子时生人

印　印　日　伤

壬　壬　乙　丙

午　寅　卯　子

若此造以男命计算，顺行到农历正月二十三日丑时交惊蛰，从初五到二十三正好十八天，以十八除三等于六因没有余数，故此男命六岁行运，从壬寅顺行，癸卯六到十五岁，甲辰十六到二十五岁，每十年一运。

若此造以女命计算，逆行到本月的交节为上月的二十三日辰时，从立春日辰时到初五日的子时，则不满十二天，要少三个时辰也就是三十天一个月，十二除三等于四，那么此女命则是四岁少一个月行运，以实际日期计算应在 2006 年正月初五，再减一个月准确时间为 2005 年 12 月初五，女命从此进入行运，以大运逆行，辛丑四到十三岁，庚子十四到二十三岁，同是一运十年，十年的范围如辛丑运从 2005 年 12 月 5 日子时至 2015 年 12 月 5 日子时。

# 三、流年

流年就是我们经历过的每一个年份，在八字预测中俗称流年，1998 年为农历戊寅，2000 年为庚辰，2002 为壬午，它们都是一个独立的流年。在传统命理中也称为太岁，如与太岁发生天克地冲，岁运并临等都灾大无比，这些都是传统命理的谬论。在实际应用中，应看大运与流年对命局发生的喜忌情况，在用神的大运同样应凶，在忌神大运同样应吉，实际这些吉凶的结果都是流年造成的。流年在八字预测中是动态的，它对大运、命局都有作用。受谬论的影响，好多易友在分析流年吉凶时，只看流年定吉凶，是不准确的。八字预测如果抛开命局和大运，而只以原局的喜忌去分析吉凶是错误的。一定要正确对待大运、流年与命局三者的关系，它们的作用关系是八字预测的精髓。只有掌握了这些作用关系，才有可能向下步技术延伸，断流月、流日、流时。

当然，随着科技的发展，今天的智能手机已经普遍实用，只需要下载一个八字排盘软件，输入出生时间，不论是公历还是农历，都可以迅速完成排盘，既简单有便捷，省去不少时间！

149

## 第五节  十  神

### 一、十神的规定

十神的什么？十神是为了表示人在社会的各种关系以及人的信息取象，所确定的一种信息符号。十神是指以日干五行为基准，看其它天干五行对此干的生克关系，也可称为六亲。根据五行的生克关系，生我者为印绶，克我者为官杀，我生者为食伤，我克者为财，同我者为比劫。财官食印八神之名，不是判断吉凶的依据，它是古人为了以示初学，便于交流表达，而起的十神之名。如论生克五行各有所宜，性质不同，未可概论。如论财官十神之名，有时会出现偏差。故论命之时，不可专重十神，应以五行平衡为主题，不可被十神之名而迷惑。根据它们阴阳属性不同，可有十种表达方式称为十神。

（一）、生我者为印绶　A、正印　异性相生为印

　　　　　　　　　　　B、偏印　同性相生为枭

（二）、我生者为食伤　A、伤官　异性相生为伤

　　　　　　　　　　　B、食神　同性相生为食

（三）、我克者为财　　A、正财　异性相克为才

　　　　　　　　　　　B、偏财　同性相克为财

（四）、克我者为官杀　A、正官　异性相克为官

　　　　　　　　　　　B、偏官　同性相克为杀

（五）、同我者为比劫　A、比肩　同性相助为比

　　　　　　　　　　　B、比劫　异性相助为劫

### 天干财官印等检查表

| 日干 | 比肩 | 劫财 | 枭神 | 正印 | 偏财 | 正财 | 七杀 | 正官 | 食神 | 伤官 |
|---|---|---|---|---|---|---|---|---|---|---|
| 甲 | 甲 | 乙 | 壬 | 癸 | 戊 | 己 | 庚 | 辛 | 丙 | 丁 |
| 乙 | 乙 | 甲 | 癸 | 壬 | 己 | 戊 | 辛 | 庚 | 丁 | 丙 |
| 丙 | 丙 | 丁 | 甲 | 乙 | 庚 | 辛 | 壬 | 癸 | 戊 | 己 |
| 丁 | 丁 | 丙 | 乙 | 甲 | 辛 | 庚 | 癸 | 壬 | 己 | 戊 |
| 戊 | 戊 | 己 | 丙 | 丁 | 壬 | 癸 | 甲 | 乙 | 庚 | 辛 |
| 己 | 己 | 戊 | 丁 | 丙 | 癸 | 壬 | 乙 | 甲 | 辛 | 庚 |
| 庚 | 庚 | 辛 | 戊 | 己 | 甲 | 乙 | 丙 | 丁 | 壬 | 癸 |
| 辛 | 辛 | 庚 | 己 | 戊 | 乙 | 甲 | 丁 | 丙 | 癸 | 壬 |
| 壬 | 壬 | 癸 | 庚 | 辛 | 丙 | 丁 | 戊 | 己 | 甲 | 乙 |
| 癸 | 癸 | 壬 | 辛 | 庚 | 丁 | 丙 | 己 | 戊 | 乙 | 甲 |

| 日干 | 比肩 | 劫财 | 枭神 | 正印 | 偏财 | 正财 | 七杀 | 正官 | 食神 | 伤官 |
|---|---|---|---|---|---|---|---|---|---|---|
| 甲 | 寅 | 卯 | 亥 | 子 | 辰戌 | 丑未 | 申 | 酉 | 巳 | 午 |
| 己 | 卯 | 寅 | 子 | 亥 | 丑未 | 辰戌 | 酉 | 申 | 午 | 己 |
| 丙 | 巳 | 午 | 寅 | 卯 | 申 | 酉 | 亥 | 子 | 辰戌 | 丑未 |
| 丁 | 午 | 巳 | 卯 | 寅 | 酉 | 申 | 子 | 亥 | 丑未 | 辰戌 |
| 戊 | 辰戌 | 丑未 | 巳 | 午 | 亥 | 子 | 寅 | 卯 | 申 | 酉 |
| 己 | 丑未 | 辰戌 | 午 | 巳 | 子 | 亥 | 卯 | 寅 | 酉 | 申 |
| 庚 | 申 | 酉 | 辰戌 | 丑未 | 寅 | 卯 | 巳 | 午 | 亥 | 子 |
| 辛 | 酉 | 申 | 丑未 | 辰戌 | 卯 | 寅 | 午 | 巳 | 子 | 亥 |
| 壬 | 亥 | 子 | 申 | 酉 | 巳 | 午 | 辰戌 | 丑未 | 寅 | 卯 |
| 癸 | 子 | 亥 | 酉 | 申 | 午 | 巳 | 丑未 | 辰戌 | 卯 | 寅 |

# 二、十神的特征与性格

## （一）论印枭

分析人的智力、名气、母亲、文凭、心性都是看枭印星。

枭印星为用神体现的信息：善良、慈祥、宽容、有名誉、气质好、超尘脱俗，有敏锐的洞察力。重人品、文才好、学识高、悟性高、心地善良。为用神再得官助，官运亨通，宜政界发展，有权掌印之人，一生富贵无忧。

枭印星为忌神体现的信息：疑虑、空想、孤僻、难有很好的人缘关系。喜欢钻牛角尖，缺乏灵动力。懒惰、依赖、对事业不求进取。保守、学业不好，事业不易成功。如再得官杀相生，必一生无为，易招官非。

印，官府掌权人的印章，权力的象征。代表文化、修养、学识、教养。印为护身之神，为生母，有时也为父亲。用之印星不可破，是指身弱的情况下。财旺破印主克母，自己也有病。

正印为喜用人性格：具有慈悲心肠，富有浓厚的人情味，待人重情、重义。其人有大志，聪明多智能，大智若愚、内涵不露。思考力丰富，有随机应变的才能。相貌体态丰满，平生富态安祥。一生体健少病，无大险。女命以印为用，嫁理想之丈夫。命中有印，平生好敬神佛。

偏印性好夺食，称其为枭。相传枭是上古时一种猛禽，从不自己觅食，专夺别人现成的食物。偏印有制为好，枭神多易有色情之灾，车祸官非口舌、克子女等。本身易生暗疾。

偏印为继母，有时也为父亲。枭神人性格多变，疑心重不轻易信任别人，朋友多难知心。其人貌丑身矮小，胆怯心虚，凡事无成。克害六亲严重，小时克母，长大克妻。太过者，优柔寡断，不切实际，懒惰、爱睡觉、办事虎头蛇尾，没长性，有始无终。

如为喜用则心宽体胖，为有福之人，其人口才好，善辩、有外交家的才能。心狠、好交朋友，但又多为朋友牵连、陷害等。

### （二）论官杀

分析测人的官运，工作能力，工作环境，领导关系，官非牢狱，魄力都看官杀。

官杀为用神体现的信息：正直、无私、有责任感、守纪律、光明正大、奉公守法、有进取心、行动果断、百折不挠、有战斗力、有领袖的才能。得财星滋扶，必为富贵双全之人。

官杀为忌神体现的信息：做事没有积极性，古板、保守、争强好斗、报复心重、易有官非牢狱之灾，或身体有病。

正官代表名誉地位，权贵。护财神、礼法约束、官司口舌、丈夫、儿子女儿等。正官为正气之神，只要一位（特别女命），喜露不宜藏，须有正印相配，有官有印必掌实权。

性格为人清高，廉洁公正、自尊心强、重视名誉、品行端正、心地善良、光明磊落、讲道德重礼节。处处受人尊敬，为人厚道，做事稳重，办事认真。如为忌神或太过，依七杀之性断必验。

七杀表示暴力，权力。刚强有威、胆量、聪明伶俐、偏夫情人、小人、男命子女等。七杀喜制伏为贵。书曰：七杀有制化为权，即言此。

七杀人的性格：富有进取心，待人热情，办事果敢，有正义感和侠义精神，疾恶如仇，性刚急暴如火。做事有魄力，但脾气古怪任性。为人争强好胜不服输，女命易在婚姻上出麻烦，有感情风波。

### （三）论财

分析人的财产，感情、妻子、勤快、父亲等都看财星。

财星为用体现的信息：勤劳、有商业头脑、善理财慷慨、豪爽、善交际、一生人缘极佳，重感情、富有一生、衣食无忧。

财星为忌体现的信息：浪费、没有节度、对感情不重视，用情不专，风流成性，弄虚作假，因财致祸。

正财代表妻子、钱财、才华、房产、田园，父辈姑姑、叔伯。又代表名誉、地位、信誉、富禄吉祥喜庆之事等。

财为喜用人性格：为人正义，明辨是非，爱打抱不平，诚实，有责任心。礼貌热情，对家庭忠实，对妻子爱惜。

财为忌者：其人性格温顺，深谋远虑，处处小心谨慎，有时胆小怕事。自我保护意识很强。太过者，虚伪狡诈，不值得信赖。为人不爱读书，好逸恶劳。吝啬贪婪，苟安且乐。

偏财表示意外之横财、浮动资产、彩票、奖金、股票等外来之财。又代表父辈兄弟姐妹。偏才乃众人之财，宜露不宜藏。

女性天干露财：穿金戴银（注：日主为金水木），易因酒色而薄情寡义。男性天干露财：慷慨热情，一掷千金，出手阔绰。

偏财人的性格不分喜忌，为人豪爽大方，风流多情，女人缘极佳。颇具商业头脑，会赚会花，不吝惜钱财，出手大方。

女性善于交际，富于人情味，懂得照顾、体贴人。爱打扮，温柔多情。太过者，风流多情讨男人喜欢，对爱情不专一，故婚后薄情，易离婚或分居，生活漂泊不定，居无定所等（此法女命财多身弱神验）。

## （四）论伤食

分析子女，艺术天份、技术特长、身体的灵活性、口才等看食伤。

伤食为用神体现的信息：才华横溢、口才出众、多才多艺、从事艺术职业、儿女聪明、心宽体胖、长寿、充满活力、有创新精神。

食伤为忌神体现的信息：持长傲物、目中无人、骄傲蛮横、太重精神缺乏实质、脱离现实、华而不实，私心重、违章乱纪不守常规。

食神表示长寿之星、吃穿、衣禄、头脑、思想、投资、子女是忠孝的标志。

其性格：为人宽宏大量、优游自主、多福多寿、心宽体胖，精神健旺不喜与人争，为人厚道，讲道德。有君子之风。富有审美及艺术欣赏力。

食神的作用是身旺可泄身生财，身弱可制官杀与之抗衡。无官杀，食又太过贱命一条，头脑迟顿，口语不清，甚至痴呆、傻子，极易上当受骗。如身旺，食神见官杀两失其用，导致身旺无泄。与伤官见官同论。命带食神大多都为好命，一可泄旺身，二可制官杀。故食神被称做福将，长寿之星。

伤官代表人的口才好，能说会道，聪明伶俐，机智灵巧的特性。有外交家的天赋与风度。平生爱好广泛，有艺术才能，性格外向开朗、活泼、爱说爱笑。但有时爱空想，不切实际。

伤官人有独立性，不依赖他人，有抗上心理，爱与当官的做对，气量狭窄有冤必报。叛逆、难以管束，本人也不愿受约束，崇尚自由。

## （五）论比劫

分析兄弟姐妹、朋友伙伴、同事、心性、义气看比劫。

153

比劫为用神体现的信息：性温和、重义气、朋友多、人缘好、自信、坚毅、勇于接受挑战、自强不息、心思敏捷、随机应变、具有经济头脑。

比劫为忌神体现的信息：自以为是、过份自信、不利财运婚姻、易遭朋友算计、自私、喜欢竞争、好斗，个人主义表现严重，自大自卑。

比肩代表兄弟姐妹，朋友、战友、同学、同辈中人。比肩有帮身的作用，身旺为忌则克父克妻。

比肩人性格：自尊心强，与人不和，独断专行，刚愎自用，好施展权威，坚持己见，好发号施令，为人好强，要面子。不服输，敢做敢为，敢拼敢闯，好管闲事，轻财好友。有组织管理才能，特别关心自己的部下，或朋友，受到拥护。为人讲究，但有抗上心理，喜自由，不愿受管制。

比肩，身弱可帮身，身旺夺财，大多夫妻不和，易有婚变之灾，如组合不好，婚后易有色情之灾，古有天干一气格，为富贵之命。又有专旺格：曰木曲直、水润下、火炎上、金从革、土稼穑。

身旺有比肩：以官为用大贵。以食伤为用利文途，学业有成，文章振发。以财为用大富，但起伏大，不长久。

劫才的特性与比肩一样，身旺有比劫，其人好吹牛说大话，好色、贪酒赌博成性。喜投机，但贪小失大，对钱财挥霍无度。为忌则薄情寡义，兄弟不睦，男女婚姻不顺的明显标志，也是破财受拖累的标志。

看人性情，由用神忌神两个内容共同确定。人既有用神方面体现的性情，也有忌神方面体现的性情。行运变化，对命局中用神忌神有一定影响，性情也会稍有变化，但骨子里的本性是不会改变的，是仁慈博爱者自会仁慈，是凶恶歹毒者自会凶恶，此谓：江山易改，秉性难移。

# 第六节　神　煞

传统论命神煞较多，有一百多种，神煞的使用应该说有它的使用条件，并不是见了就用。神煞也是古人断命总结的心得经验，但难免有不健康的东西存在，所以，现在的命理中应删除。对于驿马星的使用方法，古人认为是出门、动的标志，但实际应用中，并不是寅、申、巳、亥为出门的标志，在地支的六冲中都有逢冲而动的信息，但驿马为用，一般表现为此人一生爱动，临财星动中求财，临印星流动讲学或从事流动职业。其它的众多神煞可以抛弃。驿马星的查法：寅午戌马在申，申子辰马在寅，巳酉丑马在亥，亥卯未马在巳。

# 第十五章　旺　衰

学命理者始终把判断日干旺衰作为重中之重，但是看现在的命学发展已经进入一个误区。似乎必须确定旺衰才能论命，进而出现这样那样的旺衰理论，根本没有理解掌握"得时不旺，失时不衰"的真意，一味的强求旺衰，造成失误。再者，就是规定很多不着边际的论点，错了又不改正，甚至用上反断。难道大家就不想一想，既然反断，我们为何不把旺衰反过来呢？前面我们已经讲过，八字预测的根本在于阴阳平衡、五行流通，日元只不过是一个假设的参照物，其它的五行、十神组合反应日主的人生信息。我们在应用中不要过分强求旺衰，关键是找到失衡点与平衡点。这就需要我们掌握好月令状态、干支的位置、天干透藏、时间空间的对立存在和四墓库的应用，因为这些都是决定日干旺衰的主要因素。在评定旺衰时，要注意阴阳的旺衰大于五行的旺衰，五行只不过是阴阳的阶段表示。这里不妨告诉广大易友一句话：你只有先学会旺衰，然后忘掉旺衰，才能真正的善用旺衰！

## 第一节　旺衰的真义

谈到旺衰，大家应该说是一直没有走出误区。为什么这样讲？因为没有从根本上搞清到底是阴阳旺衰，还是五行旺衰。阴阳是五行的体，五行是阴阳的用。五行不管怎么变化，都不能违悖阴阳的宗旨。阴阳不管在何时，都是由五行完成它的变化过程，由五行之气把阴阳二气的演变过程表现出来。牢记：阴阳为体，五行为用。

前面我们已经讲到每个月令阴阳二气的进退状态，这就是旺衰的实质。不要只看到月令的"字"，忘掉月令的"气"。我们只不过是用文字来表示气的进退状态。例如卯月，春分后，阴阳二气基本处在平衡中。此时的表现是南方地域的阳气偏旺，北方地域的阴气偏旺。这时就要看天干的坐支处在什么场态中，如果偏于南则阳气旺，偏于北则阴气旺。当然这不可能绝对化，也要视时辰上的气场进退，白天阳气旺，晚上阴气旺。例如：乙亥 己卯 庚辰 辛巳 庚金生于卯月财星当令，好像庚金弱。现在庚金临辰位，已经超过现在的月令气场，也就是说辰位的阳气比卯更旺，又是辛巳时，庚金肯定就偏阳旺了，这样喜水木为用。如果我们把庚辰日换成庚子日，子位在卯木的北方，阴气最旺，那么肯定就是庚金弱。如果换成庚午日，有人会说庚金弱，火旺了。不要管那么多，庚午日的阳气比庚辰日更旺，那么更需要水为用，运行北方。有人会

155

说庚金从弱，好，既然从弱。是从木、从火还是从水？你是选水为用，还是选木火？万物都以阴阳平衡为先，年上亥水制火可用。不过如果年柱换成丁巳，就是你说的从弱，从火了。古人言：得时不旺，失时不衰。实际就是指的相同时间下，不同空间的旺衰不同。也就是说在卯月辛巳时这个固定时间下，庚金的坐支不同，旺衰就会不同。但是这里必须记住，不管任何时候，阴阳的旺衰都大于五行，必须以阴阳平衡为主。不能违悖"损有余，补不足"的原则。

## 第二节　五行旺衰与十干生旺死绝的应用

千百年来，命书都在论述五行的旺衰与十天干的生旺死绝，就是这两个不同的论点，给我们的学习带来了许多的迷惑。在学易的道路上，永远没有康庄大道，它是长满荆棘的泥泞山路，只有我们敢于披荆斩棘，不怕泥泞，才能到达易学的顶峰。

天干主行其性动，地支主气其性静，看似简单却寓意深广。易学是一门综合学科，上至天文，下到地理，中及人文，可以说无所不含。要学会其预测术不是靠简单的数学运算就能实现的，要靠的是扎实的易学基础。人生存在大地上，从上古治水的大禹时代到现在的中华人民共和国，大地没有因为朝代的替换而变化，而生活在地球上的人群，服务这个人群的文化，已是几经演变。这个变化不停的人群，就好比是天干。故《易经》系辞中说："《易》之为书也不可远，为道也屡迁；变化不居，周流六虚；上下无常，刚柔相易；不可为典要，唯变所适。"天干是在模拟流动变化的人，生存在不同空间内的生活状况。几千年的改朝换代，人类不但要生活发展，而且要更好的生活发展。但是无论怎么提高，我们都离不开大地母亲的养育。同为中国人，我们的富贵、贫穷不一样，为什么？你处在改革发展的开发区，他处在偏僻闭塞的山沟中，一个贫穷，一个富有，因为你们生存的空间不同，就出现了贫富的不同。那么，天干的旺衰应该是由地支起主要的决定作用，天干起到的是气的导引作用。

讲五行与天干的旺衰关系，我们还是从太极图讲起。五行是干支的父母，干支是五行的细化，它们与五行具有同类基因，难道到了子女的身体上这种同类基因就消失了吗？五行干支是在表示"气"的变化情况，阴阳两仪而生四象，四象而出五行，阳者木火，阴者金水，介乎阴阳之间者土也。木者少阳之气旺于春，火者老阳之气旺于夏，金者少阴之气旺于秋，水者老阴之气旺于冬，土者五行之间的平衡过度气，旺于四隅之地。

地支寅卯辰值令春季，春季木旺，火土相，金水处休囚之地。巳午未值令夏季，夏季火旺，土金相，水木处休囚之地。申酉戌值令秋季，秋季金旺，水相，木火土处休囚之地。亥子丑值令冬季，冬季水旺，木相，金火土处休囚之地。我们看五行的长生，木长生在亥，帝旺在卯，墓于未；火长生在寅，帝旺在午，墓于戌；金长生在巳，帝旺在酉，墓于丑；水长生在申，帝旺在子，墓于辰。

在五行的长生中，大家一定注意，其中木和金的长生点是在异性循环中，水和火的长生是在同性循环中。所谓的同性、异性，指的是木火都在阳极，金水都在阴极。异性循环中的长生点论相不能论旺，因为木和金，为少阳、少阴之气，它们是阴太极、阳太极的起点，是阴阳四大要素中"阴阳互根"的表现。阴阳的两个交接点在子月和午月，也就是夏至、冬至。在阴极、阳极的终点，其它五行是不能并存的。少阴金气不是在进入申月马上就会旺，昨天在未月金气还弱，今天已交立秋，金气马上就旺了吗？肯定不是！因为这不符合进退理气的规律。有过农村生活经历的易友，一定会注意到，在立夏前，农作物、花草上不会出现露水。在立夏节后，就会出现，并且随着节气的变化，会越来越多，到申月已经满叶都是露水了。这个现象能够很好地反映少阴之气的消长，阴阳互根，阴必从阳中而来，阳必从阴中而来。木的长生也是同样的道理，冬至后一阳复始，也就是地雷复卦，这时虽然木气已生，但是并不能是已经旺了，而是进气。所以金木的长生只能论进气，不以真旺论。火水的长生是在同气循环之中，火长生寅月，此时冰融燕归，大地复苏，三阳开泰，阳气已经到达坤卦的三爻，此时的温度一天比一天升高，日照时间渐渐增长，自然是火旺的表现。水长生在申，此时少阴之气已旺，天气一天天变冷，气温一天天变低，日照时间一天天变短，自然是水旺的表现。

这里对于土的长生作一下论述。千百年来，有说土长生在申，有说土长生在寅，虽然他们都拿出了这样那样的证据，我认为这都不准确。首先我们先看土的性质，土是介于两种五行之间的平衡气，只有当令之时才能论旺，我不赞成火旺土旺的论点。天干有戊己土，实际戊己土的位置是太极图中两个鱼眼，也就是夏至、冬至。戊土是火到金（阳到阴）之间的平衡点，己土是水到木（阴到阳）之间的平衡点。戊土统领地支的辰土、未土，己土统领地支的戌土、丑土。土的旺衰必须按照四季之月的进退而定，当令得根时为旺，否则为弱。

十干生旺死绝表，描述了十干在十二月令所处的状况，以阴生阳死交替为主，来展示宇宙的互变规律。以长生、沐浴、冠带、临官、帝旺、衰、病、死、墓、绝、胎、养来形容一个事物的形成到终止的过程。在《子平真诠》中，沈孝瞻已指出，十干生旺死绝表，是以地支表示五行阴阳二气的变化过程，非真正的十天干之生旺墓绝。五行虽分阴阳实为一物，甲乙同为木非二物也，为何你生我死。故本体系不采用此表评定旺衰。《子平真诠》第三章论阴阳生死："人之日主，不必生逢禄旺，即月令休囚，而年月时中，得长生禄旺，便不为弱，就使逢库，亦为有根。时所谓投库而必冲者，俗书之谬也。但阳长生有力，而阴长生不甚有力，然亦不弱，右是逢库，则阳为有根，而阴为无用。盖阳大阴小，阳得兼阴，阴不能兼阳，自然之理也"。**此体系评定旺衰是以五行长生为依据，配合六十甲子的阴阳属性。**

```
        劫  比  日  伤
坤例：壬  癸  癸  甲
        子  卯  卯  寅
```

**分析：**癸卯日元生于癸卯月，以五行旺衰论为食神当令，阳气上行，癸水退气。如果以十干旺衰来论，癸水临卯为长生之地，必以旺论。假若以身旺论与日主的实际信息不符。此命身弱，命局形成木旺水缩的局面。以木为忌神。食神旺必以印星为用，制木生身，可惜局中不见印星。为什么木旺不喜水呢？因为卯月卯日寅时，火气不足，如果用水，实际是寒气太过。既然是少阳气旺，则用少阴金气。身弱食伤过旺泄身太过，不是重病缠身就为夭折之命。若生于巳午未时，阳气显露，即使运行北方也无事。

实际此人无学历。庚子大运，癸水太旺，此时不可克制。戊寅年，戊土克合癸水，此年查出子宫癌。己卯年，阳气进己土旺，七杀无情，死亡。

# 第三节　日元的旺衰属性与旺衰性质

六十甲子作为干支的组合，都具有自己的特性，这个特性则决定着用神的用法。为什么相同的日干，旺衰相同，不能选择同样的用神？因为它们所处的落宫不同，此时的日干素质就不同。《玉井奥决》的开头说道"凡推究造化之理，其法以日为主。坐下支神，先求其意"。为什么要这么讲？并且不单是一个这样讲？同样的天干相同的时令，就因为坐支不同则决定了不同的信息。断语"官印相生身要旺，财官相生身要旺"，这里的身要旺，实际是指的天干自坐禄刃强根。如果不是这样，日干坐休囚死绝之地，又怎么能承担财官印的转化呢？所以说，日元的旺衰属性很重要，同样的时令，不同的坐支，病相同而药不同。只有明白这些最简单的道理，才能更高。旺性的干支在八字中出现，旺可以抑制，弱可以生扶，具有担起财官的性质，选择用神时可以气、量用神同时应用。弱极的干支在八字中出现，日干不能受起生扶，选择用神，往往都是气用神的范围。利用喜忌神之间相互抑制，来完成平衡。旺时则自坐用神格局高。中性的干支在八字中，旺则可以抑制，弱则可以生扶。这里我们作个提示，希望易友从这里得到受益，更深层的应用，我们以后再讲。

**阳性日柱：**丙寅、乙卯、丁卯、甲辰、丙辰、戊辰、庚辰、壬辰、乙巳、丁巳、己巳、辛巳、癸巳、甲午、丙午、戊午、庚午、壬午、乙未、丁未、己未、辛未、癸未、丙申、戊申、丁酉。

**中性日柱：**戊寅、壬寅、庚寅、甲寅、己卯、辛卯、癸卯、庚申、甲申、壬申、乙酉、己酉、辛酉、癸酉、丙戌、戊戌。

**阴性日柱：** 甲子、丙子、戊子、庚子、壬子、乙丑、丁丑、己丑、辛丑、癸丑、乙亥、丁亥、己亥、辛亥、癸亥、壬戌、庚戌、甲戌。

在决定旺衰中，旺、偏旺、旺极、专旺；弱、偏弱、弱极、从弱，都是不同的旺衰形式。因为这些旺衰形式的不同，决定了不同的喜忌与行运变化。在最初的学习中，我们还讲一些格局，在提高后，不必拘泥格局，以"阴阳病药"为主体。这里我们只介绍其中的几种供大家参考。

**旺：** 日元干支一气或月令为比劫干支一气，八字的地支有四种五行形成对立之势，此时的日元只是旺。这个旺会随着大运的到来发生变化。旺的概念不只是对日元，它可以对命局中出现的所有五行而言。命局中旺的五行，会随着大运的变化，变成偏旺或旺极。偏旺、旺极的五行就可以制约旺、弱的五行。

**偏旺：** 日元干支一气，又得到异性比劫的帮扶或者月令为比劫，时辰、年柱为比肩，此时的日支、时支或者是其它的两个地支不是同一五行，日元为偏旺。偏旺的日元在行运中不宜再行命局中存在的五行，因为此时会与日元形成中和；流年不宜再帮扶日元或这种五行，流年不管是帮扶谁都会失衡。如果是命局中没有的五行，在大运、流年上就不怕重复出现。实际日元的旺衰程度决定用神忌神在大运流年的出现形式。以上是对偏旺日元的阐述。那么，命局中的其它五行偏旺者，同样需要抑制不能再帮扶。如果大运在继续帮扶偏旺的五行，使之更旺，此时要视变化是泄化还是抑制，如果强行抑制反而引来灾难。

**弱：** 日元为中性或者弱性，命局中五行四象对立，由于在力量对比上其它五行占据上风，此时四象对立之势形成，没有一种五行为偏旺时，日元弱。这个弱必须要视大运的变化才能确定用神。如果日元旺，其它五行弱，就需要岁运帮扶弱的五行。

**偏弱：** 日元为中性或旺性，此时的财官伤形成偏旺，那么日元相对来讲只是偏弱。再者，日元为弱性，有根不从，或者由于四正、四长生、四墓的力量不同，形成的力量对比，日元只是偏弱，此时一定要看是何种十神对于日元偏旺，或者相对平衡来决定大运的失衡和平衡点。日元偏旺其它五行偏弱，需要帮扶偏弱的五行，损偏旺的日元。

**量化的分析思路：** 所谓量化，就是以数学的模式来分析五行的旺衰概念。命局中某一五行一禄一刃都存在时，此五行为偏旺。其它五行具有禄刃一支时，相对于偏旺的五行为弱。出现的五行只有天干，地支不见根气时，为弱极。有余气者，为偏弱。总之，大家记住一句话，数量多者旺，数量少者弱，没有者弱极。这些数量的对比，就是我们作为平衡的依据。故曰"损其有余，补其所缺"。

```
        财  伤  日  财
乾例：己  丙  乙  己
        巳  寅  巳  卯
```

**分析**：乙巳日元生于丙寅月己卯时，木旺，乙木坐巳火，月干丙火透出以年日巳火为根泄木，命局中木火两旺。乾造，倒行北方水地大运，只可取水为用。

甲子运，子水出现阴气旺，相对于命局中出现的五行来讲还是水木偏旺，还是巳火为用，此时相对于喜忌之间的关系，巳火可用，而午火不一定是用神。为什么？损有余，是损水木之有余，而不是越克制越好。壬午年，午冲子，损子水太过，天干又壬水忌神透出。贪玩学习成绩一直不好。癸未年，土旺克水生病。

```
        比  杀  日  官
乾例：辛  丁  辛  丙
        亥  酉  酉  申
```

**分析**：辛酉日元生于丁酉月丙申时，辛酉日元偏旺。丙丁高透，取亥水泄金为用，亥水在原局中相对金来讲弱。丙丁透出，壬水藏而不透，格局清秀，所嫌者运行南方，丙丁太旺，好在年支亥水，只可求富，难以发贵。

甲午大运，午火出现当令，此时命局火旺亥水为用，金为喜神。年上亥水到午运更是弱。辛巳年，午火得到帮扶，可是此时的亥水弱，再逢旺火相冲，亥中甲木自然受伤严重。自己虽然事业顺利，可是父亲因经济问题招来牢狱之灾。如果不是亥水太弱，就不会受伤。五行之间遵守相互平衡的原则，不能违反"损有余、补不足"的原则。

## 第四节　原局中旺衰的相对性

我们选择旺衰，不是单对日元，只是以日干五行为参照点，对命局中的所有五行进行一次阴阳综合评定。一个命局就是一个太极，这个太极中出现的五行，只有阴阳二气，就必须遵守相对平衡的原则，这个相对平衡是以日元五行为参照点，进行阴阳二气之间的损益。

```
例：丁  癸  丙  庚
      亥  丑  午  寅
```

**分析**：日元丙午相对于水只是弱，不是偏弱，因为癸水只得令；日元相对于时上寅木而言，基本平衡，一个得地一个得时；而日元对于地支没有根气的土金来讲就是旺。知道了这些按照平衡的原则"损有余，补不足"进行论断。不要简单的把印比、财官伤分成两类来看，身弱就以印比为用，以财官伤为忌，一定要分清日元与各个五行之间的相对旺衰。

# 第五节　组合与位置

我们认为，位置决定力量。八字的四个柱中，存在着力量的大小。怎样区分，这是一个难题。有的说月令的力量比较大，有的说时辰的力量比较大，这些说法都是不太准确的。我根据上万个八字的总结和研究发现，并依据命理经典《滴天髓》"欲识三元万法宗，先观帝载与神功"的预示，认为八字中，日支的位置是最重要的。其次，是时辰、月令。当然，这些不是选择旺衰的唯一条件，它只能提示我们，相同的干支，因位置不同则力量不同。命局中，直接作用于日元的只有三个位置：月干、时干、日支，我们称它为黄金三角。这三个位置在力量的引化与对日元的作用上，起着关键作用。

```
    枭  财  日  财
例  己  乙  辛  乙
    丑  亥  酉  未
```

**分析：** 辛酉日元生于乙亥月，亥水当令，时上未土调侯为用。辛金自坐强地，虽不得令，但有根又有未土相生，辛金足以担财。我们看一下，命局中出现的各个五行水、金、土、木、火，辛酉为日元为位置，是占地利。而亥水临月令，乙木生亥月只可论相不可论旺。未中火不透出，也不能论旺。

庚午大运，午火与命局中未土连气，火占旺势，火旺损火，不能帮火，年上丑土晦火月令亥水克火为用。辛巳年，火旺克金冲亥水，生病破财数万。

此命应该看出，原局中日元的旺弱，只是相对的，这种旺只是静态的，大运的进入会对命局中弱的五行帮旺。庚午大运，午未同气，火气偏旺，这个时候需要损火，不能再帮火。亥水相对于酉金弱，不能造成威胁，但是并不能将其制约掉，因为它是命局太极的一部分。

故命书言：身旺者，财官有气，行财官地发福。身弱财官旺，行身旺地驰名。

# 第六节　时间与空间

我们认为时间、空间是决定旺衰的重要砝码。大家学易多年，是否考虑到，八字的年、月、日、时四柱之间存在着什么样的关系？它们各自在起什么作用？它们各自～信息？地支所代表的方位、节气在八字中怎么体现出来？时间、空间是怎么从命局中体现的？因为这些实质性的问题不解决，旺衰的问题就不能很好掌握。

我们还是先从干支谈起。古人上观天象而得十干，下俯地理而得十二地支。把天空看作一个大的宇宙太极，而配于五行，每个五行又有阴阳之分，而得十干，寓意天空中的五行气场变化。地支呢？古人发现在一个阴阳循环中，月亮出现了十二次，又结合气候的变化，完善了十二地支。十二地支既代表方位、又代表五行之气与季节的搭配，而且位置与节气相同步。在干、支完成之后，将十干与地支相配合，出现了60甲子，每一个天干代表了宇宙太极每年的运行位置，地支代表了地球相对应的运行位置。这也是大家一直考虑的问题，为什么每年都是四季循环？春夏秋冬没有因为壬午年、辛巳年而有所不同。所以，八字中的年柱只是起到记载天体与地球运行的相对位置的作用，决定五行旺衰的力量很小。地球公转一周的时间是一年，月令则记载了地球在公转中的位置与气候，八字的月柱是真正的当令之神，它决定五行旺衰的力量比较大。地球自转一周的时间是一天，八字的日柱是记载地球自转的位置，是一个空间概念，它提示了天干正处在的空间环境。时辰则是把地球自转位置的四时表现出来，是真正的当气之神。通过以上分析，你会发现，八字的四个柱是表示时间、空间的工具，四柱共同表示一个四维时空；年柱、日柱决定的是位置、空间概念，月令、时辰决定的是气的概念；月柱标识气候和气温的区间，时柱标识具体的气候或气温点。这就告诉我们，同样的字，出现在不同的位置，它们就会发挥着不同的意义。把这些思维运用在八字的分析上，就会更形象地看出八字的旺衰来。

"得时不旺、失时不衰。得时俱为旺论，失令便作衰看，虽是至理，亦死法也。五行之气流通于四时，虽日干各有专令，其实专令之中亦有并存"。这些都体现在时间与空间的对立之中。就拿我们现在周围的事物进行比较，你就会发现空间是可以制约时间（注意：这里的时间概念是指月令气温的变化）的。我们现在之所以在冬季能吃上新鲜的蔬菜，是因为有塑料薄膜温室的出现。它的生存条件是用塑料薄膜围成的特定空间改变了时令之气，外面虽是寒风凛冽，大棚内却是瓜果飘香，这就是空间内的五行气场变化。炎热的夏天你坐在有冷气的房间内，不会感觉到夏天的炎热，这同样是空间内的"时间气场"变化。冬天的哈尔滨冰天雪地，白雪皑皑。而海南却是碧海银浪，人们在享受着大海的沐浴。都是在同一个时间，为什么会出现相反的事情？就是因为它们虽然时间相同但空间不同。大家可能认为，你讲的这些对八字确定旺衰有什么用？很有用。日柱不单是预测的太极点，而且也是看日干所处空间的对比参照点。就拿甲而言，子月已是天寒水冷，而你正在甲午日，这就是在寓意，甲木生在冬天的海南，如果是生在甲子时，则是水旺用火，如果生在午时，则是火旺用水。若我们再换成甲寅日，同样是在午时、子时，你的用神就难确定。大家必须把八字中的时间、空间对立形成图画思维，这对选择旺衰很重要。当日支与月支为同类五行时，说明此时的时间与空间同步。日支与月令不为同类五行时，说明此时的空间与时间存在差异。你可以想一想，我们国家是不是有四季如春、四季炎热、四季清爽、四季冰天雪地的地方。

故《玉井奥决》开头篇言"凡推究造化之理，其法以日为主。坐下支神，先求其意。月建之下，气候浅深。地支至切，党盛为强。"。如果你把这些问题都能想通，也就真能理解"得时不旺，失时不衰"的真正含义。

"天时不如地利，地利不如人和"，这是中国古贤的一句话。把它用在八字分析上，具有同样的意义。月柱、时柱分别代表着气的进退，也就是天时。而年柱、日柱分别代表着空间、位置，也就是地利。在八字中确实存在着这样的组合，日干虽然不得月令，但并不以弱论，也就是"得时不旺，失时不衰"的道理。例如：庚申 己卯 庚寅 庚辰，此造东方无根之金，生在卯月财旺，金似弱。哪知年支比劫，年月日时四干连气，又得时辰印星相助，庚金不弱反旺，是天时不如地利。又如：庚申 戊寅 辛酉 甲午，此造西方坐刃之金，生在寅月午时，财官之气当令好似弱，现在月干戊土把年柱庚申与日柱辛酉，连成一气，此时辛金不弱反旺，是天时不如地利也。再如：乙巳 戊子 丙午 甲午，此造丙火生于子月，七杀势旺，但不知丙午日为南方刃地，又得时上甲午，年上乙巳相助，火木势众，丙火反旺，是占人和也。

在判定旺衰时，大家往往把年月日时四柱通看，这个观点是错误的。即使它们是同样的字，由于出现的位置不同，则表示的意义就不同。《滴天髓》云"欲识三元万法宗，先观帝载与神功"。何谓帝载？何谓神功？此两句话已经透露玄机。在判定日元旺衰时，大家往往忽视了日支发挥的作用，日支实际上在决定不同五行所处的空间。比如，在午月，天气炎热，那么，所有的空间都是那么炎热吗？回答肯定"不是"。丙午月壬子日，这就好比炎热的夏天，我正处在有冷气的房间内，生在戊申、己酉时，就表示有源源不断的电力供应。这也是在阐明天时不如地利的道理。大家在判定旺衰时，不利用形象辨证思维去考虑分析四柱的关系，就不能很好地通过旺衰关。另外提醒大家，年柱在旺衰的决定中，起到至关重要的作用，它是一个空间的大场，月令、日主、时辰都是包含在年的范围内。例：壬午 己酉 甲申 甲子与壬辰 己酉 甲申 甲子两造都是甲木弱，子水为用，都是运行北方，壬午者确大富大贵，壬辰者不但无富贵可享，还短寿。是何原因？实际都是年的原因，壬午者午火有气，阳气十足，自然喜水。可是壬辰者虽然也是甲木弱，可是局中无火，阳气不足，运行北方则是太过。此中道理，非识破道者，有何能知焉？

```
      杀   比   日   食
坤例  癸   丁   丁   己
      丑   巳   酉   酉
```

**分析**：丁酉日元生于丁巳月，比劫当令丁火透出，似乎应该旺。可是细细观看，丁火坐下酉金，生于酉时。虽然是在巳月，可是丁火的落宫在酉，已经低于现在月令的气场，又生于酉时，日落西山，则丁火旺势不足，又年上癸水虎视眈眈，此时必要帮火才能任起财官。

此造原局丁火当令，组合甚好，可惜者行运难以匹配。早行戊午、己未，火旺帮身，家业富裕。27岁后进入庚申运，火退气，财星又旺，克夫伤子。辛酉运，三酉相见，水气更进，财星过旺讨饭为生。辛卯年，卯木出现冲酉金，冲旺忌神，弱木出现反而受到酉金的反克，死于异乡。

# 第七节　内因与外因

八字具有内因病与外因病，这个问题还得从上文的时间与空间对比上来区分。我们把时间（月令、时辰）上的病，称之为外因病，当日支（空间）临忌神时，称之为内因病。掌握外因与内因，这对我们确定用神很重要。当八字的病在外因，此时的日支肯定就是用神，说明这个人有良好的素质和能力，只是不得时地，这就需要在以后的大运中制约忌神，只要制约掉忌神，日元就具备奋发崛起的机会。如果内因有病，虽然时间上为用神，但往往都是难以帮起，因为这个人先天的素质就比较低，即使在大运上得到帮扶，当运过后还是扶不起的阿斗，要穷困潦倒。当一个八字既有内因病又有外因病时，说明这个人既无素质能力又不得天时帮助，这种八字不管遇到多好的运，恐怕还是难以扶起的。

我们必须掌握八字得的是什么病，才能对症下药，直达痛处。当日支有病时，如果是临比劫为忌神，必须以官杀或食伤为用，但是用官杀还是食伤呢？这就必须以时空的组合确定。如果是旺极的八字，就不能直接用官杀，只能用食伤泄秀。只有找到病症的死穴，才能一击中的，断准吉凶。由于原局的病药搭配不一样，大运的出现会使命局中的病药力量发生变化，也许是病在加重而药变轻，也许是药变重而病变轻，此时必须找准命局病药的失衡点，对症下药。大运的出现会使命局出现新的平衡点，这是需要注意的。

```
      杀　财　日　伤
例：辛　己　乙　丙
      亥　亥　卯　子
```

**分析**：乙卯日元为旺性生于己亥月丙子时，地支三水，是印旺身弱的组合，不是从强格。丙火作为调候用神，取卯木化水、己土制水为用，可惜己土无根。八字水旺为病，日支卯木为用，此命所犯的是外因病。只要制约掉多余的水，或者用比劫帮身化水就可以。卯木坐下为用，说明这个人素质还可以，就是水太旺不能吸收，所以文凭不高（中专）。喜财制印，己土虚浮，能力一般，有胆小怕事之象。

# 第八节　月令与日干

命书云："得时俱以旺论，失时便作衰看。"虽是至理，但只是表面现象，必须根据八字组合灵活分析。五行之气流行于四时，虽然天干各有旺衰，其实专令之中也有其它五行并存。例如：春木司令，甲乙木旺，而此时休囚之戊己土并不是绝于天地之间，只能是气退之时，不能争先。但年、日、时土旺，春土照样生育万物，冬天丙火，官星司令，可是地支中有巳午火为强根，丙火气势炎上，不以衰论。故古语云："春土何尝不生万物，冬日何尝不照万国乎"。其意不言而明矣。

八字日元旺衰虽以月令为主，而此时年、月、日、时之间亦有损益生克的权力。如年日时值羊刃、禄地，或印比为根不能以弱论，应以旺论。不可专执月令，其理在法要活变。当今诸家命书皆以月令作为参照，或用百分比，或用气数多少表示等等，都是正确的，只是方法不同而已。但真正讲明白的书并不多见，笔者认为，最简单直接的是先贤陈素庵的方法。其《命理约言》说："不论得令失时，地支有根印便以旺论"。这种方法十分直接明了，但也并非有根印就判定是旺了，还要看天干、地支之间的损益关系而定。但毕竟给我们一个着眼点，在我们的头脑中形成一个"旺"的概念，在地支中有根就有旺的可能，然后看对日主的旺衰影响，再确定日主是旺还是衰。

旺、衰、强、弱四字，不可笼统互用，必须分别评定。首看得时为旺，失时为衰，但日干党众过多，印比地支有力，干透帮身，虽不得令亦不可作衰论。故有"虽得时而不旺，失时而不衰"之别。分别评定，其理自明。春木夏火秋金冬水为得时，比劫印星通根扶助为党众，如甲乙木生寅卯月，为得时而旺，而庚辛金透干，地支申酉金旺，又得印助，金土党众结派而木少，或干透丙丁，地支火旺，木必泄气太过，虽得令不以旺论。也就是"得时不旺，失时不衰"的道理。

所以，十天干在评定旺衰时，不要只看月令，而是以组合全面分析。天干虚浮，以地支有根为旺论，否则以弱论。而墓库之说必须结合日干旺衰，日干旺为通根，弱为墓地。评定旺衰记住《滴天髓》地道篇的两句话："坤元合德机缄通，五气偏全定吉凶"。

在学习命理中，凡夏水冬火，不看八字组合，不问地支有无印比，便以弱论是错误的。八字论命以组合评定日干旺衰，看才官印食对日干发挥了忌神还是用神的作用，进而才能确定日主真正的旺衰与格局的高低。

月令是衡量日干旺衰的重要尺度，对日干的影响很大。但在这里大家不要认为月令可以生克日干，它只反映日干在月令中所处的一种状态，并不是决定旺衰的先决条件，月令与日干发生作用是有条件的，即使是比劫当令，也有弱的可能。本体系将月

第四部分　八字命理篇

令对日干的旺衰影响分为三种情况。以下的力量大小只是一个着眼点，并不是决定旺衰的法宝，组合才是决定旺衰的重要依据。

月令当令之神的透藏在决定旺衰中，起到至关重要的作用。月令在本柱透出时，表示日元所在的空间受到月令的影响，这个空间会随着月令的气场变化而变化。例如：中国的北方地区，冬天寒冷，夏季炎热，基本遵循四时的变化规律。而南方地区，基本上受四季的影响很小，虽然是冬季，但是它还保持温带的特征。如果月令不透出，此时日元所处在的空间是一个独立的空间，这个空间的五行旺衰，受月令变化的影响较小。例如：严寒的北极、南极，受四季的变化的影响小。在我们中国甚至整个地球，为什么有那么多风景迥异、气象万千的现象？虽然同样是冬季，可是这儿是碧海银沙、风光怡人，那儿却是冰天雪地、银装素裹。同样的时间，这儿是暴风骤雨，那儿是风和日丽，为什么会出现这些现象，无非是空间地域不同造成的。明白了这些问题，可以说，也就明白"得时不旺，失时不衰"的真正含义了。

为了帮助大家学习旺衰，认识旺衰的本质。这里姑且用数学的形式进行量化对比，比较鲜明的学习。但是，一定牢记，旺衰只是命理进门的拐棍，等登堂入室以后，一定要扔掉它，才能真正领悟命理真机！另外请注意：在评定原局的旺衰中，不存在作用关系，不存在相互制约，它们是不同的空间与时间，多维立体同时存在。

首先对十二个月进行阴阳的划分。卯辰巳午未申为阳，酉戌亥子丑寅为阴。它们之间能量区别。午未、子丑为第一能量集团，寅亥、巳申为第二能量集团，卯戌、辰酉为第三能量集团。

1. 只要是生在阳气当令的月份，日支再得一阳支，命局就有阳旺的可能。若是日干为阳，则以旺论。日干为阴则以弱论。

2. 只要是生在阴气当令的月份，日支再得一阴支，命局就有阴旺的可能。若是日干为阳，则以弱论。日干为阴则以旺论。

3. 月令为阳，日支为阴，阴阳形成对立，此时注意观察时支与年支阴阳性质，若是阴支多，则阴旺；若是阳支多，则阳旺。

以上三点只是作为旺衰入门的几种形式，八字命局还会有几种比较复杂的形式，以后再谈！

学习命理一定要学习"体用"之说，无体不能取用，八字原局中旺就是体，是日主天生的能量体，只要是大运助其用神，原局中的体信息都以吉论。这就是《五言独步》所说的"有病方为贵，无伤不是奇，格中如去病，富贵两相随。"看看《滴天髓》的"体用、精神"章，就会明白，无"体、精"何谈"用、神"。日元不旺，何以任起财官？不要钻进用忌的"字眼"里。

```
       食  官  日  官
乾例：丙  甲  甲  辛
      申  午  子  未
```

**分析：**甲子日元生于午月未时，月令午火与日支子水形成对立，此时时支为未土，命局中阳气旺，只是由于月令与日支的不同步，虽然选择子水为用神，但是当真正到达子水大运的时候，反而有太过之嫌。若日主为南方人无妨，因为即使是到子运，阴气受地域的限制，也不为过。若是北方人，却有太过之虑。当慎之！

此时火旺阳气旺，日元甲木弱，那么，平衡火气的金水就成为用神。大家不理解的是，日元弱，怎么还用官星？因为此时的病在火，而不在金，金作为水的原神，故以用神论。但是木不能作为用神，因为木生火旺。此命运行北方，科甲出身，仕至翰林。

```
       杀  食  日  财
坤例：戊  甲  壬  丙
      申  子  申  午
```

**分析：**壬申日元，生于子月得令又得年支申金帮扶，日元旺金水为忌，必以火土为用，故取甲、戊、丙午为用神。大家注意，月令子水与日支申金是体神，是日主享受人生的最基本能量。此命学历大本，就职于国企，戊寅、己卯工作顺利发财，壬午年调动工作。身旺印星也不一定是忌神，为什么这样讲？因为有了印星的生扶之力，日主才可以去享受其它！

```
       才  比  日  官
乾造：戊  甲  乙  庚
      戌  子  亥  辰
```

**分析：**乙亥日柱生于子月，水旺不是木旺，只能取土来制水。实际就是印旺身弱，取财损印。在此造中日支亥水与月令子水为同步五行，此时可以考虑时间与空间同步。此造的平衡点就落在水上，而出现的其它五行不以忌神论。

```
       财  伤  日  才
乾例：壬  辛  戊  癸
      辰  亥  子  丑
```

**分析：**戊子日元生于亥月丑时，天干金水相生，地支水势旺极，戊土弱只有从财。这样的组合只有顺旺水之势，不可逆制。早年壬子、癸丑顺其水势无灾。甲寅、乙卯泄其水势名成利随。交丙辰运逆其旺性，事业一败如灰。

此造年柱壬辰不能体现辰土中的阳气，故至丙辰运不吉。若是年柱换做戊辰。或者丙辰，运至丙辰并能延长富贵之期。

# 第九节　出生地域

关于旺衰，我们一直谈到的是一个命局的平面旺衰，而不是一个命局的立体旺衰。年月日时形成四柱八字，可是一个平面干支组合的阴阳旺衰，并不能解决问题。前面已经介绍了这样的思想，也进行了举例说明。我们看一下，在明代《三命通会》中，有关《九州分野》对同一季节不同地域的气场分析。

二气者阴阳，五行者木火土金水；时令，是春夏秋冬；地域，是冀青兖徐扬荆梁雍豫。天有阴阳，行于春、夏、秋、冬四时；地上有五行，分布于冀青兖徐扬荆梁雍豫九州，这正是朱子所说的五行之质分布于地上，气运行于天，所以天有春夏秋冬，地有木火土金水，都是对地域互相起作用。现有谈论命运的、只知道谈论阴阳五行而不知要兼论地域与昼夜阴晴。所以当有出生的年月日时相同而贵贱寿夭大不相同的现象时，便说五行没有根据，启发世人不相信算命，这是诬蔑啊！唉，人生天地，逃不出五行。九州分划疆域，风物气候不一样。阴晴寒暖，当然也难一律。人禀受天地的灵气而出生一时，得气各自不同，所以贵贱寿夭难以用八字限定。并且甲乙寅卯属木，生于兖州、青州是得地，生于春天是得时。丙丁巳午属火，生于徐州、扬州是得地，生于夏天是得时。戊己辰戌属土，生于豫州是得地，生于四季末一个月得时。庚辛申酉属金，生于荆州、梁州得地，生于秋天是得时。壬癸亥子属水，生于冀州、雍州得地，生于冬天是得时。更何况白天黑夜阴天晴天之间有寒有暖，阴阳造化之内有喜有忌，生克制化，抑扬轻重，妙在认识它们的通变，不可以拘执于一点而论。

这一部分论述的是五行与四时、地域、昼夜阴晴的关系。五行观念是命理的基础和核心，但如果孤立地使用，谈五行而不论空间与时间变化、昼夜明暗，就难免粗糙、疏漏，捉襟见肘，用作者的话来说，就是"启世人不信命之疑。"因而，谈五行，第一，要与春夏秋冬四时结合起来。五行中的每一行都毫无例外地经历生、壮、劳、衰、死、再生的终始过程。强者须抑之，弱者须扶助。但抑之不及，则须有扶其抑者；扶之太过，又须有抑其扶者。抑，有时宜克，有时宜泄；扶，有时宜生，有时宜帮，无固定不变的陈套。第二。论五行还要考考虑不同地域的不同的地理气候条件和昼夜阴晴，"九州分疆，风物各异，阴晴寒暖，理难一律。"例如，正月之木，如生于万物复苏的南方，正是当令，而在北方，白雪皑皑，虽时分值春，火仍处死地，木无火暖之，何能生旺，故生于冀州、雍州之人，仍是贫寒之命。再如，五、六月之木，如生于南日晴空，则有干枯之急；如生于阴雨天，则能化凶为吉，因为雨水能去掉一部分火气。显而易见，这样的通盘考虑，堪称细致入微，补救了算命术中一部分难以自圆其说的漏洞。但是，算命术面临的严峻难题仍无法根本解决，因为世界上同年同月同日同时同一地方生的人实在不少，而他们的吉凶荣辱，贫夭寿考往往迥然不同。如清代笔记《消夏录》札记载了清代大学士纪晓岚的侄子与家里奴仆的儿子刘云鹏同时生人间，其侄十六岁而夭折，刘云鹏却依然健在。两个孩子出生的时间连分秒都一样，又不过隔着一扇窗子，可就是一尊一卑、一寿一夭，这又如何自圆其说呢？算命术是用于揭示人的生命历程的，可是，如果弃后天人为和社会因素不顾，那种用一种固定的格局来预测同时出生在不同地域的人，这种预测到底有多可靠，它的科学性又在哪里呢？

# 第十节　关于四墓库之说

关于四墓月之说，近些年来的书籍，五花八门，说法颇多。实际，完全没有必要，四墓库也是阴阳，只要以阴阳进退消长来对待就很简单。

首先明白土是什么？是不是真正的土？土在四季之月，是节气进退中的交换点，在这个交换点，两种五行之气，一进一退，你方唱罢我方上。

辰月为春天的最后一个月，处在春分之后，此时阳气猛增，已经远离了最初的少阳之气，即将到达太阳火气。辰月时，晚上亥子丑时，阴气还盛，故辰中有癸水。早晨傍晚与初春之时相似，故有乙木。而中午时候阳气大旺，与夏天的气场基本接近，但只是一时，故以戊土来表示。辰月只要是在白天，就是阳气旺，若是生在亥子丑时，水有气。

辰月为水的墓地，因为仲春后阳气大盛，阴气退却不能在发力。当辰为水库之说的时候，一定是水旺入库，就是说阴旺了需要阳气平衡，而真正平衡阴气的月令是从辰月开始。

未月是一年当中最热的一个月三伏天，未土性质就是火。可是未月之后就是申月，自夏至之后一阴回归，就像冬至一阳复始时的"潜龙勿用"。阴气虽然发生也是难以为用，未月中的戊就是表示这一点点少阴收敛之气。未月中的乙木，是指到了三伏天的时候，是农作物成熟的关键时期，因为未月的天气，决定着农作物收成的多少。剩下的丁火，自然不必解释，那就未月的本气。

戌月是仲秋之后，天气变冷，马上进入亥月。可是秋阳似火，戌月的中午还是热气逼人，有那么一点火的味道，故以丁火表示。戌月是少阴之气的结束，辛金本气自然可以保留。可是戌月的晚上已经是寒气逼人，那戊土就是即将到来的亥水之气。

丑月是冬至以后，与未月相对应是一年中最冷的时候，冬练三九就是这时候。冬至后一阳复始，虽然还不能为用，可是阳气已经回归，丑中的己就是表示那一点点"勿用"的少阳之气。丑月还是冰天雪地之时，癸水必不可少，那是本气。瑞雪兆丰年，秋天的收成也要看冬天时候大地的墒情如何？冬天若是大雪覆盖，春天就好种植，秋天自然就丰收，丑中的一点辛金，暗指八月的收成。

在四墓库中，真正的墓库只有两个，那就是阴阳的墓库，一个辰，一个戌。而未遇丑，不是真正的墓库。阴阳是四季运动的最大现象，阴气起于夏至后立秋时节，故水长生在申，旺于子，到辰月阳气大旺，水气变弱失去主动权。阳气在冬至一阳发生后，从寅月三阳开泰抓住主动权，到午月最旺，然后到戌月阴气大盛，阳气退却。而少阳木气与少阴金气，是阴阳二气的一个阶段，不具有整体的运动环境，而古人为了达到这种五行对应的效果，就将木库与金库，放在了未月、丑月，实际这是不符合气场运动的原理。

这里再次提醒大家，月令力量大小，只是给大家做一个提示。不管月令为何神和它的力量有多大，都不能直接决定日元的旺衰。日元与其它五行的旺衰，不是由月令完全决定的，而是由年月日时四个同时发挥作用来决定。

# 第十六章 用神、忌神与格局

用神、忌神是分析八字的一种手段，一般情况学习命理，总是被这些名词所误导，很多朋友学习命理，一说就是我的用神、忌神是什么？实际，这些问题如果不能正确的对待，就很容易进入一个误区。宋代大易学家邵雍说过："体无定用，唯化是用；用无定体，唯变是体。体用忌只是分析问题的着眼点，并不是真正意义上的用神、忌神，这是一个体用辩证的关系，在下边我们将进一步诠释。

## 第一节 用神 忌神

### 一、用神

什么叫用神？我们认为，在八字中对命局有用之神，使八字趋于理想化，达到平衡的字都可以为用神。

取用神是综合平衡八字日干的方法，是定出格局高低的直接途径。取用神的方法以阴阳平衡为依托，对日干达到模拟平衡的作用。今天规定的用神与以往命书上有所不同，应该说，凡是对日干起到平衡作用的字都为用神。过去好多人学习都是以日干旺衰确定用神、忌神，那只能说是最肤浅的道理。在预测中应该说分析旺衰时的用神、忌神，与真正命局的用神、忌神是两层关系。当旺衰确定后，由于复杂的作用关系，会使命局的字发生质的变化。但是大家一定要注意，有些八字不是单靠确定旺衰就能选出用神的，也就是说，身弱取印、比，身旺用财、官、伤，这说起来似乎有道理，但是在预测中却常常失误，为什么？因为我们忽视了一个关键的问题——日元的特性与"用神性质，用神阶段"的配合。谈起用神的性质，大家似乎很陌生，因为这个问题始终没有引起大家的注意。在八字中用神有两种形态，即"气用神"、"量用神"。气用神就是调候用神、平衡用神，量用神就是生克用神。

气用神一般不用考虑日元的旺衰问题，这种命局中往往是有两种或三种五行形成对立，而日元又处在弱的情况下，其中一种五行是使日元弱的原因，而命局其它一种或两种五行能够制约使日元弱的五行，此时的命局就具备平衡的条件。日元虽然弱而无根，但是它们已经形成阴阳或四象对立的条件，此时的八字不能论从或者是假从，此时的日元组合也不能受帮扶，只能用两种五行形成对抗平衡，不能用印比直接去帮

171

扶，因为日元组合弱已经不能受生。再者就是调候用神，调候用神一般在夏季、冬季时考虑，这时往往不要特别注意日元的旺衰，而是首先考虑月令对日元的喜忌，如果月令为忌神，就要先去制约月令的忌神。调候用神一般讲"夏天先考虑水，冬天先考虑火"这只是片面的。我们必须视不同的八字组合才能确定，有时会出现反调候。这里涉及到"得时不旺，失时不衰"的问题，夏天不一定就是火旺，冬天不一定就是水旺。

量用神主要是用在日元弱，却又能受起生扶的状态下。这样的组合既能制约忌神，又能帮扶日元而用之。这样组合的八字往往都是格局较高，一般旺性与中性的日元，要以量用神为主。

气用神的得力与否决定日主的精神外观与行为准则。量用神往往决定日元的本身素质与内心环境。在以往的预测分析中，我们都注意由旺衰选择确定量用神，而忽略了气用神的平衡使用，致使在格局选用与确定富贵贫贱、荣夭寿枯时常常时验时不验。不光是在命局中，就是在大运、流年中，量用神与气用神也存在不同的使用方法。

用神始终是我们判断吉凶的依据，可是用神的"不变论"是近年来学易的误区。用神真的一成不变吗？不是的。因为大运的到来会使原本平衡或不平衡的命局，产生新的平衡点，新的平衡点的产生，就会使原局的用神、忌神发生变化。也就是"喜非永喜，忌非永忌"，这在后面的大运章再做讲解。

"忌神抑制忌神应吉，用神抑制用神应凶。"故对于用神的概念与应用是不同的两个含义，如《滴天髓》中言："顺来逆去祸之根，逆来顺去福之源"。很明显，古人早就提出了这样的论点，明白了这个道理。我总结的喜忌条件是"吉凶作用辩"。现在有些书中提出用神的虚实之说，从分析思路出发，命局的用神确实存在虚实的说法。

明代书籍《星平会海·气象篇》中提到："今夫立四柱而取五行，定一运而关十载。清浊存驳，万有不齐。好恶是非，理难执一。故古之立命，研究精微，则有体而该用。今之论命，拘泥格局，遂执假而失真。是必观气象规模，乃富贵穷通之纲领。此论用神出处，尽知死生穷达之精微。不须八字繁华，只要五行和气。浪措三元六甲，谁知万绪千端。学者务要钩玄索隐，发表归根，向实寻虚，从无取有。虽命理之理微，于此思过半矣。"

我们认真的分析一下这段话，就会豁然开朗。我们现在命理界所遇到的问题，早在几百年前就已经是问题了，看来当时的命理界也是各种学派四起，甚至于信口雌黄，为追求某些目的而真假难辨，针对这一问题，写出了《气象篇》。

用五行干支学说来确立四柱，用一个大运关乎十年的命运方向，这是深信不疑的。可是四柱形式千变万化，有清粹者，有浊杂者，很难用一种理论来概括。一个八字有说好的，又说坏的，争论起来难分好低，没有一个统一的理论来参照。但是，古人确立四柱，是一件非常精微的事情，不论八字格局怎么变化，只要是抓住"体用"就抓住了根本所在。可是，今天的人论命呢？动不动就是什么格局，正印格，枭神格，正财格、正官格，以这些格局去断命，渐渐地把假东西当成了真东西，离命理之道越来越远。分析八字格局的真理是，观天地气象的规模，也就是出生时天地赋予的五行能量，那才是人富贵穷通的根本所在啊！以这一点作为法则去论"体用"关系，就可以找到一个人生死、富贵的原因所在。八字不需要什么繁华好看，只要是五行和气生化有情，就不失富贵。这一切的推理，都是来至于天地人与六十甲子的组合，万绪千端都是阴阳五行的作用。学习命理者，一定不要被现象蒙蔽，要发表归根，要知道事物背后的意义是什么？是什么在发挥作用？不要只看到一些表面的假象，要从出现的干支中去寻找没有出现干支的玄机是什么，虽然，命理之学难以说明白，只要是能明白这一点就已是思过半矣！

大家仔细推敲这段话，就会明白许多道理。把这段话搞通，命理"思过半矣"并非夸张。其中"向实寻虚，从无取有"就指出了命局中用神、忌神的有无对信息的影响。如用神不出现，在用神代表的方面不应吉，我个人认为在分析命局信息时，是可以考虑的，但在岁运的作用中没有虚实之说，因为你已经生活在这个空间，这个时空的磁场就会作用你，你还认为这个空间不存在吗？所以岁运虚实之说，肯定是错误的。它们的作用关系，在某种程度上确实存在着不同的情况，但决不是"虚用神逢生应凶，虚忌神逢生应吉。虚用神相同应凶，虚忌神相同应吉"的现象。

## 二、忌神

我们规定，通过命局的作用关系，对日干起到失衡作用的字都是忌神。在以往的论命中，只是围绕用神去看问题、分析信息，并没有充分应用好忌神所类化出的易象。再有，就是犯了一个至关重要的错误——只看表面上的忌神或用神，没有把隐藏的忌神找出来。今天我们所讲的忌神的看法很简单，就是每一个起到加大命局失衡的字都为忌神。经过阴阳转化，忌神也能发挥用神的作用，但是这又是不同命局组合所决定的不同结果。

## 三、闲神

在以往的命书之中，大多都提到"闲神"一词，很多时候我们已经忽略了对"闲神"的应用，实际"闲神"只是一时之闲，在等待时机。比如乾造：辛亥年壬辰月丁卯日乙巳时，八字阳旺丁火旺，大运南行巳午未三运，阳气更旺，此三步大运只能从阳气的旺势。亥水不能为用成为闲神，到申运后，亥水进气，闲神变用神。

## 四、喜非永喜 忌非永忌

从上文我们已经知道，命局是一个静态不动的时空点，这个点的五行之气就存在一个自身的平衡的点。但是大家一定要注意，由于不同时空点的组合，五行的量比就会不同，大运的加入就会使静态的五行组合出现新的平衡点，这个新的平衡点可能就会使静态命局中的用神、忌神发生变化，原局与行运喜忌就会出现"喜非永喜，忌非永忌"。

在八字中，用神、忌神是相对于某一个阶段而言的，并不是永远不变的。例如，一个身弱用印比的八字，命局中有印星又有财官相生，对行运的变化和用神、忌神的变化，要根据每个大运的不同而作出不同的分析。命局中财官印连续相生，此时的财星已经作为用神。当行至财运的时候为用神大运，在财运的比劫流年，对于原命局是用神出现。但在这个大运出现，反而是忌神，是比劫制财不生官星。同样的八字，也是用印星，没有财官相生，而是财星制印，在财运的比劫流年则应吉，这就是变化。世界上没有绝对的好和坏，它的好坏只是对不同利益、不同的时空而言的，明白这个道理对预测是很有用处的。

## 五、论喜忌干支有别

从古至今的命书之中，在分析用神、忌神时，都在言某五行为用，说此八字以火、土为用，以金、水为用。严格说来，这种说法不正确，因为命局的喜忌，干支是有区别的。由于日元的旺衰属性不同，决定了日元受生克的程度不同。日元极弱，又不从弱，此时的用神往往都是气用神的范围，这时我们即使选择了印星为用神，可是干支的用神是有区别的，地支不透只能是制约忌神，不去直接生扶日元，如果天干再透出印星去生扶日元，日元因为弱极又不能消化印星的生扶，则不吉。在分析用神、忌神时，一定要视不同的组合，用神干支分清，不可同论。也就是说，天干某五行为忌神，地支不一定为忌神；天干为用神，地支不一定为用神。如果不能分清各自的作用喜忌，就会在预测中出现错误。

例如，一个八字天干以印星为用，在这种情况下，则不忌行天干官杀运，而地支没有印星只有比劫，则地支不宜见官运，在预测中必须掌握好原局的干支不同组合，以决定行运的吉凶不同。命书言"八字到手，必须逐干逐支，上下统看。支为干之生地，干为支之发用"即是此理。

## 六、节录《穷通宝鉴》五行四时喜忌

《穷通宝鉴》是一本非常经典的命理著作，它对于十天干在不同月令下的取用参考有很大的参考价值。一个天干出生在某一个月，要想够格局，必要阴阳干支之间相互配合，此书的最大价值就在于此。

## （一）论木

春月之木，余寒犹存，喜火温暖，则无盘屈之患，籍水资扶，而有舒畅之美。春初不宜水盛，阴浓湿重，则枯损，又不可阳气烦躁，则根干叶萎。须水火既济方佳。土多则损力，土薄则财丰。忌逢金重，克伐伤残，假使木旺，得金则美。

夏月之木，根干叶枯，欲得水盛，而成滋润之功。切忌火旺，而招自焚之患。土宜其薄，不可厚重，厚重反为灾咎。金忌其多，不可欠缺，欠缺不能琢削。重重见木，徒以成林；迭迭逢华，终无结果。

秋月之木，气渐凄凉，形渐凋败。初秋之时，火气未除，尤喜水土以相滋。中秋之令，果以成实，欲得刚金而修削。霜降后不宜水盛，水盛则木漂。寒露又喜火炎，火炎木实。木多有多材之美，土厚则无自任之能。

冬月之木，盘屈在地。欲土多而培养，恶水盛而忘形，金多重不能克伐，火重见温暖有功。归根复命之时，木病安能辅助。须忌死绝之地，只宜生旺之方。

## （二）论火

生于春月，母旺子相，势力并行。喜木生扶，不宜过旺，旺则火炎。欲水既济，不宜太多，多则火灭。土多则蹇塞埋光，火盛则伤多烈躁。见金可以施功，纵重见财富犹遂。

夏月之火，乘令秉权。遇水制则免自焚之咎，见木助必招夭折之忧。遇金必作良工，得土逐成稼墙。然金土虽为美丽，无水则金燥土焦，再加木盛，太过倾危。

秋月之火，性息体休。得木生则有复明之庆，遇水克难免损灭之灾。土重而掩其光，金多则损伤期势。火见木以光辉，纵叠见而有利。

冬月之火，体绝形亡。喜木生而有救，遇水克以为殃。欲土制为荣，爱火必为利。见金难任其财，无金则不遭害。天地虽倾，火水难成。

## （三）论土

生于春月，其势虚浮。喜火生扶，恶木太过。忌水泛滥，喜土比助。得金制木则为祥，金太过仍盗其气。

夏月之土，其性燥烈。得盛水滋润成功，忌火锻炼焦折。木助火炎，水克无疑。金生水气，妻才有益。见比劫蹇滞不通，如太过又宜木克。

秋月之土，子旺母衰。金多而耗盗其气，木盛须制伏纯良。火重而不厌。水泛泛而不祥。得比肩则能助力，至霜降不比无妨。

冬月之土，外寒内温。火旺财丰，金多子秀。火盛有荣，木多无咎。再加比助为

175

佳，更喜身强为寿。

## （四）论金

春月之金，余寒未尽。贵乎火气为荣，体弱性柔，宜得厚土为铺。水盛增寒，失锋锐之势。木旺损力，有削钝之危。金来比助，扶持最妙，比而无火，失类非良。

夏月之金，尤为柔弱。形质未备，更嫌死绝。火多不厌，水润呈祥。见木助杀伤身，遇金扶持精壮。土薄最为有用，土厚埋没无光。

秋月之金，得令当权。火来锻炼，遂成钟鼎之材。土多培养，反有顽浊之气。见水则精神越秀，逢木则斩削施威。金助愈刚，过刚则折，气重愈旺，旺极则衰。

冬月之金，形寒性冷。木多难施斧凿之功，水盛未免沉潜之患。土能制水，金体不寒，火来生土，子母成功，喜比肩聚气相扶，欲官印温养为利。

## （五）论水

春月之水，性滥滔淫。在逢水助，必有崩堤之势，若加土盛，则无泛涨之忧。喜金生扶，不宜金盛。欲火既济，不宜火炎。见木而可施功，无土仍愁散漫。

夏月之水，执性归源。时当涸际，欲得比肩。喜金生扶，忌火旺太炎。木盛则泄其气，土旺则制其源。

秋月之水，母旺子相。得金助则清纯，逢土旺则混浊。火多而财盛，木重而身荣。重重见水，增其泛滥之忧；迭迭见木，始得清平之意。

冬月之水，司令当权。遇火则增暖除寒，见土则形茂归化。金多反之无义，木盛是为有情。水流泛滥，赖土堤防；土重高亢，反成涸辙。

以上《穷通宝鉴》中对于各个五行在不同月令下的取用，应该是很有价值的，当然这只是一个借鉴。更细致地应该掌握十天干在十二月下的喜忌变化。该书对于各个天干，将要出现的状态，几乎都进行了分析。它重视组合搭配，旺衰变化。现在的很多人认识该书，还是停留在调候上，不能不说是遗憾。该书重阴阳组合，反复变化，多读可以领悟其中的要领，格局高低可以一目了然。当然也有它的缺陷，只是在一个平面下论述五行组合变化，没有考虑地域不同阴阳气场的不同。这点可参照本书摘录的《三命通会》五行九州分野章。

# 第二节　病药之说

明代著名命理学家张楠著有《神峰通考》，"病药之说"是其所论。病药之说，是非常有见地的论点，将四柱五行的旺衰分为"雕枯旺弱"四病，对应"损益生长"四药。认真学习，受益匪浅！

# 一、雕枯旺弱四病之说细解

《神峰通考》：何以为之雕也？如玉虽为至宝，玉贵有雕琢之功；金虽全宝也，而贵有锻炼之力。苟玉之不琢，虽曰荆山之美，则为无用之玉也；金之不炼，虽曰丽水之良，则为无用之金也。人之八字，大概类此。如见官星未曾有伤官，见财星未曾有比劫，见印绶未曾有财星，见食伤未曾有印绶，若此纯然无杂，不犹未琢之玉，未炼之金乎？大抵天之生人也，盈虚消长之机，未尝不寓也。若四时只有收藏也，必有秋冬焉。又如地理，有龙穴砂水之美，而来脉又贵有蜂膝鹤邀断续之妙也焉。人之造化穷通寿夭之理，亦贵宜有去留舒配，以取用焉。是以八字贵有雕也。

雕指的是命局中的某五行为旺神，就需要制约其旺性，如果它的旺性得不到很好的制约，就没有用处，实际就是忌神无制。身弱官杀旺，必要食神制杀，方显其功。财旺身弱，必要比劫帮身，才能富贵。食伤泄身太过，必用枭神以夺之；印旺身弱必要财星以制止，方能为我所用。

《神峰通考》：何以为之枯也？风霜之木，春华之至可观焉。旱魅之苗，得雨之机难遏焉。故冲霄之羽健，贵在三年之不飞，惊人之声雄，贵在三年之不鸣。是以清凉之候，恒伸于炎烈之余。和煦之时，每收于苦寒之后。故人之造化，官贵有枯也，行官旺地，贵不可言。财贵有枯，行财旺乡，财难计数。然又当喜其有根在先，实从花后，但贵其有根而枯也，不贵其有苗而枯也。苟若官星无根，则官从何出？财星无根，财从何生？是以财官印绶，贵有根而枯之病也。或若无根，而自为之枯焉，则亦非矣。是以八字贵有根枯之病也。

枯指的是命局中弱的五行。如果某五行地支出现天干不见为枯，如果地支有根天干不见为无苗。命局有根大运出现为苗，也就是这种五行开始发挥作用。只有有根者，才能苗壮成长，结出硕果。身弱官星苗枯，行官星透出可以发贵。身弱财苗枯，行财运财星透出发财。这里所讲的不是完全绝对，也要看苗在何宫出现，如果出现在死绝之地也是不能为用的。

《神峰通考》：何以为之旺也？群芳苗长，可观真木之光辉，万物凋零，可识真金之肃杀，是以各全其质，各具其形。若木不木而金不金，旺不旺而弱不弱，则五行之质有亏矣。何以考人祸福也哉？若人之用木也，则宜类聚，斯木性之不杂。若人之用火也，则宜照应，斯火性之不裂。若春林木旺，见水多益壮其神。夏月火炎，见木多愈资其烈。由此区别，则知其所以旺者，当何如耶。然或官星太旺者，宜行伤官运以去其官星；财星太旺者，宜行比劫运以去财星；印星太旺者，宜行财星运以破其印星；日干太旺者，宜行官杀运以制其日主。一理如是，百理皆然。若其旺弱之相参，斯其下矣。是以八字贵有旺之病也。

177

书曰"形全者损其有余"就是相对于旺的五行，不是只对日元而言。日元旺，需官杀损其有余，食伤泄其锐气。日元弱官星太旺，以食伤制之。财星旺者，需比劫制去财星。只有有病才能用药，八字贵在病药搭配。

《神峰通考》：何以为之弱也？雨露不足，则物生为之消磨。血气不充，人身为之羸瘦。天根可蹑，六阳之弱可闻乎，月窟可探，六阴之弱可究也。是以六阳之弱，不至于终弱，而有《临》《泰》之可乘。六阴之弱，不至于终弱，而有《遁》《比》之可托。犹人之命，弱不弱而旺不旺，则何以稽其祸福哉？然虽贵有弱也，则犹恐极弱之无根。故水虽至己为极弱，然已有庚金为水根也。火虽至亥为极弱也，然亥有甲木为火之根也。人之造化，财官印绶，贵有弱也，弱则有旺之基焉。若官星太弱，宜行官旺之乡，财星太弱，宜行财旺之地；日主太弱，宜行身旺之地。然犹畏弱之无根，所谓根在苗先也。弱而有报，则官星虽弱而可致其旺，财星虽弱而可致其强。是以八字贵有弱之病也。

书曰"形缺者补其不足"就是相对于命局中弱的五行。只有将弱的五行补齐才能达到完美的状态。日元旺，财官印绶弱，贵行运补其弱，焉能不贵。

这里需要明白命局中四种病的存在形式，不要单一的认为以上四种病是对日元的，要知道它是针对命中出现的所有五行而言的。

## 二、损益生长四药之说细解

《神峰通考》：何以为之损？损者。损其有余也。然木生震位，正木气当权也。金产兑官，正金神之得位。当权者不易资助，得位者不必生扶。假若水又滋土，土又培金。若木有余之病，用金以制之；金有余之病，用火以克之。官星之气有余，则损其官星；财之气有余，则损其财星。譬如人身元太旺为病，当以凉剂通药之剂之也。是以八字贵有损之药也。

上有四病今有四药，损就是对于命局中旺的五行。木生东方，用金以削剪。金生兑宫，用火以锻炼。哪种五行有余就损其有余。

《神峰通考》：何以为之益？益者，益其不及也。若木之死于午，若水之死于卯也。不及则宜资助，且如木气本衰，庚辛又来克木也；水气本衰，戊己土又来克水也，则水木不及之病在此矣。益之之理又当何如也？若木之不及，或行水运以滋其根本。或行木运以茂其枝叶。若水之不及，或行金运通其源流，或行水运以广其彭湃。若官星之气不足，则喜官旺之乡；财星之气不足，则喜行财旺之地。譬如人身血气不足，则用温药之剂以补之。是以八字贵有有益之药也。

益者是相对于弱的五行而言的。如果某五行弱是命局失衡的原因，我们就需要补其不足，使命局达到平衡。益的用法与生长不同，益是命局中的用神，可以用印生，也可以用比劫帮。

《神峰通考》：何以为之生也？六阳生处，真为生也。如甲木生亥，亥有壬水，来滋甲木也。六阴生处，俱为弱。如乙木生于午也，午有丁火泄木之精英，有己土为乙木之挠屈。又有六阴死处真为死，如甲木死于午，且午中有丁火，泄木真精，己土为之挠屈。且如生之理，形气始分，赤子未离于襁，精华初现，婴儿初脱于胞胎。如木之生于亥，根气犹枯也，未可以木为旺也。如火之生于寅，气焰犹寒，未可以火旺也。又可财官印临于生地，未可以财官印为旺也。凡气之不足，故贵济有生之药也。

生就是以印星为用。生一般适用于食伤旺或官杀旺的命局，印星既可以治病也可以帮身，一箭双雕。

《神峰通考》：何以为之长也？春蚕作茧，木气方敷。夏热成炉，炎光始着。如木临震位，火到离宫。如此帝旺之乡，实不同于生长之位。是以生者长之初，长者生之机也。如财官属木，则长养在寅卯辰之方，此木气方敷也。如是则贵行金运以克之，则与长生之木理不同也。如财官属火，火则长养在巳午未之方，此火气之方炽也。如是则贵行水运以克之，则与长生之火理不同也。走以长生二字，衰旺之不同，故行运有喜生喜克之异。是以八字贵有长之之药也。

长所指的是身处比劫之地的情况。木生寅卯辰之地旺，必喜官杀金以制之；火生行巳午未之地旺，必喜官杀水以制之；对于比劫当令而旺的日元与长生而旺的不同，也就是说印旺、比劫旺是两个不同的概念。

我们要深深领悟先人的命理经验，不同时空的旺衰，有不同的病症，进而决定了不同的"药神"，损益生长各有所用。什么时候用损？损那种五行？损多少？什么情况用益？益的是那种五行？什么时候可以生？什么时候可以长？这些取用的方法比较细微，不是简单的旺了就泄制，弱了就扶助。日元弱自坐绝地，不能受补，这时我们只能损旺的五行。日元虽然弱，可是自坐印比，可以受补，这时我们最好是补助用益用生，不要损，因为帮起日元就可以担起财官，要比损好。"有病方为贵，无伤不是奇；格中如去病，财禄两相随"。八字不要以格局为先，应该以病药为先。只有不拘格局，才能真正的进入佳境。八字只有病药得当，方显富贵。

# 第三节　选择用神的方法

从上文我们已经知道，八字中的用神有两种形式出现，气用神与量用神。那么它们在命局中有几种表现形式，怎么来完成平衡命局的使命？

用神的取法不外乎五种情况：扶抑、病药、调候、专旺、通关。

# 一、扶抑

扶抑格属于平衡取用，日元强者抑制，弱者生扶。这类格局有两种情况，一种是日元自坐强根的旺或日元自坐忌神的弱，也就是内因病。另一种是月令、时辰造成日元旺或弱，称为外因病。这里需要说明的是，内因病、外因病的不同决定不同的取用条件。我们常说，身弱用印比，身旺用财官伤，这些说法都不正确，它有一定的范围限制，因为这些都是由日元本身的特性决定的。

```
       才  伤  日  食
坤造： 庚  己  丙  戊
       戌  卯  午  戌
```

**分析**：丙午日元生己卯月，阳气进，丙火旺。时辰戌为阴进气，取戌土泄火为用。坤造，大运北行水地，阳气退却，寅、丑、子、亥四步大运，阴气进阳气退，成为扶抑格。此造若是一个男命，阳气旺再行南方大运，必要想从阳气的旺势，在到申运以后阴气进，变为扶抑格。

```
       才  官  日  财
乾造： 癸  乙  戊  壬
       卯  丑  辰  戌
```

**分析**：戊辰日元生于乙丑月壬戌时，地支土偏旺，但是此时的土旺是湿寒之气过重。只能取日支少阳土辰为用，年支卯木为用

壬戌运，虽然是阳气进，但是戊土并不旺。此时阴阳二气基本处在平衡中，阳气过旺阴气过旺都不会应吉。甲戌年，戌冲辰受伤，生意赔钱。96年丙子，财星更旺，戊土不能任财，生意不顺。己卯年，阳气进己土帮身，平顺。庚辰年，辰冲戌，财星受伤，妻子去逝。

# 二、病药

病药取用属于对立平衡，通常把病药取用称之为混沌取用。在病药取用中，我们不必去深究旺衰，只要是找准日元的病处，对症下药，制其病痛之处就是药。

```
       伤  比  日  食
例： 己  丙  丙  戊
       未  子  子  戌
```

**分析**：丙子日元生于丙子月，子水旺极，丙火弱，丙火弱的原因是子水旺，子水为病，年时未戌制水为药。丙子日元为弱性，月令、日支为忌神，内因病、外因病同时具有，难以受生。现在我们不要先考虑生扶丙火，只要能够抑制使丙火受伤的子水

就可以。

# 三、调候

调候取用一般在夏季、冬季。在选择调候取用时，是在用两种五行之气对立平衡，这时往往不太注重日元的旺衰，实际也就是日元外因病重，以治病为先。金水生于冬季，木火生于夏季，气候太燥太寒时，以调候为急。这里提醒大家，不要只认为原局调候，大运也会出现调候。一般情况下，不要认为冬天用火，夏天用水，有时也会出现反调候的命局，夏天用火，冬天用水。

```
    财  官  日  比
例：甲  丙  庚  庚
    子  子  辰  辰
```

**分析**：庚辰日元生于丙子月，水寒金冷，虽有辰土生身，必用丙火调候。月干丙火透出一阳解冻，又得甲木相生，运入南方仕途平顺。

```
    伤  官  日  杀
例：癸  丁  庚  丙
    酉  巳  子  子
```

**分析**：庚子日元生于丁巳月，巳火火旺用水，哪知时上丙子，又有年上癸水坐酉金透出，命局形成水旺，庚金虽然弱但并不能从，局中无木，水火形成对立，只能用火不能用水。象这种原局两种五行形成直接对立，如果再在运年相见就不吉。戊午大运，火旺，此时已经形成水火既济之势，壬午年又逢火旺，打破它们的平衡，子午相冲子水受伤，日主生病死里逃生。戊子年，子水旺，冲克午火，午火受伤，此年又遇大灾。

# 四、专旺＝从格

八字之气聚以单一某种五行，日元要么旺极要么弱极，此时只有顺其旺势，就是从格。此时在行运上以顺应旺势为主或泄其旺势，万万不可抑制，否则应凶。专旺有两种形式出现，一是从格，二是虽然旺但不从。在实际应用中，很多的八字并不是真正的从格，而是假从格，也可以称谓变格、

```
    杀  印  日  杀
例如：甲  丁  戊  甲
    寅  卯  辰  寅
```

戊辰日元生于丁卯月，阳气进，戊土旺。此时格局会出现两种形式，若是乾造，行南方大运，丁火戊土更旺，不见金水，只可以从其阳旺之势。等到申运以后，寅申

相冲，冲起阴气，甲木可用。若是一坤造，戊土旺，必然取甲木为用，运行北方，阴气得用。但是，坤造只可以扶抑取用，由于原局中不见水，将来运至戌以后，辰戌相冲阳气变旺，此时必有灾祸！

## 五、通关

八字中两种五行形成对垒时，敌强我寡，这时需要中间化解之神，将忌神转化为用神。如命局中财旺身弱，无比劫只有印星，这时的财与印星形成对立，必用官杀从中化解。再如，命局官杀旺，身弱无印只有比劫，此时官杀与比劫形成对立，必需要印星从中化解。此通关之意也。

```
    杀  比  日  印
例：庚  甲  甲  癸
    辰  申  寅  酉
```

分析：甲寅日元生于甲申月癸酉时，官杀气偏旺，日干以寅木为根，还是弱，应取印星化杀生身。行运丁亥、戊子运，化杀生木，仕途连登。

# 第四节　用神变与不变

关于用神是否变化这个问题始终争论不休。有言变化者，也是论据充足。有言不变者，也是振振有辞。实际不用争论，为什么？因为言不变者，是只看到不变的例题。言变者只看到了变的一面。八字组合千变万化，有变者，也有不变者，不可同看。

首先大家统一一下观点，身弱财官旺者，行身旺地为富；身旺财官弱者，行财官旺地驰名。这一点不管是言变与不变者，都会同意这个观点。好，既然大家站到了一个论点上，问题就好讨论了。

身弱财官旺者，行运印比之地，助身任财官就会发贵。也就是说，原来身弱的命局，到了印比地就身旺了，担起了财官。这点恐怕两个观点的人，都是这样回答。既然身旺了，任起了财官，那么流年还怕不怕财官。言不变者说：不怕。因为行到身旺运，流年忌神出现会受大运的制约，因为流年先作用大运，大运制约了忌神。言变者说：原来身弱，现在已经是行到身旺运，日元由弱变旺，流年则喜见财官，不是很简单的道理吗？说道这儿，相信大家看明白了，实际说变与不变，本身就没有矛盾。只不过是改变一下思维方式，二者之间只是一种思维上的变化。

谈到哲学大家都应该知道，就是讲辨证。变与不变都是变，为什么这样讲？因为大运的变化已经改变了五行之间的对应关系。你说不变，实际也是变，因为大运用神制约了原来的忌神，不是变吗？为什么财官旺再行财官运不吉呢？那么行印比帮身运与财官运相比，不也是变吗？是大运的变，引起了关系的变。后面大运、流年作用关系中的先天忌神，就是后天的用神。先天的用神，就是后天的忌神。所以《滴天髓》云：理承气行岂有常，进兮退兮宜抑扬。也有那么一句话：阴阳之间的关系，实际就是一个"颠倒颠"。大运进退，气场变化。阳进阴退，阴退阳进，阴阳消长。原局中阴气旺则大运喜阳。大运行阳地，阴气弱，则喜阴气。原局中阳气旺则大运喜阴。大运行阴地，阳气弱，则喜阳气。明白了这个道理，你就不会被变与不变所困扰。审势而为，以不变的易理应对万变的命局。

# 第五节　干支喜忌搭配

掌握了病药之说，更深层的是要掌握病因不同，对药神的要求不同。在选择用神上，大家往往单独地看一个天干、地支，这种思维是错误的，脱离了阴阳同体，这样在确定用神上就会有失偏颇。干支的阴阳搭配在选择用神上，相当重要。同样的天干，因为不同的病症，选择的用神是不同的。

《滴天髓》干支总论章说："天地顺遂而精粹者昌，阴阳乖悖而混乱者亡；阳乘阳位阳气昌，最要行程安顿。阳乘阴位阴气盛，还须道路光亨"。取用干支之法，干以载之支为切，支以覆之干为切。如喜甲乙，而载以寅卯亥子则生旺，载以申酉则克败矣；忌丙丁，载以亥子则制伏，载以巳午寅卯，则肆逞矣。如喜寅卯，而覆以甲乙壬癸则生旺，覆以庚辛，则克败矣；忌巳午，而覆以壬癸则制伏，覆以丙丁甲乙，是肆逞矣。不特此也，干通根于支，支逢生扶，则干之根坚，支逢冲克，则干之根拔矣。支受荫于干，干逢生扶，则支之荫盛；干逢克制，则支之荫衰矣。凡命中四柱干支，则显然吉神而不为吉，确乎凶神而不为凶者，皆是故也，此无论天干一气，地支双清，总要天覆地载。

在原书注中，虽然指出了干支配合的重要性，但是它只说出了表面的干支搭配，没有更深层次的论述。它所论述的干支搭配是在没有条件限制的情况下，喜木为用，喜甲寅、乙卯，这种论点是片面的，因为没有注意到日元的特性对用神的选择。

由于日元的旺衰特性不同，在决定用神时是不同的。例如，甲子日元生于午月，火土气旺需要印比为用，这时选择甲寅、乙卯，就不如选择甲子、乙亥、壬寅、癸卯。为什么呢？因为火旺，选择寒湿之木，? 才是对症下药的。

```
       劫  伤  日  食
例：庚  壬  辛  癸
       申  午  酉  巳
大运：癸未  甲申  乙酉  丙戌  丁亥  戊子
```

此庚辛壬癸，金水双清，地支申酉巳午，煅炼有功，谓午火真神得用，理应名利双辉。所惜者五行无木，金虽失令而党多，火虽当令而无辅；更嫌壬癸覆之，紧贴庚辛之生，而申中又得长生，则壬水愈肆逞矣。虽有巳火助午，无如巳酉拱金，则午火之势必孤。所以申酉两运，破耗异常；丙戌运中，助起用神，大得际遇；一交亥运，壬水得禄，癸水临旺，火气克尽，家破身亡。

```
      劫  伤  日  财
例：  庚  壬  辛  甲
      申  午  酉  午
```

大运：癸未　甲申　乙酉　丙戌　丁亥　戊子

此亦用午中丁火之杀，壬水亦覆之于上，亦有庚金紧贴之生。所喜者午时一助，更妙天干覆以甲木，则火之荫盛。且壬水见甲木而贪生，不来敌火，四柱有相生之谊，无争克之风，中乡榜，仕至观察。与前造只换得先后一时，天渊之别，所谓毫厘千里之差也。

前后两造只差一个时辰，为什么会是天地之别？两者都是火金两旺，辛酉日元有年上庚申相助，喜火炼成器，那么就需要阳明之火，阴寒之火怎能发用？前者癸巳无苗之火，怎能炼金？后者甲午阳明之火，炼金成器。从此两例，大家应该明白，我们为什么重视干支的阴阳属性，从而看到理解干支阴阳属性是何等的重要。

"阳乘阳位阳气昌，最要行程安顿。阳乘阴位阴气盛，还须道路光亨"。六阳皆阳，非子、寅、辰阳之纯也，须分阳寒阳暖而论也。西北为寒，东南为暖，如若申、戌、子全，为西北之阳寒，最要行运遇卯、巳、未东南之阴暖是也；如寅、辰、午全，为东南之阳暖，最要行运酉亥丑西北之阴寒是也。此举大局而论，若遇日主之用神喜神，或木，或火，或土，是东南之阳暖，岁运亦宜配西北之阴水、阴木、阴火，方能生助喜神用神，而欢如酬酢。若岁运遇西北之阳水、阳木、阳火，则为孤阳不生，纵使生助喜神，亦难切当，不过免崎岖而趋平坦也。阳暖之局如此，阳寒之局亦如此论，所谓"阳盛光昌刚健之势，须配以阴盛包含柔顺之地"是也。若不深心确究，孰能探其精微，而得其要诀乎？

六阴皆阴，非酉、亥、丑为阴之盛也，须分阴寒阴暖而论也。承上文西北为寒，东南为暖，假如酉、亥、丑全，为西北之阴寒，最要行运遇东南寅、辰、午之阳暖是也。如卯、巳、未全，为东南之阴暖，最要行运遇申、戌、子西北之阳寒是也。此举大局而论，若日主之用神喜神，或金，或水，或土，是西北之阴寒，岁运亦宜配东南之阳金、阳火、阳土，方能助用神喜神，而福力弥增。若岁运遇东南之阴金、阴火、阴土，则为纯阴不育，难获厚福，不过和平而无灾咎也。阴寒之局如此论，阴暖之局亦如此论，所谓"阴盛包含柔顺之气，须配以阳盛光昌刚健之地"者是也

"阳乘阳位"，还是讲干支组合搭配的问题。天干地支各有阴阳，阳与阳配为阳乘阳位。八字论命重在干支搭配，因为日元病因不同，用药不同。日元喜木，是喜东南阳木，还是西北寒木，如喜阳木必要甲寅、乙卯、甲午、乙未；如喜阴木，则要甲子、乙亥。前者是阳干配阳支，后者阴干配阴支。这是说日元的病因不同，选药不同。甲日干逢火旺，必喜西北寒湿之木甲子、乙亥、壬寅、癸卯，如遇东南阳木甲午、乙未、丙寅、丁卯焉能获福？

搞八字预测，我们如果不能掌握这些最基本的预测知识，怎么会预测准确？即使学会了旺衰，你选择的用神未必准确。甚至有些人从根本上就不懂得阴阳辩证，读不懂命理，为了金钱利益，编出一些不负责任的论点来欺骗大家，更有甚者搞出很多连自己都讲不明白的理论。命理研究的是最基本的阴阳辩证，一切都离不开阴阳对立平衡。可以说，脱离阴阳辩证的一切理论，都是虚无缥缈的。

# 第六节　格局旺衰变化的思考

命局中的五行旺衰与格局变化，以阴阳来看区区不过五种而已。

1、命局中阳气旺，有阴气存在，取阴气平衡阳气为用。

2、命局中阴气旺，有阳气存在，取阳气平衡阴气为用。

3、命局中阳气旺，日支不为阴进气，大运再行阳气方向，从阳论。

4、命局中阴气旺，日支不为阳进气，大运再行阴气方向，从阴论。

5、命局中阴气旺或者阳气旺，局中存在平衡之气但不在日坐支，此时大运再行旺神的方向，八字先从其旺神，然后等闲神进气之时，变为扶抑格。也就是假从格。

牢记：在确定格局的变化中，日支的属性非常重要，它是格局变化的依据所在。

# 第七节　命例旺衰喜忌分析

本节选择不同类型的乾坤二造来讲解旺衰的判断与确定用神、忌神。

```
　　　枭　印　日　食
坤造：甲　乙　丙　戊
　　　辰　亥　子　戌
```

**分析**：丙子日元生于乙亥月，水旺火弱，虽然丙火无根但不能论从。干透乙木，年逢辰土制约亥子，忌神有制，不以从格论。再有坤造大运到行，是亥子水减力，阳气辰土加力，故不能从格。取食神辰土制杀为用，属于平衡取用类型。若是此造为乾造，生于亥月，行运从子运开始，阳气弱还没有生发，故在寅大运之前从阴，寅运后阳气进变为扶抑格。这就是《滴天髓·理气》强调的"理承气行岂有常，进兮退兮益抑扬"。八字中的任何一种五行之气，能否得用取决于大运的运动是否对该五行进气。当然还要取决于日元的特性，若是日元为进气的日支，不论旺衰及大运如何变化，格局不变。比如：甲子 乙亥 丙寅 戊戌或者甲子 乙亥 丙辰 戊戌，丙火再弱日支为阳进气，永不能从阴可以从阳。

此类组合的八字，原局中亥子水与辰土的力量比较均衡，这时大运、流年的到来会改变原局的相对平衡，喜忌会随着大运发生变化。

```
        才  杀  日  财
乾造：  丙  己  癸  丁
        戌  亥  卯  巳
```

**分析**：癸卯日元生于己亥月，亥水当令，癸水旺。卯为用，但巳火不能作为用神，为什么？因为癸水虽然临月令，可是支临卯，水势不足，时空之间不能通气，癸水旺势有限，如果用火则损水太过，违反损有余、补不足的原则。

当然此造若是生于北方地区的东北三省，地域可以弥补日支阴气的不足，足可以用火。若是生于南方地区，水旺度有限，要视乾坤造的出生区域与行运变化来决定。

若是为坤造，倒行大运阳气进阴气退，只可以先从阳气之势。在辰运以后阴气进在用。

```
        官  官  日  比
坤造：  辛  辛  甲  乙
        亥  卯  辰  亥
```

**分析**：甲辰日元得辰中乙木帮扶，生于卯月，只有亥水，日元旺。取辰土为用，喜行南方。进入甲午运，火旺泄身，亥水作为木的原神是不能制约的。辛巳年，巳火旺冲亥水，木的原神受伤，被杀。原局中水木相生，行午运，火的出现，使木气得以发泄，那么，亥水作为木气的原神，就不能受伤，亥水的受伤，就会使木气无源，受泄太过。

```
        杀  伤  日  比
乾造：  庚  丁  甲  甲
        戌  亥  寅  子
```

**分析**：甲寅日元干支一气，身强力壮可担财官。生于亥月、子时天寒水冷，病在水旺，以调候为先，不喜金水。此造病在外因不在内，去其外病不宜帮扶。庚寅运、又得寅木帮扶甲木更旺，此时的日元不宜抑制，否则必有病灾。庚辰年，金旺克木，反而激起木性，得病破财。这里有人会说，此命从强格，也能断出这个信。如果你要断从强格，那么原局信息符合吗？

甲寅日为少阳生发之气，到寅运，生发之气不可逆转。庚辰年，庚为少阴之气，为收敛之性。一发一收相遇，必然出现问题！

```
        杀  比  日  财
坤造：辛  乙  乙  己
        亥  未  丑  卯
```

**分析**：乙丑日元生于乙未月，财星当令乙木似弱，哪知月干乙木通根透出，又得时支卯木帮扶，日元旺未土为用。当大运未土泄气，金水变旺之时，只能顺应阴气。

```
        才  才  日  伤
坤造：辛  辛  丙  己
        酉  卯  午  丑
```

**分析**：丙午日元生于卯月印星当令，丙火旺，以伤官、财星、印星都为用。又得时上己土泄秀，才华显露，就读于清华大学。好多人不理解，丙火旺卯木难道不是忌神吗？卯木是不是忌神，不是旺衰说了算，应该看卯木对丙午的对立关系，如果丙火能够消化卯木的力量，形成平等转化，卯木就不以忌神论。

坤造行南方大运，顺应旺火之势，到酉运后阴气得用变为扶抑格。

```
        杀  食  日  印
乾造：戊  甲  壬  辛
        申  子  申  亥
```

**分析**：此造是写到此章时，广西一位易友来电话咨询。此命许多人看过，基本上都是断的从格，说是从强，可是与实际情况相差甚远。此命恰恰又是一个不从的命例，冬至后甲木进气，年上戊土高透，不可论从。无奈不见丙丁，寒水太过。此命贫穷、残疾、至今未婚。

```
        财  伤  日  才
乾造：丁  甲  癸  丙
        酉  辰  酉  辰
```

**分析**：癸酉日元生于甲辰月丙辰时，官杀当令，辰中水气未透，癸水弱，以日支酉金为用。此时癸水是以酉金为用，但是真正的行到金运，则又形成金多水浊。运变用神则变，不掌握"变易"思维，永远是学不好命理的！

```
        官  比  日  枭
乾造：己  壬  壬  庚
        未  申  子  戌
```

**分析**：壬子日元生于壬申月，壬水透来帮身，又得时干庚金生扶，壬水旺以官杀为用，喜行南方之运。

这里只是举些例证引导思路，但八字的旺衰变化，非几例所能讲明，在于自己的理解与悟性，评定旺衰一定注意时间、空间的对立平衡。学会旺衰，忘掉旺衰，不要被旺衰所困扰。

## 第八节　八字格局

八字确定用神，在以往的命书中，都把耗泄制日干的财官伤归为一党，把生扶日干的印比归为一党，应该说这种论点不确切，为什么？因为在以上的"用神、忌神"章中我们已经讲过，用评定日元旺衰的方法确定用神、忌神是错误的。但不管日干是旺是弱，从传统命理到现在的各种命书都对八字进行了分类。

传统命书对八字分类称取格，通常以月令透干定格。月令为日干之财，透干为财格，月令为日干之官，透干为官格。在《子平真诠》中把月令以外的取格称为杂格。经过实践证明，这种分类方法是不完全正确的。因为就八字预测而言，定格只是一个初步的学习方法，想进入八字预测的高级领域，就不能局限于格局中。月令的透干未必就一定根据月令定格，这种旧的分类方法，往往给学习者造成错误的导向。在《星平会海》气象篇中提到："今夫立四柱而取五行，定一运而关十载。清浊存驳，万有不齐。好恶是非，理难执一。故古之立命，研究精微，则有体而该用。今之论命，拘泥格局，遂执假而失真。是必观气象规模，乃富贵穷通之纲领。此论用神出处，尽知死生穷达之精微。"其中"清浊存驳，万有不齐。好恶是非，理难执一。今之论命，拘泥格局，遂执假而失真。"可谓是道破玄机。格局只不过是最初学习的认识，不是命理的真谛。如果我们在学习中强调格局，就会失去很多的真理，也就会"执假失真"。

在旧籍之中，总结了许多奇异格局，不以五行、阴阳病药、生克制化为正理，实属谬论。现在有大肆批判者，也有利用者。如果有条件的去使用，会加大信息的提取量。但如果不理解它的使用条件，那么最好别用。就以喜忌五行生克制化为主，切勿乱套。

今天我以魁罡格为例作一个举证。现在对这些格局已没有使用的必要性，只是提出来让大家在学习中认识。魁罡格有四个"壬辰、庚戌、庚辰、戊戌"，如生日临这四日，运行身旺，发福非浅，一见财官，祸患立至。诗诀云：魁罡四日最为先，迭迭相逢掌大权，庚戌、庚辰怕官显，戊戌、壬辰畏财连。以上是《渊海子平》对"魁罡格"的规定。

我认为，此四组干支有它本身的使用条件，不可一概而论。如壬辰日生人，生于子月，壬水弱为扶抑格、以印比为用，此时壬水以坐库论，如再行身旺之运，怎不发福？壬水弱，再行财运必祸连绵。如壬辰日，格成从弱格，以辰土为用，必喜财来滋杀，怎么会怕见财呢？

庚辰日，辰土为庚之印星，庚金弱、坐下印星生扶必应贵，再运行身旺之地，发福非浅，不忌官杀。因官印相生，反忌财运，使印星受制，怎么会怕官杀呢？庚戌、戊戌同样有它们的使用条件，不再一一解释。

```
        比   比   日   比
坤例：庚   庚   庚   庚
        戌   辰   辰   辰
```

此造是河北保定人，在吉林省做毛巾生意，是典型的魁罡格。此造地支三辰，阳气必旺，坤造取戌土少阴之气为用，但是原局中不见一壬癸透出，未免庚金不得泄化，难以清秀。天干比劫一气，此命为富。支印星有力，但是辰土为少阳之气，不生少阴之金，又地支辰戌相冲，学历低。早年行己卯、戊寅运，印星透干，生活富裕。坤造倒行大运，99年进入丁丑运，丑土阴气得用，虽然辛苦，财运很好。丑运阴气偏旺，流年帮扶阴气为佳，但不宜太过！99年己卯年，阳气进，生意好，母亲有病。庚辰流年，辰土用神到位，财运很好。下半年，辰戌相冲自己疏忽被骗，2001年财运很好。

如果以魁罡格论，一见财官祸患立至是不准确的。应该说，魁罡格也有它的使用条件，不可见之不分旺衰喜忌就论。万事万物都有它的适应范围和规则，本体系是以用神为基点分类，把八字格局划分为扶抑格、从格两大类，不采用旧式的月令透干定格。

## 一、扶抑格

日元在旺、弱之间，或许是旺或许是弱，但又不从，对这样的日干要本着旺则抑制、弱者生扶的原则，要么生扶要么抑制。扶抑格可以包括所谓的正官格、七杀格、才格、印格、食伤格、禄刃格等，所有日元介乎于旺弱之间而不从的命局。在扶抑格中有时即使日元弱而无根，但是使日元弱的五行有制，命局中的两种五行已经具备平衡，也不会是从格，我们称之为扶抑平衡取用。总之，使命局趋于中和的八字都为扶抑格。在扶抑格中，一般采用印比生扶为一党，财官伤耗泄制日干为一党。当然这也只是表面的使用条件，其实身弱也可以财官伤为用，这要视命局组合而定。例如：一个八字官杀旺，而有食神伤官制杀，此时日元虽然无根，但是并不能去从弱。因为此时官杀与食伤两股力量已经形成对垒形式，日元不能论从。

## 二、从格

从格的划分也是二种，分从强格和从弱格。从强格是印比旺，而财官伤无气或受制不能为用，此时以从强格论命。在从强格中又有从印格、从比格之分，因为它们的取用行运是截然不同的。在确定从格时，必须牢记，当时间、空间形成两种对立五行时不会是从格。

从弱格是指八字中官财伤旺，而印比无气，不能扶助日干，日干弱极，这样的八字以从弱格论。在从弱格中又可分为从儿格、从财格、从官格，这三者的划分往往以力量大小和透干之十神而定。

假从格是从格中的一种命局，是在日元旺有财官伤不能用，或日元弱有印比不能用的格局中出现。《滴天髓》假从章有"真从之象有几人，假从也可发其身"的论述。对于假从格的要求也是比较严格的，在下面的章节再作分析。

化格是根据天干五合而来。在实际应用中是从格的一种，完全没有必要再分出一格。不管阴干、阳干在弱极无根的情况下，要屈服于其它五行。这里大家可以把其它书中的化格找出来进行比较，你会发现日干在有印比能用的情况下，有没有化格的出现。有云化格喜行化神之方，例如，甲日干弱极，己土旺，甲木从财则喜行火土之方，论甲己化土和从财格有什么区别呢？如甲日干有印比为用，只可以扶抑格财旺身弱论，又怎么论化呢？在本体系中不采用化格。

准确的告诉大家，此书中的从强格、从弱格论点是为了适应当前的市场需要。大家看起来容易接受。但从命理的角度讲，这种论点是不正确的。从格只可论从气格与从势格，从气格与阴阳二气有关，而从势与五行有关。这里只是提醒大家，这个问题在研讨班上做详细讲解。当你真正领悟阴阳病药的应用时，你就会知道所有格局是一种累赘。很多的易友来电话，第一句话往往就是我的八字是什么格局，似乎确定了格局就万事大吉。我告诉他们，告诉了你的八字是什么格局，实际并没有解决实际问题，因为在分析流年吉凶时，原局的旺衰格局是没有用的。他们往往迷惑的是，在这个大运上和别的大运上的喜忌不同。我说这是对的，因为原局静态的命局，会随着大运的变化而变化。这时他们往往谈起谁谁，说是用神不变，格局不变等等。我的回答是，既然不变，那你为什么不准确呢？还规定什么反断、虚实、正负等等干什么用？八字预测的实质，只要是抓住阴阳平衡为核心，就会万事大吉。在命理上，你只要丢掉格局，就会进入一个无招胜有招、回归太极的最高境界。

# 第十七章　命理巅峰——《滴天髓》节录

本人对于命理的研究有今天的收获，基本上拜托于《滴天髓》所赐。学习命理数年，一直处在举步不前的状态下，突然有一天明白了阴阳，悟透了阴阳与五行，五行与干支，节气与干支的关系后，再看《滴天髓》那就是如获至宝，从学习《滴天髓》开始，我对于这本书的研究已经超过了百遍。所以，很多时候，别人问我你为什么这么快就可以分析出一个格局的走势与吉凶，实际，不是聪明，是因为真正的下过功夫。不但是理论的研究验证，包括对全书几百个命理的分析，万变不离其中，《滴天髓》就是一本命理的天地精华！

此书的原作者对于命理的研究，已经到了炉火纯青的境界。今天我们阐释几个重点章节，以供大家学习参考。

## 第一节　天　道

欲识三元万法宗，先观帝载与神功。

原注：天有阴阳，故春木、夏火、秋金、冬水、季土，随时显其神功，命中天地人三元之理，悉本于此。

任注：干为天元，支为地元，支中所藏为人元。人之禀命，万有不齐，总不越此三元之理，所谓万法宗也。阴阳本乎太极，是谓帝载，五行播于四时，是谓神功，乃三才之统系，万物之本原。《滴天髓》首明天道如此。

赵注：学习命理，要想真正掌握阴阳二气的旺衰，就必须先知道（帝载）与月令（神功）的作用是什么？天道这两句话，是先贤告诉我们，宇宙上一切生命体生存的规律，都要受时间和空间（地理）的影响。时间本身是没有概念的，只有空间的存在，才使时间概念得以表达。没有空间的存在，空谈时间就没有任何意义。八字预测必须先确定空间的参照，才能区分阴阳。没有空间的固定参照，就没有任何事物的存在。

我们论命要依据人出生的年代不同，空间不同的因素影响。相同时间、不同空间对五行气场的影响，空间不同就直接影响相同八字，轨迹相似，而富贵应事不同。不要抛弃时间相同、地理不同的客观条件。即使是相同的八字，生活在战争岁月与和平年代也是不同的，要视不同的时空变化（包括自然的和社会的条件）而论。老子曰：人法地，地法天，天法道，道法自然。只有了解自然，符合自然，才能推演自然时空，作出准确分析，准确预测。一个不了解自然、时空变化的预测师，就不能准确推演自然，对应人文。

我们要想知道五行气场的旺衰，就必须知道时间与空间是决定一切五行旺衰的关键。也就是说不同的空间，即使在相同的时间内，它们的五行旺衰是不相同的。"帝载"者地支负载天干也，代表着空间、地理的存在；"神功"者时间也，它表示月令、时辰。这里，我们应该明白一切事物都是在空间、时间内产生和演变的，要确定五行的旺衰，就要先看日干所处的空间位置（日支）。天干的坐支空间不同，则天干的阴阳性质不同。往往大家只注意天干的存在，而忽视了地支决定天干性质的重要性。重"字"面，轻阴阳，这点可以说是古今命理的误区所在。在相同的时间内，如果空间不同，五行的旺衰也是不相同的，我们必须视不同的空间与时间的组合来决定五行的旺衰。故云"得时不旺，失时不衰"。

万法归宗，"宗"在何处？宗就在时空组合，就在阴阳对立统一。

# 第二节　地　道

坤元合德机缄通，五气偏全定吉凶。

原注：地有刚柔，故五行生于东南西北中，与天合德，而感其机缄之妙。赋于人者，有偏全之不一，故吉凶定于此。

任注："大哉乾元，万物资始"，"至哉坤元，万物资生"，乾主健，坤主顺。顺以承天，德与天合；煦蕴覆育，机缄流通。特五行之气有偏全，故万物之命有吉凶。

赵注：坤元为地支，合德是指地支与天干的搭配关系，不同的干支组合决定着不同的信息。"坤元合德"之意出之《易经》"与天地合其德"。机缄通预示地支之间的作用关系也是决定吉凶信息的重要因素。所以不同的干支组合是通向辨证思维信息的桥梁。五气为五行，这里必须提醒，"五气"中气的物理性质是什么？"行"是"气"的物理表现，而不是本性。气的本性具有"寒暖燥湿"四种。寒暖燥湿的本意就是指，四季的温度变化。明白了这一点，你就知道了物理学是打开命理大门的金钥匙。为什么儒家讲"格物、致知"；道家讲"道法自然；佛家讲"明心见性"。明白了这些，你就会发现物理学是所有学科的基础来源。没有物象，理法又来自何处？

"偏全"是八字中五行的旺衰和有无，是分析信息吉凶的关键。地支五行的每一个信息取决于不同的组合与作用关系，也就是说地支的相互作用是真正吉凶的机关。只有熟知五行关系这个枢纽，才能开启八字预测干支旺衰吉凶的消息之门。

例如：为什么子卯论刑，子寅不论刑？子卯在什么情况下论刑？为什么巳申论合、寅巳申论刑？相冲与相克之间有什么区别？这些看似简单的问题，实际是很重要的。

同一天干与不同地支的组合，即使在旺衰相同的情况下，取用与信息分析会有很大的不同。五行的偏全是决定吉凶的又一个关键。偏为无，即八字中不见的字，因其不存在同样决定了不同的吉凶。八字用印，局中无印，定在印上不吉；用官，局中无官，就应官方面的凶。相反，忌财，局中财旺而为全，则这个全为凶；印比为忌，八字的印比全也是凶。所以说五行十神的偏全也是决定吉凶的关键。天道、地道虽然只有四句话，却包含了命理的精华，是八字预测的精神。

# 第三节　人　道

戴天履地人为贵，顺则吉兮凶则悖。

原注：万物莫不得五行而戴天履地，惟人得五行之全，故为贵。其有吉凶之不一者，以其得于五行之顺与悖也。

任注：人居覆载之中，戴天履地，八字贵乎天干地支顺而不悖也。顺者接续相生，悖者反克为害，故吉凶判然。如天干气弱，地支生之，地支神衰，天干辅之，皆为有情而顺则吉；如天干衰弱，地支抑之，地支气弱，天干克之，皆为无情而悖则凶也。假如干是木，畏金之克，地支有亥子生之；支无亥子，天干有壬癸以化之；干无壬癸，地支有寅卯以通根；支无寅卯，天干有丙丁以制之，木有生机，吉可知矣。若天干无壬癸，而反透之以戊己；支无亥子寅卯，而反加之以辰戌丑未申酉，党助庚辛之金，木无生理，凶可知矣。馀可类推。凡物莫不得五行，戴天履地，即羽毛鳞蚧，亦各得五行专气而生，如羽虫属火，毛属木，鳞属金，介属水。惟人属土，土居中央，乃木火金水中气所成，独是五行之全，为贵。是以人之八字，最宜四柱流通，五行生化，大忌四柱缺陷，五行偏枯。谬书妄言四戊午者，是圣帝之造，四癸亥者，是张桓侯之造，究其理皆后人讹传。余行道以来，推过四戊午、四丁未、四癸亥、四乙酉、四辛卯、四庚辰、四甲戌者甚多，皆作偏枯论，无不应验。同邑史姓者有四壬寅者，寅中火土长生，食神禄旺，尚有生化之情，而妻财子禄，不能全美，只因寅中火土之气，无从引出，以致幼遭孤苦，中受饥寒；至三旬外，运转南方，引出寅中火气，得际遇，经营发财；后竟无子，家业分夺一空。可知仍作偏枯论也。由此观之，命贵中和，偏枯终于有损；理求平正，奇异不足为凭。

赵注：人头顶蓝天，脚踩大地，是一切生命的主宰。八字上占天时下占地利就有贵气可言。如果人能顺应自然理法，适时进退，就会应吉；如果违背自然理法，就是逆，就会应凶。

"戴天履地人为贵"深层的意思是指，天干与地支、地支人元的信息沟通，天干为用，得地支中人元相助，必然应吉大；如果天干为用，地支不载，必不应吉。地支为用，天干盖头，属性不能发挥，难以发用。

干支之间的搭配是决定吉凶的关键，干支的用神搭配顺应日元的需求则应吉，不能顺应日元的喜忌则应凶。"富贵在天"，在于天干为用紧贴日干。戴天是天干为用透出，人能戴上天干用神这顶帽子，就是"富贵天干定"的意思。而履地的意思是履为鞋，为地支，八字用神透干，而地支力量强大，支持这一八字组合的人才能富贵。如果天干为忌神透干紧贴日主，同时又得坐支之助，那么人怎得富贵？天干为用，地支生扶，天干为忌，地支抑之，日主才能富贵可求。"顺则吉兮逆则悖"，天干地支的作用能顺日主之喜忌，而不违背日主的喜忌，那么应吉。相反天干地支的作用与日主的喜忌相违背是大凶的组合。"顺则吉兮逆则悖"还有更深的现实意义，就是一个人不论生存在任何时代，都要顺应当时的社会潮流，不要违背现实。试想一个顺应当时的社会潮流，又占据优越的地理位置，就好比当今的开放城市，你到那里投资，就是具备了天时地利，怎么会不发财呢？这是顺应自然，利用自然。同样，八字只有得天地用神气势相配，才能富贵。天干甲乙为用透干，地支有寅卯为根，天干力量强大，应吉程度加大，而甲乙为忌，坐下申酉金抑制，天干的为凶信息减弱，是天地不悖。日干的用神戴天履地，是人富贵的标志。

# 第四节　知　命

要与人间开聋聩，顺逆之机须理会。

原注：不知命者如聋聩，知命于顺逆之机而能理会之，庶可以开天下之聋聩。

任注：此言有至理，惟恐后人学命，不究顺悖之机。妄谈人命，贻误不浅，混看奇格异局，一切神杀，荒唐取用，桃花咸池，专论女命邪淫，受责鬼神；金锁铁蛇，谬指小儿关煞，忧人父母；不论日主之衰旺，总以财官为喜，伤杀为憎，定人终身；不管日主之强弱，尽以食印为福，枭劫为殃，不知财官等名，为六亲取用而列，竟认作财可养命，官可荣身，何其愚也！如财可养命，则财多身弱者，不为富屋贫人，而成巨富；官可荣身，则身衰官重者，不至夭贱，而成显贵。余详考古书，子平之法，全在四柱五行。察其衰旺，究其顺悖，审其进退，论其喜忌，是谓理会。至于奇格异局，神煞纳音诸名目，乃好事妄造，非关命理休咎。若据此论命，必至以正为谬，以是为非，讹以传讹，遂使吉凶之理，昏昧难明矣。书云："用之为财不可劫，用之为官不可伤，用之印绶不可坏，用之食神不可夺。"此四句原有至理，其要在一"用"字。无知学命者，不究"用"字根源，专以财官为重，不知不用财星尽可劫，不用官星尽可伤，不用印绶尽可坏，不用食神尽可夺。顺悖之机不理会，与聋聩何异？岂能论吉凶，辩贤否，而有功於世哉！反误世惑人者多矣！

赵注：世人要想知道人的富贵穷通，就应该知道天道、地道、人道的规律，其规律就是五气的旺衰和顺逆。五气有情，顺应日干之所需，排斥日干之所忌为顺，人必富贵。

而今人论命不分五行喜忌和作用关系之不同，不究五行顺逆、属性之机缄，而以神杀、格局论命，不论五行之"偏全"、地支之"合德"，妄谈命理，贻误后学。这里的顺逆之机，并不是单指原局的喜忌是否符合日干，同时还有行运的顺逆，你想过同样的八字行运顺逆的不同吗？你知道亥子丑顺行和逆行有什么区别吗？同时还有顺应社会时代。现在已是市场经济时代，你还坐在家中，天上是不会掉菜饼的，要有也是毒药。我们顺应时代走出家门，到经济大潮中去拼搏是顺，坐在家中无所作为是逆。我们做到人人"知命"，不可逆势（运）而为。

子平之法论命，以天干地支五行配合为主，察其旺衰，看其合德，究其顺逆，研其进退。以"顺逆偏全"论其喜忌，是谓"理会"。如世人学习命理能知天地与人顺逆之理，而天下之易理尽在其中。"法无定法，法外无法"，周易的易理不变，而天地五行之气在变，八字格局一字之差，失之千里，并非夸大其辞。命理的关键在于一个"用"字，八字需要五行之气中和流通，这里的用不是强调旺弱，而是命局的中和状态，不用者多余也，命局官杀并见，制之一个又何妨？命理的关键在于"用"与"不用"之间。"损有余，补不足"，命理千卷不离左右。

# 第五节　理　气

理承气行岂有常，进兮退兮宜抑扬。

原注：阖辟往来皆是气，而理行乎其间。行之始而进，进之极则为退之机，如三月之甲木是也；行之盛而退，退之极则为进之机，如九月之甲木是也。学者宜抑扬其浅深，斯可以言命也。

任注：进退之机，不可不知也。非长生为旺，死绝为衰，必当审明理气之进退，庶得衰旺之真机矣。凡五行旺相休囚，按四季而定之。将来者进，是谓相；进而当令，是谓旺；功成者退，是谓休；退而无气，是谓囚。须辨其旺相休囚，以知其进退之机。为日主，为喜神，宜旺相，不宜休囚；为凶煞，为忌神，宜休囚，不宜旺相。然相妙于旺，旺则极盛之物，其退反速，相则方长之气，其进无涯也。休甚乎囚，囚则既极之势，必将渐生；休则方退之气，未能遽复也。此理气进退之正论也，爰举两造为例。

赵注：此段任氏句句真言道破旺衰真机，五行之气是时序（节气）的变化，不分阴干阳干，按四季变化而定。八字预测是以天干为灵魂，模拟生存在地球上的时空变化，地球上的时令与空间变化决定了天干在地支上的旺衰、吉凶。大运的正行、反行，

195

都是在表示气的进退，要想学好命理，不知道地气的循环规律是不行的。我们就拿相同的八字，生在上元甲子年辰月谷雨前，和生在现在甲子年辰月谷雨后，此时月令的进退理气是不同的，那么涉及的旺衰吉凶也就有了本质性的区别。前则乙木值令，后者戊土值令，值令者不同气则不同也。

再者理论的形成应用，是根据不同的气场与空间变化而定。所有的理论是依据不同的气行变化，五行之间的生克关系，不是简单的生克顺序，是依据不同的气场而定。理没有固定常规，只有依格局气变而定。气场的变化，决定了阴阳的进退，决定了命局阴阳气场的喜抑喜扬。所有的断语应用，都有相对应的组合。不是断语适用于所有命局，只有依据不同的阴阳组合，来应用对应的断语，否则"刻舟求剑，离题万里"。老子曰：道，可道，非常道。为什么称之为"非常道"。不就是因为"变"吗？故曰"理承气行岂有常"。

例：丁亥　庚戌　甲辰　壬申

大运：己酉　戊申　丁未　丙午　乙巳　甲辰　癸卯　壬寅

甲木休困已极，庚金禄旺克之，一点丁火，难以相对，加之两财生杀，似乎杀重身轻，不知九月甲木进气，壬水贴身相生，不伤丁火。丁火虽弱，通根身库，戌乃燥土，火之本根，辰乃湿土，木之余气。天干一生一制，地支又遇长生，四柱生化有情，五行不争不妒。至丁运科甲连登，用火敌杀明矣。虽久任京官，而宦资丰存，皆一路南方运也。

赵注：甲辰日元生于庚戌月，九月壬癸进气，年支亥水时透壬水，壬水旺阴气必旺，甲木少阳之气弱，辰土阳气为用。运喜南方阳地。久任京官，而宦资丰存，皆一路南方运也。

这里任氏"用火敌杀"是错误的，这也与他后面的运年作用的相关论述相矛盾。此造中任氏用了"甲木九月进气"之说，有道理，但是应用不到位。

# 第六节　配　合

配合干支仔细详，定人福祸与灾祥。

原注：天干地支，相为配合，仔细推详其进退之机，则可以断人之祸福灾祥矣。

任注：此章乃辟谬之要领也。配合干支，必须正理搜寻详推，与衰旺喜忌之理，不可将四柱干支弗论，专从奇格、异局、神杀等类妄谈，以致祸福无凭，吉凶不验。命中至理，只存用神，不拘财、官、印绶、比劫、食伤、枭杀，皆可为用，勿以名之美者为佳，恶者为憎。果能审日主之衰旺，用神之喜忌，当抑则抑，当扶则扶，所谓去留舒配，取裁确当，则运途否泰，显然明白，祸福灾祥，无不验矣。

赵注：天干主时，地支主位。天干、地支的气场配合，是判定吉凶的关键，如以神煞格局论命，只怕是吉凶不验。不能对日主的吉凶富贵进行评定，也就不能指点迷津。天干地支的作用关系是定准吉凶的标准，是定财官伤印吉凶的法官。不能以简单的旺衰、喜忌统一而论，只有干支配合与原局阴阳搭配，才是分析信息的唯一天平。喜水，如果遇到壬午、癸巳、壬寅、癸卯这样的水怎么会起作用？用金遇到丙申、丁酉、甲申、乙酉，此时的金又怎么能发力？干支的配合在分析命局信息，大运、流年的吉凶判定中起到至关重要的作用。天干的透出发用或隐藏支中发用都是由不同的干支组合决定的。干支组合的阴阳属性是决定吉凶信息的重要参照，干支阴阳属性不同则决定了作用关系的不同。子卯刑、卯子刑在什么条件下成立？甲子、丙子、戊子、庚子、壬子五种组合不同的子水，在遇到卯木时的作用相同吗？相同的干支组合，在不同的时间下，表达的十神性质也在发生变化。就甲子而言，如果在冬天，寒水阴气太重，此时的子水怎么可以作为甲木的印星呢？如果在夏天，暖气过旺，甲木必然需要子水滋润，怎么会不作印星看呢？所以，一切的信息变化都在随着时空的变化而发生着改变，如果我们不能很好地理解和应用这些基础理论，而是照搬死套，就永远不能突破"变易"的层次，又何谈准确预测、成为高手呢？

例：甲子　戊辰　庚申　壬午

大运：己巳　庚午　辛未　壬申　癸酉　甲戌　乙亥　丙子

此造以俗论之，干透三奇之美，支逢拱贵之荣，且又会局不冲，官星得用，主名利双收。然庚申生于季春，水本休囚，原可用官，嫌其支会水局，则坎增其势，而离失其威，官星必伤，不足为用。欲以强众敌寡而用壬水，更嫌三奇透戊，枭神夺食，亦难作用。甲木之财，本可借用，疏土卫水，泄伤生官，似乎有情，不知甲木退气，戊土当权，难以疏通。纵用甲木，亦是假神，不过庸碌之人。况运走西南甲木休囚之地，虽有祖业，亦一败而尽，且不免刑妻克子，孤苦不堪。以三奇拱贵等格论命，而不看用神者，皆虚谬耳。

赵注：此造庚申生于辰月午时，阳气偏旺则庚金必旺。应取年上子水为用。但是现在运行南方，午火必然更旺，子水甲木休囚无气，不能发用，虽有祖业，亦一败而尽，且不免刑妻克子。

此造也是属于阳旺再行南方阳旺之地的组合，何以不能用阳呢？关键在于日主本身，庚申日金旺必然，可是申日为阳退阴进的气场，对于年支的亥水属于进气，故只可用阴而不可顺阳。若是换做庚午、庚辰阳气上行的组合，则可顺阳宜可用阴。或者将申上配上一丙"丙申"，即使行南方之火也可顺势，这就是日主属性的重要意义所在！

干支配合相当重要，其配合是阴阳进退的表现，也是不同阴阳性质的表现。庚申相配为少阴之气的正配，而丙申体现申中的纯阳之气，与庚申不可同论。

# 第七节 体 用

道有体用，不可以一端论也，要在扶之抑之得其宜。

原注：有以日主为体，提纲为用。日主旺，则提纲之食神财官皆为我用；日主弱，则提纲有物，帮身以制其神者，亦皆为我用。提纲为体，喜神为用者，日主不能用乎提纲矣。提纲食伤财官太旺，则取年月时上印比为喜神；提纲印比太旺，则取年月时上食伤财官为喜神而用之。此二者，乃体用之正法也。有以四柱为体，化神为用，四柱有合神，即以四柱为体，而以化合之神可用者为用。有以化神为体，四柱为用，化之真者，即以化神为体，以四柱中与化神相生相克者，取以为用。有以四柱为体，岁运为用，有以喜神为体，辅喜神之神为用，所喜之神，不能自用以为体用辅喜之神。有以格象为体，日主为用者，须八格气象，及暗神，化神，忌神，客神，皆成一体段。若是一面格象，与日主无干者，或伤克日主太过，或帮扶日主太过，中间要寻体用分辨处，又无形迹，只得用日主自去引生喜神，别求一个活路为用矣。有以日主为用，有用过于体者。如用食财，而财官食神尽行隐伏，及太发露浮泛者，虽美亦过度矣。有用立而体行者，有体立而用行者，正体用之理也。如用神不行于流行之地，且又行助体之运则不妙。有体用各立者，体用皆旺，不分胜负，行运又无轻重上下，则各立。有体用俱滞者，如木火俱旺，不遇金土则俱滞，不可一端定也。然体用之用，与用神之用有分别，若以体用之用为用神固不可，舍此以别求用神又不可，只要斟酌体用真了。于此取紧要为用神，而二三四五处用神者，的非妙造，须抑扬其重轻，毋使有余不足。

任注：体者形象气局之谓也，如无形象气局，即以日主为体；用者用神也，非体用之外别有用神也。原注体用与用神有分别，又不详细载明，仍属模糊了局，可知除体用之外，不能别求用神。玩本文末句云，"要在扶之抑之得其宜"，显见体用之用，即用神无疑矣。旺则抑之，弱则扶之，虽不易之法，然有不易中之变易者，惟在审察"得其宜"三字而已矣。旺则抑之，如不可抑，反宜扶之；弱则扶之，如不可扶，反宜抑之。此命理之真机，五行颠倒之妙用也。盖旺极者抑之，抑之反激而有害，则宜从其强而扶之；弱极者扶之，扶之徒劳而无功，则宜从其弱而抑之。是不可以一端论也。

如日主旺，提纲或官或财或食伤，皆可为用；日主衰，别寻四柱干支有帮身者为用。提纲是禄刃，即以提纲为体，看其大势，以四柱干支食神财官，寻其得所者而用之。

如四柱干支财杀过旺，日主旺中变弱，须寻其帮身制化财杀者而用之。日主为体者，日主旺，印绶多，必要财星为用；日主旺，官杀轻，亦以财星为用。日主旺，比劫多，而无财星，以食伤为用；日主旺，比劫多，而财星轻，亦以食伤为用。日主旺，官星轻，印绶重，以财星为用；日主弱，官杀旺，则以印绶为用，日主弱，食伤多，亦以印绶为用；日主弱，财星旺，则以比劫为用。日主与官杀两停者，则以食伤为用；日主与财星均敌者，则以印比为用。此皆用神之的当者也。

如日主不能为力，合别干而化，化之真者，即以化神为体。化神有余，则以泄化神之神为用；化神不足，则以生助化神之神为用。

局方曲直五格，日主是元神，即以格象为体，以生助气象者为用，或以食伤为用，或以财星为用，只不宜用官杀。宜总视其格局之气势意向而用之，毋执一也。

如无格无局，四柱又无用神可取，即或取之，或闲神合住，或被冲神损伤，或被忌神劫占，或被客神阻隔，不但用神不能顾日主，而日主亦不能顾用神。若得岁运破其合神，合其冲神，制其劫占，通其阻隔，此谓岁运安顿，随岁运取用，亦不失为吉也。

原注云："二三四五用神，的非妙造"，此说大谬。只有八字，总去四五至为用神，则是除日干之外，只有两字不用，断无此理。总之有用无用，定有一个着落，确乎不易也。命中只有喜用两字，用神者，日主所喜，始终依赖之神也，除用神、喜神、忌神之外，皆闲神客神也，学者宜审察之。大凡天干作用，生则生，克则克，合则合，冲则冲，易于取材，而地支作用，则有种种不同者，故天干易看，地支难推。

赵注：任氏的注解可谓是命理精华，阐尽天机！体用是两个对立的主题，二者相辅相成，既对立又统一。体神是一个命局的原动力，没有原局的体神作为基础，就谈不到用神，只有体神的能量越大，但是用神一定有根得气，运至用神之方，一定是富贵可求。没有失衡的体，就没有平衡的用。在八字中虽言旺极喜泄，但金木与水火各有不同。金木为中气，旺极可以火水相泄。而水火不同，二者在阴阳两极，适应范围较小，应辨别对待，不可同论。

例：丙寅　甲午　丙午　癸巳

大运：乙未　丙申　丁酉　戊戌　己亥　庚子

此火长夏令，月支坐刃，年支逢生，时支得禄，年月两支，又透甲丙，烈火焚木，旺之极矣，一点癸水熬干，只得从其强势。运逢木火土，财喜频增；申酉运中，刑耗多端；至亥运，激火之烈，家业破尽而亡。所谓旺极者，抑之反激而有害也。

赵注：丙午日元，地支木火成气，天干癸水无气，只有顺应火势，火旺极，以生泄为用，不能见水，以免水激烈火。申、酉、戌运，少阴之气，还不足于火形成对立，至亥运，太阴之气与太阳之气相对立，水火不容，家业破尽。

例：庚寅　庚申　丙申　丙申

大运：辛酉　壬戌　癸亥　甲子　乙丑　丙寅

丙火生于初秋，秋金乘令，二申冲去一寅，丙火之根已拔，比肩亦不能为力。年月两干，又透土金，只得从其弱势，顺财之性，以比肩为病。故运至水旺之地，制去比肩，事业巍峨。丙寅帮身，刑丧破耗，所谓弱极者扶之，徒劳无功，反有害也。此等格局颇多，以俗论之，前造必以金水为用，此造必以木为用，以致吉凶颠倒，反归咎于命理无凭，故特书两造为后证云。

赵注：丙申日元生于申月申时，阳气偏旺，此时的阳气与巳月基本相似，故阳气以旺论。巳申相合，是因为它们气场相似。八字中不见午未之火，旺度不足，不喜欢阴寒之水太过，象壬子、癸丑等，当然若是日主出生于南地，也无所谓。早行水运制去比肩，事业发达。到丙寅运，丙火透阳气进，比劫帮身，不吉。此两造告诉我们一个道理：帮与不帮，克与不克，不是由简单的旺弱决定的，完全是由十神的旺衰程度、日元特性决定的。故言："扶之抑之得其宜"。

# 第八节　精　神

人有精神，不可以一偏求也，要在损之益之得其中。

原注，精气、神气皆元气也，五行大率以金水为精气，木火为神气，而土所以实之者也。有神足不见其精，而精自足者，有精足不见其神，而神自足者；有精缺神索，而日主虚旺者；有精缺神索，而日主孤弱者，有神不足而精有余者，有精不足而神有余者，有精神俱缺而气旺者；有精神俱旺而气衰者，有精缺得神以助之者，有神缺得精以生之者，有精助精而精反泄无气者，有神助神而神反毙无气者，二者皆由气以主之也。凡此皆不可以一偏求也，俱要损益其进退，不可使有过不及也。

任注：精者，生我之神也；神者，克我之物也；气者，本气贯足也。二者以精为主，精足则气旺，气旺则神旺，非专以金水为精气，木火为神气也。本文末句云："要在损之益之得其中"，显非金水为精，木火为神，必得流通生化，损益适中，则精气神三者备矣。细究之，不特日主用神体象有精神，即五行皆有也。有余者则损之，不足则益之，虽一定理，然亦有一定中之不定也，惟在审察"得其中"三字而已。损者，克制也；益者，生扶也。有余损之，也有余者宜泄之；不足益之，过不足者宜去之。此损益之妙用也。盖过于有余，损之反触其怒，则宜顺其有余而泄之；过于不足，益不受补，则宜从其不足而去之，是不可以一偏求也。总之精太足宜益其气，气太旺宜助其神，神太泄宜滋其精，则生化流通，神清气壮矣。如精太足，反损其气，气太旺，反伤其神，神太泄，反抑其精，则偏枯杂乱，精索神枯矣。所以水泛木浮，木无精神；木多火炽，火无精神；火炎土焦，土无精神；土重金埋，金无精神；金多水弱，水无

**精神**。原注以金水为精气，木火为神气者，此由脏而论也。以肺属金，以肾属水，金水相生，藏于里，故为精气，以肝属木，以心属火，木火相生，发于表，故为神气，以脾属土，贯于周身，土所以实之也。若论命中之表里精神，则不以金木水火为精神也，譬如旺者宜泄，泄神得为精足，此从里发于表，而神自足矣；旺者宜克，克神有力为神足，此由表达于里，而精自足矣，如土生于四季月，四柱土多无木，或干透庚辛，或支藏申酉，此谓里发于表，精足神定；如土多无金，或干透甲乙，或支藏寅卯，此谓表达于里，神足精安；土论如此，五行皆同，宜细究之。

赵注：精神者，命局中之关键者。精与神应为两个意思，精者，局中的最旺者，日主天生的能量聚集点也；神者，日元之所用之神。有精必有神，二者相互对应。一个人的命局中有多个信息，由于出生家庭与生存环境的限制，很多时候人的命运选择只能选择自己认为发展有利的方面，实际未必是命局中的精华所在。天生我材必有用，一个人的成功必然是发挥了它的优点与长处，命局中的精就是天地赋予的天赋，与生俱有，若是能将这一点发挥出来，人生多得是精彩。精既是体，神既是用。比如：癸巳甲子 丁酉 甲辰一乾造，子月酉日，阴气财官必旺，这就是精，官星得月令，将官的能量发挥出来，就是天赋自足。精神的关键在于"损之益之得其中"。任氏的损益之道解说精微，细细研悟，受益非浅。

例：癸酉　甲子　丙寅　戊戌

大运：癸亥　壬戌　辛酉　庚申　己未　戊午

此造以甲木为精，衰木得水滋，而逢寅禄为精足，以戊土为神，坐戌通根，寅戌拱之为神旺。官生印，印生身，坐下长生为气贯流通，生化五行俱足。左右上下情协不悖，官来能挡，劫来有官，食来有印，东西南北之运，皆可行也，所以一生富贵福寿，可谓美矣。

赵注：丙寅日元生于子月戌时，阴气必旺，以金水为精，寅木为神，五行流通有情，大运喜南方阳地而贵。子水当令，年上癸酉相辅，精有余，运到南方而贵，如无癸酉，至午运则损太过。子水为精有酉金发水之源，精有元神相助，寅木为神在座支，地支循环有情，自然是富贵可期！

例：癸未　乙卯　丙辰　庚寅

大运：甲寅　癸丑　壬子　辛亥　庚戌　己酉

此造以大势观之，官印相生，偏财时遇，五行不缺，四柱纯粹，俨然贵格，不知财官两字休囚，又遥隔不能相顾，支全寅、卯、辰。春土克尽，不能生金，金临绝地，不能生水，水之气尽泄于木，木之势愈旺而火炽，火炽则气毙，气毙则神枯。行运北方，又伤丙火之气，反助取木之精；即逢金运，所谓过于有余，损之反其怒触，以致终身碌碌，名利无成也。

赵注：丙辰日元生于乙卯月庚寅时，阳气旺，但是月日时三支不见巳午未之火，木旺少阳之气为精，丙火不足，应以少阴之气为用，行运水地丙火难以承受水的克制，也就违背了"损之益之得其中"的法则，不能显贵。此造如果以火旺喜官杀为用则错矣。当然，从出生地域来讲，若是出生于南地，以地域补其阳气的不足，运行北方也会小富贵矣！

# 第九节　中　和

既识中和之正理，而于五行之妙，有全能焉。

原注：中而且和，子平之要法也："有病方为贵，无伤不是奇"，举偏而言之也。至于"格中如去病，财禄两相宜"，则又中和矣。到底中和，乃为至贵。若当令之气数，或身弱而财官旺地，取富贵不必于中也；用神强，取富贵而不必于和也；偏其古怪，取富贵而不必于中且和也。何也？以天下之财官，止有此数，而天下之人材，惟此时为最多，皆尚于奇巧也。

任注：中和者，命中之正理也。既得中和之正气，又何患名利之不遂耶？夫一世优游，无抑郁而畅遂者，少险阻而迪吉者，为人孝友而无骄谄者，居心耿介而不苟且者，得中和之正气也。至若身弱而旺地取富贵，身旺而弱地取富贵者，必四柱有所缺陷，或财轻劫重，或官衰伤旺，或杀强制弱，或制强杀弱，此等虽不得中和之理，其气却亦纯正，为人恩怨分明，惟柱中所有缺陷，或运又违，因而妻子财禄，各有不足，如财轻劫重妻不足，制强杀弱子不足，官衰伤旺名不足，杀强制弱财不足，其人或志高傲物，虽贫无谄，后至岁运，补其不足，去其有余，乃得中和之理，定然起发于后，有第见富贵而生谄容，遇贫穷面作骄态者，必四柱偏气古怪五行不得其正，故心事好贪，作事侥幸也。若所谓"有病有药，吉凶易验，无病无药，祸福难推"，此论仍失之偏。大凡有病者显而易取，无病者隐而难推。然总以中和为主，犹如人之无病，由四肢健量，营卫调和，行止自如，诸多安适；设使有病，则忧多乐少，举动艰难，如无良药医之岂不为终身之患乎？

赵注：八字五行中和者并不见得都是贵格，而是既要中和还要组合好。五行中和流通者都是贵格，这类组合往往都不忌任何行运，岁运中任何五行出现，都能流通转化，打破不了原始的组合。大家往往把旺弱作为衡量用神、忌神的砝码，未免有些以偏代全。在确定日元与各个十神之间的关系时，要先以日元的旺衰为基点，与各十神的独立旺衰单独对比。不要把身弱印比都是用神、身旺财官伤都是用神，与身旺印比为忌神、身弱财官伤都是忌神，综合在一起相混淆了。各个十神分别代表着日元的不同信息，日元相对于官杀弱，可是相对于财星还是旺的，官上不吉，不能表示财上也不吉，当然也要看财官的组合。如果官杀旺，财再滋杀，不吉；如果财不生官，财不会应凶。只要是十神与日元相比，处在中和之间就应吉。细细领悟任氏关于中和与病药的阐述，受益颇多。

例：辛巳　甲午　癸卯　癸亥

大运：癸巳　壬辰　辛卯　庚寅　己丑　戊子

癸卯日元，生于亥时，日主之气已贯，喜其无土，财旺自能生官。更妙巳亥遥冲，去火存金，印星得用，木火受制，体用不伤，中和纯粹。为人智识深沉，器重荆山璞玉，才华卓越，光浮鉴水珠玑。庚运助辛制甲，自应台曜高躔，朗映紫薇之彩，鼎居左列，辉腾廊庙之光。微嫌亥卯拱木，木旺金衰，未免嗣息艰难也。此莫宝斋先生造。

赵注：午火当令，坐下卯木，时辰癸亥，可是年支巳火，相对火势偏旺，时上癸亥相助，运行北方，金水透出，得以荣华富贵。至于不利子嗣则不可同论。

例：己酉　丙子　癸未　戊午

大运：乙亥　甲戌　癸酉　壬申　辛未　庚午

此王观察造，癸日子月，似乎旺相，不知财杀太重，旺中变弱，局中无木，混浊不清，阴内阳外之象。月透财星，其心意必欲爱之；时逢官杀，其心志必欲合之。所以权谋异众，才干过人，出生末微，心术不端。癸酉得逢际遇，由佐二至观察，奢华逢迎，无出其右；至未运不能免祸。所谓欲不除，似蛾扑灯，焚身乃止，如猩嗜酒，鞭血方休。

赵注：癸未日生于子月当令而旺，可是时上戊午年上己土，火土势旺，反喜金水为用。早年金水旺地无事，后运辛未，土旺癸水受伤不禄。

# 第十节　月　令

月令乃提纲之府，譬之宅也，人元为用事之神，宅之定向也，不可以不卜。

原注：令星乃三命之至要，气象得令者吉，喜神得令者吉，令其可忽乎？月令如人之家宅，支中之三元，定宅中之向道，不可以不卜。如寅月生人，立春后七日前，皆值戊土用事；八日后十四日前者，丙火用事；十五日后，甲木用事。知此则可以取格，可以取用矣。

任注：月令者，命中之至要也。气象、格局、用神，皆属提纲司令，天干又有引助之神，譬如广厦不移之象。人元用事者，即此月此日之司令神也，如宅中之向道，不可不卜。《地理玄机云》云："宇宙有大关会，气运为主；山川有真性情，气势为先"。所以天气动于上，而人元应之，地气动于下，而天气从之。由此论之，人元司令，虽助格辅用之首领，然亦要天地相应为妙。故知地支人元必得天干引助，天干为用，必要地支司令。总云人元必须司令，则能引吉制凶；司令必须出现，方能助格辅用。如寅月之戊土，巳月之庚金，司令出见，可置弗论也，譬如寅月生人，戊土司令，甲木虽未及时，戊土虽则司令，天干不透火土而透水木，谓地衰门旺；天干不透水木而透火土，谓门旺地衰，皆吉凶参半。如丙火司令，四柱无水，寒木得火而繁化，相火得木而生助，谓门地两旺，福力非常也，如戊土司令，木透干，支藏水，谓门地同衰，祸生不测矣。余月依此而论。

赵注：月令者当令之神，气象，格局，皆属提纲司令。如八字得月令人元之气为用，又配以天干相应，时辰相辅无不为贵格。月令在确定格局中，起到至关重要的作用。如果月令处在阴阳极点与阴阳的中气，选择用神与行运是不同的。

例：甲戌　丙寅　戊寅　丙辰

大运：丁卯　戊辰　己巳　庚午　辛未　壬申

戊寅日元，生于立春十五日后，正当甲木司令，地支两寅紧克辰戌之土，天干甲木，又制日干之戊，似乎煞旺身弱。然喜无金，则日元之气不泄，更妙无水，则丙火之印不坏，尤羡贴身透丙，化杀生身。由甲榜而悬青绶，从副尹以跻黄堂，名利双收也。

赵注：戊寅日元生于丙寅月，官杀当令而旺，但寅中丙火透出，生于丙辰时，丙火进气可用，官印相生反为美事，加之大运行南方火地，名利双收。

例：甲戌　丙寅　戊辰　庚申

大运：丁卯　戊辰　己巳　庚午　辛未　壬申

戊辰日元，生于立春后六日，正戊土司令，月透丙火，生化有情，日支坐辰，通根身旺，又得食神制杀。俗论比之，胜于前造，不知嫩木寒土皆喜火，况杀既化，不宜再制。所嫌者，申时不但日主泄气，而且丙火临绝，以致书香难遂，一生起倒不宁，半世刑丧不免也。

赵注：戊辰日元生于丙寅月，官杀当令丙火透出，似是贵格。前者辰时丙火进气，后者申时，丙火退气，一进一退天壤之别。再者戊寅日与月令寅木通气，木气必旺。后者戊辰日，而阳气进，戊辰之旺必大于前者，再行运南方，则太过，此组合之妙。故曰："气象规模，乃富贵穷通之纲领。"两造虽是相同，时辰不同，格局有高低有分。

# 第十一节　生　时

生时乃归宿之地，譬之墓也，人元为用事之神，墓之定方也，不可以不辨。

原注：子时生人，前三刻，三分壬水用事；后四刻，七分癸水用事。评其与寅月生人，戊土用事何如，丙火用事何如，甲木用事何如，局中所用之神，与壬水用事者

何如，癸水用事者何如，穷其浅深如坟墓之定方道，斯可以断人之祸福。至同年同月日而百人各一应者，当究其时之先后，又论山川之异，世德之殊，十有九验，其有不验者，不过此则有官，彼则子多，此则多财，彼则妻美，为人异耳。夫山川之异，不惟东西南北，迥乎不同者，宜辨之，即一邑一家，而风声气习，不能一律也。世德之殊，不惟富贵贫贱，绝乎不侔者宜辨之，即同门共户，而善恶邪正，不能尽齐也。学者察此，可以知其与替矣。

任注：子时前三刻三分壬水用事者，乃亥中余气，即所谓夜子时也，如大雪十日前壬水用事之谓也。余时亦有前后用事，须从司令一例而推。如生时用事，与月令人元用事相附，是日主之所喜者，加倍兴隆；是日主之所忌者，必增凶祸。生时之美恶，譬坟墓之穴道；人元之用事，如坟墓之朝向。不可以不辨。故穴吉向凶，必减其吉；穴凶向吉，必减其凶。如丙日亥时，亥中壬水，乃丙之煞，得甲木用事，谓穴凶向吉；辛日未时，未中己土，乃辛金之印，得丁火用事，谓穴吉向凶。理虽如此，然时之不的当者，十有四五；夫时尚有不的，又何能辨其生克乎？如果时的，纵不究其人元，亦可断其规模矣。譬如天然之龙，天然之穴，必有天然之向；天然之向，必有天然之水，只要时支不错，则吉凶自验。其人元用事，到底不比提纲司令之为重也；至于山川之异，世德之殊，因为发福有厚薄，见祸有重轻，而况人品端邪，亦可转移祸福，此又非命之所得而拘者矣。宜消息之。

赵注：生时相当重要，如果月令不是透出本气为用神者，必要生时相配，因为只有生时，是表示天象的终点。丙寅月，寅中丙火透出为用，必要辰、巳、午、未之时丙火得其一，如不在此时辰，丙火即使为用，也难发贵。如果是甲寅月，甲木为用，才不用考虑时辰的配合问题；戊寅月戊土为用，必在辰、戌之时，戊土有本气才贵。故曰："生时乃归宿之地，譬之墓也，人元为用事之神，墓之定方也，不可不辨。"

# 第十二节　衰　旺

能知衰旺之真机，其于三命之奥，思过半矣。

原注：旺则宜泄宜伤，衰则喜帮喜助，子平之理也。然旺中有衰者存，不可损也；衰中有旺者存，不可益也。旺之极者不可损，以损在其中矣；衰之极者不可益，以益在其中矣。至于实所当损者而损之，反凶；实所当益者而益之，反害，此真机，皆能知之，又何难于详察三命之微奥乎？

任注：得时俱为旺论，失令便作衰看，虽是至理，亦死法也。夫五行之气，流行于四时，虽日干各有专令，而其实专令之中，亦有并存者在，如春木司令，甲乙虽旺，而此时休囚之戊己，亦未尝绝于天地也；冬水司令，壬癸虽旺，而此时休囚之丙丁火，亦未尝绝于天地也。物时当退避,不敢争先,而其实春土何尝不生万物,冬日何尝不照万国乎?况八字虽以月令为重,而旺相休囚,年日时中,亦有损益之权,故生月即不值令,亦能值年值日值时,岂可执一而论?有如春木虽强,金太重而木亦危;干庚辛而支申酉,无火制而不富,逢土生而必夭,是得时不旺也。秋木虽弱,木根深而木亦强,干甲乙而支寅卯,遇官透而能受,逢水生而太过,是失时不弱也。是故日干不论月令休囚,只要四柱有根,便能受财官食神而当伤官七杀。长生禄旺,根之重者也;墓库余气,根之轻者也。天干得一比肩,不如地支得一余气墓库。墓者,如甲乙逢未,丙丁逢戌,庚辛逢丑,壬癸逢辰之类是也。余气者,如丙丁逢未,甲乙逢辰,庚辛逢戌,壬癸逢丑之类是也,得二比肩;不如支中得一长生禄旺,如甲乙逢亥寅卯之类是也。盖比肩如朋友之相扶,通根如家室之可托,干多不如根重,理固然也。今人不知此理,见是春土夏水秋木冬火,不问有根无根,便谓之弱;见是春木夏火秋金冬水,不究克重克轻,便谓之旺,更有壬癸逢辰,丙丁逢戌,甲乙逢未,庚辛逢丑之类,不以为通根身库,甚至求刑冲以开之,竟不思刑冲伤吾本根之气。此种谬论,必宜一切扫除也。然此皆论衰旺之正面,易者也,更有颠倒之理存焉,其理有十:木太旺者而似金,喜火之炼也;木旺极者而似火,喜水之克也。火太旺者而似水,喜土之止也;火旺极者而似土,喜木之克也。土太旺者而似木,喜金之克也;土旺极者而似金,喜火之炼也。金太旺者而似火,喜水之济也;金旺极者而似水,喜土之止也。水太旺者而似土,喜木之制也;水旺极者而似木,喜金之克也。木太衰者而似水也,宜金以生之;木衰极者而似土也,宜火以生之。火太衰者而似木也,宜水以生之;火衰极者而似金也,宜土以生之。土太衰者而似火也,宜木以生之;土衰极者而似水也,宜金以生之。金太衰者而似土也,宜火以生之;金衰极者而似木也,宜水以生之。水太衰者而似金也,宜土以生之;水衰极者而似火也,宜木以生之。此五行颠倒之真机,学者宜细详玄玄之妙。

赵注:任氏的旺衰解释,可谓是精确到位。八字旺衰虽然重月令,可是并不是完全由月令说了算,年日时得印比禄刃同样以旺论。总之一句话:八字中多者旺,少者弱,中和的情况下力量对比得地、得令大于得时。再者五行旺、过旺与弱、弱极不受生扶的取用,大运对命局的变化影响,都是至关重要的。五行颠倒之理可以归纳为"太旺喜泄,旺极喜生;太衰宜克,衰极宜泄。"

例:甲辰 丁卯 甲子 戊辰

大运:戊辰 己巳 庚午 辛未 壬申 癸酉

甲子日生卯月,地支两辰,是木之余气也,又辰卯东方,子辰拱水,木太旺者似金也,以丁火为用。至巳运,丁火临旺,名列宫墙;庚辛两运,南方截脚之金,虽有刑耗,而无大患;未运克去子水,食廪天储;午运子水冲克,秋闱失意;壬申运金水齐来，刑妻克子，破耗多端；癸运不禄。

赵注：甲子日元生于丁卯月，卯木当令，甲木必旺，喜火为用，但是二月甲木必要子时滋润才能长久，也就是说"子水"是日干的体神，万万不可伤。己巳运火得用，名列宫墙。庚午运阳气太过，秋闱失意。未运食廪天储。至壬申、癸酉运，金水又来，丁火受伤，破耗多端。损之益之得其中，实乃真理也！

例：癸卯　乙卯　甲寅　乙亥

大运：甲寅　癸丑　壬子　辛亥　庚戌　己酉

此造四支皆木，又逢水生，六木两水，别无它气。木旺极者，似火也，出身祖业本丰。惟丑运刑伤，壬子水势乘旺，辛亥金不通根，支逢水旺，此二十年经营，获利数万；一交庚戌，土金并旺，破财而亡。

赵注：甲寅日元生于乙卯月，木旺极也，可以水火并用，行运南北。但是原局中有亥水，而不见丙丁巳午之火，大运北方，水木成局，壬子、辛亥水木相生，经营获利。一交庚戌，不是金旺，是因为八字原局中不见火，倒行大运庚戌运，火气进，反而违背了甲木的阴寒之气。此造水木成势不见火金，反以火金为忌，有人会说旺极可泄可生，但这只是片面，是生是泄还得看组合。

例：乙丑　甲申　甲申　辛未

大运：癸未　壬午　辛巳　庚辰　己卯　戊寅

此造地支土金，木无盘根之处，时干辛金，元神发透，木太衰者，似水也，初运癸未壬午，生木制金，刑丧早见，荫疵难丰；辛巳庚辰，金逢生地，白手发财数万；己卯运土无根，木得地，遭回禄，破财万余；至寅而亡。

赵注：甲申日元生于甲申月，甲木似弱。申月水进气，年上乙丑，木进气，但阳气仍旺。阴阳二气处在不相上下之间。癸未、壬午运，阳气太过，刑丧早见。辛巳、庚辰中气得用，白手发财数万。己卯运，阴气进，遭回禄。

例：己巳　己巳　乙酉　丙戌

大运：戊辰　丁卯　丙寅　乙丑　甲子　癸亥

此造地支皆逢克泄，天干又透火土，全无水气。木衰极者，似土也。初交戊辰丁运，获丰厚之荫疵，美景良多；卯运椿萱并谢；丙运大遂经营之愿，获利万金；寅运克妻破财，又遭回禄；乙丑支全金局，火土两泄，家业耗散；甲子北方水地，不禄宜矣。

赵注：乙酉日元弱，但是火势不足，只可用木不可用水。丁卯运阳气仍旺未免刑克。大运提示走势，流年决定吉凶。乙丑运水进气，抑制太过，家业耗散。

赵注：任氏的很多套用是错误的，因为他偏离了阴阳气场的转化规律，似乎想用格局来说明问题，这不能不说是误区。任氏对此书的疏解，把自己的很多理论置之一边，从而成为空谈。象干支组合的不同应用，以及病药不同的应用等，任氏只作理论阐述，在实际的命例分析中，没有应用自己的理论，故谓之"空谈"，也给广大学者带来迷惑。记住：学好命理，只有从"阴阳"入手，才能进入佳境。

## 第十三节　寒　暖

天道有寒暖，发育万物，人道行之，不可过也。

原注：阴支为寒，阳支为暖；西北为寒，东南为暖；金水为寒，木火为暖，得气之寒，遇暖而发；得气之暖，逢寒而成。寒之甚，暖之至，内有一二成象，必无好处，若五阳逢子月，则一阳之候，万物怀胎，阳乘阳位，可东可西；五阴逢午月，则一阴之候，万物收藏，阴乘阴位，可南可北。

任注：寒暖者，生成万物之理也，不可专执西北金水为守则，东南木火为暖。考机之所，由变上升，必变下降，收合必变开辟，然质之成，由于形之机；阳之生，必有阴之位，阳主生物，非阴无以成，形不成，亦虚生；阴主成物，非阳无以生，质不生，何由成？惟阴阳中和变化，乃能发育万物，若有一阳而无阴以成之，有一阴而无阳以生之，是谓鳏寡，无生成之意也。如此推详，不但阴阳配合，而寒暖亦不过矣。竟四时之序，相生而成，岂可执定子月阳生，午月阴生而论哉？本文末句"不可过也"，适中而已矣。寒虽甚，要暖有气，暖虽至，要寒有根，则能生成万物。若寒甚而暖无气，暖至而寒无根，必无生成之妙也。是以过于寒者，反以无暖为美；过于暖者，反以无寒为宜也。盖寒极暖之机，暖极寒之兆也，所谓阴极则阳生，阳极则阴生，此天地自然之理也。

赵注："不可太过"就是要掌握，忌神与用神之间的气场阶段。也就是《知易命理心法》提到的"界内界外"。界外就是超过了的阶段。从物理学角度讲，就是气场超过了日元的需要点。

也就是说，不管在任何条件下，都不能违反"损有余，补不足"原则。如违反这个原理则为"过"也。

例：甲申　丙子　庚辰　戊寅

大运：丁丑　戊寅　己卯　庚辰　辛巳　壬午

此寒金冷水，木凋土寒，若非寅时，则年月木火无根，不能作用矣，所谓寒虽甚，要暖有气也。由此论之，年重者寅也，地气上升，木火绝处逢生，一阳解冻。然不动丙火亦不发，妙在寅申遥冲，谓之动，动则生火矣。凡四柱紧冲为克，遥冲为动，更喜运走东南，科甲出身，仕至黄堂，所谓"得气之寒，遇暖而发"，此之谓也。

赵注：庚辰日元生于丙子月，水寒金冷，辰土生金，月干丙火调候，生于戊寅时，阳气生。运行东南火地，科甲出身。虽取丙火调候，但要首知日元庚辰由年支申金相助，日元不弱，足以用财官。

例：己酉　丙子　庚辰　甲申

大运：乙亥　甲戌　癸酉　壬申　辛未　庚午

此亦寒金冷水，土冻木凋，与前大同小异，前则有寅木，火有根，此则无寅木，火临绝，所谓寒甚而暖无气，反以无暖为美，所以初运乙亥，北主水地，有喜无忧；甲戌暗藏丁火，为丙火之根，刑丧破耗；壬运克去丙火，入申运食廪，癸酉财业日增，辛未运转南方，丙火得地生根，破耗多端；庚午运逢寅年，木火齐来，不禄。

赵注：此造与上造似乎相同，但此造甲申时，又助庚金，庚金不弱反旺，反喜子水为用，而忌丙火。故初行北方水运，有喜无忧。甲戌运，丙火进气，刑丧破耗。壬申、癸酉运家业日增。辛未、庚午运转南方，丙火得根，子水受伤，不禄。

前后两造似乎相同，何以吉凶不同？关键在时辰不同，前者戊寅时，不能助金反喜南方之运。而后者甲申时，金由弱变旺，必以月令子水为用，而忌南方之火，故早运反吉，运至未，克伤子水，破耗多端，午运冲破子水，不禄。

例：丁丑　丙午　丙午　壬辰

大运：己巳　甲辰　癸卯　壬寅　辛丑　庚子

此火焰南离，重逢刃刃，暖之至矣。一点壬水，本不足以制猛烈之火，喜其坐辰，通根身库；更可爱者，年支丑土，丑乃北方湿土，能生金晦火而蓄水，所谓暖虽至而寒有根也。科甲出身，仕至封疆，微嫌运途欠畅，多于起伏也。

赵注：丙午日元生于丙午月火势旺，年有丁丑，时有壬辰，暖虽至而寒有根。后运寒湿之地，仕至封疆。此造中，虽行运癸卯、壬寅，但干透壬、癸、湿木不生火，反抑火气。

在此造组合中，时辰起到至关重要的作用。如果此造生于亥、子、丑时，再行北方运则凶，为什么？因为壬辰时为清晨，阳气上升之时，运行北方时而有气。如换成亥、子、丑时，行北方则是水克火太过，不吉反凶。这也是反复强调阴阳组合的重要所在。象任氏自己的八字组合虽以水为用，但行水地未见其吉，乃原局组合之病也。

例：癸未　丁巳　丙午　癸巳

大运：丙辰　乙卯　甲寅　癸丑　壬子　辛亥

此支类南方，又生巳时，暖之至矣。天干两癸，地支全无根气，所谓暖之至，寒无根，反以无寒为美。所以初运丙辰，叨荫庇之福；乙卯甲寅，泄水生火，家业增新；癸丑寒气通根，叹椿萱之并逝，嗟兰桂之摧残；壬子运，祝融之变，家破而亡。

赵注：以上两造，都是火当令而旺，似乎相同。二者的不同点不在时辰，而在年柱。前者丁丑，为寒有气，而后者癸未，寒无气。空间的不同，决定的气场则不同，一定要慎重。

# 第十四节 燥 湿

地道有燥湿，生成品汇，人道得之，不可偏也。

原注：过于湿者，滞而无成；过于燥者，烈而有祸。水有金生，遇寒土而愈湿；火有木生，遇暖土而愈燥，皆偏枯也。如水火而成其燥者吉，木火伤官要湿也；土水而成其湿者吉，金水伤官要燥也。间有土湿而宜燥者，用土而后用火；金燥而宜湿者，用金而后用水。

任注：燥湿者，水火相成之谓也，故主有主气，内不秘乎五行；局有局气，外必贯乎四柱，湿为阴气，当逢燥而成；燥为阳气，当遇湿而生。是以木生夏令，精华发泄，外有余而内实虚脱，必藉壬癸以生之，丑辰湿土以培之，则火不烈，木不枯，土不燥，水不涸，而有生成之义矣，若见未戌燥土，反助火而不能晦火，纵有水，亦不能为力也。惟金百炼，不易其色，故金生冬令，虽然泄气休囚，竟可用丙丁火以敌寒，未戌燥土以除湿，则火不晦，水不狂，金不寒，土不冻，而有生发之气机矣。若见丑辰湿土，反助水而不能制水，纵有火，亦不能为力也。此地道生成之妙理也。

赵注：燥湿者，金木之气，但以燥为阳，以湿为阴，燥湿相配阴阳调和。人之八字不过如此。细细研读，领悟要领。精悟"人道得之，不可偏也"的真义。此语与上文寒暖"不可过也"实意是根据不同的日元属性与月令、大运相对比，用神、忌神不可太过。也就是阴阳之间"损有余，补不足"的量化认识。

例：丙辰 辛丑 庚辰 丙子

大运：壬寅 癸卯 甲辰 乙巳 丙午 丁未

此造以俗论之，以为寒金喜火，干透两丙，独杀留清，推其木火运中，名利双全，不知支中重重湿土，年干丙火，合辛化水，时干丙火无根，只有寒湿之气，并无生发之意，只得用水，不能用火矣。所以初运壬寅癸卯，制土卫水，衣食颇丰；至丙午丁未二十年，妻子皆伤，家业破尽。削发为僧。

赵注：庚辰日元生于辛丑月，水寒金冷，则喜丙火调候。但调候之意取火温暖，并不是用神为火，更何况年柱丙辰，丙火气势十足。如果再遇南方阳暖之地，则阳气太偏而无阴气相制，则凶矣。故早行壬寅、癸卯反吉，至丙午、丁未，火太过，妻子皆伤，家业破尽，削发为僧。

例：丁未 壬子 庚戌 丙戌

大运：辛亥 庚戌 己酉 戊申 丁未 丙午

此造如以水势论之，此则仲冬水旺，所喜者支中重重燥土，足以去其湿气。子未相克，使子不能助壬；丁壬一合，使壬不能克丙。中运土金，入部办事，运筹挫折，境遇违心；丁未南方火旺，议叙出仕，至丙午二十年，得奇遇，仕至州牧。

赵注：庚戌日元生于壬子月，壬水得令而旺。丙戌时水气又进，必以年柱丁未去其湿气为用。早运己酉、戊申泄火，境遇违心。至丁未、丙午二十年，顺应旺势，仕至州牧。如果此造不是生于金水进气之时，而在中午巳午未时，遇火运则凶矣。

此两造再次显示了组合的重要性。从日元角度讲，庚辰、庚戌大不相同，辰为少阳土与酉金相合，为阳进气之地可旺。而戌为水进气点，阴气必旺。二者虽年上都为阳气，丁未比庚辰还旺，何以行火旺反吉？就在日元临支不同，故天道言"先观帝载"就是此理。当然时辰的作用不可忽视，如不是水进气而是火旺时，也会忌火喜水。此中变化只有心悟，方能妙用。

211

# 第十八章　阴阳思维与五行的比较

首先声明：本章并无批判现在命理的意思，旨在还原命理的真实面目，用太易阴阳思维与现代命理进行比较，让命理得到更好地发展，让更多的学习者、爱好者少走弯路，真正掌握易学运用原理，做到造福于人。

《系传》曰：一阴一阳之谓道，继之者善也，成之者性也。《黄帝内经.素问》言"上古之人，其知道者，法于阴阳，合于术数"。从上文我们很容易看出阴阳所占的重要位置。而现代的命理发展，却脱离了阴阳，完全进入到五行"字面"的层次上，不懂阴阳变化之深意，所以出现了现代命理很多不正确的论点。北大的一位易友来拜访我，在探讨时说："赵老师，我看了现在很多人著的书，在网上查阅了很多的网站，我发现一个大问题。那就是大家既然都说是'阴阳学说'是命理的根源，可是为什么在目前的书籍上却看不到'阴阳'的影子呢？我目前接触到的书籍，只有你在从最本质的阴阳谈起，这也就是我来拜访的原因"。是啊！为什么都打着阴阳的牌子，却看不到阴阳，不会应用阴阳，这不就是命理发展的大问题吗！前面的理论已经做了大量的阐述，这里不在重复。

知易命理——太易阴阳。紧扣时空，抓住阴阳，将五行由后天返回先天，回归阴阳，一切都是围绕阴阳三大特点——不易、变易、简易。遵循道法自然的原则，正本清源，还命理以真实面目。

## 一、《八字预测真踪》2003版

153页两例

原文：

北京市朝阳区马小姐

| 劫 | 比 | 日 | 官 |
|---|---|---|---|
| 癸 | 壬 | 壬 | 己 |
| 丑 | 戌 | 辰 | 酉 |
| 劫 | 食 | 伤 | 财 | 才 |

癸亥　甲子　乙丑　丙寅　丁卯

身弱用壬，局中两壬，时干己土反断为用，己土旺吉。己土旺时能为官。

甲子大运，官吉，丙子年，丙泄甲，甲减力不制己土，本年为官。

丑运生酉力大，酉旺泄己必离，丑运辰年，局中丑辰同现生酉金，离婚，离于庚辰年亥月。

太易阴阳分析：壬辰日元生于壬戌月，壬水进气又透出，年上癸丑相助，壬水必旺，何以反而断弱呢？因为这里还是涉及戌的问题，现代命理只是停留在五行的"字面"上，没有理解五行之气的真义。试想，月令是表示节气的进退状态，七、八月申、酉月可以生水，难道到了寒露后，戌月与亥月紧挨，天气转寒，九月水反而弱了吗？"水"者，阴气的符号，戌是少阴气，向水进气而不克水。这是现代命理没有明白"气有盈虚进退与深浅"的道理所犯下的错误。

"气的进退"与"五行本质"解决了，很多的神秘面纱与不正确论点就清楚了。壬辰日元旺，则必然不喜再帮助，时干己土则为用神，还需要反断吗？

此造身旺，又在北京，则水气更重。丑运前行北方水运，壬水太旺，己土难以克制，必要到丙寅运，丙火生己土为原神，己土有根，方可有利，若是在丙寅运前结婚，则不利。至于离婚与否，要视日主的各种信息共同参断。

甲子大运，丙子年为官。此年丙火生己土，己土旺，则吉。何以反而丙泄甲，甲减力而己土旺，这么麻烦。因为作者是在强调自己的流年先作用大运的不正确理论。前面大运流年的作用关系中已阐述，流年不受大运的限制它直接作用大运与命局。

丑运庚辰年离婚！首先作者没有搞明白土的阴阳性质，丑土能不能生金要视八字组合，如果原局中火气旺阳气足，则丑土晦火生金，则是不见火旺，丑为寒土，则水寒金冷，不能生金。丑运壬水仍然旺，庚辰流年，庚金旺泄己土生壬水不吉，则离婚。离婚的原因是庚金之过，并非酉金。

原文：

吉林省柳河县张先生

| 印 | 财 | 日 | 才 |
|---|---|---|---|
| 甲 | 辛 | 丁 | 庚 |
| 辰 | 未 | 卯 | 戌 |
| 官 | 杀 | 印 | 枭 劫 |

壬申　癸酉　甲戌　乙亥　丙子

身弱用印，日干两侧庚辛金，庚辛反断，为用神，庚金为妻为用，庚靠近日干吉，丁火日干克庚不吉。

进入甲戌运，甲木耗庚金力大，本运中婚不吉，庚午年，庚甲作用，庚金减力，午火克局中庚金，本年离婚。

太易阴阳分析：丁卯日元生于辛未月，正值丁火旺时，又得卯木相生，何以丁火弱呢？作者还是犯了不明五行真义的错误，此丁火旺，则喜庚金财星为用，何以再反

213

断为用！

此造虽言丁火旺，但丁卯日戌时，又生于吉林，则丁火之气不足，只可用庚金，反而不宜取水为用，那样会克伤丁火太过。违反阴阳之间"损有余，补不足"的原则。

至于离婚，还是要看大运的变化，庚金为用，戌运后，庚金退气，日元不伤财则不利妻，并非一定离婚。

甲戌运，此时丁火有气，但阴阳二气基本平和，不管二者谁过旺，都会不吉。庚午年，火气太旺，庚金则受伤，离婚。

此造生于吉林。应不吉则在庚午年。若是日主为河南中原地带之人，应不吉则会提前在庚辰或辛巳年。此中时空之秘，非知"道"者，不能知也。可以参照"五行九州分野"与"论命理起源——人事尽从天机现"可从中得知。

# 二、《四柱玄经》

第 74 页 1 例

原文：

乾造：己　丁　甲　癸

　　　巳　卯　子　酉

　　丙寅　乙丑　甲子　癸亥

剖析：甲生卯月旺，主党四个，偏强格。丁泄甲为用神，己泄丁为忌神，卯泄子为用神，巳泄卯为忌神，酉生子再生甲，则酉子为忌神，癸生甲为忌神，甲当然也为忌神。

甲子大运，癸巳流年，癸水生甲木组合于运上再现，巳火泄制卯木大凶，此年以权玩弄下属少女犯法被判刑。

太易阴阳分析：首先此造的旺衰并没有错。但犯下了套用的错误，包括全书的写作方法，都是按固定的格式在套用自己的理论。此造甲木旺，丁火为用，喜大运行南方，忌行北方。而此造为乾造，行北方水地。作者为了套用理论，干支的相互泄制，才得以可用。若是坤造，行运南方，作者的一套干支生克关系，则必出现错误，这就是我们前面提到的"旺衰唯一"所犯的错误，不知"变易"之道的结果。

再看甲子运癸巳年之作用。因为丁火为用，行子运必是要凶，但何以在巳年凶，此阴阳玄机所在。甲子运与命局形成一片旺水，水势太旺，此时则可顺而不可逆，所忌者必是火。癸巳年，巳火出现，逆子水之势，伤官为凶，必是官非之灾。

《滴天髓》言：顺逆之机须理会。关键在于"机"，何为机？"机"者乃阴阳"变易"之道的枢纽。阴阳变化以五行作为表现，遵循"损有余，补不足"的原则，但又有"刚柔、顺逆"之分，不掌握这些最基本的阴阳变化道理，则茫然也。

第 91 页例

乾造：壬　丁　丁　丙

　　　　寅　未　巳　午

　　　　戊申　己酉　庚戌　辛亥　壬子

剖析：丁生未月略旺，天干地支一片木火，未干土藏火燥气弥漫全局，从强格。孤壬正官远在年干对日主起实质克制作用，但生于未月处死地，又不能直接克制日主，起坏作用力很弱，有官。

戊申大运申冲寅绊巳，早年运不好，且申为财为父，定家境贫寒。

己酉大运，己、酉虽为忌然均没达到制命之份量，可忽略不计，平运偏下。甲子年，甲制己，子泄酉，投笔从戎参军，为命运第一转折。

庚戌大运，戊土燥气进入命局帮身，大吉，提升迅速。戊寅年，寅现吉，由东北沈阳军区如愿以偿地跨军区调回郏县武装部，并升任少校营级科长。

太易阴阳分析：此造作者以从强格论命，首先是不正确的。丁火偏旺是肯定的，但不可论从强。原因在于丁未月在夏至后，阴气已生，年干壬水则可用，只有这样，命主行西北金水之地，方可得以富贵。若是以从强论，则忌行财官之地，何以官上应吉呢？这就是不懂阴阳，只看"字面"而犯的错误。

己酉大运，时值八月，余阳未散，丁火仍旺，甲子年，子水官星得用，参军。若是论子水泄酉金，那么子水泄了酉金，又去干什么？不还是要克火吗？从强格火受克怎么会以吉断？

庚戌大运是火之墓地，何以大吉，提升迅速？原因是庚戌大运，财星得用，庚生壬，财官发用之故。戊寅年，戊土伤官泄秀，又行成土金水相生有情，故调动成功，并升职。

# 三、《中华命理学》

第 73 页例：

原文：

淄博张某　74　12　27　早 6 点

乙　戊　甲　丁

卯　寅　申　卯

己卯　庚辰　辛巳

经历：98 戊寅结婚　　01 辛巳生女

很简单：此命身旺用申金官杀，她就偏偏在 98 年寅冲去申官之时结婚。

太易阴阳分析：此造作者举例是想说明结婚流年不确定，用神受制时也会结婚，真的是这样吗？

甲木日干是没有问题的，但此造的用神首先取戊土财星与丁火，申金只可以作为喜神，而不可作为用神，为什么？因为木旺，则忌水。而金生春月休囚无力，衰神不可抑制旺神。再者就是申金为少阴之气，金会向水进气，水进气则木旺，所以此造只可以丁火、戊土为用，不可用申金。

再者作者认为戊寅结婚是忌神流年结婚是错误的。我们八字行运到庚辰大运，甲木已有旺转向弱，此时则喜寅木帮身，那么戊寅年肯定应吉，而不是冲用神。

原文：74 页例

坤造：戊　甲　壬　庚

　　　午　子　戌　子

　　　癸亥　壬戌　辛酉

经历：96 丙子丧父

　　　2000 庚辰结婚

　　　01 辛巳生一男孩

此八字也好断，身旺用结婚官星为用，年柱戊午皆为用。这两例都是等冲去婚姻宫中官星时结婚，不错，这两人结婚是大运中早有指示。

太易阴阳分析：此造身旺没问题，问题是作者还是没有搞清谁是用神，才会有"冲去官星用神结婚的论断。

壬水旺，但日支戌土在这不能作为用神，为什么？因为子月子时，壬水已旺，而戌为少阴气，位在西北是向水进气，故不能作为用，只可以年柱戊午为用。

壬戌运，壬水仍然旺，故丙子丧父。庚辰年，年上戊土进气得用，辰冲戌是戌中的阴气受伤，故应吉而结婚。

作者不明阴阳变易之理，却得出忌神流年也结婚的错误论点。

《滴天髓》言："理承气行岂有常，进兮退兮宜抑扬"。理的应用是依据气场的进退而确定的。甲木旺是戊寅月的旺，那么到了庚辰运，气场已经变化，甲木的旺弱自然就发生变化。那么喜忌就发生改变。故言"喜非永喜、忌非永忌"。不明阴阳进退之机，则难领悟命理的真谛，此中真理只有得"道"者，方可知会。

太易阴阳理论，就是以阴阳平衡为先，以变易为手段。一切的理论应用都是根据阴阳五行的变化而定，并不是用格局将千变万化的阴阳二气定为死板字面。《易经.系辞》曰："一阴一阳之谓道，阴阳不测谓之神"。就是因为阴阳的不测定与千变万化，才称之谓"神"。若是"阴阳"成为现在命理所讲的公式化，还能称之谓"神"吗！

# 四、《八字神仙断》

第90页例

| 官 | 枭 | 日 | 印 |
|---|---|---|---|
| 丁 | 戊 | 庚 | 己 |
| 酉 | 申 | 申 | 卯 |

己酉　庚戌　辛亥　壬子　癸丑　甲寅

此造从强，取印比为用，财星卯木为忌，丁火七杀为忌判神。本命局只有卯木一位忌神，且忌神极弱，可断为有钱，又因官星为忌判神生枭助印，也可断定其有公职，好单位，有权柄。现实生活中本命之人是齐齐哈尔市交通银行某部主任。

1982年，庚戌大运，壬戌流年。壬水泄庚金，庚金减力，壬水增力耗戊土，本年身体不好。又戌戌增力熔申金，该年家中不顺又破财。若以命局能回克大运流年论，那么便可以认为命局中戊土克制流年壬水，壬水无力不泄庚金，日主旺为应大吉。如此批断和命主人实际生活中的情况不相吻合。

太阴阴阳分析：首先此造作者犯了一个格局的错误。庚申日元生于戊申月，庚金肯定旺，但此造并不能从强，丁火也不能作为忌神。为什么？庚申日元生于申月，申中壬水进气，必然喜行北方水地而贵。而丁火生戊土是做为庚金的原神出现的，就因为有丁火戊土做为庚金的原神，方才显出阳气，才可行北方之运，否则阴阳之间就违反"损有余，补不足"的原则。

如果以作者的论点，此命从强，取印比为用，那么行北方水运怎么会富贵呢？

再看庚戌大运，壬戌流年。行运到庚戌运，此时的庚金已经旺势不足，此时阴阳二气处在相对平衡，则此时不喜水火二物。很简单：壬戌年，壬水进气，克伤丁火，则破财。试想西北戌地为火之墓地，干又透壬水，怎么能熔金呢？

辛亥运壬申年。辛亥运庚金转弱，阴气重，喜阳气为用，壬申年又是壬水进气透出，丁火受伤，家中破财。

只要抓住阴阳平衡，吉凶会一目了然。绝对不会陷入五行的恶性循环与反套中。

第130页例：

| 偏财 | 日 | 伤 |
|---|---|---|---|
| 庚 | 戊 | 甲 | 丁 |
| 子 | 寅 | 申 | 卯 |

己卯　庚辰　辛巳　壬午　癸未　甲申

日主甲木生于寅月建禄得令，又通根时支羊刃为旺，喜克泄耗身的官伤财为用，故本命用神取伤官丁火，七杀庚金，坐下申金，忌神为，禄星寅木，羊刃卯木，印星子水，月干戊土财星失令，无根无助，孤立无援又受制，故财星戊土为用判神。

1994年，壬午大运，甲戌流年。壬水生甲木，甲木增力制戊土，戊土财星用判为忌被制得财上之吉事，该年求财得利，发了一笔外财。甲木旺而生丁火，伤官用神增力，工作顺利，官运吉，该年与领导关系处的好，深得上司赏识和呵护。流年戌，大运午，与命局寅三合绊寅木被绊住不制戊土，该年虽发了外财，但单位扩建投资，将一笔外财转投在企业扩建改造上。此为外发内耗之年。

1997年，壬午大运，丁丑流年。壬水合绊丁火，丑土晦午火，午火减力不泄寅、卯木，该年经营收入不高，主要是再次投资扩建，单位照原来规模扩大十倍之多。

此命局伤官丁火靠近日主泄身吐秀，而用神偏官透年干，泄月干用判神戊土，不受丁火伤克，此为伤官见官而组合好，又同时为用神得力，故此命为一企业厂长，先是个人承包，连年扩建改造。后于2001年其个人将该企业买断，成为私人拥有。

太易阴阳分析：甲木旺是正确的，但用神只可取丁火戊土，不可取申金。原因是甲木生寅月，年支子水，若是再用申金则金必生水，又形成金水木循环之势。甲木旺则阴气重，必取阳气为用，申金为少阴之气，则不可用。

作者以寅木、卯木、子水为忌神是错误的，因为没有它们作为甲木的元神，甲木就不能行南方火地，而担起伤官生财之势。所以命书言"由体而该用"。身旺才是甲木富贵的条件，甲木旺当然必要行南方运，若行北方运则不同。

壬午大运，甲戌流年，运至壬午，甲木由旺转弱，此时阳气转旺，则喜阴气为用。甲戌年，甲木进气帮身，发财。何以要转那么多的"五行生克弯"。只有"简易"才真正符合易学之道。

壬午大运，丁丑流年。丁火为忌则耗财，丑为用则事业扩大。只要找准阴阳二气的平衡点，分清五行的阶段气场变化，吉凶判断就极其简单，何苦要那么反复生克，晕头转向。

只有掌握了阴阳二气的"不易、变易、简易"之道，才能领悟命理真机！

# 第十九章　原局分析

八字的原局信息分析，是否是一个固定信息，是否八字的原局决定着日主的一切信息？不一定。虽然古人说"命中有的终须有，命中无有莫强求"。可是，同样八字的人很多，是不是都会具有同样的富贵，这一点在《命运能量守恒定律》已经做出了诠释，因此，八字的原局信息判断同样要根据日主的生命取向来确定信息。

## 第一节　八字分析七论

八字在分出用神忌神、确定格局后，就进入了全面分析阶段，要把一生的信息先断出来，再根据岁运的变化找出应期。此项是八字预测最关键的一步，也是八字实战的精华体现。

### 一、八字分析七论详解

#### （一）干支作用论

```
→       →       ←
年      月      日      时
干      干      干      干
支      支      支      支
```

此图箭头的作用关系，以日干为中心，向日干作用。这里需要提醒的是，天干、地支的作用关系不能相提并论。天干主动相互之间可以生克论，向外作用以泄论。地支主静，它们之间的作用关系只能论象，不存在相互的制约掉，更不会有受制消失的。干支之间相邻作用，时柱与月柱相隔也作用。

#### （二）干支天地论

干支天地论主要是阐述天干如果为用或为忌的作用比较明显，而地支为喜或为忌的作用不如天干明显。这与干支为吉、为凶的程度大小是没有关系的。天干可以类化外表的、谁都可以看见的事物与环境。地支代表内部的、隐藏的事物与环境。干支天地论，不可以理解成天干与地支直接发生作用关系，天干与地支之间只看五行之气的影响。

219

天干在上，为外部的、社会的、大范围的现象与活动。包括是财富、六亲、官职等社会关系，是大家有目共睹的现象。天干为用神对日干直接作用，应吉程度大，也就是大家认可的外表现象。姑言"富贵天干定"。地支在下，是内部的、家庭的、小范围的现象与活动，地支所发挥的作用虽然有力，但其格局的高低程度与天干相比是小的。如果在运上出现旺的五行时，此阶段命主的内外关系是一个改变期。

### （三）干支位置远近论

远近论是以日干为中心来讲用神、忌神的位置，并以此对用神、忌神进行分析。天干用神透出，直接与日干发生作用，应吉大，间接作用应吉小。用神、忌神的位置决定了吉凶的不同层次，决定了原局每个五行的生克权，也决定了喜用、忌神对日干的影响力量，是分析日干信息的关键。

我们通过干支作用论，已经知道天干地支是按一定的规律在作用，原局用神忌神的位置、力量，对判断吉凶、格局高低起到至关重要的作用。

年柱为根，生克力大，也就是年柱有对月柱的生克泄绊权，而月柱不能轻易去作用年柱。年柱也不能作用日柱与时柱。每个十神所临的位置，就决定了日干吉凶的运段。年月为喜用神，应吉程度大、格局高。日时为喜用神应吉小、格局低，同样年月为忌神格局低。

### （四）六亲论（借鉴成都易友谢涛的论点）

天干的六亲是由先天的《河图》而来，甲己合，甲木为己土的正官星（丈夫），己土为甲木的正财（妻子），其它的乙庚合、丙辛合、丁壬合、戊癸合依此类推。我们应该知道，《河图》反映的是最原始的人际关系，阳性的物体都是由阴性所生，这是自然规律，那么我们的命理就应该符合这个规律。

第一，阴阳同性、异性规律。比如男命，日干为阳或者阴，？那么其它所有与日干阴阳属性相同的干支都代表此人的男性亲属，？而阴阳异性的干支代表女性亲属。女命道理相同。

第二，生克比是五行的三种基本关系。在命理学中，被用来模拟三种最基本的人际关系。具体说明如下：生：生殖，母子关系。克：性关系，夫妻关系，其中主克者为夫，受克者为妻。比：同胞，兄弟姐妹关系。这是三种基本关系，？其它间接一些的关系可以这三种为基础进行推论。

男命：母亲——生我且与我异性的，正印。

父亲——父亲与我没有直接的生克比关系，可以通过母亲进行递推，父亲是母亲的丈夫，？克正印而且与我同性，？所以定位为偏财。

妻子——我克，且与我异性的，正财。

子女——男人不直接生育子女,? 子女为妻子所生,? 正财所生者为官杀,? 正官与我异性,为女儿,七杀与我同性,为儿子。

兄弟姐妹——五行相比而且同性的为比肩兄弟,异性为劫财姐妹。

女命:母亲——生我且与我同性的,偏印。

父亲——克偏印而且与我异性的,正财。

丈夫——克我且与我异性,? 正官。

子女——我生且与我同性为女,食神;? 异性为儿,伤官。

兄弟姐妹——五行相比且同性为比肩姐妹,异性为劫财兄弟。

虽然有以上的关系进行比较,但是八字的组合不同,十神的出现不同,每一个八字就不一定六亲齐全,不出现的六亲怎么分析? 在《气象篇》中"向实寻虚,从无取有",没有出现,不等于没有,怎么办? 一般情况下,没有你要找的六亲的正面十神,那么就找反面的。也就是说,正印为母,没有正印,就找偏印,这是阴阳互根的思维。如果你要寻找的六亲偏正都没有怎么办? 就利用"从无取有"的思维,你就把日干换成你要寻找的六亲就可以。

六亲的信息分析中,不要按照喜忌神来分析,喜忌神只能分析六亲与日元的关系好坏,并不能表示六亲的能力。分析六亲的独立信息,应该把六亲当成一个独立的太极,来分析他自己在时空的旺衰喜忌。学会这种思维,你也就会发现,所谓的新派百神论是正确还是错误,也就不需要什么代替六亲的天干坐支要反断。

### (五) 干支有无论

在古籍《星平会海》的气象篇中云"从无取有,向实寻虚"。《滴天髓》地道篇言:"坤元合德机缄通,五气偏全定吉凶"。八字是由四个时空组成,只有 8 个字,而天干地支共有 22 个,分析四柱原局不能仅看出现的干支,没有出现的干支所代表的十神也可直接应用。在使用时要分清各字对命局的喜忌,同时要参断六亲与宫位。大家一定要注意,喜、忌、有、无是分清原局信息的关键。干支在局中出现是一种关系,不存在又是一种关系,命局中不出现干支的应用大大丰富了我们的取象。在这里必须深悟一句话"从无取有,向实寻虚"。

```
    印  财  日  官
例: 丁  壬  戊  乙
    巳  寅  戌  卯
```

**分析**:此造为身弱论命,以乙木卯木寅木壬水为忌神,戌土、丁巳为用神。八字中存在的字为:丁、壬、戊、乙、巳、寅、戌、卯。不存在的字为无:子、丑、辰、午、未、申、酉、亥、甲、丙、戊、己、庚、辛、癸。

221

干支有无真正的使用方法，取决于原局的配合关系，这与日元的旺衰程度有很大的区别。如果我们只注重原局信息，有时会离题千里。有命必须看运。命局得官星为用神，真的就为官吗？命局中有财为用就富吗？印星为用就有文凭吗？统统都不是绝对的。这些必须要看日元的旺衰程度与大运的配合才能决定。好命不如好运，此理甚然！

### （六）干支旺衰论

干支旺衰是论单柱干支之间的关系，如果天干为用神，得地支帮助，天干六亲对应的应吉程度大，如果地支不帮助天干，那样应吉的程度小。关于天干旺衰与坐支的关系，是用来分析各柱用神、忌神力量的大小与应吉应凶程度的大小的重要因素。

我们知道，天干为外，地支为内，天干力量的大小，取决于坐支的影响。如天干为用神，坐支为印比旺相，天干应吉大。如坐支为伤、才、官为耗泄十神，天干衰，应吉程度小。在分析坐支力量时，同性循环内力量大，异性循环内力量小。此论有利于分析各柱用神、忌神力量的大小以及形成的吉凶程度，以后我们将对干支旺衰关系作系统论述。

### （七）易象应用论

确定格局，分出用神忌神，再利用六亲、宫位、喜忌对日主的作用关系，取出各种易象。父母吉凶、婚姻状况、财运大小、子女、妻子能力、风水、邻居、单位等等无穷的信息。

以上七论是断命的精华，掌握它们的应用技巧可以断出无穷无尽的人生信息，看一个八字象读一个故事，看一部电影，体现人生的喜怒哀乐，悲欢离合。

## 二、十神在分析命局中的信息确定

以下的十神信息是分析命局时的参考，必须根据不同的命局组合来确定，不可以生搬硬套。

### （一）正官、偏官

正官为克制我的异性。偏官也称七杀，是与日元同性相克者。正者，正大光明之意，命局中宜身官两旺为美。正官过多，拘束过甚，反显懦弱无能。寓意：官位、职位、名誉、地位、丈夫、子女、军警武职、司法职业、暴徒凶杀、官位职务、丈夫、子女。命局中偏官一位为用，足智多谋权威显赫。制杀太过者，反失贵气。

1. 身旺，四柱正官一位有力得用，无偏官及食伤，谓之清粹主贵。

2. 正官过多，日元不能担起，反变为杀。家业不丰，身有疾病或内疾。

3. 身弱，正官星三个以上，仕宦虚名，避免公职还防牢狱、官非之灾。

4. 身旺，正官有力合身，有为官信息，学业、学术能力佳。

5. 月令正官得用，重信讲义，耿直无私，处事光明磊落，君子之行。

6. 正官为用，再见伤官，一生事业蹉跎，难成大志，易犯小人。

7. 日元弱，官杀并见制约日元无制，不贫则夭，身有残疾，好色固执。

8. 正官为用神，坐支临绝地，不利子女。

9. 正官为用神在年柱出现，父母能力强，自己可以得到父母的帮助。正官为忌神出现年柱，一生难以成就事业，受人欺压，难担重任。

10. 正官为用神在月柱出现不受制，自己事业有成，功成名就。

11. 日支临正官为用神，聪明伶俐，谋事应变能力强，有为官信息。女命婚姻美满，丈夫成就事业。

13. 女命得正官合身为用，必嫁贵夫，自己事业有成。

14. 女命见两个正官合身者，娇媚多情，异性缘佳，有婚外恋信息。

15. 女命身旺不见正官，又无食伤者，不利婚姻或不利子女。

16. 正官为用神，出现在年柱、时柱有外地为官信息。

17. 身旺，偏官为用，得财滋杀，富贵之命。

18. 身弱用印，杀印相生，功名显达，事业成功，权重威显。杀旺无印，少魄力欠威风，多愁善感。

19. 日支临七杀为忌神，配偶多性烈刚毅，倔强暴躁，夫妻关系不睦。

20. 女命官杀混杂为忌，无食伤制约，非娼即妾，贫贱之命。

### （二）正印、偏印

正印为生我的异性；偏印为生我的同性。寓意：权利、地位、事业、学位，正印为学术之星。

1. 日主旺再见印星，喜奉承、吝啬小气、不利子女。再不见食伤或财星制约，文采难以发挥，学识有限，权位、艺术、演艺、医业、律师、宗教、技艺、自由业、服务业等方面的成就。

2. 正印为用神，临帮扶，得贤母，母亲端正仁慈，身体健康。

3. 正印为用神受财星抑制，父母关系不睦，生活劳苦，难得家助。

4. 正印为忌神，欠缺果断力，欲望多难满足，过分自信，易招失败。

5. 女命正印多为忌神，私欲高，占有欲强，难守妇道。

6. 年柱正印为用神，父母在当地受人尊敬，有文化素质，坐支临官有为官信息。

7. 月令印星为用神，学业可成，父母关系好，上有兄长精明强干。

8. 正印月令为忌神，不得家助，离乡创业，女命宜嫁外乡。

9. 身弱得偏印为用神，精明强干，自我主观意识强，多才多艺，喜兼职。

10. 身旺再得偏印帮扶，固执孤独，尖锐刻薄，漠视他人。

11. 偏印为忌神不得制约，福薄、不幸、灾疾、子女缘分薄、一生辛苦。

12. 身旺枭神夺食，受父母约束，不得自由。做事有始无终，容易失败。

## （三）、比肩、比劫

比肩为帮扶我的同性。寓意：兄弟、朋友同事、同学、争财夺利者、合作者。在命局的应用中，比劫是帮扶我的异性，与比肩应用相似。

1. 日元弱得比肩帮扶，其性稳健刚毅，豪迈义气，主观意识好，果断。

2. 日元旺再得比肩帮扶，倔强固执，有勇无谋，盲目冲动，孤独离群，争财夺利。

3. 日元旺，比肩旺无制约，手足相战，朋友失和，朋友如豺狼饿虎，一行人缘差。得财不得手段，迟婚再婚。

4. 日元弱，得比肩帮扶，在外的朋友帮助，财运好。

5. 比肩在年柱为用神，父母能力强，但有时父母感情不和。

6. 比肩在月令为用神，父母能力强，兄弟情深，相互帮助。

7. 比肩为用神在日支，夫妻情深，事业上可以进取，自己能力强。

8. 年柱逢比肩为忌神，难得祖上财力出身贫苦，父亲早死或父子不合。

9. 女性身旺再与比肩，夫妻感情不和，依赖心强，生活懒散，贪财好胜，名声有损。

## （四）、食神、伤官

食神为泄我者之同性；伤官为泄我者之异性。寓意：子女、食禄、福寿、官运、财源、歌舞文艺才能、身体肥胖。

1. 食伤在命局中为用神旺，自己有创造力，才艺在身，可得儿女之力。

2. 食伤在命局为忌神，命主好逸恶劳，假道斯文纵欲酒色，儿女拖累。

3. 身旺财星弱，得食伤生财，可以发家致富。

4. 身旺财星弱，无食伤，财星被夺，破家败业。

5. 身旺得伤官为用，不见官杀，为伤官伤尽，可居高官。

6. 身弱食伤重泄身太过，有病且寿短，有子无能。

7. 食伤在年柱为用神，出身家庭富裕，父母有手艺，可以为官，自己可以得到父母的帮助，事业有成，平安寿长。

8. 食伤为忌神在年柱，父母出身贫寒，创造能力低，有病。

9. 食伤在月柱为用神，自己可以得到外界的帮助，有兄长者关系和睦，父母在社会有地位，受人尊敬。

10. 日支临食伤为用，自己聪明绝顶，得贤妻持家，一生少病逢凶化吉。

11. 日支临食伤为忌神，妻无能且有病，自己风流成性不利婚姻。

12. 食伤在时柱为用神，儿女聪明孝顺，并能事业有成。

13. 女命逢食伤旺为忌神，体弱多病者贤惠；身体健康者，亦从事色情服务行业，不利子女。

14. 男命食伤重为忌神，好色多淫欲，不务正业。

### （五）正财、偏财

正财为我克制的异性；偏财为我克制的同性。寓意：妻子、自己有感情的女人、财产、工资、女人缘、理财、中奖、父亲。

1. 命局中得财星为用神，其人财运好，勤劳节俭，诚实重义，轻财，有女人缘，夫妻和睦。

2. 身轻财重，其人浮华虚荣，贪图享受，浪费虚掷，懒惰吝啬贪欲，敬且安乐。

3. 身弱财旺，富屋贫人，女人持家，不利母亲。

4. 财重无比劫相助，少朋友交往，社会交往差，再不行比劫运，难发。

5. 男命身弱财重，辛苦破财，女人缘差婚姻晚，克妻、丧偶、再婚。

6. 男命身旺得财，得妻内助，娶富家之女，因妻致富。

7. 女命财多身弱，感情不专一，移情别恋，得财不择手段，婚姻危机。

8. 财星为用在年柱、月柱出现，父母财运好，创业能力强；出身富裕家庭，能得父母财产。

9. 财星为用临日支，得贤妻持家，妻能干貌美。

10. 财星为用临时柱，儿女能力强，财运好；老年可得儿女之福。

# 第二节　分析命局的步骤与原局信息

排好八字后，如何着手分析才能提取出准确的有关信息，对于有经验的八字预测专业人员来说，是一件很容易的事。而有经验的八字预测人员也都有自己的思维模式，按照自己的思维模式也都有相对独立的一套办法。对于刚刚入门的初学者，自己排好四柱八个字后，往往不知道怎样入手，这也确实是一种普遍的现象。因此，我这里所谈的八字分析步骤，实际上是给初学者提供的一种八字分析方法，为初学的朋友提供一条捷径，待有一定的经验后，可按照自己的习惯，创造出自己的八字分析方法。

## 一、定格局

这里所谓定格局，就是前面所说的定出八字是扶抑格还是从格。知道了什么格局，就有了方向。在定八字格局时，先不要看干支之间的作用关系，否则，就会出现五行的恶性循环、无所适从的局面。

```
        劫   才   日   财
乾造：癸   丁   壬   丙
        未   巳   申   午
```

若先看作用关系，壬水生于巳月，坐申金长生被月令巳火、时支午火克，就会按从财格来断此八字。若先不看作用关系，壬水生于四月，又是午时，弱是一定了。但坐下长生，有气不从，就是扶抑格的八字。

## 二、找出八字的主要矛盾

排好八字、定准格局后，下面先分析什么呢？有的喜欢先断命主的性格，有的喜欢批命主童年时的住宅风水环境等等。关于这方面的批断方法，本书有关章节已有较详细的介绍，这里就不再赘述了。在实际预测中，命主最关心的是财运、官运、婚姻、子女、父母、本人的身体等情况，而这些情况，如何从八字原命局中提取信息，则是八字预测中的重点，也是八字预测中的难题。要解决这个难题，我的体会是：八字格局定出后，首先要找出八字中的主要矛盾，抓住主要矛盾把它解决了，其有关信息就明显的会浮现出来。

找主要矛盾，就是以日干为太极点，找出使日主弱或旺的关键五行。抓住关键五行的状态来分析喜忌，就很容易分别出用神或忌神了。

仍以上造为例：八字中明显的是财旺制印。印受伤和财旺极是此八字的主要问题所在，抓住这二个主要五行的喜忌，就可看出此造用神和忌神来。

## 三、提取原命局主要信息

用神、忌神一出来，其主要信息也就明显了。

上造：癸未 丁巳 壬申 丙午

1. 身弱用印，先看印星的状态。原命局申金印星被两财夹克，受重伤。财破印，印用神表示为：一是对母亲不利。二是不利学业。

2. 日支为用神，说明此造是外因病，自身素质还是比较好的。印生身被财制，若遇官杀能通关的大运，必能为官或老板。

3. 使印受伤的原因是财旺极，就再看财星的状态。由于旺极之五行不管是忌神或是用神，都不宜制，而此造年干癸水坐未土力弱极，财几乎成专旺。财表示的主要含义：一是经济条件。二是父亲的情况。三是妻子的部分信息。四是别的女人缘。

财表示的这四方面的具体状态是怎样的呢？原命局只能看出部分信息。如可以看夫妻关系、妻子的能力。根据前面讲的星宫同参的原理，不难看出夫妻关系好，妻子没工作，性情急躁、脾气不好，命主有惧内的情况。旺财为忌神，也会出现因别的女人惹是非的事情出现。同时财太旺，即使行官杀运通关生印，能为官，官也不会太大。父亲的情况年干为用神弱，而偏财为忌神，能力一般，也不会有工作。至于经济状况就需结合大运来判断了。4. 其它六亲情况。如兄弟姐妹关系，癸水为姐妹弱极，月支巳火姐妹宫为忌神是月令，水之绝地，无姐妹或说有也伤。日支申金藏壬水为兄弟，月干丁火兄弟宫有癸水克制，会有兄弟，因癸水弱极制丁火无力，兄弟关系一般。再如子女情况。食伤为子女，原命局只有伤官藏于年支内，女儿信息明显。若以官杀看子女，未土正官明现，也是女儿多的信息。再看时柱子女宫为忌神，一般是女儿多，男孩少。这样就不难提取出此造女儿多的信息。另外，因子女宫天地一气为忌神无制，就有为子女破财或惹是非的可能性结果出现。

## 四、结合大运看应期

原命局提取的信息，有的不需看大运，就能判定。如财破印用神学历不高，实际命主原始学历小学毕业。而是否克母，在什么时候克，就必须结合大运看流年了。再如原命局信息女儿多，不需看大运，就能断出来。实际命主前四胎全是女儿。而为子女破财或惹是非在何时，不结合大运就不可能断出来。所以提取了原命局的信息后，一定要结合大运把有关信息落到实处，也就是定出应期。

乾造：癸未　丁巳　壬申　丙午

大运：丙辰　乙卯　甲寅　癸丑　壬子　辛亥　庚戌
　　　1945　　55　　65　　75　　85　　95　　05

于每一交运年的 11 月 6 日开始交运

由于此造的关键五行是两个，先以哪个为主分析都可以。按正常的情况是先分析父母的利或不吉的信息及本人的学习情况。那么就以印星受伤开始：第一步大运丙辰，俗以辰土晦丙火，生申金印星为用神，殊不知辰被丙火盖头而不能生金。所以命主小学学习的阶段，学习一般。到 54 年流年甲午，母亲去世。到此不利母亲的信息结束了。

下面以财旺为主分析：第二步大运乙卯伤官，这里需要注意的是乙卯大运和下步的甲寅大运，逆行大运，以生为制，木并不生火。当木出现时的流年是制火的。56、57 年丙申、丁酉流年印星被火财盖头，学习或考学都不会好，实际是 57 年小学毕业没考上初中，回家务农。学业到此也告了一段落。以后就需着重其工作、事业、婚姻等情况的分析了。

大运逆行，乙卯大运是火退气，有无参加工作的机会，就要看流年了。60 年庚子，印星透出，地支子水为日主之根，当年印上会有好事。实际到当地人民公社当通讯员参加了工作（临时工）。

结合当时的婚姻法，母亲已去世的实际情况，结婚时间不会太晚。62 年壬寅 20 岁，结合限运是丁巳月柱受制的年头，又冲动夫妻宫，此年必婚。结果也是这年成家。

下面就其主要信息看大运和流年的应期。事业：乙卯、甲寅大运火退气，减轻印星的压力，还不会犯怒于旺火，所以总体上工作会是平顺的发展。64 年甲辰流年，木旺而不生火，辰土又晦火（甲辰和丙辰的不同）生申金印星，工作上有好事，但被甲木盖头，工作上也有不利的事情。实际是被排挤抽调出去搞四清。

65 年后行甲寅大运，68 年转成正式干部在市委工作。71 年辛亥，提拔为干事。以后工作虽有变化，但基本上是平年。

75 年进入癸丑大运，天干助身，地支晦火生原命局申金印星。应是命主得意发展的十年。此运的 80 年到乡里任党委书记。83、84 年告他的人不少，但都平安过去了。

85 年开始行壬子大运，前几步运是气用神发挥作用，而壬子大运壬水有了强根，就形成了量用神和量忌神的较量。身旺了就不怕财，就会在财上打主意。结果是 90 年火激旺水，因男女关系惹怒一大款，大款设圈套抓住他违反国策的问题一举成功，使命主双开除。其父亲也于 91 年去世。到此原命局不利的信息出来了。

95 年行辛亥大运，以后的情况是火旺流年或水旺流年都不顺了。现在的家庭经济情况是比较差的。

再举一个例子：

乾造：辛　癸　丁　壬
　　　卯　巳　卯　寅

大运：壬辰　辛卯　庚寅　己丑　戊子　丁亥
　　　1958　68　　78　　88　　98　　08

于每一交运年的 2 月 23 日开始交运

1. 定格局：日主丁火生于巳月有根，坐下卯木，时支寅木，年支卯木，身弱木旺。扶抑格。

2. 主要矛盾是：木旺，比劫不帮身。年干辛金财星虚浮，不仅不能制印，反而生杀克弱身。

3. 主要信息：木旺易出现火塞之象。学历不会高。日支为忌神，自身素质不高。外因也有病，即使后天努力，也不会有什么大的发展，故不会有工作。财生杀克身，需防官非之灾。若灾必是经济或女人引起的。父母一般，对自己没什么帮助。夫妻宫为忌神，财也为忌神，婚姻也不会顺。

4. 大运定应期：第一步大运，官杀混杂，学习不会好。实际是小学也没毕业。第二步大运辛卯年柱伏吟，巳火用神退气，忌神木旺地，防灾。乙卯年木旺金缺，必灾。结果因强奸幼女判刑。到80年金旺的年头才出狱。出狱后在农村给乡亲们打杂维持生活。92年前因被说媒或别的女人骗，花钱而婚姻一直不就。92年才和一丧偶女人结为伴侣。

## 第三节　原局藏干信息取用与分析

谈到藏干的应用大家似乎比较陌生，实际从命理诞生的那一天起，古人就在谈藏干的应用，可是现在的命理似乎遗忘了藏干，把三元命理变成了二元命理，只论天干、地支而不论藏干。地支中的藏干是在表示天象在地象的循环规律，它的用处很重要，可以加大多重取象提取信息。近几年的命理否定了藏干的应用，一切都以天干论，地支中的藏干不论，已经失去了命理研究的真实感。这些人放着现成的藏干不取，反而在天干上胡做文章，不出现的天干找个字来代替，称之为百神论，真是可笑。大家怎么不想一想，研究命理按照一个固定的公式去预测能准确吗？天下没有二片相同的树叶，同样的八字，虽然是轨迹相同，它们的应事并不相同，如果大家不能认识这一点，是永远学不好命理的。

我们在分析六亲与十神信息时，不要一味地注重天干。在没有天干时就直接取地支中的藏干为用。如果是六亲，就以此六亲五行自己的旺衰对应不同的十神进行分析，这时可以以这个五行为太极点，来确定自己的十神，不要和日元搅到一块。这时你就会明白，所谓的百神论的代替字，为什么要反断。因为你没有转变思维，还是以日元的喜忌来对应你要预测的六亲信息，这样可以说是牛头不对马嘴，所以必须反断。如果你改变思维，把这个六亲看成独立的旺衰与喜忌，还需要反断吗？

```
　　劫　官　日　财
例：丁　癸　丙　庚
　　亥　丑　午　寅
```

大运：壬子　辛亥　庚戌　己酉　戊申　丁未

**分析：**丙午日元生于癸丑月，官星当令，又得年上亥水相帮，丙火弱。可是此时的丙火弱只是相对于水而言，并不是所有的五行。一提到身弱，大家往往都把财官伤归到一类，这个观点是错误的，丙火自坐强根为得地，这时丙火相对于命局中出现的五行来讲，丙火小于癸水，丙火与寅木中和，丙火大于未出现的金。如果你非要身弱把财官伤看成忌神，那么财星反断，越旺越好，因为财星本来就弱。

天干不见甲乙木印星，就从地支中的藏干中寻找，地支中亥水与寅木中分别藏有甲木，没有乙木，既然没有正印，我们就取甲木为用。是取亥水中还是寅木中的，寅木本为木气，先选寅中甲木，这和六爻预测是同样的，出现了两个用神，选择哪一个？如果有持世者，先选持世的为用，或者选择旺象的为用。甲木生于丑月进气，可是天寒地冷，选午火调候为先。时上庚金偏财为父，坐寅木临绝地，生于丑月为入墓，庚金弱也首先取午火调候。哪个为妻子？辛金正财为妻子，藏于丑中。

坤：戊　癸　己　丙
　　午　亥　卯　寅

**分析：**己土日元弱，年上戊土比劫帮身，丙火时上生身。月上财旺有年上戊土制约，出身家庭富有。丙火印来生身，大学本科毕业。癸水财星月干旺而透出，工作单位大，效益好，工资高。实际就职于北京某高科技公司，月薪4千多。

月干癸水为父亲，临月令旺，父亲为羊刃格。癸水旺，年干戊土为癸水正官星，戊土坐午火旺来合身，父亲工作好。戊土为父亲的领导、上级，那么父亲在一生的工作中就会受到戊土的关怀照顾，戊土坐午火为印星，戊土又在年柱，说明这个人是长辈。长相个子中等，脸长。午火中的丁火就是父亲的父亲，也就是爷爷，丁火生于亥月，官星当令，虽然局中有寅卯木，但是寅卯木不能生火，父亲能干但无工作不为官。现在庚申运，庚金为癸水的母亲，也就是奶奶，庚申运对于丁火来讲是身弱又行财运，故断爷爷已经去世，奶奶还健在。

时干丙火为母亲，丙火临坐支寅木相生，丙火为印格。癸水为官星，丙火母亲喜癸水，年干戊土制约癸水，母亲虽然能干无工作。寅木为母亲的娘家，为姥姥。寅木生于亥月，为印星，寅木旺，不见官星庚辛金，那么就是老爷去世早，姥姥去世晚。实际老爷已经去世，姥姥健在。

年干戊土为哥哥，生于亥月为财星当令，午火为印星，哥哥的工作与电力、服务、餐饮、文化娱乐有关，实际就业于电力局。哥哥生于甲寅年，故断哥哥结婚在丙子、丁丑年，实际时丙子年定亲，丁丑年结婚。

出生风水：月令亥水旺，出生时的饮水井在西北方向。不见子水，后面地势高，年支午火为用，前面地势低，并且与南邻居关系好。卯木七杀太旺无制，东方地势洼，东邻居无工作。木旺不见金，说明西邻居子女不好。

# 第二十章 命局、大运、流年的关系

关于命局、大运与六年的关系，古书上没有说明，而现代人有没有彻底搞清楚，致使近年来这样那样的理论层出不穷，可是到头来还是不能说清楚。命局是一个人的核心，大运就是对核心价值的损益，流年就是对大运现阶段的再次平衡。命局中财官旺身弱，行身旺地而发贵，这就指大运而不是流年，大运是对原局的平衡。身弱的命局通过大运的消长进退变成了身旺，流年再见财官自然可以承担。再者就是干支之间的关系，有的说，有冲先论冲，又说，有合先论合。实际，都不是，要先分清干支的阴阳作用，不是所有的干支都发生关系。

## 第一节 命 局

### 一、命局与大运、流年的关系

命局是一个庞大的信息库，它储藏着日主一生的信息，包括日主的富贵贫贱，寿夭荣枯，六亲情况，婚姻、儿女、风水等全息的人生信息。这种信息是在出生时的那一刹那形成的，具有不可更改的性质。这些信息不会随着大运流年的变化而消失，而是在大运、流年的人生舞台上进行表演。原局虽然决定许多的信息，但也并不是完全绝对，因为相同的八字他们的人生轨迹虽然相同，但是六亲信息并不会完全一样，当然他们会遵循守恒原理，顾此失彼。八字显示官星为忌神，不一定都有牢狱之灾。他可能是从小有残疾；或他身体健康，而会有牢狱之灾；或虽然不残疾，也没有牢狱之灾，会婚姻不顺。所以相同的八字不会完全的信息相同，他们会在不同的人生方面体现出来。

命局提示信息，大运、流年决定应期。命局五行的结构形式具有先天性和不可更改性，它的结构决定了日元的环境适应能力和以后行运的吉凶，只要是行运不打破日元的适应能力，就不会应凶。但是这里提醒大家注意的是，命局中忌神、用神的量化是决定大运喜忌的重要标准。不了解这些喜忌的量化，在流年的喜忌确定与吉凶分析中就会出现时验时不验的现象。也就是说有些八字在用神大运，用神流年应凶，有些则应吉，实际这些都是由命局的喜忌量化与干支阴阳属性所决定的。

我们在认识命局确定用神、忌神时，实际象一个老中医给人诊病一样，望闻问切，把准脉象，定准虚弱，开出合理对症的药方。即使是治疗同样的病症，根据脉象的不同，还要选择药性的不同。药有五味对应五行，同样的病，用药不在相同，医易同源。我们在审查命局时，实际就象中医，找准命局的病症所在，根据病症的特征与日元素质，找准合理的用神。在以后的大运上，不能违反命局五行的组合形式，一旦违反这个标准就会应凶。

"损有余补不足"这是我们一直强调的平衡原则，也就是说原局中病的轻重决定着药的多少，八字需要火为用，没有子丑的至寒，就能以承担午未之火，因此大运对命局用神存在着一个适宜的"阶段"。

## 二、命局分析与取用的核心原则

这一原则可称为：原局五行相对平衡论。五行相对平衡论是指人在出生的一刹那，禀天地之气，命局中的五行就构成了一种相对平衡，一出生，就适应了、接受了、承受了这种五行的旺衰命局结构。每一个生存、生长的生命，不论是旺、是衰，他所承受的五行的本身就是一种相对平衡，只要是以后的岁运不打破这种相对平衡，日元就不会有灾。此论可谓是分析命局、取准用神的最权威方法，不但解决了千百年来没有解决的身弱也发大财，无官也当大官的问题，对于我们准确判定岁运的吉凶也起到了巨大作用。此论可谓万法归宗的大宗之法，解决了诸多多年来无法解决的问题，对于命学爱好者来讲，会有大幅度的提高。

五行相对平衡论，主要体现相对二字。对于命局来说，失衡的本身是一种相对平衡，平衡的本身也只是一种平衡形式。如身旺官旺，身旺财旺，身弱官杀旺，身弱食伤旺，身旺财弱，身旺官杀弱等等，在命局中本身也是一种相对平衡。不论命局身旺或身弱，从弱，从强，或某字旺极、弱极，都是一种相对平衡，在命局中存在的某字（也许是忌神）与其它字的作用关系存在，本身是一种平衡，岁运有引发命局的平衡或失衡的作用，平衡应吉，失衡应凶。大运的到来实际已经改变了原来相对平衡的状态，大运的到来使命局有了一个新的平衡点，这个平衡点的出现，就需要流年的天平砝码的加入进行平衡。必须注意原局各个十神与日元的新平衡，不掌握这些，在大运、流年到来时，就难以判定吉凶。

# 第二节　大　运

大运是命局所经过每个十年时空的行政长官，它的到来使命局进入一个新的环境，它主管命局新的走势方向。首先看这个环境对命局的原始状态的平衡是加大还是减小，因为原局是我们的参照点，大运是变化点，流年则是平衡砝码。大运对命局中的用神、忌神起到扶抑的作用，但大家应该认识所谓的用神、忌神大运，只是对日干的一个喜忌状态，并不是决定吉凶的关键。它只提示日干所处时空的大致情况，而真正的吉凶情况只有流年出现才会引发。大运则决定命局的成格、变格，也就是说由于命局的组合不同，命局会随着大运的变化而变化，原本身弱的命局会变成身旺，身旺的命局也会变成身弱，这些都是大运说了算，大运对命局的阴阳消长起决定作用。这里需要提醒大家的是，大运会造成用神过量，这种情况往往出现在原局比较中和的八字中，由于用神的过量，会出现新的平衡点，用神变忌神，忌神变用神，真是"喜非永喜，忌非永忌"。

# 一、行运的顺逆

大运的顺逆在预测中起到至关重要的作用。《滴天髓》知命章言"要与人间开聋聩，顺逆之机需理会"，这句话相当重要，我们知道预测的主体就是阴阳平衡。大运是根据乾坤二造的不同，决定大运的正行反行，但是不管大运是正行还是反行，都是在表示阴阳二气的进退。从太极图我们可以看出正行运中，以进为生，也就是说八字喜木火为用，从寅月向前行是木火进气越来越旺，肯定应吉。如果是反行大运，从寅月向后行运，木火之气越来越弱，肯定应凶。

分析完命局后，确定命局的喜忌，再确定大运是命局的正行运还是反行运，对命局的阴阳二气起到的是什么作用？正行运是太极正转，以进为生；反行运是太极反转，阴阳颠倒，以生为制。例如八字中水为忌神，亥月为太极点，正行运子丑运水气增加，若是不能形成从阴气的格局，必不应吉。而反行运行戌酉申运，确实在减弱水气，肯定比子丑运要吉。强调注意命局用神、忌神在大运气的进退，大运流年的作用必须根据不同的太极运转来确定。掌握这些对确定流年的吉凶至关重要。下面例题就是易友从网上选择的有争议的大运、流年吉凶情况。

```
        官   官   日   食
乾造：  癸   癸   丙   戊
        丑   亥   寅   戌
大运：  壬戌  辛酉  庚申  己未  戊午  丁巳
        1980  90   00   10   20   30
```

原文：此造身弱用印，92年壬申，大运辛酉，流年杀旺，岁支申刑寅损印，身弱不喜杀，财来损印，皆不利考学（实际考取大学）。

分析：此造的格局没有选错，是身弱扶抑格论命，关键在于没有掌握好地支之间相冲成立的条件。首先丙寅日，丙火坐支寅木是阳气进的组合。再说大运倒行，实际是水在退气，火进气，辛酉运以运至八月，火气渐旺。（倒行大运的辛酉与正行大运到辰月的气场是一样的。）壬申流年虽然是申金旺壬水进气，但是七月壬水之力有多大？对于此时的丙火之力而言是恰到好处，而不是申金冲寅木或者生亥水，倒行大运亥水已经减力。在流年的作用中，所有的五行干支先去寻找本气五行。所以，顺逆之机不知，就是不知命。这一点如果你明白了，将会有醍醐灌顶的感觉。

## 二、论支中喜忌逢运透清

在测算中，大家往往遇到命局中地支用神有力，但天干不透，当用神在行运的天干透出时怎么断呢？在这种情况下首先应吉，这是原局用神在大运上透清。同样原局天干为用神，地支无力，当运行天干的比劫之地时，为原局的用神在行运中得助。

```
        官  才  日  食
乾造： 庚  戊  乙  丁
        寅  子  酉  丑
大运： 己丑  庚寅  辛卯  壬辰  癸巳  甲午
      1957  67    77    87    97    07
```

命主 7 岁 1 月 16 天开始行大运，于每一交运年的十二月二十四日交运。

**分析**：乙酉日元生子月丑时，天寒水冷，首取丁火调候为先。子月丑时，寒水气旺，虽是乙木的印星，但是此时的寒水万万不可为用。如果用印，必须选择阳性水，乙酉日元的特性为弱极，这种性质的日元，适应能力比较强，可帮可制，只要是命局中的五行保持相对平衡就应吉。

当大运行至壬辰、癸巳，壬癸发透出干，此时万万不要认为是原局中的子水透出了，这时的壬癸水，临辰巳，与原局中的子水没有任何联系。壬癸水临辰巳为阳性自然应吉。壬辰、癸巳运工作顺利，事业有成，财发数万。

上面的八字如果遇到壬子、癸亥这样的大运，那么，就是原局中的水逢运透清。只要不是干支上下有气者，不为透清，因为这时的天干是从人家别人的头上出来的。

## 三、行运吉凶细论

论行运与分析八字是相同的看法，分析八字是以干支组合配合月令，及四柱喜忌，而行运是以地支为主，大运决定命局中阴阳二气的消长变化。运之干支配八字的喜忌，岁运中每一个字，势必以干支分喜忌，平衡八字命局干支而共同分析，为喜用应吉，为忌神应凶。

富贵在于八字，穷通在于行运。八字好比是工厂，而大运是行政官员，对八字产生吉应吉，凶应凶。而视行运对命局的影响，虽有佳命而不逢时，则英雄无用武之地；反之，虽然八字格局一般，而行运相助，也可乘时而起。如果干为喜用，则要看地支对天干的影响，虽然天干为用神，但弱，不应大吉。为忌，但弱不应大凶。凡看运要十年并论，不能专论一字或干支各管五年分论。

## （一）喜用神

就是命局中的有用之神，行运并不都是行喜用神大运应吉。由于原局病的轻重不一，用神也有过量的时候。相反如果行忌神制忌神运同样应吉，八字用官，行伤官运凶，行财运吉；如果原局伤官制官，行印运大吉。可以去其病，如果印露伤藏，行官运亦美。伤露印藏，忌见官杀，而才来破印则为大凶。身弱用印，有财为忌，运行劫财，其病则去。劫财制才帮身大吉，身旺忌印，喜才制印，运行才乡最美，而忌比劫运。食伤带杀，身弱克泄交加（一定要分清到底日主是弱，还是从弱），行印运化杀生身，制伤官生身，为三全其美。若身弱杀旺，以食伤制杀为用，喜行食伤运。伤官配印者，是身弱伤官旺喜印制服，印露通根，再行官杀运，杀印相生为美。如印星不透，行官杀运为忌。

## （二）忌神

八字命局中对日主发挥坏作用的字，都为忌神。如果喜用神之间发生克、泄、耗同样视为忌神。命局中的喜用神，喜行运生扶，如行运抑之则为凶。如正官为用，喜行财运，以才滋杀。如行食伤运，为食伤制杀则为大凶。用才者，喜行食伤运为吉。八字身旺，印星为忌，喜才制印。如行官杀运，则官杀化才生印则为大凶。身弱印星为用，宜行官杀运，喜官印相生，如行财运，才星制印则为凶。食神制杀，运行财地则才化食伤生官为凶。食伤制杀为用，如行印运，同样为凶。因枭神夺食，而官杀无制大凶。以上的理论变化，都是在用神不过量情况下的使用条件。

## （三）先天用神与后天用神

前面已经提到，大运的变化决定着用神的变化。现在我们从命局与大运的结合，来看先天用神与后天用神的变化关系。

八字预测以"理气进退"为主线，命局的静态旺衰，所选出的用神为先天用神——称为大运用神。大家应该知道，你在原局中寻找的用神是大运对命局的影响，而不是流年。随着大运的变化，喜忌的气场已经发生变化，"退者弱、来者旺"。此时斗转星移，时空转变，原局的静态已经随着大运的到来发生了质的变化。故《滴天髓》言"理承气行岂有常，进兮退兮宜抑扬。要与人间开聋聩，顺逆之机须理会"。

后天用神，实际就是当大运的到来，命局与大运又出现新的失衡，这个失衡所对应的用神，就是流年用神——称为后天用神，但这里不管先天用神还是后天用神，都是以"理气进退"为主线，不可陷入"字眼"的误区。

```
        食 印 日 印
例：癸 戊 辛 戊
        巳 午 卯 子
```

大运：丁巳　丙辰　乙卯　甲寅　癸丑

**分析：** 月干戊土临月令旺，辛金弱戊土为忌以日支子水为用。这个子水为用为先天用神。大运逆行，子水进气，至乙卯运用神到位（卯运与正行大运的戌相似，子水进气。）财运颇佳。而离开乙卯运进入甲寅运，此时的八字已经离开先天用神，最佳的阶段已经过去。

乙卯运，辛金弱阴气转旺，必然以火土为用。丙辰年，官合身，辰生金，发财数十万。乙卯运火土为用，则为后天用神。如果你能从本节中得到领悟，一定是如虎添翼。

### （四）用神与忌神的属性

富贵虽定乎格局，穷通实系乎运途，所以说命好不如运好也。日主如我之身，局中喜神用神是我所用之人，运途乃我所临之地，故以地支为重。要天干不背，相生相扶为美，故一运看十年切勿上下截看，不可使盖头截脚。如上下截看，不论盖头截脚，则吉凶不验矣。

如喜行木运，必要甲寅、乙卯，次则甲辰、乙亥、壬寅、癸卯；喜行火运，必要丙午、丁未，次则丙寅、丁卯、丙戌、丁巳；喜行土运，必要戊午、己未、戊戌、己巳，次则戊辰、己丑；喜行金运，必要庚申、辛酉，次则戊申、己酉、庚辰、辛巳；喜行水运，必要壬子、癸亥，次则壬申、癸酉、辛亥、庚子。宁使天干生地支，弗使地支生天干；天干生地支而荫厚，地支生天干而气泄。

何谓盖头？如喜木运而遇庚寅、辛卯，喜火运而遇壬午、癸巳，喜土运而遇甲戌、甲辰、乙丑、乙未，喜金运而遇丙申丁酉，喜水运而遇戊子、己亥。何谓截脚？如喜木运而遇甲申、乙酉、乙丑、乙巳，喜火运而遇丙子、丁丑、丙申、丁酉、丁亥，喜土运而遇戊寅、己卯、戊子、己酉、戊申，喜金运而遇庚午、辛亥、庚寅、辛卯、庚子，喜水运而遇壬寅、癸卯、壬午、癸未、壬辰、癸巳是也。

盖干头喜支，运以重支，则吉凶减半；截脚喜干，支不载干，则十年皆否。假如喜行木运，而遇庚寅、辛卯，庚申、辛酉为凶运，而金绝寅卯，谓之无根，虽有十分之凶，而减其半。如原局天干有丙丁透露，得回制之能，又减其半，或再遇太岁逢丙丁，制其庚辛，则无凶矣。寅卯本为吉运，因盖头有庚辛之克，虽有十分之吉，亦减其半。如原局地支有卯酉之冲，不但无吉，而反凶矣。

又如喜木运，遇甲申、乙酉，木绝于申酉，谓之不载，故甲乙之运不吉。如原局天干又透庚辛，或太岁干头遇庚辛，必凶无疑，所以十年皆凶。如原局天干透壬癸，或太岁干头逢壬癸，能泄金生木，则和平无凶矣。故运逢吉不见其吉，运逢凶不见其凶者，缘盖头截脚之故也。

太岁管一年否泰，如所遇之人，故以天干为重，然地支不可不究，虽有与用神之生克，不可与日主运途之冲战。最凶者天克地冲，岁运冲克，日主旺相虽凶无碍，日主凶必罹凶咎。日犯岁君，日主旺相无咎，日主休因必凶；岁君犯日，亦同此论，故太岁宜和，不可与大运一端论也。如运逢木吉，逢木反凶者，皆战冲不和之故也。依此而推，则吉凶无有不验矣。

总之，万变不离其宗，命理大无其外，小无其内。合我需要者为用，行运助我者为吉运，逆者为凶运。其中在行运过程中，当岁运发生作用关系时，要视其作用关系而定吉凶。用神得生助忌神得制应吉，用神得制忌神得生应凶。岁运的作用关系中，要分清干支作用，根据干支旺衰论和干支天地论进行吉凶分辨，天干应吉以吉断，地支应凶以凶断。但是不要忘了，干支之间的作用与喜忌，是由它们的阴阳属性决定的。

## 四、论大运的成格与变格

谈到大运的成格、变格，大家觉得不好掌握。实际由于原局的五行力量不同，随着大运的阴阳消长，会改变原局中的五行旺衰，五行旺衰的改变就会使原来的格局发生变化。原来的身弱会变为身旺，身旺的变得身弱，假从格的格局会变为扶抑格。由于格局的变化，就会使喜忌发生变化，如果不改变思维，还是按原来的喜忌去论命，就会出现失误。斗转星移时空转换，继续按原来的静态，来看今天的动态，就不符合"变易"。故曰"喜非永喜，忌非永忌"。

```
        劫  比  日  才
例：    壬  癸  癸  丁
        寅  丑  亥  巳
大运：甲寅  乙卯  丙辰  丁巳  戊午  己未
      1967   77    87    97    07    17
```

**分析**：癸亥日元生于癸丑月，日元偏旺。取丁巳、寅木为用。原局中水偏旺，木火弱。损水之旺气，增加木火之气。

丁巳大运，财星旺出现，此时财星偏旺与日元基本平衡。那么此时的日元对于财星而言不再旺，再遇到火旺的流年反而不美，因为财星的力量就会超过日元的承受能力，变成身弱财旺。而此时原局中的木就相对还是弱。

丁巳运，戊寅年木生火阳气进，但是寅木之气不伤亥水，经商财运还可以。己卯年，木旺阳气进泄水，违背了亥水的平衡，因经济开始和别人打官司，耗财。庚辰年，庚金生身，打赢官司，得到七、八万元。辛巳年，巳火旺冲克亥水，财旺身弱，破财。壬午年，还是火旺，财运还是不好。

```
        印  印  日  食
例：    壬  壬  乙  丁
        子  子  未  亥
```

大运：癸丑　甲寅　乙卯　丙辰　丁巳　戊午
　　　1974　84　　94　　04　　14　　24

**分析**：乙未日元生于壬子月丁亥时，又得年上壬子，水旺木弱，取日支未土制水暖身为用。

乙卯运，阳气进，春分后阳气大旺与日支未形成从阳之势。从阳论，流年的阳气界线是以卯木为界限，只有超过卯的位置，才能算是加力。流年戊寅、己卯流年，阳气不过界线，比劫夺财，没有任何工作。辛巳年，火生土旺，找到工作，到一家大饭店任领班。如果不看大运到来对命局中各个字的影响变化，就会顾此失彼，预测失误。这里也提行大家，乙卯运，卯是一个临界点，超过卯位才是阳气上行，未土进气。

## 六、大运与用神的临界变化

经云：阴阳者，变化之父母。大运的变化决定了气场的进退，当令进气者旺，失令退气者弱。大运的进退变化，已经使原来静态的命局进入了一个新的场态。这是原局的五行气场已经发生一次"质"变。质的变决定了用神的变化与象变。大运与用神之间存在着一个距离远近与气场进退的临界变化。这个变化则决定了用神与忌神的阶段与临界。事物由一个状态进入另一个气场，必须经历一个变化过程，而这个变化过程的某一区域或状态，对于变化是否发生、变化的进程、以及变化的吉凶方向，都是至关重要的、决定性的因素。这个大运与用神之间的位置存在与变化点，就是临界点。临界点的变化决定了"损有余，补不足"的量化。掌握这个临界变化的位置，则是决定流年吉凶的重要界线。这一点相当重要。如果不明白这一点，你就会永远陷入用神与忌神分割不清的烦恼里，对于所谓用神流年应凶、忌神流年应吉，更是真假难分。

```
        枭  杀  日  比
例：    癸  辛  乙  乙
        卯  酉  亥  酉
```

大运：庚申　己未　戊午　丁巳　丙辰　乙卯
　　　1970　80　　90　　00　　10　　20

**分析**：此造是河南郑州的一位学习易友的命造。此命是一个身弱的八字，这是坚定不移的。实际是阴气旺，阳气弱。这位易友曾参加过山东两位大师的学习班。辛酉为原局中忌神，辛酉年忌神出现。以他们的理论这位易友当时此年被小刀扎伤。实则不然，这年却是鲤鱼跃龙门的时候。为什么会出现所谓的忌神流年大吉的情况呢？关键在于大运的变化，决定了与用神亥水之间的临界变化。

己未运，未土阳气旺，亥水阴气为用，大运未至亥形成用神阶段。此时的流年辛酉已经处在忌神临界与用神的临界之间，流年辛酉则是泄土生水，自然是不克乙木，就是用神。大运的变化决定了用神的变化阶段，忌神与用神的临界点就相当重要。

## 七、损有余、补不足

命理的中心在于寻找阴阳的失衡点，而这个失衡点之间的平衡，就在于相互之间平衡多少的量化。这个量化平衡的条件就是"损有余、补不足"。这一点可以说是命理的重中之重。不掌握这一点，对于把握大运的进退，流年的吉凶判断，根本就谈不上。恰恰是这么重要的一点，我们现在的命理学习者、研究者，根本就不了解，更谈不上应用。所以当今的命理书籍，谈起大运流年的作用，好像是头头是道，可是应用起来，准确率不敢恭维。损有余、补不足，配合上面谈到的用神阶段与临界变化，就会把大运、流年分析得清清楚楚。

《滴天髓》形象章言"形全者损其有余，形缺者补其不足"。全者旺，缺者弱。阴阳是整体，五行是阴阳的阶段，不同的五行日干，代表不同的阴阳阶段。即使是在相同的时空下，日干不同，那么大运、流年的吉凶则不同。因为不同的日干，对于旺衰的需要是不同的。"损有余、补不足"，这句话的关键在于"有余、不足"。不知道五行在阴阳阶段的有余、不足，那么就不能准确的判断大运对命局的变化影响，更谈不上流年吉凶。

老子在《道德经》中言：天之道，其犹张弓也。高者抑之，下者举之。有余者损之，不足者与之。天之道，损有余而补不足。我们在这儿提行大家，不掌握这点，你的命理永远存在误区，对于命理的运势、流年吉凶，只能是停留在似是而非的境界。

# 第三节 流 年

富贵出自格局，八字决定一切。但总须岁运帮扶，所谓穷通在于岁运也。八字日主代表我身，局中喜用忌神为六亲、社会关系，为我所用之神，运岁是我行之地。运以地支为主，流年应该先注意命局直接作用字的阴阳属性。要天地相配，为用神相生扶为美，为忌神相克制为吉，故一运十年，要天地同参。

天干阳性为用，喜地支阳性生扶，地支阴性为用，喜天干阴性配合透出，而天干阳性为忌，喜地支阴性抑制，地支阳性为忌，喜天干阴性盖头，行用神运，需天地阴阳一气,如喜行木运,先要甲寅、乙卯,次要甲子、乙亥、壬寅、癸卯。喜行火运先要丙午、丁巳,次要丙寅、丁卯、丁未等。干支的阴阳属性起着重要的作用。

何为天干盖头?天干克地支也。如喜行木运而遇庚寅、辛卯。喜行水运,而遇戊子、己亥,是不得天时也。行大运以地支为主,人生于天地之间,受地气五行影响大,故行运虽然干支都看,但地支为主,如行运喜天干五行,而地支不帮扶天干,则十年总体看上去红红火火,但实质性差也。如地支为喜用,而天干为忌神,应吉程度减小。如喜行木运,而遇庚寅、辛卯,庚辛金本为凶,但绝于寅卯,不应大凶,地支寅卯本为用神,而受天干抑制,故应吉程度小。天干旺衰受地支的影响,而地支旺衰不受天干影响。流年管一年之吉凶,故天干地支各主易象,看其行运是吉是凶,再结合流年与大运的关系,而做到吉凶分断。

流年是真正体现信息发生的指挥者,它与命局、大运的作用关系产生吉凶信息,是产生形象信息的代言人。大运的到来使命局有了一个新的平衡点,这个平衡点我们只是从大运得到提示,真正完成平衡的是流年。流年加大大运的失衡点,日主就会应凶。流年减小大运的失衡点,日主应吉。

流年的具体吉凶受控于大运,也就是说,流年的吉凶必须先看大运才能决定。在确定大运的平衡点后,流年可以直接作用大运、命局。但是流年作用大运、命局时,由于五行力量的悬殊对比,流年出现的五行比较弱时,会受到力量大的五行的反克制约。流年是动态的,它的到来提示了日元吉凶的信息来源,但吉凶信息的真正形成条件要由大运来决定。实际如果你掌握大运的喜忌状态,分析流年可以说是一目了然。

下面我们以印星为用神大运,来说明大运流年的作用关系:

其一,印星大运,官杀流年,这是官杀生印,作用的结果是印星加力,反映的信息,此年则工作提升,工作环境好,受领导重视。

其二,印星大运,财星流年,这是财星制印,用神受制,反映的信息,此年为工作、房屋、地产花钱,工资下降,工作环境辛苦,单位效益不好,妻子身体不好等。

其三,印星大运,比劫流年,它们作用的结果是印生比劫而扶助日干,反映的信息,此年得到朋友帮助,财运很好,同志关系和睦等。

其四,印星大运,食伤流年,它们作用的结果是忌神食伤受制,反映的信息,此年工作心情不好,或与领导关系不好,学习成绩下降,身体易生病等,但无关大局,不会影响正常的工作生活,只有情绪不好,即使有凶也会化吉。

其五,印星大运,印星流年,用神岁运并临,反映的信息:心情开朗,工作环境好,有名誉,学习成绩好等印星的信息范围。

以上例举的五种方式是正常的使用中所提示的信息,但在实际的应用中,还应注意不同的干支属性组合影响吉凶的信息。

# 第四节　大运流年的作用关系

## 一、用忌与吉凶

（一）大运、流年天干为忌神，地支为用神并抑制天干，则天干应凶程度小。

（二）大运、流年天干为用神，地支为忌神，地支抑制天干，天干应吉程度小。

（三）大运、流年干支都为用神应吉大。

（四）大运、流年干支都为忌神应凶大。

（五）大运为用神，流年为忌神以作用结果论。

（六）大运、流年与限运信息同步，应凶大。

这就涉及到干支的阴阳属性不同，所对应的作用关系就不同。以上大运、流年的作用关系只是其中的一部分，其余的部分课堂上进行讲解。只要你掌握了本体系的运年作用规律，完全可以直接断出吉凶。

## 二、生克顺序与吉凶

流年作用命局时，大家一直有一个错误的理念。有合先论合，无合再论冲、刑、害等，其时，这个作用顺序是错误的。我们应该知道同气相求的道理，你在参加宴会、邀请时，当你到达时肯定要先与你认识的人打招呼，然后再有别人介绍你不认识的人。你到朋友家串门找大哥，进门时肯定先招呼"大哥，你在家吗"？而不会先招呼"大嫂，你在家吗"？这里就涉及同气相求的问题。

五行的道理和人是一样的，当流年的到来作用命局时，它必然先作用于同类五行，然后先生后克。这样就使我们分析吉凶的顺序一目了然，它们虽然优先作用，但不是确定吉凶的关键，吉凶的关键在于它们的阴阳性质。

```
        伤  枭  日  比
乾造： 癸  戊  庚  庚
        卯  午  寅  辰
```

**分析：** 庚寅日元生于戊午月，杀星当令，但是戊土高透，时上庚金帮身，阳气必旺，庚金少阴气为用。局中虽然寅卯辰全，可是化神不临月令，不论会局。

大运倒行，乙卯大运阴气进，财星偏旺，此时反而需要阳气帮身，由于没有亥子

241

丑水的出现，一定注意力量的悬殊对比。庚午年，天干庚金似来帮身，可是庚临午火，阳气必旺，癸水受伤，此年因经济纠纷打官司。壬申、癸酉年，从地支看上去是比劫帮身担财，可是天干壬癸之水，反而使申酉不能为用，此两年投资破财。（金为用，当以庚申、辛酉、戊申、己酉或者丙申、丁酉，天干之气带有阳气，则不同矣！此乃干支属性之理，不可不知。）甲寅运，阴气更旺，戊寅、己卯年，阳气进财运很好。（大运有正反，流年则只有进没有退。）

## 三、合绊与相冲

合绊的用法是比较复杂的，合绊在现在的命理书籍上可以说是比比皆是，但是准确地说不严密，有反套的嫌疑。比如命局中有寅午，见到戌土论合绊，那么我们就应该把这种类似的八字，所有戌土出现的流年，是不是发生类似的吉凶情况？命局中有卯，大运、流年出现戌为合绊，那么在日主经过的所有戌年，是不是都是这样？准确地说，不管是三合、三会、六合，它们确实存在加力、减力的问题，至于什么情况加力，什么情况减力，这就要由它们的性质来决定。加力一般是在干支的同性之间，减力一般是在异性干支相见时发生。

命局中有寅午，如果遇到丙戌，怎么说也是火旺，这时的戌土对于火来讲就是加力。如果遇到壬戌、庚戌的情况下，此时的戌土不能加大火局的力量。也就是说火为用神遇到壬戌、庚戌时，戌土只能减弱火的力量，遇到丙戌就是加大火的力量。六合也是同样的道理，如果无条件地去套用，就会出现失误，六合也是由它们的性质与力量大小所决定的，决不是见了就论合绊。

相冲与合绊是相同的，并不是相见就冲，如果相见就冲，那么就应该把所有二者相冲的流年进行比较，如果信息的吉凶不相同，那么你的理论就有问题，就得修正。

相冲实际就是相克，真正的相冲只有在体现五行本性时，才能完成。子午相冲，子干逢壬庚，午干逢甲丙，干支全部形成对立时，相冲才能成立。如果子水午火，天干不是体现对立的五行时，相冲就可能不成立。我们往往犯一个毛病，相见似乎就以冲论，实际犯了没有条件限制的弊病。

任何的作用都需要条件，没有条件对立就不存在。这里不妨告诉大家一个五行作用的秘密，干支之间并不是一定发生关系，很多的情况下是不发生作用的。如果你把这一点想通了，你的水平就提高很多了。也就解决了"并不是所有的流年都有吉凶发生"的问题，很多的时候是在平顺中度过，真正的吉凶流年是很少的。关于六合与六冲的具体应用，可以购买知易研讨班资料或者参加面授。

例：伤　财　日　官
己　庚　丙　癸
酉　午　子　巳
大运：辛未　壬申　癸酉　甲戌　乙亥　丙子
　　　1977　87　　97　　07　　17　　27

此例选自一位易友的书上，原著称此命身弱，丁丑年丑土合绊巳酉，发财。我认为这样的论点是不符合命理的，如果说是丑土合绊巳酉应吉，那么我们就应该把日主经过的所有丑年进行验证，否则丑土合绊巳酉就不成立。

分析：丙子日元生于午月、巳时，丙火旺，需要财官为用，身偏旺损其有余。癸酉大运，子水进气，丙火退气。子水旺，此时只能顺应阴寒之气。丁丑年，与丙子性质相同，都属于阴寒之气，怎能不吉？要是论合绊，就应该把所有的丑年全部拿出比较。如果理论不严密就会造成应用上的失误。

　　　食　枭　日　印
例：癸　己　辛　戊
　　丑　未　酉　戌
大运：戊午　丁巳　丙辰　乙卯　甲寅　癸丑
　　　1979　89　　99　　09　　19　　29

此例原著称身弱，辛巳年，巳酉丑合绊日主死亡。如果这么简单，为什么不在丁巳、己巳年死亡呢？

此命己土当令，辛金坐强根必旺，年上癸水阴气为用。丙辰大运，辰酉合，辛金旺，还是癸水为用。辛巳流年，丙火阳气旺，癸水受伤，日主死亡。如果论合绊，为什么不发生在丁巳、己巳年，就无法解释。真正造成死亡的原因是大运的变化，原局中辛金旺，可是年支丑，虽然以阴气为用，可是并不能用阴寒之气，辛酉日本在正位。丙辰运是大运倒行，与辛酉处在统一平衡位置，金乃少阴之气不怕水寒却怕阳气太盛。上面的戊午、丁巳运，火气旺，虽然遇水吉，可是由于火旺，见火也无事，实际就是水火即济。丙辰运则不然，火退气辰酉相合，再遇火则土旺水受伤而凶。如果只论巳火，上步大运丁巳火旺，己巳年的火不是还旺吗？

以上两例告诉我们，合绊不是不能用，而是有严密的应用条件的，不是无条件地相见就以合绊论。

# 四、反生反克

五行之间并非只是简单的生克关系，当它们之间的力量相差悬殊，不能达到量比平衡时，就会使它们的生克关系发生质的变化。故易曰："动静有常，刚柔断矣"。五行之间阴极转阳，阳极转阴，物极必反，这是易学的不变法则。现节录宋朝徐大升《五行相生相克宜忌》以鉴：

金赖土生，土多金埋；火赖木生，木多火炽；木赖水生，水多木漂；水赖金生，金多水浊；土赖火生，火多土焦。

金能生水，水多金沉；水能生木，木多水缩；木能生火，火多木焚；火能生土，土多火晦；土能生金，金多土变。

金能克木，木坚金缺；木能克土，土重木折；土能克水，水多土流；水能克火，火炎水灼；火能克金，金多火熄。

金弱遇火，必见销熔；火弱遇水，必要熄灭；水弱遇土，必为淤塞；土弱遇木，必遭倾陷；木弱遇金，必为砍折。

强金得水，方挫其锋；强水得木，方缓其势；强木得火，方泄其英；强火得土，方敛其焰；强土得金，方化其顽。

以上五行反生反克之理，是五行生克制化、相互转化的规律。不要小看此段内容，其中道理非常深刻，事物在平衡的条件下发展，顺应自然就会应吉，如果它们的量比失去平衡时，事物的发展就到了极点，必然会向一个相反的方向发展。一定要牢记这些规律。在八字预测中，还要注意五行相生相克是有条件的，干支之间的关系非常复杂。有水不一定生木，有金不一定生水，这都是由位置组合与阴阳属性所决定的。五行所在的季节不同，它们的喜忌变化不同，应因时而定。

```
     伤   才   日   食
乾：甲   丙   癸   乙
     午   寅   卯   卯
大运：丁卯   戊辰   己巳   庚午   辛未   壬申
      1960   70    80    90    00    10
```

**分析：**癸卯日元生于丙寅月乙卯时，癸水无气，木气旺极，癸水日元只有顺其弱势。可是月干丙火透出，地支木旺，大运南方，必以木火顺势阳气为用。

戊辰大运，戊土出现干支同气，乙卯流年，顺应木火之势，此年结婚。

己巳大运，巳火帮扶午火化木，此时木火顺势，阳气大盛，不可制约。辛酉年，酉金冲克卯木，衰神冲旺，阴气进，因经济案件入狱。

```
      财 劫 日 才
  例  戊 乙 甲 己
      午 丑 午 巳
```

大运：丙寅　丁卯　戊辰　己巳　庚午　辛未

　　　1981　91　　01　　11　　21　　31

**分析：** 甲午日元生于乙丑月，财星当令，地支巳午火连气，甲木弱，火气旺极，只能顺应火势，不能抑制，取丑土泄火为用。火势太旺，丑中癸水印星受伤，不利母亲或者学业。

丁卯大运，木生火继续顺应火势。我们看这步大运，有木通关，水的到来不会激起火性，故乙亥、丙子年平顺，戊寅、己卯年木生火旺无事，庚辰年，庚金出现，虽坐辰土，可是丁火太旺，金弱遇火，必见销熔。庚金不能受住丁火的克制，反而应凶，此年母亲去世。

## 五、用神阶段

大家一直是按照身旺身弱选择用神，这个思路可以说是无可厚非的。可是在实际的应用中为什么时时失误呢？这就需要掌握大运与用神之间的阶段问题。解决了这个问题，你就会知道，木为用神，为什么寅年应吉，卯年应凶？火为用神，为什么巳火应吉、午火出来反而应凶？等等。这个问题是分析流年吉凶的障碍，在不能解决这个问题的情况下，很多人就搞出这样或者那样的观点，什么反断论，什么断不准原则，什么忌神流年会应吉，种种的谬论随之而出，实际上这些观点使大家离真理越走越远。在这里提醒大家，不是哗众取宠，只是想让大家明白"损有余，补不足"与"损之益之得其宜，扶之抑之得其中"的真正含义。每一个八字随着大运的变化，都会与原局中用神出现一个相对的阶段，这个阶段就是"得其宜，得其中"。明白了这些，断起流年来就不会失误。这里我就先留下一个悬念，等到缘分到时再说吧！

## 第五节　断应期

断应期是八字预测的高层次阶段，目前无一本书系统论述，今天首次提出来供大家参考。断应期必须在掌握原局取象、分析八字结构与作用关系，分清用神、忌神后进行定应期。

断应期大致分以下几个步骤：

# 一、宫位划分

宫位划分是依据传统命理的划分方法：即年柱为根（代表 1—15 岁）；月柱为茎（代表 16—30 岁）；日柱为花（代表 31—45 岁）；时柱为果（代表 46—60 岁至以后）。

在划分格局的过程中，我们对宫位的划分与命局旺衰分析，就已经找出了用神、忌神。用神与忌神在宫位上不同的组合，所应吉凶也是不一样的。也就是说，年柱、月柱为忌神应凶大；坐支与时支为忌神应凶小。相反，年柱月柱为用应吉大，日支与时柱为用应吉小。

年柱为忌神，年柱为少年时期（1—15），如果日主在行年柱限运时，同时又行忌神运，必应大凶。同时要视其组合，用五行相对平衡的理论进行评定原局的失衡与平衡。相反，年柱限运为忌神，而行用神大运，那么此时的断解是有区别的，也就是从日主的上运开始，原本贫穷的家庭开始有了新的转变。

年柱为用神同时又行用神大运，从日主的行运开始，原本富裕的家庭必然会再上新的台阶，如果行忌神运，那么事物的发展过程正相反。年、月、日、时四个不同时空是对日主一生信息的缩影，他们的组合已决定了八字日主的吉凶寿夭，富贵贫贱，所以八字信息的吉凶体现是靠岁运的作用来完成的。

我们知道，人一生的信息在八字中是全息性的，不是十全十美的体现，而是喜怒哀乐的生活。一个人在升官发财的时候，父母去世，儿女有灾。自己平步青云而妻子却突然失去。人生总有许多的困惑，好和坏不都是绝对的，好不能一生都好，坏也并非一生都坏，要相对比较来看。

# 二、定应期的基本规律

我们对宫位限运分析吉凶的时间段，已经有了基本的认定，也就是要看岁运与命局的配合，对产生吉凶的时间进行论证。

首先，在各柱限运段，要看所临十神是用神，还是忌神，如果一个身弱的八字，用印星，而印星在年柱有力，且此时的大运在行财运，我们不能断此时印星不吉，而是断其此段因为家庭贫穷而使学业困难，也就是八字决定的信息是不会改变的，而运只是提示日主生存阶段的生活现象。

其次，在限运宫位是忌神，同时所对应的大运又为忌神时，此运就是日主的最凶之时，也就是命局的信息与岁运的信息同步，如身弱官杀为忌，而此时又行官杀岁运（必应大凶）。

```
        杀  印  日  才
乾：甲  丁  戊  癸
        寅  卯  辰  亥
```

**分析**：戊辰日元生于卯月，地支寅卯七杀当令，木气专旺，又得癸水生扶，戊土有根又有丁火相生，阳干有气不从。卯木是命局中最大的忌神，局中水木相生为忌，以限运看应在 15－30 岁之间不吉。

己巳大运，己土帮身巳火化木，此时的日元已经变旺，喜见财官。癸酉流年，旺财合身本为好事，可是酉金冲卯木，卯木旺酉金受伤，此年因偷盗入狱。

## 三、应期的前移与后推

掌握了位置、限运与大运的配置关系，是应期的前提，有时虽然行忌神限运，但并不应凶，因为此时的大运正行用神运，或者此时的大运正是制限运忌神的十神，那么此时的应期应向后推。如果限运为用神，同时相对应的大运也为喜用大运，是日主的应吉期应提前。

总之，应期的情况应视八字的组合，看限运与所行大运的关系相配合，与八字原局的信息相配合，才能断出时间段上日主所应之事。限运的喜用神有力，与行运的配合决定应期的前移与后推。

（一）限运用神有力应吉大，同时又行喜用运，加大原局的用神力量，应期提前。

（二）限运为用神，正行忌神大运，喜用受伤使应期后推。

（三）限运为忌神，正行用神大运，同时限运忌神受制，使应期后推。

（四）限运为忌神，正行忌神大运，忌神加力为凶，使应凶期提前。

（五）当岁运对命局限运的忌神、用神力量平衡作用不大时，命局的应期不变。

```
        杀  才  日  比
乾例：壬  辛  丙  丙
        子  亥  午  申

大运：壬子  癸丑  甲寅  乙卯  丙辰  丁巳
      1981  91    01    11    21    31
```

**分析**：丙午日元生于亥月官星当令，又得年上子水帮扶，日元弱官杀旺，身弱用比劫论命。年干壬水泄辛金发挥好的作用，身弱辛金合身，是大凶的组合，地支子亥混杂为忌神无制，30 岁前再行水运应凶。这里记住，在官杀偏旺的八字中，不宜取比劫为用，以免引起官怒，最好取印星化官生身。

**壬子大运**：忌神大运加大命局的水势，此时的水势只能顺应而不能再抑制，因为

247

五行在旺极时，不管是用神、忌神都不能制约，只能顺从。己巳流年，巳火帮身冲亥水，己土抑制壬水，引起水怒，此年溺水而亡。为什么在用神流年反而应凶？这就是限运与五行力量的悬殊所造成的。命局中水本来就旺，又行壬子大运，水势猖狂，此时只能去顺应水势，一则用木泄水生火，二则是顺应水势，不去反抗。因为弱的五行制约力量悬殊较大的五行，只能是遭到反克。己土克水，水旺土流，水旺火弱自取灭亡。

```
      财  印  日  印
乾：乙  戊  辛  戊
      丑  子  巳  子
大运：丁亥  丙戌  乙酉  甲申  乙酉  丙戌
      1985   95    05    15    25    35
```

**分析：**辛巳日生于戊子月戊子时，食伤旺寒气逼人，必以调候为用。巳火临日支为用，实为气用神。水旺巳火无原神，也可以说是两次受制，再者辛巳日元的特性为中性，只能用气平衡，不能帮扶。因为辛金弱，不能受生，如果遇到土旺，会造成土旺金弱之势，再者原局的子水双见，子水忌神之性刚又为寒极，不喜抑制和再见旺火。

丙戌大运，丙火旺反伤水性，因为子月子时，正是寒极之时，见火来暖金，反而为凶。这个道理就和一个冻僵的人，如果不用低温，而用高温救人，不但不能救人反而伤人。戊寅流年寅木助火，反而伤水性，水火相战，生病而亡。

# 第五部分　地理风水篇

## 第二十一章　中国风水概论

谈到风水学，在中国几千年的发展中，它始终被放在风口浪尖之上，有人信之，有人否之。信之者振振有词，理据确凿。否之者，言辞激厉，证据灼灼。但是对风水的评价并不是用信之、否之来认定，而是要通过研究与实证才能认知它的本来面目与实质。简单的说，风水学在中国文化中具有悠久的历史，从王侯将相到市井百姓，每遇到修建宫室，建造房屋，都要去邀请地师，勘察地形，指导宫室设计与环境的综合协调，从而达到天人合一、人地合一的最佳居住环境，有利于身心健康，促进事业顺利。

风水学是一门综合学科，不是用简单的一个论点、论据就可以说清楚。它包涵美学、地球物理学、内外环境组合、水文地质、光波磁场、人体生理、时空气运、人文风俗等多学科领域。而传统风水由于文化的学科的限制性，在应用传播中，不去注重分析诠释，而是广泛应用了很多的羞涩词语，并带有神秘色彩的专业词语，使人们在理解接受中设置障碍，不利于信仰与传播，以保持某些人在这个领域的地位与权威，满足自己的名利私欲。

古代先民通过对自认的认知与对自然灾害的抗拒中，观察天文雷电、山川形势、风向流通、水脉走势、地势高低、饮水条件、地域土壤的肥沃贫瘠等，来选择改善居住环境。在不断的发展中，不断的认知自然，总结规律，对天文地理、山川气脉、河流走势等做出总结与归纳。以更加的符合人类的居住，改善居住环境，在这个不断总结归纳的过程中，渐渐形成早期的堪舆模式。

在上古时期，人类生产能力低，自卫能力弱，生活在树上，来抵御一些动物的袭击。随着生产力的提高与新石器时代的出现，以及火的应用，人类的自卫能力提高，渐渐地走下树木，到山洞中群居。从进入到山洞中群居，人类就有意无意的进入了堪舆的萌芽时代。因为在寻找山洞的过程中，要选择向阳被风的山洞，有利于取暖与空气流通。随着农业技术的提高与种植农作物的发展，山洞居住距离耕种的土地路途较远，在加上在农作物的生长成熟过程中，容易遭到动物的糟蹋，受一些动物的挖穴的启发，人类渐渐的走出山洞，开始在耕种的土地周围搭造洞穴，来守护农作物。在搭建洞穴的过程中，要选择较高的地势来预防洪涝，选择避风的地势来躲避风雨，渐渐的形成了在选择洞穴位置时，要后方高大，左右环抱的地形形势。后来随着社会的发展，群居的人群，逐渐形成部落，一些智者与圣贤的出现，开始用木头来搭建居住的房屋、宫室。人们渐渐离开洞穴，开始用树木茅草建造茅屋。但是建造部落群居中，吸取居住与选择地势的经验，慢慢发展到建造城池，部落头人居住较好的房屋宫室。这些居住的择地思想，随着社会的发展进步，文字的出现，诸侯联盟的建立，使这些择地思想，渐渐的得到传承。到春秋战国时期，阴阳术数学的发展，风水学开始融合阴阳五行学说，将八卦、河图、洛书、天文地理、星象、气运等引入到风水学说，使风水学说成为有体系架构的一门术数学科，并得以广泛的传播。

在历史的记载中，据说最早的地师是轩辕黄帝时期的青乌子，后来就用他的名字来表示这个行业，所以比较早的地师都成为青乌子。后来称之为堪舆师、相地师、风水师等。

早在先秦时期之前，在《左传》、《洪范·九畴》中就记录堪舆的故事。到先秦风水学说的思想已经在诸侯国之间被广泛应用，从历史资料看，秦始皇修建的阿房宫与秦皇陵出土的兵马俑，以及现代的大量的墓葬考古，足以证明风水学说在当时诸侯国的应用。但是在先秦诸子中，并没有留下真正学术性的著作。汉代风水学说的著作开始出现，《堪舆金匮》、《宫宅地形》的成书标志着，风水学说的从应用到理论的归纳与总结，并形成学术流派。到晋代郭璞的《葬经》出现，加速了人们对风水学的传播与应用。唐朝时期，风水学发展到鼎盛时期，书籍与理论进一步完善。唐朝钦天监官员杨筠松辞职回乡，开始在民间实践风水并授徒传业，使风水术在社会底层迅速传播，并经过他的学生们将风水学说进一步完善与发展广大。宋朝又出现大批的阴阳术数家，陈抟、邵康节等对风水学说进一步阐释认定，风水学说也在大江南北传播，从而出现了以江西为代表的形法派与福建理法派。……随着时代的推移，到今天为止，风水学已经出现了多个派别与学说，（一）峦头派：（1）形势派（2）形象派（3）形法派（二）理气派：（1）八宅派（2）命理派（3）三合派（4）翻卦派（5）飞星派（6）五行派（7）玄空大卦派（8）八卦派（9）九星飞泊派（10）奇门派（11）阳宅三要派（12）廿四山头派（13）星宿派（14）金锁玉关派等。这就像易学发展一样，分为义理与象数，实际峦头派与理气派二者需要相互印证，相互补充。气定藏于形势之中，但由于地气的推移与天文的运动，有时有形势未必有真气。但有真气无形势，其发不如有势那样宏大，故需要二者配合方为上乘。

在风水学流传的两三千年中，中国虽然经历着朝代的变迁与不同民族的政权替换，可是这种信仰并没有改变，建筑风格与建筑环境也没有太大变化。从皇室官家风水到平民百姓，建造房屋有着严格的礼制约束。西北的黄土高原、西南的热带雨林、北方的严寒、南方的小桥流水，形成中国不同地域的风水风俗与格局。这一切从二十世纪末开始，给传统风水理念带来了严重的打击与破坏。原来是南北各异，东西不同，它们在不同的地域环境中，保有着自己的风俗与特色，并遵循着依山傍水，左右环抱，明堂宽阔等基本的风水理念。可是这一切，现在被高楼大厦所取代，现在到南北各地去看看，地域的特征越来越少。设计师为了体现自己的学识，在不懂建筑风水学的基础上，随意设计外形与户型，使很多的楼宇之间存在着风向流通与磁场错位问题，这些无知的设计虽然不会造成重大问题，可是间接地影响到住宅户主的身体健康。现在到各个大城市看，城市规划者不懂的统筹安排，完全按着自己臆想来设计规划，没有一个长远的蓝图规划。就造成了今天这个各自为政的建楼时态，楼宇之间缺乏美观、缺乏通风、缺乏阳光照射，相互的外形形成冲撞，形成风向夹角，造成风速加大形成噪音等。这些不合理的建筑设计，破坏了气场，从而影响到人的思想，……。

现代风水已经与传统风水有了本质的区别。外围的环境已经不在我们的控制中，只能在购买楼宇时，进行方位选择。而传统的内外兼顾风水，也就形成注重内宅装修与家居摆放的风水格局。当然若是别墅风水，可以适当的兼顾内外。在注重内宅装修的时代，因人制宜与因时制宜，成为家居风水的重中之重。

风水学说不是什么迷信，是人与自然和谐的一门学问。它从人道出发，将天地万物融于方寸之间，以气场、磁场与人体的生理相配合，造就出最佳的生活环境，有利于人的身心健康，达到工作顺利，万事顺逐的最高境界！

成书仓促，虽是一家之言，但都是实践所得，请有缘者交流指正！

作者联系交流方式：hbzzy. smx@163. com

# 第二十二章　风水学的原理

　　风水学是由形、理、法三者共同构成，三者之间相辅相成、相互联系、相互印证。形理法这三个基本要素是不可分割的，离开了其中任何一个，就不能算是完整的风水术。

## 第一节　什么是风水学

　　什么是风水？风水是中国先哲在长期的生活中，发现人与自然的存在奥秘。晋代郭璞的《葬书》说："葬者，乘生气也。气乘风而散，界水则止。古人聚之使不散，行之使有止，故谓之风水。"因势利导，掌握自然生存奥秘，利用自然条件更好的生存，是易学天人合一思想的体现。在历史的长河中，由于各种问题，使一些江湖人士为了生存，在应用中加入了一些文化糟粕，使之成为带有迷信色彩的一种文化。

　　实际风水学的本身是科学的，是以人为本最大限度的利用自然。风与水是人类在自然生活中的两个重要因素。万物生存靠的是阴阳的合和之气，就是生气。而影响生气的两个重要条件也是风与水。首先产生生气的第一条件是水，没有水的存在，就不可能产生滋养万物的生气。从地球的结构来看其最大的占有是水，也就是说水是地球产生能量的必要因素。风是影响生气的第二因素，风可以流通生气，也可以破坏生气，使聚集的生气吹散。而能使生气聚集，而不吹散，保持和聚，需要一定的地势地形，需要在这个区域周围形成大的格局，这个格局使生气源源不断的聚集，取之不竭用之不尽，地势山形配合，使风与水得其用，尽其能。风水学的核心并不是形势，而是形势下的生气。而生气看不见摸不着，只能借助于其表面的生物现象进行分析，所以非一般人所能掌握，故让人感觉到深不可测。

　　那么风水学到底是什么学科？和人之间到底有哪些千丝万缕的关系？

　　讲过多年的学习实践，结合现代学科做一总结归纳，风水学无非以下几个内容：

　　①仿生学。②环境美学与建筑美学。③地球物理学。④风向流通学。⑤人体生理学。⑥山川环境时空学。⑦光波学。⑧生命时空学。以上这些方面都是围绕一个核心，生气与美学，有了生气的地方一定是环境优美，生气与环境优美相互配合。

　　郭璞《葬经》："木华于春，粟芽于室，气行于地中。其行也，因地之势。其聚也，因势之止。古人聚之使不散，行之使有止，故谓之风水。"郭璞对风水的定义说明风水是形、理、法的有机结合，风水离不开理法，聚之使不散，行之使有止，就是用风水理气和做法使生气聚止而为人所利用的过程。

形峦，即龙、穴、砂、水的形与势，就是由自然环境所构成风水的先天条件。这是构建风水的基础。理法，则是营造风水的人工方法，是关于如何在选择的优质外部环境后，如果合理利用形峦的理论和技术。不论是形势派还是理气派，都认为峦头形势是风水之体，理气是风水之用。所谓的形势派并非不理气。形峦相当于必备的原材料，理气和应用方法是对原材料的加工技术。没有形峦的先决条件，即使手艺在高技术再好，也难以营造出绝佳的风水宝地。

实际风水的核心是通过形峦而找到真气所在之处，将天地日月，山川河流聚集的真气所用。那么生气就成为风水学最为核心的条件。

气，在古代既是一个抽象概念，又是一个实体的物质。先哲普遍认为，气无处不存在，气化育万物，气不断的运动消长变化，才造就了万千世界。在《道德经》说："谷神不死，是谓玄牝。玄牝之门，是谓天地根。绵绵若存，用之不勤。"。这里的"天地根"以及"绵绵若存"之物，就是生化万物之气。故有"得气者生，失气者死"的论点。《易传》曰："一阴一阳之谓道"。气分为阴阳二气，万物负阴抱阳或负阳抱阴，阴阳冲和化载万物。气，在风水学中是一个很普遍、很重要的概念。可以分为生气、死气、阳气、阴气、土气、地气、乘气、聚气、纳气、气脉、气母等等。气是万物之源，气变化无穷，决定人的祸福。人要避死气、乘生气，就得请地师理气。理气十分复杂，要结合阴阳五行、实地考察龙脉气穴旺象，才能得到生气，有了生气就能孕化出人杰。因此，风水术实际是相气术。

风水术认为，气是无穷变化的，它可以变成水，也可积淀为山川。蒋平阶《水龙经·论气机妙运》："太始唯一气，莫先于水。水中积浊，遂成山川。经云：气者，水之母。水者，气之子。气行则水随，而水止则气止，子母同情，水气相逐也。夫溢于地外而有迹者为水，行于地中而无形者为气。表里同用，此造化之妙用，故察地中之气趋东趋西，即其水之或去或来而知之矣。行龙必水辅，气止必有水界。辅行龙者水，故察水之所来而知龙气发源之始；止龙气者亦水，故察水之所交而知龙气融聚之处。"由此可知，山脉和河流都可以统一于"气"中，寻找生气就是要观察山川的走向。

人禀受父母经血孕育，受阴阳二气化育而成。风水术的气则决定人的身体健康与内在素质，而健康的身体，敏捷的思维与人的工作效率有密切关联。有土就有气，人生得于气，人死归于气。郭璞《古本葬经》论述得很详细："葬者，乘生气也。夫阴阳之气，噫而为风，升而为云，降而为雨。行乎地中而为生气，行乎地中发而生乎万物。人受体于父母，本骸得气，遗体受荫。盖生者，气之聚凝，结者成骨，死而独留、故葬者，反气内骨，以荫所生之道也。经云：气感而应鬼福及人，是以铜山西崩，灵钟

253

东应，木华于春，栗芽于室。气行乎地中，其行也，因地之势；其聚也，因势之止。丘陇之骨，冈阜之支，气之所随。经曰：气乘风则散，界水则止，古人聚之使不散，行之使有止。"这段话，可谓是风水的总纲，总纲的核心即气。生气是一元运化气，在天则周流六虚，在地则发生万物。天无此则气无以资地，地无此则形无以载。生气藏于地中，人不可见，唯循地之理以求之。

明缪希雍《葬经翼·望气篇》云："凡山紫气如盖，苍烟若浮，云蒸蔼蔼，四时弥留，皮无崩蚀，色泽油油，草木繁茂，流泉甘冽，土香而腻，石润而明，如是者，气方钟而未休。云气不腾，色泽暗淡，崩摧破裂，石枯土燥，草木零落，水泉干涸，如是者，非山冈之断绝于掘凿，则生气之行乎他方。"

风水术以阴阳解天地，《管氏地理指蒙》卷八《阴阳释微》云："混沌开辟，江山延衰。融结阴阳，磅礴宇宙。冈骨既成，源脉已透。以钟形势，以通气候。以清以浊，以奇以偶。精积光芒，呈露星宿。以孳衰微，以孕福寿。"又说："东南方，阳也。阳者，其精降于下。西北方，阴也。阴者，其精奉于上。"并且说阴阳之气不得有损伤："阴阳之气出于天造，非人力所能成。一有增损，不但无益，且所以伤之也。肤腠割之，小者耳鼻伤之，大者伤至于丹元，则无用矣。"依照这个观点，风水先生很忌讳挖山开塘，以为伤了阴阳之气。

风水以阴阳交感为吉。谢和卿《神宝经》云："阳作必借阴气一吸，阴作必借阳气一嘘，即阴来阳作，阳来阴作之义。若阳来阳受者，则见福舒徐；若阴来阴受者，则见祸惨急。"这就将人事祸福与阴阳联系在一起了。不仅如此，阴阳还可以作为各种术语的本义词，如逆顺即阴阳的别名。看地形时，"逆中取顺者，因脉逆转而求。顺中取逆者，因脉顺流而出。三阳从地起为逆，三阴从天降为顺。阳脉为逆，阴脉为顺。"

## 第二节　风与水的概念与作用

### 一、风的概念与作用

风水学中的"风水"是表明风与水是选择吉地的两个必备的重要条件。《葬书》认为阴阳二气运行地下则为生气，发散出来，则为风。风和生气是同种物质的两种不同存在状态。当生气露出地面，升入空中，就变为风，如果生气被强风被吹散荡尽，就会无法利用，则不能辅助与万物生发。故为了将生气聚集，选择聚集生气的地域来建造住宅。生气聚集只是首选条件，还要使聚集的生气流动，但是流动不是被外来的风吹散。所以生气聚集，还要有围城环绕，不使生气成为死气，也不会被贼风吹散。这就是吉地之所以通常是为群山环抱的盆地原因。只有层层环抱才能阻止外来的风进入，使吉地生气旺盛，气场和合，有利于吉地内的生物。

风在风水学中的作用非常重要。它既是生气之本，又是破坏生气的条件。因为生气是人与万物生存的必要因素。任何生物的存在都需要一个稳定的气场，而风是这个气场的核心，它既可以生物也可以破物。以人为例，风与人的健康关系息息相关。风的速度是人身体健康的潜在条件。当风的速度大于人体血液流动的速度比时，人会感觉冷。当风的速度低于人血液流动的速度比时，人感觉冷。冷热转化，冷热的变化，直接影响人体的健康。冬天人容易伤风感冒，夏天从空调屋内出来容易感冒，等等问题都是风的问题。家中养花，若是放在风流通太过的地方，花就不容易养活，因为气场的流通变化对于花草本身气场破坏太大。生气中有多种人体需要的微量元素气场，这些元素直接关联到人的生理健康与生物生命，所以风是气场和合的首要条件。

在传统的书中，提到了很多种不同地形的形势组合，这些形式组合直接影响到风向的流通与气场的流通变化，这些都与人的生理有必然的关联性。而人的信息现象则体现在富贵与人丁遗传方面，二者都与身体健康有必然的关联。与而传统的书籍不去解释现象背后的原因，将风神秘化。下面看一下有关风在经典中的记载与阐释。

《地理八十八向真诀》将风分为八种，并注释如下：

(1) 前有凹风是明堂倾斜的标志，不仅是没有案山就是案山带凶，并且不能聚止生气。因此，此风不吉，主贫穷潦倒，子嗣无继。

为什么凹风是名堂倾斜的标志？因为凹可以加大对平行流动风的吸力，若是在遇到向上运动的坡地，则更容易加大风速，使风加大流通速度吹走聚集在明堂的生气，明堂不聚集生气，则不利于身体健康，身体不健康则大脑的思维与身体的肾脏功能受到影响，间接地影响延续子嗣。实际风水学的理论都与风向流动和环境组合有着绝对的关系。

(2) 后有凹风表明无主山。此风不吉，主贫困，短命，人丁不旺。

后面有凹风，则表示后无靠山，贼风从背后吹来，生气向前吹散，使聚集的生气根本上不能进入明堂，结果可想而知。

(3) 左有凹风是青龙软弱（低矮）不振的标志，为凶，这样就会丧夫寡居。

青龙为左，左边为阳，阳主男，故青龙不拢或者软弱，男主不吉。

(4) 右有凹风表明白虎断续不连，凶，这样就会子嗣无继。

左边青龙为阳，右边白虎为阴，阴主妇人，妇人不利必影响子嗣。

(5) 两眉凹风是指从主山和青龙山以及主山与白虎山交汇处吹来之风。凶，这样就会伤家主和子嗣无继。

用仿生学来看，整个风水环境就像是一张脸，穴位就像脸中间的鼻子，龙虎二砂

255

的交汇就像是两道眉毛，眉毛的地方凹风吹入，眼睛必然受伤，眼睛为日月精华，人的神采显示之处，若是两眼受伤，后果可想而知。

（6）两足凹风指来自青龙和白虎部尾之风（足指青龙、白虎两抱山的尾部）。大凶，主倾家荡产，满门灭绝。如果这些风吹自艮方（东北方）则凶极无比。

青龙、白虎的尾部进风非常凶险，因为这样的风会吹进穴位，将明堂进入的生气向外吹跑，破坏了整个格局聚气的重要原因，必然凶险之极。东北艮宫为阳气生发之位，若是此处被阴风吹破，阳气之势断绝。

其大无外，其小无内。八卦方位各有所属，这就像伏羲氏创建八卦系统的思维相同，远取诸物，近取诸身。以八卦所属与家庭成员相对应，其位不吉，则其人必凶的原理。实际万物信息相通，一个家庭，一个穴位，都是一个太极，其核心的信息一定通过其周围的环境而显露出来。

风水中没有凸风，只有凹风，之所以称谓凹风是因为地形及建筑形势，只能有吸风的作用，吸入的风未必都是不吉。例如阳宅中的内八字门就是吸风的作用，但是在风进入大门后，有一道影壁进行缓冲化解，疾风就变成了和风。只有当山中有沟谷存在时，风才能由此吹进群山环抱的吉地。如果吉地为连绵不断的重山叠岭所层层环绕，密如完城，那么当风吹来时，就会越此而过，不会吹进吉地。因此，吉地中的风反映了环绕吉地的山峦的质量。

至于风的性质，风水学确信风水穴处不应有任何方向的来风。但不管怎样，在一些特别实例中，具有多方来风的地方也会很吉利。按阴阳概念，风还可分为两种类别。若风从顶往下吹则称之为阳风；反之若从山谷向上吹则称之为阴风。这是一种很普遍的分类法。

风与气是相互关联的。中国古代认为"气"是万物内在的，流动的本质的体现。老子《道德经·四十二章》：谷神不死，是谓玄牝。玄牝之门，是谓天地根，绵绵若存，用之不勤。万物之根就是"气"，故易曰：一阴一阳谓之道。气是万物形成生化的根本，只有掌握了气机，就识别了天地之窍，运用阴阳二气的冲和来孕育万物。

"气"与"形"的关系呢？气是无形的，形体是实质的。形体是由气生化形成的，气则居于形体而体现；气属阳，地属阴，两者互为依靠，互相冲激，在冲激中彼此消长进退，而得以和合。日月星辰带动天的气，山川河流带动地的气，万物依赖天地之气而生存。因此天地之气，因形体而止，留而不去，与万物合而为一。万物变化生存皆因有气可纳，因而形气合一。所谓"乘气"、"聚气"、"顺气"、"界气"……"凡着地理者总以气为主。"它要求人的小宇宙之气与周围环境的大宇宙之气达到同频同场，秉乘天地之气而大有作为，这是中国风水中天人合一观的最基本的要点。

因此，人们为了挡住风煞而聚合吉气，在住宅周围修建围墙，或建造四合院，或在住宅周围种植树木花草，这都是人们改造风水良好方法。

## 二、气的概念与作用

风水认为太祖山之上，于夏秋之交，雨霁之后，丑寅之时，必有上升之气，因而风水常以气的形态辨吉凶。一般来说，如果气发一山巅，直起冲上，下小上大如伞，就是真气。如果气横于山腰，则是云雾之气，而不是真气。以质而论，气清者主贵，气浊者主富。端正者出文，偏斜者出武。比较出众的风水先生还能够辨出气的色彩，以赤黄色为上，青白黑次之。望气似乎更多地同人的气功状态联系在一起。

关于气的论述，"天子气"是最具有表现力。《隋书·天文志》下（卷二十一）中对"天子气"有详细的解释："天子气，内赤外黄正四方，所发之处，当有王者。若天子欲有游往处，其地亦先发此气。或如城门，隐隐在气雾中，恒带杀气森森然，或如华盖在气雾中，或有五色，多在晨昏见。或如千石仓在雾中，恒带杀气，或如高楼在雾气中，或如山镇。苍帝起，青云扶日。赤帝起，赤云扶日。黄帝起，黄云扶日。白帝起，白云扶日。黑帝起，黑云扶日。或日气象青衣人，无手，在日西，天子之气也。敌上气如龙马，或杂色郁郁冲天者，此帝王之气，不可击。若在吾军，战必大胜。凡天子之气，皆多上达于天，以王相日见。"天子气内部是红色，外面呈黄色，向东南西北四个方向发散。出现天子气的地方，就会有天子。如果天子将游往某一个地方，这里也会预先出现天子气，有的如城门一样，隐藏在雾气之中，但都带着森然杀气；有的如华盖一样在雾气中；有的则呈五色，一般多在早晨或黄昏时分出现；有的如大粮仓在雾中，也都带着杀气；有的如高楼在雾气中，有的如山岭。苍帝兴起，青云扶日；赤帝兴起，赤云扶日；黄帝兴起，黄云扶日；白帝兴起，白云扶日；黑帝兴起，黑云扶山。有的日气像个青衣人，没有手，如果在太阳的西侧，便为天子气。敌人上方的气如果像龙马一样，或者有杂色，郁气冲天，这也是帝王之气，不可攻击。如果此气在我军阵地上方，战必大胜。凡是天子之气，多数都上达于天庭，以王相日见。这种对天子气的描述多少的参杂了信仰的色彩，其是想说明，气是吉地征兆，吉地必有气场，气场五色祥瑞，必然是佳地。

在入山寻龙过程中，望气寻龙也是其中的一个组成内容。大抵山川之气，和太阳的出没有着很大的关系，由于中午时太阳高悬空中，"其气潜伏，无可觇验"，所以一定要在太阳还没升起，阳气始兴，或在太阳才一下山，阴气渐萌之时，方是验山川之气的最佳时刻。古书有云："黄富而青贫，赤衰而白绝，唯五色之气氤氲，乃绵绵而后杰。寻龙至此，能事已毕。爱银海之明，欲灵犀之活。"同时，又有福喜之气，衰败之气的种种不同。"福喜之气，上黄下白，如牛之触人，如羊群之相迫，如人持斧以腾身，如将举首而向敌。或如堤坂（其气横亘）或如木埴（其气森列）"关键是其气凝聚

257

有力。又如"衰败之气，下连上擘，聚而复兴，澈而复赫，如卷石扬灰，如乱穰坏帛，如惊蛇飞鸟，如偃鱼（气不踊跃）巨舶（形体横卧，没有振兴之象）"，问题在于其气零散不凝。

原本天地之间都是气，环境接地气以纳天气，天地之气，以转授生人，让生活在其中的人得生气孕育则思维发达，身体康健，并能与天地之运同进退，因此而能获福发贵。从历史的角度来看，宇宙是一个循环的能量场，其对于所有人具有同样的作用关系。只不过人的思想不同，生长空间不同，受教育的程度不同，等等条件不能共有而有不同，有人富贵但子孙不旺，有人贫穷但是人丁两旺，种种现象不可通论。精神与物质的最高境界是：相由心生，境由心转。若能心中福田，常怀明德之心，定能化转时空。

风水实践证明，择基选址有几个步骤：觅龙、观砂、察水，点穴，把气从山上引下来，聚之于穴，即"山气茂盛，直走近水，近水聚气，凝结为穴"。首先是觅龙，即寻长祖山。古人认为气伏藏于山川大地之中，在《望气篇》中谈到山的形势与气和关系："凡山紫色如盖，苍烟若浮，云蒸霭霭，四时弥留，皮无崩蚀，色泽油油，草木繁茂，流泉甘冽，土香而腻，石润而明，如是者，气方钟未休。"反之，"凡山形势崩伤，其气散绝谓之死"。可见环境和"气"的关系多么紧密。

何谓龙？龙的含义有几种，一是指地形的走势、形态与龙的形体相似；二是指气脉，生气的功能，生气可以使万物生发，形态各异，昼夜变化千差万别。因为龙上可以腾云，下可以如海，腾云驾雾千般变化，故中国人喜欢用龙来比喻自然界的神奇力量。《周易·乾卦》爻辞中：潜龙勿用，见龙在田，飞龙在天，亢龙有悔。所指的龙既是生化万物的生气。气藏于山川大地，江河湖泊之中。任何地域，任何地形都有自己的龙脉，只不过是大小、时间问题。气在运动、伏藏中有自己的特点与形势。郭璞《葬经》说："气因形来而断不可葬也。然断有几等：有为水冲者，有为路所截者，有为畚锸所伤者，龙行至此，未有不遭其害者也。"这里龙指"气"，气流希望不要受阻。"气"被引下龙脉后，又有左右龙虎砂山夹紧："若非龙虎夹紧直走近水旁，则水动而气散。"这时的气好像是聚集在经脉的穴位上，到达了目的地。需要周围的龙虎地形相抱，否则气就会散掉。山就是上面提到的"形"，即环境空间，它像一个容器一样，容纳了"隐而难知"的"气"。砂山之前还有朝山："开面向里，不拘远近，俱名有情，远朝（朝山）及前后左右之砂皆以真面相向，无破碎尖射凶顽为融结。"可见朝山、砂山这一"形"不得与"气"冲突，应该"以其护卫区穴，不使风吹，环抱有情，不逼不压，不折不窜"。朝山再向两旁是罗城，罗城是祖山分障包罗于外，即龙之余气也。余气还以罗城卫，以确保气不外溢。因此前有朝山，后有大而高的祖山，左有青龙，右有白虎，仿佛一个大四合院，全院的惟一出口就是水口，水口为"一方众水所总出也"，真好像四合院的大门，既是进出村的关口，又可能是溢气的通道，是个关键的地方。四合院总作有影壁，以防漏气，村落也不例外："祖山工障展作罗城，罗城余气去，作关阑重重，关锁缠护周密。"这里关阑，关锁都是指水口。古人选形可谓滴水不漏，用形紧紧拢抱着气。虽说气形相辅相成，但是像这样全封闭的气形关系在西方并不多见，这正是中国传统文化的特色。

## 三、水的概念与作用

水在生活中的意义那是不用言表。水在风水学中的意义也是相当重要。水首先指的是现实中的生活水，地下水与地表水。有水的地方一定是山清水秀，环境优美，负氧离子很高。二是指地势。砂为高地，水为洼地。水的质量对于身体健康是相当重要，所以水又指生活意义上的水源、水质、水流的方向等。

《水地篇》引申出有关水的结论说："水者，何也？万物之本原也，诸生之宗室也，美恶、贤不肖、愚俊之所产也。"草木得到了"水"就生长得更加茂盛，鸟兽得到了水，就会长得更加肥壮，文中特别指出："水"的最精华凝聚起来就形成了人。人的"九窍五虑"都是从水中产生的。他们反复强调人的体质、容貌、性情和道德品质也是由水质不同所决定的："何以知其然也？夫齐之水遒躁而复，故其民贪粗而好勇。楚之水淖弱而清，故其民轻果而改。越之水浊重而泪，故其民愚而垢。秦之水泔最而稽，淤滞而杂，故其民贪戾，罔而好事。齐晋之水枯旱而运，滞而杂，故其民谄葆诈，巧佞而好利。燕之水萃下而弱，沉滞而杂，故其民愚戆而好贞，轻疾而易死。宋之水轻劲而清，故其民间易而好正。是以圣人之化世也，其解在水。故水一则人心正，水清则民心易。人心正则欲不污，民心易则行无邪。是以圣人之治于世也，不人告也，不户说也，其枢在水"。

但在风水学中，水脉不如山势受重视，因为水道的特征在很大程度上依山势而定。吉地前必须要有水。从理论上讲，一条宽缓舒展的河流应从吉祥地前不等距离处流过，左右两边还应有数条小水流。这些水流在风水中非常关键。水在风水中为什么这么重要？《葬书》曰：气乘风则散，界水则止。"因此，位于吉祥地之前水有助于生气在风水穴中聚止，风水穴即自主山传递下来的生气的聚结处。如果前面无水，身为幸福源泉的生气就会从穴中荡散出去。

吉利的水道流向不能与山脉走向平行，因为这样的水道不能贮藏无法穿越水流的生气。为了将生气聚积在某地，水道必须横跨山脉。因此，若水道和山脉走向一致，则不吉。理想的水道于曲行进，好像正欲从山脉走向的角度来拥抱吉地。无论如何，水道不应笔直地流过该地区。风水中所谓吉祥水道都流速平缓，蜿蜒迂曲。若水流湍激或水路转弯陡急则太凶。若水流逶迤前行，荡荡悠悠，好像满怀留恋之情，一步三

259

顾穴，则吉。所有风水物（如山脉、水系）的理想特征均是结构优美，形态秀丽。任何看上去对风水不敬的粗鄙刺目的形态或结构都表明该地不吉。若附近的水流平缓优雅，则称此水该地有情不忍离穴而去。

宋代舜申《地理新法》中说："山是静止物体，属阴。水为运动的物体，属阳。阴的特征是恒定不变，而阳性则变化无常。吉凶与水密切相关。以身体来比拟，则山可比作人体，水即为人体中的血管。人体的生长、衰老取决于血管状况。当血管绕周身循环，顺流畅通，则人体健康强壮。反之，则身罹疾病或死亡。这是人生的自然法则，无一人可例外。这条法则要求水路流向正确、山脉位置得当以便构成吉祥地。五山各有自己的吉凶位置，水路应自吉方流向凶方，如此则吉；若水路自凶方流向吉方，则凶，因为它冲破了该地的生旺方……"考察穴前的水道交汇（水口）也很重要：自白虎和青龙而来水道应交汇于明堂之中，明堂为风水穴前的平台。水口应闭合并与两座抱山的距离相等。当水口距两山远近相当时，青龙和白虎二平衡。可见，地形的平衡对称是风水基本原则。水意味着财富。因此，为了带来财运，有流水穴前聚集是必要的。水道交汇使水流缓慢，平缓的流水正是风水所要求的条件。

## 四、山与水的关系

山与水的关系，《管氏地理指蒙》是这样说的："水随山而行，山界水而止。界其分域，止其逾越，聚其气而施耳。水无山则气散而不附，山无水则气寒而不理。山如兵，水如城，驻兵之地，非城不营。山如堂，水如墙，高堂之居非墙不防。山如君，水如臣，君臣都俞，风化斯淳。山如主，水如宾，宾主雍容，情味相亲。山为实气，水为虚气。土逾高，其气逾厚。水逾深，其气逾大。土薄则气微，水浅则气弱。然水不能自为浅深，气急而不凝者，实山为之也。山不能自为开拓，使堂气畅而不塞者，是又水以充之也。"

这就是说，山水相互依存，不能舍弃山而言水，也不能舍弃水以言山。山属内气，如丘如堂、如君如主。水属外气，如城如墙，如臣如宾。内外合成一个整体，不可分割。

怎样的山水就吉呢？据说，山贵于磅礴，水贵于萦迂。萦迂则山与水而气聚，磅礴则水与山而气浮。山高水倾，山短水直，山逼水割，山乱水分，山露水反，这是五凶。池沼无源，田塍短促，坑壕潦涸，滩激喧嘈，洲移诸易，这也是五凶

以上这些认识，都是由"气"的观念引伸出来。古人认为气是一种物质形态，气凝而为山，气融而为水，山水都是气。水之所出，必本于山，山之所穷即寄于水，山水是气"虚""实"的表现，是物质存在的不同形式

以上这些认识，还与古人的审美观有关。有山无水，有水无山，都不会美。山水

相连才美。山势磅礴，水势萦迂，这是大自然的美，反之则不美

因此，风水术中的山水观念是有可取之处的。它体现了朴素的唯物观和审美观。这种观念是能接受的。试想；堪称山水甲天下的桂林有山无水，或者有水无山，那还美么？风水术的山水观念，还提供了辨证统一的思维方法。看问题，不能只看山，也不能只看水。譬如我们研究长江，就不能不看秦岭大别山和南岭，这两座东西走向的大山，构成了长江与黄河、珠江流域的分水岭。长江在这两座山系之间，"汇百川而入海，历万古以扬波"。我们的先哲很早就在《考工记》中说过："天下之地势，两山之间，必有川矣。大川之上，必有途矣。"科学的地理考察也证实了这一说法：我国境内，每隔八度左右就有一条大的纬向构造，如天山棗阴山、昆仑山棗秦岭、还有南岭。如果我们治理黄河、长江，不考察沿线的 山脉，就不可能控制水源，不可能从根本上改变水患。

# 第三节　仿生学

风水学的根本思想就是"天人合一"，在阴阳学说的世界中，宇宙是一个具有生命的物体，只是说它的生命运动与人类完全不在同一轨道的频率上，山川大地，湖泊江河，矿藏晶石，它们都具有生命。人与万物都是在阴阳二气的作用下而"化生"，阴阳二气具有"玄牝"之性，任何的物质都是阴阳的气质体现，不论是任何的矿藏、煤炭、石油、宝石、珠玉都在特定的区域内由阴阳二气合和而成。那么，一个真正风水学者的眼中看到的世界，就与一般的人有所区别，每一块土地，每一座山脉，每一湖泊河流，每一颗树木藤条，都有它的生命频率，人类认为石头坚硬，可是对于其他的物种，山石就像是"豆腐"。只不过以人的认知还没有达到与其生命对话的境界。宇宙不同的空间，就是不同的频率，不同的速度，要想利用太空空间，人类就要发明航天器，只要是达到与地球运动速度的匹配时，不论是航天飞机、宇宙飞船就能在太空飞行。太空空间看似"虚无"，可是它的"虚无"同样是一种生命力，为什么宇宙飞船搭载的很多物种，经过太空遨游，再返回地面区发生了形体，甚至于性质的变化，说明不同的空间具有不同生物场，生物空间的频率越高，速度越快，对于物种的性质影响就越大。这样高的科学实验也是在模仿宇宙是一个大的生命体。

风水学在其发展的过程中，首先是从大地的山川走势以及地块地形中受到启发，自然而然的将这种模仿的思想加入其中。把大地、山川的走势称之为龙脉，不单单是龙在中国文化中的信仰地位，更是因为龙的定位，它上可以腾云，下可以入海，腾落飞昂，腾云驾雾，呼风唤雨，变化万千，故以龙来比喻模仿山川地形的万般变化。将山川大地、河流沼泽，与龙相结合，龙行不可定穴，龙止方可点穴。以龙的生理特征

来与山脉走势相结合，龙首、龙脖子、龙腰、龙爪、龙尾等，穴的位置从龙头向下排列。

由于山体外形不同，可以将其外形分为五种。挺拔俊秀，高耸入云，植被茂盛，并三五成群相互伴随，被称之为木形。山体呈圆形，就像是一口口反过来的锅，圆润有气，生机盎然，或三五成群或一字排开，被称为金形。山体呈方形，说圆不圆，而又连续相接，成为土形。山峰高高，就像燃烧的火焰形状，被称之为火形。山势不高，山峰相连，象形成的大海波浪，称之为水形。不同的外形决定不同的气场。

在古代风水学中，经常把大地比作人体来考虑各种因素，对此风水中有一句话叫作"相地如相人"。如《玄女青囊海角经》曰"支龙形势，如人之状，然其身一动，则手足自应；将主一出，则群兵必随。""本身之龙要长远，身体必要端正为上，手足必以相合为佳，长幼必以逊顺为贵，主宾必以迎接为奇。"在这种人、地类同思想的基础上，风水中常据人体的结构将龙脉之真穴分为三种穴，一在头部，二在脐眼，三在阴部，其具体位置是："上聚之穴，如孩儿头，孩子初生囟门未满，微有窝者，即山顶穴也；中聚之穴，如人之脐，两手即龙虎也；下聚之穴，如人之阴囊，两足即龙虎也。"（清孟浩《雪心赋正解》）在清《六圃沈新先生地学》中即收有一幅以人体之"窍"为原型的风水穴位图，最能形象逼真地体现这种人、地同类的理念。

北京城在明朝重新建造的时候，被称为"八臂那吒城"，以正阳门为头，周围有八个臂膀，也就是八门。分别为：朝阳门、崇文门、正阳门、宣武门、阜成门、德胜门、安定门、东直门、西直门，东南西北共有九门，故历来北京的防御官员也成为九门提督。正南中间的一座门，叫正阳门，是哪吒的脑袋，脑袋嘛，就应该有耳朵，他的瓮城东西开门，就是哪吒的耳朵；正阳门里的两眼井，就是哪吒的眼睛；正阳门东边的崇文门、东便门、东面城门的朝阳门、东直门，是哪吒这半边身子的四臂；正阳门西边的宣武门、西便门、西面城门的阜成门、西直门，是哪吒那半边身子的四臂；北面城门的安定门、德胜门，是哪吒的两只脚。城里四方形儿的是'皇城'，皇城是哪吒的五脏，皇城的正门——天安门是五脏口，从五脏口到正阳门哪吒脑袋，中间这条长长的平道，是哪吒的食道。

平遥古城，去过的朋友都知道，整个平遥古城的平面就像是一只乌龟。平遥古城始建于公元前827年~前782年间的周宣王时期，为西周大将尹吉莆驻军于此而建。自公元前221年，秦朝政府实行"郡县制"以来，平遥城一直是县治所在地，延续至今。平遥古城历尽沧桑、几经变迁，成为国内现存最完整的一座明清时期中国古代县城的原型。现在看到的古城，是明洪武三年（1370年）进行扩建后的模样。扩建后的平遥城规模宏大雄伟，城周长6.4公里，是山西也是中国现存历史较早、规模最大的一座县城城墙。

鸟瞰平遥古城，更令人称奇道绝。这个呈平面方形的城墙，形如龟状，城门六座，南北各一，东西各二。城池南门为龟头，门外两眼水井象征龟的双目。北城门为龟尾，是全城的最低处，城内所有积水都要经此流出。城池东西四座瓮城，双双相对，上西门、下西门、上东门的瓮城城门均向南开，形似龟爪前伸，唯下东门瓮城的外城门径直向东开，据说是造城时恐怕乌龟爬走，将其左腿拉直，拴在距城二十里的麓台上。这个看似虚妄的传说，闪射出古人对乌龟的极其崇拜之情。乌龟乃长生之物，在古人心目中自然如同神灵一样圣洁。它凝示着希冀借龟神之力，使平遥古城坚如磐石，金汤永固，安然无恙，永世长存的深刻含义。城墙上还有 72 个观敌楼，墙顶外侧有垛口3 千个，传说它是孔子 3 千弟子、72 贤人的象征。

永泰古城，是明政府为防御北方的少数民族入侵而修建的松山新边中的一座军事要塞，在李汶的亲自监督下，永泰城于明万历三十五年（1607 年）三月开工建设，第二年六月完工，距今已有 400 多年的历史。建成后即成为军事要塞，兰州参将就驻扎在这个城堡内。当时，城内驻有士兵 2000 多人，马队 500 人，附属设有火药场、草料场、磨坊、马场等机构。城墙上有炮台 12 座、城楼 4 座，城下有瓮城、护城河，城南北两侧分别指向兰州和长城方向建有绵延数十里的烽火台。如此完备的设计，堪称中国古代军事要塞教科书式的典范之作。

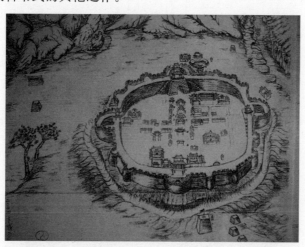

永泰古城由于鸟瞰形如金龟，故又称"永泰龟城"。古城城围周长 1．7 公里，高12 米，炮台 12 座，城楼 4 座，外形是一大圆，城周有护城河。古城四面有 4 个瓮城，形似龟的肩足，保存尚好，只是瓮城上的建筑已不存在了。永泰城城墙由黄土夯筑而成，周长 1717 米，墙高 12 米，城基厚 6 米，占地面积 318 亩。整个城平面呈椭圆形，城门向南开，外筑甬门，外门叫"永宁门"，内门叫"永泰门"，门稍偏西，形似龟头。四面筑有瓮城，形似龟爪。城北有 5 座烽火台渐次远去，形似龟尾。城周有护城河，宽约 6 米，深约 1 至 2．5 米。整个城池形状酷似乌龟，故名"龟城"。

2006 年受在北大学习的老总邀请，前往安徽合肥，这位老总是以食品企业，因为城市发现，需要将生产工厂搬迁到工业开发区，政府已经给地，总体设计也已经完成，邀我去看一下新厂地址与总体设计。

新的厂址位于开发区中一个十字路口的西北角，大概面积在五六十亩地，准备建设办公及生产一体的模式。整个建设重点放在东南角，向西向北延伸，成等边的 L 型。从大面积的区域规划来看，周围的几家企业都没有太高的建筑，能够与主体建筑相匹配。地势上西北方向偏高，向南偏低。因为其设计模式是将重点放在了东南角，越过马路的正对方向是一家电器生产厂，基本上是轻钢结构的厂房，明堂还算宽阔。看完地势、地形，告诉他一些注意事项，就来到了设计院。看到设计的外形图，就其外形看就像是一只张开翅膀飞行的大鸟，但是总是觉得有点别扭不顺眼。看了一会，跟设计师沟通，整体外形像一只大鸟，要展翅起飞，可是现在看上去好像两个翅膀没有力度，建议他将设计的翅膀向外各敞开五度，给人一种振翅欲飞的感觉。设计师一听，看看图，眼前一亮，因为他一直觉得好像哪儿不对劲，但是没有象设个方面考虑，现在一说，却是豁然开朗。因为看见这张设计图，我马上想起的是"孔雀东南飞"。

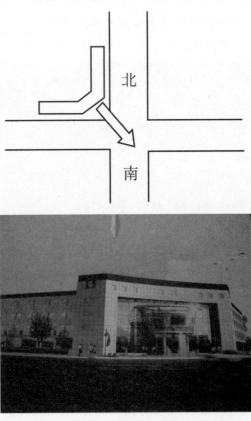

更深层次的仿生学，不是一种形式，而是一种生命。古人云：天地有大关会。天地难道没有生命吗？实际天地的气场轮回同样具有生命意义，只不过一万人类的时间概念去计算天地的生命，那是难以比较的。说得上是"小巫见大巫"。

我们的祖先总是喜欢用一些吉祥的动物来形容地形，长的为龙，方的为虎，三角的为旗，圆形的为龟，不规则的地形为凤凰等等，都是在用吉祥的动物来命名这些地形。那么，地形的不一样，决定了选择位置的不同。龙形地要以龙头为主，虎形地以四角为主，旗形地以顶角为主，龟形地以龟壳的中间为主，凤形地以接近背部的脖颈为主。生命的特征不同，决定着位置的不同，当然也要结合、道路、风道、气候等因素做出判断。

任何的一种生命都是具有四季轮回的特征，开始、成长、收获、回归。天地不以任何人为亲，不会偏爱任何一个人。它的生命意义在于人们去抓住它，应用它，顺应它。风水不是万能的，如果是那样真正富甲天下的应该是风水师。风水师只是寻找天地生命位置的一种技术，将一颗具有"灵性"的种子种植到天地的气眼之中，让天地之灵气蕴润他的灵性，天地的生命频率与其融为一体，从而使灵性得到传承。

# 第四节　环境美学与生态美学

谈起美好像是人类任何时候的追求，常说"爱美之心人皆有之"就是这个道理。环境美学研究的主要对象是人类生存环境的审美要求，环境美感对于人的生理和心理作用，进而探讨这种作用对于人们身体健康和工作效率的影响。小孩子穿上漂亮的衣服，感觉精神，从心里向外透着高兴。女人穿上漂亮的衣服，走起路来都是信心十足。旅游到山川秀丽的地方，人的心情豁然开朗，觉得全身放松，思维活跃，从内心萌发出无穷的力量。环境美学的研究涉及到声学、色彩学、化学、生理学、心理学、生态学、造林与园艺、建筑学及城乡规划（包括材料力学、动力学、风水学）等许多学科。一个女人的美可以吸引无数男人的目光与追求。珠宝玉器，古玩字画只要是美的东西，就会吸引人的追求。历史上为了一个人、一件东西发生的战争不是一次，因此美是人欲望的追求。美可以蕴藏着无穷的能量，可以作用着人的身体与精神。人类的思维、心情与外界的环境有着密切的关系，环境可以改善心情，刺激大脑思维，使大脑进入兴奋状态，产生阿法波，分泌脑吗啡，萌发智慧，增强身体免疫力。所以风水学第一要解决的是"美学"，只有美的东西才会给人带来生命力，一个规划好的楼盘。不但是房子的外观，建筑格局好，还要绿化环境好，楼盘与绿化相互映衬，给买楼者带来无穷的生活想象力，梦想着进入这样的环境中生活多么的快乐与满足感。

近代科学技术的发展为人类大规模的开发建设提供了方便，但也给环境赞成了巨大的影响。各种污染引起了环境的恶化和生态系统的破坏。人们已经越来越认识到保存一个优美的环境是多么的重要。我们既要让周围的环境能长远地为人们及至一切生

265

物提供清新的空气，又要为人们提供一个优美舒适的环境，这就是环境美学面临的主要任务。研究环境美学的目的就是使人心情愉快、精力旺盛，最终能够健康长寿。

随着近年来的环境污染，人类居住环境越来越受到重视，而楼盘开发商将打造美好舒适的生活环境放在首位。在一些靠近山坡的城市，有的房子依山而建呈阶梯型。有的城市靠近河流，则顺着河流而建，无非是达到生态环境与人文居住的统一化，也就达到了"天人合一"的最高境界。因此，小区建设必须围绕"人"这个主体，一切设施、举措都要为人的健康、舒适着想，为丰富人们的物质生活和精神生活着想。承德避暑山庄，北京的颐和园、圆明园无不是在这种思想下孕育出的胜景佳境。当然现代大都市中的高级住宅，高级公寓楼盘，不但是地段好，还要环境好。而更多的社会名流都在追求一种园林与住宅空间的协调美。

人居环境生态美学可以从几个方面来讲，第一，人居环境最根本的要求是生态结构健全，适宜于人类的生存和可持续发展。第二，生态结构健全的人居环境，会给人一种生机蓬勃的外在美感。第三，美化人居环境可以有各种不同的美学手段和审美取向，但应将生态美作为最高境界，作为首要的和主要的美学取向。第四，今天的居住环境不再是单纯的生存空间，同时也成为一种赏心悦目、怡情养性的享受环境。营造"生态住宅"、"绿色住宅"、"健康住宅"，就是以尊重生态为原则，运用生态科学技术进行规划设计，保持住宅小区生态系统的平衡状态，而不破坏其能量、物质循环和生物多样性。不过，人居环境不仅要满足人类对遮风挡雨、生活起居的物质需求，而且还要满足人类对心理、伦理、审美等方面的精神需求。

一个好的人居环境，它的艺术价值也如同一幅名画、一首名曲一样，其美感历久而弥彰。内容与形式相统一对居住环境的审美，应从两个方面着眼，首先是对它的形式，即形象、空间组合、装饰、质地、色彩等，其次是对它的内容，如生态性、功能性、实用性、舒适性、经济性等等。

中国园林追求的是一种"虽由人作、宛自天开"、人与自然浑然一体的审美效果，让人们在享受都市文明的同时，融合于大自然的氛围中。不过目前由于我国住宅小区园林景观设计过热，在一些设计方向上有失偏颇。比如，现在许多小区流行搞大广场，意在创造形式美。但从"舒适"和"亲切感"的角度看，室外空间尺度过大，会形成缺乏"人性"的、旷散的消极空间，就失去了"内容美"。而有的小区还喜欢搞大草坪，芳草如茵，似乎也有了"形式美"。但是，且不说草坪的建造和养护费用都很高，就说生态效应，也不及乔木。所以，小区绿化应提倡"乔、灌、草立体绿化，以乔木为主"，才能使人居环境美实现内容与形式的统一。

## 第五节　地球物理学

　　风水学的核心就是物理学，阴阳二气，山川河流的走向形势，气候的湿润干燥，山川的矿藏，地热能、火山等这些元素是地球最基本的组合部分。山环水抱必有气，山环水抱是物与理结构，只有这样的结构才能产生生气，生气是物质所赖以生存之气。其气可以生化万物，为万物之根。老子云："谷神不死，是为玄牝，玄牝之门，是为万物根，绵绵若存，用之不勤。"这是对气质物理的最恰当描述。不同的地域，具有不同的山川河流，一方水土养一方人，虽然是水土养人，但是地域的不同，造成了人口音、骨相、身高、性格、风水习惯的不同。风水学就是在不同的地域结合风俗来建造和谐的居住环境。不同的地域具有不同的重力场与矿元素辐射，水土与气候是人生活的必然条件。比如中国各地的长寿村。

　　河北邯郸的武安市，武安市西北 56 公里处摩天岭脚下的艾蒿坪村，因自建村以来，村民少病绝癌，世代长寿，寿命均在 85 岁以上，故称"长寿村"。沿深褐色石板路进村，在村边山崖旁，一股清冽甘纯的泉水从山岩之中喷涌而出，汇成小溪，汩汩流淌，因泉水富含矿物质和中草药成分，村民们常年饮用，少病益寿，故称"长寿泉"。

　　在中国辽宁的辽阳县偏僻山区，有一个名不见经传的小村庄兴隆村，该村频频出现长命百岁的老人着实令人称奇。据统计，该村人均寿命85.5 岁。全国 6 个长寿地区之一的兴隆村现有人口不到2000 人。建国以来，活到90—160 岁的老人有 30 人。经过科研人员的各项对比研究发现，长寿村居民的饮食结构中，大豆和植物纤维的摄取比例大大高于城市居民。

　　我国广西省有一个长寿村，名列世界五大长寿地区，这个地方叫做"巴马瑶族自治县"，自古以来就有生命超过百岁的老人存在。1991 年 11 月 1 日在日本东京召开的国际自然医学会第 13 次会议上，巴马被命名为世界第五个长寿之乡，2003 年 11 月，国际自然医学会授予巴马"世界长寿之乡"证书。巴马自然环境优美，气候温和，土山与石山交错，风景秀丽，空气新鲜，气候宜人. 年平均气温 20. 4 摄氏度，最高 37 摄氏度，阳光充足。环境安静，无噪音干扰，地势高，地处海拔 400—800 米之间，空气中阴离子较多，其气温，气压都较低。这样的地理环境对长寿老人是十分有益的。巴马有益于人体的微量元素，一方面从食物中摄取，另一方面和当地的地质环境有密切的关系。巴马的地质环境对于人体的健康与长寿有密切的关系。

　　这些长寿的地域，无不与地形地貌，气候环境，温度湿度等有着必然的联系。例如某个点位的地球重力场强度越高，长年生活在这个点位的人就不容易长高。如日本中部地区，中国四川、贵州的一些地方，地球的引力场强度就很高，因此这些地区的人就比较矮小一些。又如某个点位的地层里含有害的放射性物质，长期居住在这个点位上的人健康就会受到影响，甚至发生变异。有的地方由于地质构造异常亦会对人和动植物的生长产生不良影响。如俄罗斯科学院资深学者鲁德尼克教授及其同事的研究表明，生长在断裂带的动植物会发生病变。研究人员在贝加尔湖沿岸的舍列霍沃市以及乌兰乌德市等癌症、心血管病高发区进行了地质勘察，发现了这些地区都是地质构造地质断层特别复杂的地区，他们还在圣彼得堡把地质勘探结果与医院的资料进行比较研究，发现住在地质断层特别复杂地区的人肿瘤病发病率比其他地区高2－3倍。他们还发现在地层断裂地带的公路上，交通事故发生率是其他地区的10倍以上。地质断层还会释放出放射性气体，引起局部地磁变化，这是引起人及动植物的病变的重要因素之一。

中国的广东、湖北、山东、江苏、浙江、上海、北京等地区，这些地方的某些区域由于地质结构较好，因此，生活在这些地域的人综合素质都很高，自然灾害相对较少，经济发展也较其它地区好。作为创立传统风水学的中国数百代先哲们，通过数千年的观测、感应测算，判断某个区域或点位是否有利于人的生活、健康和发展。其实，其中许多规律和原理与现代地球物理学是相通的。

# 第六节　内外环境组合学

传统的风水结构在今天已经发生了根本性的改变，平面单层的一家一户的平房结构，已经被高楼大厦，联排别墅所取代。原来是自己购买一块宅基地，可以根据自己的需要，结合左右邻居的风格，表现自己的个性，来建造居家。而今天高楼大厦，城建规划，人们已经没有权利对自己的居住环境有话语权。因为道路，外环境的一草一木，一根灯杆，甚至于外墙的颜色，都要有城建规划局来决定。

现在居住的外环境我们已经失去了话语权，从整个城市的发展规划来看，缺乏整体规划，没有长久蓝图，造成在整个区域内建筑风格差异性很大，高矮不一，胖瘦不同。很多的设计者，建造单位，完全是想标新立异，不考虑设计的实用性与区域性的协调性。比如，在北京国贸附近的某建筑风格，完全不考虑，此建筑形体外观与周围楼盘的形体的协调，一阴孤起群阳包围，就像是一个女人被几个男人包围着，这种现象与后果可想而知。

那么我们在观察选择居住环境时，不是看自己的居住点，而是要看自己居住点的位置包括外形结构，在一个小范围区域的位置与协调。方以类聚，物以群分，协调才是最重要的。不要认为标新立异就是好的，大家知道最基本的文化现象，木秀于林风必吹之，枪打出头鸟。我们现在很多的商品楼盘为了具有吸引力，一弄就是什么地标，象征性建筑，完全不考虑周围环境的协调性。这些东西我们没有权利去参与，只能是选择而矣。

更大的外环境是指城市的外部的山川河流，与城市在整个国家区域的位置。城市外围的山川形势与走势，河流的流向与水质，植被的覆盖，风向的流动，气候的湿度等。以北京城来看，其西部的西山，为太行山脉；北部的军都山为燕山山脉，均属昆仑山系。两山脉在北京的南口（南口是兵家要地）会合形成向东南巽方展开的半圆形大山湾，山湾环抱的是北京平原。地势由西北向东南微倾。河流又有桑干河、洋河等在此汇合成永定河。在地理格局上，"东临辽碣，西依太行，北连朔漠，背扼军都，南控中原。"利于发展和控制的战略。

元朝建国，元大都堪选在此，是必然的。元大都由规划家、天文学家、水利家刘秉忠、郭守敬师徒二人会集风水名家堪舆规划。风水学对城市的选址讲究山和水。北京山势既定，唯一的缺憾就是水流不够。二人于是引地上、地下两条水脉入京城。地上水，引自号称"天下第一泉"的玉泉山泉水。人工引泉渠流经太平桥——甘水桥——周桥，直入通惠河，因水来自西方的八卦"金"位，故名"金水河"。元大都地下水脉，也是来自玉泉山。此井水甘甜，旱季水位也恒定，后来成为皇宫祭祀"龙泉井神"的圣地。

明朝燕王朱棣选定北京为都城，他既要用此地理之气，又要废除元代的剩余王气。当时的风水师便采用将宫殿中轴东移，使元大都宫殿原中轴落西，处于风水上的"白虎"位置，加以克煞前朝残余王气；凿掉原中轴线上的御道盘龙石，废掉周桥，建设人工景山。这样，主山（景山）宫穴（紫禁城）——朝案山（永定门外的大台山"燕墩"）的风水格局又重新形成了。

大无其外，小无其内。中国之外还有世界大环境，地球之外还有其他行星。说到内，山川大地中有城镇，城镇之中有街道区域，街道区域中有生活小区，生活小区中有一栋栋楼房，楼房中有一个个单元，单元中有一层层居住空间，每一个居住空间有自己的装修风格。佛学说，一粒沙子就有三千世界，就是这个道理。由外到内，由内到外，从形势到内容，层层环抱，内外匹配，内外之间同时又能相互兼顾相互弥补。小可以以自己的楼为整体，大可以以整个区域为整体，你可以借我为靠山，我可以借你为青龙，居左为青龙，居右为白虎，居前为朱雀，居后为玄武。

外环境没有办法改变，可以借势。那么内环境可以根据自己的需要依据自己的生辰八字与空间的使用特点进行设计与施工。有关居室装修的问题我们在下面讲述。

2007年夏天受阿联酋联合酋长国迪拜中国龙城董事长赞巴拉的邀请前往迪拜为中国龙城商品城勘察风水，赞巴拉是迪拜皇族的内戚，主观商城的招商运行工作。夏天

269

的迪拜，就一个字"热"，沙漠的温度可以高达四十多度，不过进入任何的空间都是冷气袭人。

中国龙城是以经营中国商品而出名，廉价物美的中国商品成为阿拉伯人的首选。之所以称谓龙城也是因为其外形建设防着中国龙。龙城占地很大，里面上下两层，可以说是无所不有，从小百货到家电、家具、生活用品。邀请的原因是因为商城从开业以来一直运营商出现一些问题。因此，求教于中国风水。

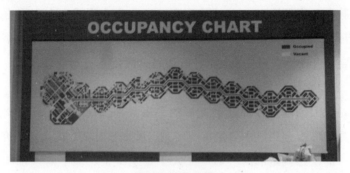

中国龙城外形图

龙城是依托中国文化为背景的商贸城。此建筑特点与内部装饰旨在突出中国的龙文化，而现在的龙城建筑外形与内部装饰在很多的地方，不符合中国的龙文化。中国风水作为世界独一无二的环境结构文化，它要求任何的建筑与装饰要形意结合，使外形与建筑内涵、建筑气场与人体气场达到天人合一的最高境界，从而使建筑内的气场与商业环境更适应与商业投资者。下面将有关龙城建筑的几点弊病进行阐述：

一、是龙的外形，中国龙生有四足，而现在的龙城外形似一条长蛇，无有四足，则成为"僵龙"。现在需要在龙的身体部位增加四只脚，使龙气势十足。四只脚的建筑以中国的五角凉亭作为参考，五角象征龙的五爪。或者修建"塔"来增加龙的整体气势。在"凉亭"与"塔"的周围种植椰树。

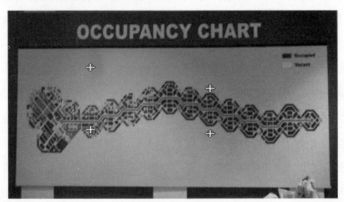

二、内部结构　首先是大厅，龙城作为中国文化的象征，是中国文化的起源，而进入大厅后，迎面的却是孟子挂象，讲的也是孟子的有关故事，这点不符合龙文化。

龙的传人、龙文化起源于三皇五帝，以炎黄子孙而自豪。进门的大厅应该以轩辕黄帝或者炎黄二帝的挂象为基准，方可与龙城相对应。

三、大门口是生气进入的地方，可是龙身并没有的龙的腔骨相结合，而是在口腔的旁边，这样进入的生气直接通过后门流失了，很难进入龙的身体。

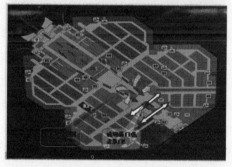

修改后的气场运动图

## 第七节　光波磁场学

前面已经谈到，我们生活的空间是以太阳、光为最基本条件建立起来的。人类对于光具有独特的敏感性。晴天的时候，阳关灿烂，山川大地一片大好景色，人看了大好的景色，会心旷神怡。当阴天的时候，天空乌云密布，人的心情就像这天气，好像是透不气来，有一种压抑似乎难以表达。人有喜怒哀乐，月有阴晴圆缺。人的心情受光的影响。

271

电、磁、光最开始是分别被认识的三种自然现象，所以分别给它们三个不同的名称。后来逐渐认识到这三者是密不可分的，是同一种事物的三个看起来不同的"侧面"而已。这种事物有一种不同于普通物质的特征——它是弥漫的、似乎是连续地遍布于整个空间，不像普通物体那样是聚集在明显有限的空间里，而且还是有原子结构的——其分布是断续的……法拉第为具有这种非凡特征的事物起了一个名称叫场。后来又发现场的运动形式中最普遍的一种就是波动。因此，把这些名称组合起来，它就有了好多的叫法：光、光波、光场、电磁、电磁波、电磁场。尽管本质一样，但在不同场合下会比较习惯于使用其中的某个名称，这些微妙的差别要有所注意。再后来，爱因斯坦复活了光的微粒假说，它就又多了光子、光量子、光子流、光子气这些名称。虽然还是同样的东西，但在使用后面这些名称时显然是在强调光的微粒特性的场合。

光波是一种射线，是一种磁场，这些光波对人的视觉影响很大，可以左右人的情绪，刺激人的神经系统，从而决定人的心态。皎洁的月光下，淡淡的花香，清新的草香，一对温馨的恋人，必然带来浪漫的情调，让人感觉到生活的幸福与无限的遐想。狂风暴雨，乌云密布，太阳被遮掩，真的有"黑云压城城欲吹"的感觉。科技的进步让我们之道，光与我们的生活有着密切的关系，它包涵的多种射线，与身体健康有着千丝万缕说不清道不明的关系。

现在科技的进步，使室内装修带来很多的选择与便捷。五光十色的射灯，营造着各种气氛。黑暗的迪厅酒吧，转动的彩灯，激情的音乐，给你造成虚幻迷离的情景，没有这些昏暗转动的彩灯，即使是再激情的摇滚音乐，也不能刺激你的视觉系统，产生梦幻的感觉。现在 LED 的应用，给各类晚会演出带来难以表达的舞台效果，虚实结合，如梦如幻，带来时空纵深感的绚丽视觉效果就来自全彩激光灯的配合。这就是光波带来的视觉美，从而调节激情带来愉悦与兴奋。不同的环境运用不同的光线，不但给人以视觉的享受，跟能营造环境，从而影响生理。

# 第八节　人体生理学

从医学的角度讲，人的身体结构不是简单的骨骼与肌肉、神经、血脉等，整个人体可分为头、颈、躯干、四肢四个部分。头部有眼、耳、口、鼻等器官。颈部把头部和躯干部联系起来。躯干部的前面分为胸部和腹部，后面分为背部和腰部。它具有物理、化学、精神等功能。而外在的声、光、电等与人的生理系统有着密切的关系。

人体的结构和功能十分复杂，构成人体的基本成分是细胞和细胞间质。功能和结构相似的细胞和细胞间质，有机地结合起来组成了具有特定功能的组织。各种组织又结合成具有一定形态特点和生理功能的器官。如皮肤、肌肉、心、肝、脑等等。器官组织结构特点与功能相适应。而为能够完成一种或几种生理功能而组成的多个器官的总和叫系统。如口腔、咽、食管、胃、肠、消化腺等组成消化系统，鼻、咽、喉、气管、支气管、肺组成呼吸系统。整个人体可分为8个系统：运动系统、循环系统、呼吸系统、消化系统、泌尿系统、生殖系统、神经系统和内分泌系统。人体就是这样由许多器官和系统共同组成的完整的统一体，任何一个器官都不能脱离整体而生存。人体各个系统能够密切配合、协调活动，是由于神经和体液的调节作用，特别是神经的调节作用。

人生活在世界上，不断与外界进行物质交换和能量交换。我们把人体称为内环境，与外部环境区分。从整体来看，人体的物质组成成分与外部环境并没有太大的区别。从风水学的角度讲，环境中的光、环境色彩、空气味道、物质组合等与人的生理系统有着必然的关系、

光与色彩、物质的组合与美学有着必然的关系，而美的环境，美的事物直接刺激人的神经系统，从而影响右脑萌发智慧。我们看一看佛道两家的智慧者就会明白，他们的修行不只是选择远离人世，而是一定选择在山川秀美的地方，只有美可以给人带来刺激，带来灵感。其次空气的味道也是直接刺激人的神经系统，清新的空气，带着幽幽的花香，青涩草味；大海是湿润，岩石的清新，都可以通过呼吸系统，刺激我们的神经系统。通过神经系统，启动身体的化学功能，产生酸、酶、脑吗啡等多种化学微量元素，从而决定身体健康。

山主人丁，水主财。这句话不是指的形势上山与水。从原理上看，人丁兴旺的原因是首先有一个健壮的身体，只有健壮的身体才能保持肾脏功能的正常，才能有利于生儿育女。身体强壮的前提就是要营养丰富，丰衣足食。就需要有肥沃的土地来种植农作物，肥沃的山地种植水果。山不是形势上的山，水也不是形势上的水。有水的地方植被茂盛，树木花草欣欣向荣，空气中含有大量的负氧离子，而这些都有利于大脑的健康发展，大脑健康智力发达，人的思维反应迅速，可以产生很多的奇思妙想，具有强大的创造力。在一层的意义就是从阴宅的角度来看，若是阴宅的穴位选择在山势宏伟，山脉气盛的地方则有利于家族的人丁兴旺。若是选择在水脉较好的穴位上，则有利于财富。所以阴宅都需要山水相依，二者不可缺少。说道彻底，风水学所谈的就是自然界的一切事物与人的生理关系。只有与生理发生关系，才能左右人的健康，健康决定人的思想，思想决定人的创造力，创造力关系到人的社会地位与贫富贵贱，荣枯寿夭。

## 第九节　时间与空间

堪舆本身而言既是天地之道、时空之道，风水学的预测功能就体现在时空的全息运动下。天道的时间在运动，大地的气脉也在进退消长的运动，时空的全息现象与功能就在这微妙之间，相互依存，相互证明，一切的征兆就蕴藏在其中。

宇宙是一个时空概念，宇宙的本体有一个不变的道数主宰着一切运动的秩序，这个秩序似乎在主宰着朝代的更替与个人的命运。人的命运，历史的命运，就像是股票运动的走势，看似没有规律，而一切又都是有迹可循，……。为什么主宰历史更变的那些人，出身不好，学识不精，人品不佳，可是到了那个空间，那个时间，遇到了不可阻止的机遇，就会乘风而起，成为叱咤风云的历史人物。

"淮南为橘，淮北为枳。"时间不变，为什么空间的更变而决定了事物的品质。一个人在北京为什么不得机遇，没有发展？为什么到了深圳、上海，就如龙归大海，让人刮目相看。上学时成绩一般，可是为什么经商却如有神助。为什么才高八斗，高学毕业，一入社会却是步履艰难，难有成就。俗语说："人挪活，树挪死"。时空的变化决定着事物与人的品质，三十年河东，三十年河西，风水轮流转就是在说明时空流转的重要性。

从命理学的角度讲，人的出生是秉受父母精血及天地精气孕育而成。人的出生时间俗称生辰八字，生辰八字是记录了人在母体出生时刹那间时空的阴阳能量与时空轨迹。可是这个时空只是一个平面的时空点，因为在那刹那间天地南北有很多个孩子出生，这些孩子的出生时间相同，可是阴阳的受气并不相同，这完全是由地域的纬度与地域气候特点决定的。在那个刹那间，北方可能是雪花飘飘，银装素裹；而海南却是阳光明媚，碧水沙滩；中部长江流域，乌云密布，阴风怒号。地域不同，阴阳的实体受气则不同。这些同时出生的人，具有看似相同的命运趋势，可是他们实质的命运量能与六亲关系，此消彼长，穷通寿夭实则差之万里。通过以下的故事去感悟一下吧！

古淮阳志记载：在商丘这地方有一个人，从小的时候就双目失明了。为了维持生计，他母亲让他去学批八字。在学成之后给自己批八字的时候发现，自己是个帝王星，是皇帝命，在二十岁的时候就可以显现，他一边批着八字一边期盼运气的到来。可是，二十岁这一年非常平淡地过去了，他很疑惑，又重新推算了一下，发现二十三岁这年还有一次机会。同样这一年又非常平静地过去了。他觉得自己的运气马上就没了，心中很是焦急。由于他批八字的名气越来越大，找他的人自然非常多，有人和他提到了陈州的一个盲师高手马步云，他即刻拄着拐去拜见马步云。一报生辰八字，马步云说"你的命真好啊，是一个帝王星！"他说"是啊，怎么没应验呢？"马步云说，我送你三句话："你这个人，若生南方，一代帝王；若生北方，占山为强；若生中方，与我同行！"马步云的回答说明了什么？说明空间地域的不同对同一个八字的影响几乎是天地之别。现在很多的易友在网上，至今还为很多无聊的问题争论不休。古书云：八字有不见之形，不见之气。当你真正明白这一点的时候，你就离"道"不远了。

纪晓岚的《阅微草堂笔记》记载：为了考察地域和时间对命理的影响，纪晓岚又例举了案例如下："余第六侄与奴子刘云鹏，生时只隔一墙，两窗相对，两儿并落蓐啼。非唯时同刻同，乃至分秒亦同。侄至十六岁而夭，奴子今尚在。岂非此命所赋之禄，只有此数。侄生长富贵，消耗先尽；奴子生长贫贱，消耗无多，禄尚未尽耶？盈虚消息，理似如斯，俟知命者更详之"。纪晓岚的记述，是罕见的命理案例：不但同辰，而且同地。此二人的命运毫无相同之处。

时空大道的魅力到底是什么？恐怕是难以言表，但是他确实存在，无时不刻的在运动，在那个规律中运动。但是它前不见首，后不见尾！

# 第二十三章　风水学的发展与历史

风水学的最基本意义是人与自然的和谐性。不论社会怎样变迁，人生活于自然之中，自然条件在无形之中，决定着人类的身体健康与生命，而健康是人类生存的的一大意义。

## 第一节　原始社会的居住概念

据传我国远古是有巢氏发明了巢居，轩辕氏发明了穴居。巢居是人们依树而居的方式。这种树居的方式在地势低洼和气候湿热地区或季节是广泛使用的，后来发展为干栏居。直到今天，仍有不少的民族和地区在使用这种居住方式，如非洲、东南亚的一些国家，以及我国的西南地区。

原始社会时期，生产力还不发达，人类的思想还在萌芽阶段，生活环境还是依靠大自然的给予。由于生产力低下，生产工具落后，当时的工具只有简单的石器和木棒，生活资源还停留在猎取一些小动物，采集野果的年代，对于一些较大或者凶猛的动物没有办法抵御。为了更好的生活，抵抗一些动物的袭击。人类将居住点建在大树上，选择一些枝杈较多的树木，在上面搭建草棚，用于抵御风雨。

随着生产力的发展，人类开始了刀耕火种的年代，不在单独的依靠狩猎与采集，人类慢慢的掌握了种植的方法与小动物及家畜的蓄养，人群渐渐的离开森林走向平原，开始种植农作物。这时的群居生活一般选择在山洞中，为了身体的健康与更好的预防疾病，在选择山洞的过程中，人们渐渐掌握了一些选择条件，首先是向阳、避风用于保暖、避免潮湿。山洞前有足够大的空间用于处理一些深度的生产加工及在劳动闲暇时，晒晒太阳。也可以作为欣赏环境，观察天气的平台。

在种植的发展中，农作物往往在收获时，遭到动物的践踏。为了保住种植的成果，更好的有利于生产，人们不得不在开垦的土地周围建造地穴，搭建草棚。在这个过程中，人类受到了一些自然界的启发，建造的洞穴，搭建的草棚，要向阳、避风、通风。为了抵御一些动物的袭击，将草棚按着一定的图形排列，并相互照应，相互支持，这些理念经过一代代智者的总结归纳慢慢的形成了一套理念。

大约到 6、7 千年前，人类已发展到氏族社会，人们过着母系氏族群居生活，由原来的动荡不定的游牧、采集、渔猎的生活，发展到相对稳定的农耕生产生活，为了生活和生产劳动的便利，也就必须择地而居。仰韶文化的氏族村落都分布在河流两岸的黄土台地上。著名的西安半坡村仰韶文化村落遗址，就坐落在一块面临浐河的台地上，南依白鹿原，白鹿原林木茂密，浐河河水清澈，人们在这里劳动生产，安居乐业。

依山傍水，左右相抱，向阳、避风、通风，草棚建在较高的地点用于避免洪涝，预防大雨的时候被淹没。建在水源较近的地方，便于生活。看到一些飞禽、动物搭建的巢穴，从中受到启发，慢慢的形成搭建房屋的想法。经过无数代的总结，建造房屋、宫殿、楼阁的想法，都得以实现。

## 第二节　商周初期的选址

据传，黄帝战蚩尤就已经制造了指南车。唐代王瓘《轩辕本纪》称："黄帝始划野分州，有青乌子善相地理。"因此，在黄帝时期（公元前 2697 年－前 2598 年）不但有可利用来定方向的指南车，有了地理术，而且还有了相地师青乌子。这些事实虽然不很可靠，但说明中国风水是萌芽得早很早的。

根据历法资料，据传天皇氏创干支，伏羲氏作甲历，黄帝氏命大桡作甲子，太昊氏（公元前 2697 年－公元前 2598 年）设历正，颛顼氏（公元前 2513 年－公元前 2436年）作新历，帝尧氏（公元前 2357 年－公元前 2256 年）命羲和敬授人时，期三百六十六日，以闰月定四时而成岁。迄至夏禹（公元前 2205 年－公元前 1786 年）元年丙子（公元前 2205 年），即颁夏历于邦国，为我国民用历（阴阳合历）的开始。亦即中国风水日家之萌芽。自黄帝迄夏禹，为时已四百七十四年。

中国航海航空的罗盘，源于中国风水罗盘，而风水罗盘是源于土圭，因而土圭就是中国罗盘的始祖。产生土圭的确切年代，也是无法考证的，仅能在《周礼》里面，找一点资料。《周礼》是周公旦居以后（公元前 1115 年以后）年作，也算得上很古了。《周礼·考工记》载："匠人建国，水地以悬，置垫以悬，视以景，识日出之景，与日入之景，昼考之日中之景，夜考之极星，以正朝夕"。就是在水平地的中央竖一根与地平面垂直的木杆，从日出到日没，天天的连续观影。并在平面做上纪录，至日影吻合为止，周而复始，得出日影规律，然后根据日景规律制造成土圭，这种土圭，后来成为定时的日晷。在民国年间，没有广播电视时，还用日晷定午时放午炮。

《周礼》还载："以土圭之法，测土深，正日景，以求地中。"还载："土方氏掌土圭之法，以致日景，以土地相宅。"可见当时的土圭，非但是依靠日景可以定方定时，而且还用以封国测土地和相宅。

这种土圭的盘面注记在圆周上均分十二份，分别依序注记十二地支，即子丑寅卯辰巳午未申酉戌亥。在圆周的圆心竖一根与盘面垂直的直杆。在有太阳照射的时候，观日影以正方定时。这是中国风水罗盘的萌芽。

进入阶级社会后，相地知识就丰富多了，我们可以从当时的文献窥见一班。从甲骨卜辞和《诗经》看，商周时代已经对地形及水文有了明确的划分。陆地分成山、阜、丘、原、陵、冈；河床地带分为兆、厂、渚、浒、淡；水域类型有川、泉、河、涧、沼、泽、江、氾、沱、等。《尚书.禹贡》是我国第一部区域地理专著，它以天然的山川、河流、海岸为界，将疆域划分为九个大的自然区，称为九州。又按照我国地势西高东低的特点，记述了黄河、淮河、长江三大流域间的20多座山岭，为后世风水师的"龙脉说"提供了依据。

## 第三节　先秦时期风水术的成型

先秦时期还没有产生风水术，但是，与风水术有关的相地行为已经产生。早在原始社会，先民就知道择地而居。《墨子.辞过》云："古之民，未知为富室时，就陵阜而居，允而处。"所谓陵阜，就是河流的台阶地带。许多考古遗址都是在靠近水边的土坡上发现。先民生活在这样的地带，容易取水和捕鱼，也不会受到洪水的淹没。

这正是后世风水师提倡的"近水而居"的原则。从考古发现的住宅看，位于氵产河右岸台阶地带的新石器时代坡遗址，几乎所有的房屋都是坐北朝南，这样可以取得冬暖夏凉的效果。这正是后世风水师提倡的"子午向"原归纳考古发现的遗址，先民对住宿的要求是，地势要取坡度台阶地；地形要选在河床边；土质要干燥. 地基要坚实；水源要充足；水质要纯净；变通要方便；四周量有林木；环境要幽雅。这些条件都要通过相地才能达到，后世风水师很推崇这一套。

《春官.保章氏》以星辨九州之地，郑注云：大界则曰九州，州中诸国之封域于星有分焉，其书亡矣。堪舆虽有郡国所入，度非古数也，今其存可言者，十二次之分也。星纪，吴越也。玄枵，齐也。〔女取〕訾，卫也。降娄，鲁也。大梁，赵也。实沈，晋也。鹑首，秦也。鹑火，周也。鹑尾，楚也。寿星，郑也。大火，宋也。析木，燕也。按十二土谓应天上星而分之十二土地区域也。"

《周礼》一书记载了与风水密切相关的土宜法，《司徒》篇云："以土宜之法辨十有二土之名物，以相民宅而知其利害，以阜人民，以蕃鸟兽，以毓草木。"这就是说，以各种土地适宜于各类人民、鸟兽、草木的法则，辨别十二土地区域中各物名号，占视人民的居处，知道趋利避害，使人民旺盛，使鸟兽繁殖，使草木生长。林尹在《周礼今注今译》中，结合风水观念说："十二土，古王者封国时应天上星宿之位分为十二。

《管子》一书的《地员》《地度》《地数》等篇目是杰出的地学论文。《地员篇》论述了地势、地形、土壤、水文，并以"五土配五音"，后来发展为"五音五行"的风水观念。《地数》记述了土地表层与里层的相应关系，指出"山上有赭者，其下有铁；上有铅者，其下有银。""上有丹沙者，其下有注金；上有慈石者，其下有铜金。"土地的表里关系，正是后世风水师所想探讨的。

## 第四节　魏晋时期的传播

魏晋产生了象管恪、郭璞这样的风水术宗师，并且还有一批擅长风水术的隐逸之士。据《南史》记载，刘裕未发迹时，有一天与一位叫孔恭的人同游，途经曲阿、丹徒之间的候山时，孔恭说："此地有天子气"，刘裕的先人正葬于此，刘听了此话后非常自负，后来他果然成了刘宋的开国皇帝。

《晋书》记载了几位无名氏风水师的故事：魏舒从小就成了孤儿，为外婆收养，外婆家修建房屋，有相宅者说当出贵甥。后来，魏舒发奋，应验了相宅者的话。陶侃从小家贫，办丧事很困难。即将下葬时，家中的牛不知跑到什么地方去了。陶侃在找牛的途中遇见一个老头，老头告诉他说："前面的山岗下有一条牛在沟中睡觉，若在那个地方下葬，后人可以位极人臣。"老人又指着另一处小山说："其次是那个地方，后人可以代代出二千石的官。"老人说完就不见了。陶侃按照他的指点，找到了那头牛，并在那里埋葬了亲人。并把老人所指的另二座山告诉了周访。周访的父亲死后，周访就把他葬在那个地方。后来，周访果然官至益州刺史，周访的子孙都当了刺史。陶侃官至太尉，颇多功绩。

《晋书．徐遗传》记载："旧疑岁辰在卯，此宅之左则彼宅之右，何得俱忌于东。邈以为太岁之属，自是游神，譬如日出之时，向东皆逆，非为藏体地中也。"徐邈在当时是一位很开达的知识分子，也相说明风水观念深入人心。

这些事实说明，风水术在当时传播得很广泛。这里，我们有必要回顾一下魏晋南北朝的地学发展情况。特别要提及的是《水经注》。三国时，有人写了《水经》，这是我国第一部记述全国性范围内水系的专著，但内容过于简扼，北魏的郦道元依据《水经》而作《水经注》，所记河流水道1252条，注文达30万字，是《水经》原书字数的30倍。其中对山陵、原隰、泽薮、火山、温泉都有记述，内容十分丰富，所记山川形胜，如《水经注．易水》记载先秦时的燕宫遗址云："一水经故安城西侧，城南注易水，夹塘崇峻，邃岸高深；左右百步，有二钓台。参差交峙，迢递相望，更为佳观矣。"这段文字描述了建筑与山水景观之间的谐调，正是风水师所津津乐道的风水宝地。

# 第五节　隋唐时期的繁荣

　　到了唐代，相地活动与风水术日益分化，风水术侧重于看坟地，迷信色彩十分严重。据《通典》卷 138 引《开元礼》记载，唐代不论是官人还是庶人，只要死了，都要"卜宅兆"卜葬日"，这成为一种很普遍的习俗。

　　唐朝的相地知识逐渐科学化。李吉甫在《元和郡县志》的序文中批评过去的地学家"饰州邦而叙人物，因丘墓而征鬼神，流于异端，莫切根要。"李在书中对山川形胜描写得很具体，如"函谷关城，路在谷中，深险如函，故以为名。其中劣通，东西十五里，绝岸壁立，崖上柏林荫谷中，殆不见日。……东自崤山，西至潼津，通名函谷，号曰天险。

　　唐代设有司天监，监里的官员都懂风水术。风水宗师杨筠松就在司天监任过职，后来，杨携风水书籍逃于江西，传授弟子，形成江西派。唐代，风水观念已流传到西北敦煌，从莫高窟发现的文献中，有《宅经》。这个《宅经》与现在流行的《黄帝宅经》有所不同，书中有"占宅者，见形势气色，草变迁移，祸福交并，吉凶代谢。占葬者，辨山岗善恶，营域征邪，鬼神安危，子孙隆绝。"这就把阴宅与阳宅区别开来了。

# 第二十四章　风水的不同形势与地域文化

风水文化很多时候是一种文化的认知，这些地域往往会因为某一事件或者某一个名人而成为关注，让很多的人去信仰，越来越多的人积聚在这一地区从而名声远播。

任何的事物在产生的初期并不复杂，这是易学简易思想的表现，可是在发展的过程中，不同的人学习了同一理论，或者是为了标新立异，或者是添枝加叶故作神秘，或者是由简变繁，实际易学的方法与思想，就是要由繁变简，只要掌握了"宗"，就可以纲举目张，触类旁通。

## 第一节　风水的不同形势

风水学的形势一般情况，是以"依山傍水，左右环抱有情，明堂宽阔，远处案山回朝"，为一个基本形式，而这个形势只是其中之一。纵观天下风水大势，其祖山起于巍巍的昆仑山脉，分为三个支脉分向西、南、东三个方向，向西进入异邦，向南进入华夏，向东进入沙俄。在风水学中山脉与水系都可以作为龙脉来看，二者相互依存，缺一不可。单以中国的山川形势来考证，真正汇聚天地之气，成就帝王伟业的只有两个区域。二者分别是两种不同的形式，从大的区域形势来看，吸纳天地之气，汇聚日月之精华，养育万邦。

在中国的风水形势下，以下几个区域不可不知。首先是六朝古都之地——南京。提到南京大家不会陌生，六朝古都可是却无一能成大国为何？提到南京，必然联想到长江，长江作为中国境内的大水龙，起于西域雪山，东西贯穿中国境内，西高东低的地势，更给予它势能，水流湍急，好似从天而降，这样的势能，到达南京后，由于紫金山的体能面积不够大，不能锁住着庞大的水龙之气，所以使南京难以承载大国之气。

再来看一下其它的两个地方，一个是北京，一个是西安。北京这个区域可以追溯到炎黄时期，而真正的出现建国在周代就已经出现，最早为北方少数民族的居住地，可以成为北狄。古燕国就在北京地区，从周代就成为北方重镇，公元前770年，春秋时期的蓟国就在此建都，后燕国灭蓟国，后定都蓟。到后来的辽、元、明、清都在此建国都。

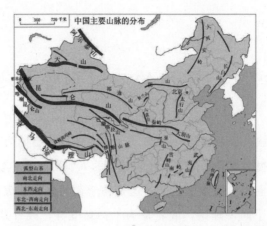

北京背靠燕山山脉为屏障，燕山山脉在北京西部、北部簇拥者北京城，使西北方向的寒流不能直接吹入北京。山脉向西南到河北石家庄，太行山脉绵延向山西境内延伸。山脉在石家庄向东进入大地之下，过黄河之后在济南南部跃出大地，经泰山山脉向东延续，到达胶东半岛的烟台，这是北京的白虎位；北京背部的山脉从八达岭向东到河北山海关的老龙头直达渤海，然后向北转弯，经过蜿蜒环绕，最后到辽宁大连旅顺口，这是北京的青龙位；从地图上可以看出青龙白虎的遥相呼应。北京的东南方向为天津市，再向前走就是渤海湾，这就是北京的明堂位，北京的明堂宽阔深远包括渤海湾，可以达到几万平方公里的内气场。渤海外面是朝鲜半岛，那是明堂外面的案山，正好起到保护明堂之气不外泄，渤海外围的汹涌海涛难以进入渤海湾，吹散明堂之气。北京之所以能成为千年帝都，有宽阔绵延的数万平方公里明堂之气，这样大的格局足矣！

西安市可以说是历史上比较早的建国地区，它的地形地势与北京是截然不同的两种形式。周代帝都镐京，统一六国的秦代咸阳，汉代的帝都长安，都在这个区域，建立了影响中国的帝王事业。在风水学的地形上，还有一种形势，那就是"天根月窟"之地。看一下西安地区的地形地貌，陕西地区古称关中，是以现在的陇海线铁路的潼关为基点，陕西处在四面环山的包围中，不论是向东南西北哪个方向，都是群山环抱，向北沿黄河形成一条走廊。西安向东就是华山，华山就像是一根定天神针拨地而起。陕西地区的群山外形就像"月窟"，象征着母性；而华山的直指云天，就是"天根"，象征着男性。也可以把整个的地形看作是一个大盆地，群山就是锅沿，好像现在的卫星天线的锅盖，而华山就是那个信号的接收点，西安地区就好像处在华山的大树之下，华山就像云罗伞盖，庇护者西安地区。

从上可以看出，南京、西安、北京三个帝都，它们的地形、地势是截然不同的，因此不能以一个固定的形势去框定风水的格局形势。一条水龙；一个背靠燕山，面朝大海；一个群山环抱，定天针拨地而起。三个在中国历史上，说不尽的故事，道不完的荡气回肠。不论是江河湖海只要是能达到聚气，那么它的形势就不重要。比如，云南的大理白族自治州，大理的历史可以追溯到三千年前，背靠苍山，面朝洱海，处在苍山的环抱之中，才孕育了"风花雪月"白族文化。的在中国境内还有一条水龙，就是黄河，但是黄河与长江不同，黄河的古河道几次改道，而且河道形状经常变化，从水势水量看，深浅不一，流量不稳，所以黄河内难以形成航道，途经之地，也难出现帝都。

最近几年每年都到郑州要将很多次课，2011 年夏天又到郑州授课，晚上一企业家邀请到其茶馆品茶，其茶馆就在郑州新区的千玺广场边上。来到茶馆十几个人七嘴八舌的问着自己感兴趣的问题，谈着谈着就谈到了风水话题。因为是晚上，当时到的时候，我并没有太多的观察周围的环境。这时，茶馆的老总就问到了郑东新区的千玺广

场的高塔风水。因为他接触了几个国内有名的风水大师，都说这是一个凶格，劝其不要投资。我走到窗口，看了一下周围环境，又拿出手机，上了网上地图，看了一下东区的整个地形格局，又咨询一下周围的大体情况。

中心是一个如意湖，从外围引水进入，千玺广场坐落着会议中心、CBD、展览馆等一些大型场馆。广场外围是一个环形路，外围高楼林立，紧紧环抱着千玺高塔，向外的路呈放射状，外围还有一个大环路。整个的内环好像一个太极，千玺高塔就像是太极眼，起到了一针定乾坤的作用，内环周围高楼与高塔相呼应，就像是众星捧月，又有流动水系，其会展中心就像是一只振翅欲飞的蝴蝶，使气场生生不息，起到了画龙点睛的作用。可以说这是一个极佳的风水格局。所以告诉茶馆老总，大胆投资，不会有问题。老总说，在上面买了几百平方，现在已经升值了 30%。就让我们拭目以待吧！

## 第二节　人文风水

从历史的记忆中我们看到很多的古代城市在消失，从考古的课本中我们再不断的

找回那些记忆中残留的信息。《清明上河图》的北宋都城，已经淹没在黄河的泥沙中，可是它美丽繁华的身姿还可以在画卷中看到。昔日的楼兰古国已经不复存在，被风吹的黄沙埋没，可是当你一旦打开这个掩盖的古国，你可以知道它当日的辉煌。……历史的车轮走过了山区那崎岖不平的山路，来到乡间的泥土路，奔上沥青铺平的大马路。

地气有推移，风水轮流转。在历史的长河中，昔日的很多的名胜古迹因为地震、洪水等一些自然灾害，淹没在历史的洪流之中，这些标志已经消失了，但是这种文化情结，文化信仰一直没有失去。这些地域的地形地貌已经改变，但是文化的内涵一直在人们心中认为能是一个胜地。包括今天的很多商业项目，住宅小区都是在利用这样的一个概念。北京北部的温都水城，京广桥东边的禧瑞都等一些项目都是利用古代人文的文化概念来增加销售房产。

现在旅游与房地产发展比较迅速，而这些人文文化在这些商业中体现的越来越多。比如云南的香格里拉，湖南的凤凰古城，河南的云梦山（鬼谷子）、少林寺、函谷关，浙江的诸葛村等，都是在利用过去额文化底蕴在今天增彩。还有一些旅游的商业演出，比如，印象刘三姐，杭州的宋城，西安的大唐芙蓉园，河南的禅宗大典，印象武夷山等，都是利用遗留文化来为今天增加价值。再看看全国的商业地产，更是深挖这些文化，向什么钓鱼台七号院，长安街八号，拉菲特城堡，纳帕溪谷、温哥华森林、圣缇哥、温莎大道等，不但是中国的文化，西方的文化也被引进。

**黄浦水系图**

郑和下西洋促进了东西方贸易的往来，上海开埠前，苏州河一直叫吴淞江，只是上海开埠后，由于外国人发现可以乘船从这条河到苏州，所以叫它为苏州河。但是中国官方资料一直叫这条河为吴淞江，所以吴淞江这个大名一直没有改变。不过根据习惯，以北新泾为界，吴淞江上游称为吴淞江，当地百姓也是这么称呼的，而北新泾以东为吴淞江下游，进入上海市区，上海人称之苏州河。

明代以前，吴淞江曾是太湖的主要出海通道，黄浦江是其支流。当时的吴淞江下游大致从北新泾经今曹杨新村至潭子湾向东北接虬江路至虹江码头，再沿今复兴岛以北段黄浦江出大跑浦口（后改称吴淞口）汇入长江。而当时的黄浦原经上海浦（今虹口港）在今嘉兴路桥附近流入吴淞江（此处曾称黄浦口）。

明初时，因吴淞江淤浅严重，黄浦口淤塞不通，当时的户部尚书夏元吉疏浚吴淞江南北两岸支流，引太湖水入浏河、白茆直注长江（"掣淞入浏"），又疏浚上海县城东北的范家浜（即今黄浦江外白渡桥至复兴岛段），使黄浦从今复兴岛向西北流至吴淞口入注长江，此后吴淞口实际成了黄浦口，故有"黄浦夺淞"之说，此后吴淞江逐渐处于次要地位。

从某种意义上讲，上海的发展是受到了战争的影响，从郑和下西洋加强了海上贸易，而战争的发生，促使清朝政府开始洋务运动，在没有飞机运输的时代，远洋运输是必然的贸易运输工具，使吴淞口得到发展，成为贸易港口，渐渐的国外商人、国内商人都在吴淞口进行贸易买卖，黄浦江边出现一座新城，那就是上海。

# 第三节　地域风俗风水

风水学的真正核心是得气为上，虽然有一定的形势要求，但是形势并不是唯一。不同的地域根据其不通过的地域特点与气候特色，决定其不同的建筑风格与建筑要求。但是不论地域如何，都是根据其特色，因地制宜，来更大的满足人生活的需要。北方寒冷，要向阳保暖，一般选择坐北向南，建造的房屋墙皮比较厚。西北寒冷，缺少建筑材料，就地取材，挖取黄土居住窑洞，方向也是以坐北向南为主向。南方的苏州园林建筑与徽派建筑遥相呼应，就地取水，楼阁殿宇，小桥流水。西南地区，潮湿多蚊虫，则适宜干栏式吊脚楼。

## 一、北方的四合院式

四合院在中国的华北地区和西北地区最为常见，但以北京四合院最为有名，那一个个精美繁复的匾额，游廊、屏风、漏窗、大花木门，无不透着木头亲切的人情味与人间烟火气息。四合院通常由正房、东西厢房和倒座房从四面将庭院围在中间，一大家子人在其中生活，却又严格遵照着传统，长幼有序，内外有别，各各都有自己比较隐密的庭院空间。这种住宅强调对称布局，对外封闭，对内开敞，中间设有多个庭院，建筑较为敦实厚重，淡雅质朴。四合院住宅的大门多位于东南角。对来客而言，每一道门都意味着他与内宅分隔的一道屏障；每进一道门，就象征着客人与此家庭的亲密程度又加深了一层。

## 二、西北的窑洞式

在中国西北地区，大约有 4000 万人居住在各种类型的窑洞中，而陕西省西北部的窑洞最为典型，主要有用石砌的石窑、用砖砌的砖窑和在土崖上挖出的窑洞，安上门窗即为土窑。土窑中有一种是在黄土断崖边，并列向里挖入，成为若干不相通的单窑；另一种白平地掘入，先成一大平底四方井，然后从四壁各自向里挖成若干单窑，窑洞上可以行人走马。气候干燥少雨、冬季寒冷、木材较少等自然状况，也为冬暖夏凉、十分经济、不需木材的窑洞，创造了发展和延续的契机。

## 三、南方的天井式

南方天井院通常是由四合院变形而来的合院式建筑，四周房屋连接在一起，中间是一个小天井。这一带冬冷夏热，梅雨绵绵，人口密集，因而房屋多建为二到三层，中留狭小天井以通风防寒。大户建房时，多将天井院左右、纵深院院相套，形成院落。这种类型的民居多分布于皖南和江西省婺源及江西中、北部地区。

## 四、西南少数民族的干栏式

干栏式民居俗称吊脚楼，其布局为下部架空的空间，为牲畜和堆积杂物之所，上层前为廊及晒台，后为堂屋与卧室。有楼梯通两层。此种住宅多为木构，不仅梁柱，连墙壁也以木板装制。还有一些少数民族为了抵御战争，抵御一些外来的侵略，一村一寨住在一起，建成筒楼。这种住宅形式多见于广西、云南、贵州、川渝、湖北、湖南、海南岛等南方地区。

一方水土养一方人，不要拘泥于形式之中，一定要以固定的形式去分析风水，风水学的核心不在形势，而在于更大的因地制宜、因时制宜、因人制宜，只要是能提供最佳的生存环境，良好的气场，符合人身心与生理健康的要求，就是最好的风水。

# 第二十五章　风水学的动静与术语

每一套术数学，都有自己的一套专业术语。《周易》有卦、有爻；八字有大运、流年、六亲、神煞；奇门遁甲有星宫门、三奇六仪、阴遁、阳遁、值符、值使；……；那么风水学同样有着自己的一套术语，龙脉、风、水、砂、青龙、白虎……。

## 第一节　风水的动静进退

《易经》曰：立天之道曰阴曰阳，立地之道曰柔曰刚。邵氏曰：立地之道，刚柔尽矣。故地理之要，莫过于刚与柔。刚柔者，是指其体质特征也。天地之始，虽如漾沙之势，没有山川可言，然而，既然有风、气相互摩擦，水、土相互振荡，所以只有刚的才能生存，柔的则被淘汰，于是才有了山川之形。山体刚的则用柔，故高耸而凝定；水体柔则用刚，故卑下而行。另又刚中有柔，柔中有刚。邵氏以水为太柔，火为太刚，土为少柔，石为少刚，这就是地的四象。水为人身的血，故为太柔；火为人身之气，故为太刚；土为人身之肉，故为少柔；石为人身之骨，故为少刚。水、火、土、石合而为地，有如血、气、骨、肉合之为人，也同近取诸身，远取诸物是同样道理。若细推之，风涸燥者皆刚，夷坦者皆柔。但是，涸燥之中有夷坦，夷坦之中有涸燥，这就是刚中有柔，柔中有刚。凡强急者皆刚，缓弱者皆柔，然强急之中有缓弱，缓弱之中有强急。自此以往，尽推无穷，知者观之，思过半矣。

阴宅风水的动静论

风水的动静，动静者，便是其变通也。大凡天下之理，均欲动中求静，静中求静，不欲静愈静，动愈动。古语云：水本动，欲其静；山本静，欲其动。这乃至理之言也！所山以静为常，是叫无动，动则成龙也；水以动为常，是叫无静，静则结吉地也。所以成龙的山，一定踊跃翔舞，结地的水，必定是湾环悠扬。如果是偃硬侧勒，冲激牵射，则动不离动，静不离静，山水便不融结也。但是一静一动，互相循环，山也有动极而静，水也有静极而动，不可执一而论，全在于融化之妙。

阴宅风水的聚散论

风水的聚散，聚散者，言其形势也。历观古人之葬，大部分墓穴奇怪。并不是喜欢怪穴，皆因得山水之正，所以怪穴不为怪也。令人于大聚之中，或拘于形穴而不葬矣。所以便有形势之聚散，有穴中之聚散。大势的聚散见乎远，穴中之聚散见乎近，是二者有相须之道也。

## 阴宅风水的向背论

风水的向背，向背者，言其情性也。地理与人事不远，人的情性也不一样，而向背的道理却非常清楚。向我的，必有周旋相与之意，其背我的，必有厌弃不顾的形态，虽可以暂时矫饰，但其真实的自然形态是不可能掩饰的。故观地察地必须看其情的向背。向的不难见，凡相对如君臣，相待同宾主，相亲相爱象兄弟骨肉，这些都为向之情也。背者也不难见，凡相视如仇敌，相抛象路人，相忌同嫉冤逆寇，这些都为背之情也。察形貌的真伪，察其情性者得其真，向背的道理明白了，吉凶祸福也就显而易见了。所以有人曾称地理之要，不过是山水的向背而已。

## 阴宅风水的雌雄论

风水的雌雄，雌雄者，言其配合也。所谓孤阴不生，独阳不成，天下之物，讲究的是配对。地理学家用雌雄来比拟，即同相互对待的道理。如何言之？山属阴，水属阳，故山水相对有雌雄，而山与水之中又各有雌雄。阳龙取阴穴，阴龙取阳穴，这就是龙穴之间的雌雄；阳山取阴为对，阴山取阳为对，这是主客之间的雌雄也。若其地融结，则雌雄必合，龙穴砂水左右主客必然相互登对，若单雄单雌，不相互登对，虽然结地，一定不是真吉地。经曰：雌雄相喜，天地交通。又曰：雌雄不顾不劳看。古人多以此为妙，然而也是天地自然之理也。

## 阴宅风水的强弱论

风水的强弱，强弱者，言其禀气也。夫天下之理，中而已矣。太刚则折，故须柔以济之；太柔则弱，故须刚以济之；刚柔相济，则中道得矣。论地理者，必须察其禀气，禀气偏于柔，则其性缓，禀气偏于刚，则其性急。禀刚的性急，择穴宜于缓处，若复穴于强急之处，则必有绝宗之祸。禀柔性缓，择穴则宜于急处，若择穴于弱缓之处，则必有冷退之患。强来强下则伤龙，弱来弱下则脱脉，故立穴之法，大概欲得酌中恰好的道理，不得倚于一偏，若偏则生出病来。然非权衡有定，则亦未易语也。

## 阴宅风水的顺逆论

风水的顺逆，顺逆者，言其去来也。其来的如何？水的所发处，山的所起之地。其去的又如何？水的趋向，山的止处。知来去而知顺逆者有矣，不知来去而知顺逆的，没有。夫顺逆二路，如盲似聋，自非灼然有见，鲜不以逆为顺，以顺者为逆矣。要知顺山顺水者，顺也，所谓来处来者是也。逆山逆水者，逆也，所谓去处去者是也。立穴之法，要顺中取逆，逆中取顺，这一道理，不可易改。若推而广之，则脉有顺逆，龙有顺逆。顺龙之穴结必逆，逆龙之穴结必顺，这就是山川的自然形势。大凡论顺逆者，要知山川的大势，默定于数里之外，而后推顺逆于咫尺微茫之间，否则黑白混淆，以逆为顺，以顺为逆。

## 阴宅风水的生死论

风水的生死，生死者，言其取舍也。夫千里的来龙，只不过一席之地，如果不是生死之别，则有什么可抉择的！生死的说法不是单边的，大凡有气的为生，无气的则

为死；脉活动的为生，粗硬不动的为死；龙势推左则左为生，右为死；龙势推右则右
为生，左为死；又有瘦中取肉，则瘦处死而肉死生；饱中取饥，则饥处生而饱处死，
如此种种，均应细推之。生则可取，死则舍弃，取舍明后穴法则定，穴法定后则祸福
应。如果碰到生死难辨的，取舍不当，则是造化弄人也。

阴宅风水的微著论

风水的微著，微著者，言其气脉也。夫气元形者也，属乎阳，脉有形者也，属乎
阴，阳清阴浊，故气微而脉著。然气不自成，必依脉而立，脉不自为，必因气而成，
盖有脉而无气者有矣，未有无脉而有气者也。经曰：气乘风散，脉遇水止。无脉无气
者，水害之也，有脉无气者，风乘之也。善观气脉者，以有形察无形；不善观者，以
无形蔽有形，盖无形只在有形之内，但知者所见实，故于粗浅而得精微，愚者所见昏，
故于荒忽茫昧而不晓。岂知四水交流则有脉，八风不动则有气，此有且者所共见，有
心者所共知，而术之至要，初不外是也。

阴宅风水的分合论

风水的分合，分合者，言其出没也。脉之所以为脉，并非徒然而生，顿然而有。
有其出必有其自然之来，有来则有分水以导之，其没也必有所止，则必定有合水界之。
郭氏云：地有吉气，随土而起，支有止气，随水而比。又曰：支之所起，气随而始，
支之所发，气随而钟。这是古人论气脉的源流也。气随土而起，故脉行必有脊；气随
水而比，故送脉必有水。气起于支的开始，故上有分，脉钟于支的终点，故下有合。
有合无分，则其来不真，因为内无生气可接也。有分无合，则其所止不明，因为外局
无堂气可受也。有分有合，则有来有止，有出有没，则龙穴融结无疑，也为全气之吉
地也。但是，大有大的分合，小有小的分合。真地的融结，则有三分三合。穴前后一
分合，起主龙虎所交二分合，祖龙至山水大会，三分合也。小合则为小明堂，大合则
为太明堂，合于龙虎内则为内明堂，合于龙虎外则为外明堂，各不相乱，这一道理一

# 第二节　风水学的基本术语

龙脉：风水中借龙的名称来代表山脉的走向、起伏、
转折、变化。因为龙善变化，能大能小，能屈能伸，能
隐能现，能飞能潜。山势就象龙一样变化多端，故以龙
称呼。平地也有龙脉，其标志是微地形和水流。对龙脉
好坏的看法，是审定山脉的长远，辨别山脉的大小兴衰
如何。山脉来得绵远者，发富亦绵远，山脉来得短促者，

发富亦短促。总之，风水龙脉大致反映了我国的山脉走向，是古代先哲对中华地理的朴素认识，是千百年经验的积累。成语"来龙去脉"就源于此。山脉有不同的走势，因此龙就有不同是姿势。

山是龙的势，水是龙的血，因而，龙脉离不开山与水。自古以来，山环水抱之地都是风水宝地。即便是抛开风水学、龙脉说的观念不谈，任何人在这种山奇水秀的环境中成长、生活都未免不是一种和谐、和乐的享受。中国的龙脉（山岭）星罗旗布，到处皆有，江河水流（脉络，血液）快慢节奏均衡，龙脉和江河湖海配合得非常紧凑，编织成一幅壮观的，宏伟的，美丽的，到处山环水抱的地理蓝图。

中国的龙脉源于西北的昆仑山，向东南延伸出三条龙脉，北龙从阴山、贺兰山入山西，起太原，渡海而止。中龙由岷山入关中，至秦山入海。南龙由云贵、湖南至福建、浙江入海。每条大龙脉都有干龙、支龙、真龙、假龙、飞龙、潜龙、闪龙、勘测风水首先要搞清楚来龙去脉，顺应龙脉的走向。中国的大龙脉正在西进和东出的状态中，西进方向的是黄河流域，华山地区是大龙喝水和出口处；东进方向的是长江流域，黄山地区是大龙喝水和出口处。这两个区域以后会形成中国新的大龙脉。

砂：风水中所说的"砂"就是指龙穴四周的山，为什么叫砂？是风水师在传道或研究时，堆积沙砾演示出山势走向，故称龙穴周围的山为砂，砂与穴如同君臣关系。清秀圆润如后宫佳丽，俯首听从如臣子，威猛相从如兵将。而砂因为位置、走势、形状的不同，又分待砂、卫砂、朝砂、迎砂，《博山篇论砂》中云："两边鹄立为待砂，能遮恶风，从龙拥抱为朝砂，外御凹风，内增气势，绕报穴前为迎砂，面前侍立为卫砂，根据风向，又以挡风者为上砂，反之为下砂"。而护砂与穴位距离要适当，和谐对称，过远过近则势散，过高过低则太逼，砂之吉凶主祸福，尖圆方正为吉砂，残缺破碎为凶砂。

而风水中尤其重视左右护砂，左侧为上砂又称龙砂，右侧为下砂又称虎砂，有口

诀云"青龙要高大，白虎宜柔顺"因此上砂要比下砂高大，砂的排列层叠有序，则层次越多越好，要层层护卫，微向内倾，才能形成"福贵之地"，若砂脚有潺潺流水，山环水抱则为上好的风水宝地。砂有三类：肥圆正为富局，秀尖丽为贵局，斜臃肿为贱局，其他都为祸局。

穴：风水学中所说的"穴"，是山止气住之所，是冲阳和阴，精气所凝之窍，"葬欲乘之，返气纳骨之道也"《葬经翼》。穴的所在地，就是居址的位置。如果是用于葬死者，则称为"葬口"。穴就是生人或死者的居住之地，以得龙脉生气止聚之处为佳。穴是相对于脉而言的，在千变万化的环境中寻出脉络走向，然后确定穴址，就叫做"点穴"。寻龙和点穴是风水术中非常重要的技法。古语有云："三年求地，十年定穴"，差之毫厘，便会谬之千里，不仅无福，反而有灾。可见风水术对点穴的重视。

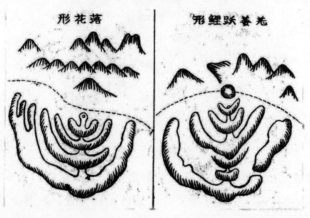

风水学认为穴是天造地设，既有生存之龙，必有生成之穴。怎样的穴才好呢？首先是要龙真。看地重在择穴，择穴重在审龙。龙真必结穴。其次看龙虎明堂、罗城水口，要有威风排场。凡山水向是为真，山水背是为假；风藏水逆气聚是生，风飘水荡气散是死。龙逆水方成龙，穴得水在砂逆。从位置上看，穴处于中央；从地形上看，穴是一种小型凹地。《龙经》论穴注文曰："旋螺如螺壳之回旋也。"这种小型旋卷构造其实也是一种低凹。现代地质学原理认为，岩石受到地质压应力和张应力的作用，产生变形、弯曲、褶皱、断裂，这样，局部就会出现一些凸起和凹陷的小型褶曲。其中一些旋卷状褶曲由于岩层揉皱强烈，易于风华剥蚀，就形成了小的凹地，即风水所说的"穴"。

明堂：在风水学中，明堂准确的意思就是指穴位前平坦开阔，水聚交流，群山环抱，众水朝谒，生气聚合的地方。缪希雍云："明堂者，穴前水聚结处。"按距离穴场的近远，明堂可以分为小明堂、大明堂之别，也称为内、外明堂。凡山势来的缓，平平结穴，龙虎环抱（左为龙，右为虎），近案当前，以内明堂来论。内明堂不可太阔，太阔的内明堂就近似于旷荡，旷荡则不能藏风。但也不能过于狭窄，狭窄则气局急促，

291

局促则穴不显贵。因此，内明堂必须阔狭适中，方圆合格，不奇侧不卑湿，无圆峰内抱，无流泉冲破，不生恶石，符合这些条件的内明堂为上等的明堂。在密传的风水学中，对明堂的大小，即向的远近有非常严格的规定，多大的明堂会出什么样的事情，都是一一对应的。

凡山势来的急迫，垂下结穴，龙虎与穴相证，前案较远，以外明堂来论。外明堂必须两边宽展，不可窄狭，四山围绕，略无空缺，见外水曲折，远朝而来。符合这些条件的为上等的外明堂。

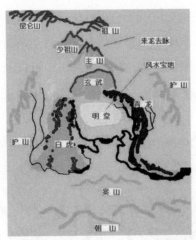

四兽：古人以龙、虎、凤、龟四兽为动物之首，阴阳家则附会成天上苍龙、白虎、朱鸟、玄武四星宿。《礼记·曲礼上》"行前朱鸟而后玄武，左青龙而右白虎"汉郑玄注："以此四兽为军阵，象天也。"汉·王充《论衡·物势》："东方木也，其星苍龙也；西方金也，其星白虎也；南方火也，其星朱鸟也；北方水也，其星玄武也。天有四星之精，降生四兽之体。含血之虫，以四兽为长，四兽含五行之气最较著。案龙虎交不相贼，鸟龟会不相害。以四兽验之，以十二辰之禽效之。"清·恽敬《答姚秋农书》："《先天图》由阴阳推之四时，由四时推之四兽，由四兽推之日躔，自然吻合无间。"

**青龙**　　**白虎**　　**朱雀**　　**玄武**

四兽在风水应用上，一般不分东西南北，只分前后左右。以太极点为中心，前朱雀，后玄武，左青龙，右白虎。以东方为青龙，西方为白虎，南方为朱雀，北方为玄武，这种说法，是在一种固定的方位配合下。

八门：八门是根据后天八卦而来，一般的是，西北乾宫为开门，正北坎宫为休门，东北艮宫为生门，东方震宫为伤门，东南巽宫为杜门，南方离宫为景门，西南坤宫为死门，西方兑宫为景门。

　　一般来说，开、休、生三吉门，死、惊、伤三凶门，杜门、景门中平，但运用时还必须看临何宫及旺相休囚。古人有歌曰：吉门被克吉不就，凶门被克凶不起；吉门相生有大利，凶门得生祸难避。吉门克宫吉不就，凶门克宫事更凶。

　　九星：传说中为一白、二黑、三碧、四绿、五黄、六白、七赤、八白、九紫。在天文学中，宇宙中有北斗七星之说，它们的排行是一白贪狼、二黑巨门、三碧禄存、四绿文曲、五黄廉贞、六白武曲、七赤破军，这七个星宿称为北斗七星，而斗柄破军与武曲之间有二颗星，一颗星为右弼而不现，一颗为左辅常见，左辅排在八，右弼排在九，由七星配二星共成九星，由于左辅右弼的加入，共九星运行就产生了很多特殊的变化，也就是形成了北斗七星打劫等奇局。九星根据源于"易经"，利用"河图""洛书"先后天八卦、爻的法则等，来运算地理风水的各种吉凶，并用九星来概括宇宙万象，因此我们必须认识九星运行轨道，以明"河洛"之理。

**八门九星图**

　　宇宙天体无时不动，地球每自转一圈，就形成了由白天与黑夜组成的一天，每年绕太阳一周，而产生春、夏、秋、冬二十四节气，而九星运转的空间方位是由北极星来确定的。"北极星"居于正北方，永恒不动，古人就以此来确定大地的方位，北极星与北斗七星保持了一定距离，当北斗七星顺时针绕北极星一周，则为一年，当斗柄落到地面的最低点时，斗柄指在正北方，此为冬至之时节，其数为一。当斗柄升到最高点时，斗柄所指正南方，此为夏至之时节，其数为九。当斗柄左右平伸时，斗柄所指正东、正西，此时清明与秋分。由于北斗七星绕北极星所确定的方位，反映在洛书和八卦九宫上，就应示出八个不同的方位。洛书之一为八卦坎宫，在正北方；洛书之二为八卦坤宫，在西南方；洛书之三为八卦震宫，在正东方；洛书之四为八卦巽宫，在东南方；洛书之五为八卦中宫；天心洛书之六为八卦乾宫，在西北方；洛书之七为八

第五部分　地理风水篇

293

卦兑宫，在正西方；洛书之八为八卦艮宫，在东北方；洛书之九为八卦离宫，居正南方。

1. 贪狼星：吉星。主官运吉事添丁。

2. 巨门星：凶星。主生病开刀疾病。病符星（此方可用六个铜铃，铜做的物品，或把六枚铜钱放置装水的容器里）。

3. 禄存星：凶星。主斗争盗匪诉讼。事非星（此方可贴红色纸）。

4. 文曲星：吉星。主文举才华贵人。文曲星（此方可放六支毛笔，六个印章，六枚钱币等，以六为单位）。

5. 廉贞星：凶星。主重病到财意外。主凶星。（此方可用六个铜铃，铜做的物品，或把六枚铜钱放置装水的容器里）

6. 武曲星：吉星。主望财添丁武举。官运星（此方可放六支毛笔，六个印章，六枚钱币等，以六为单位）

7. 破军星：凶星。主盗杀败财诉讼

8. 左辅星：吉星。主添丁望财名气。财位星（此方可放水晶，黄金葛，聚宝盆）。

9. 右弼星：吉凶星。主喜气败财火光。

大游年：指以生年的八卦属性与其周围八卦方位所得卦象来判断阳宅八方言凶的理论。风水家认为，属于震、离、巽、坎年生的东四命人只能居住震、离、巽、坎坐向的东四宅；属于乾、兑、艮、坤年生的西四命人只可居住乾、兑、艮、坤坐向的西四宅。此以年坐向，然后以坐向与八方之卦变化及五行属性断其吉凶。游即变化，年即年命，故称大游年。八宅论命，是一个固定的模式，每一年出生的若干人都是同样的宅命，实际这种相宅方法应该说比较武断，不符合易学的变易之道。

《大游年歌诀》："乾六天五祸绝延生，坎五天生延绝祸六，艮六绝祸生延天五，震延生祸绝五天六，巽天五六祸生绝延，离六五绝延祸生天，坤天延绝生祸五六，兑生祸延绝六五天。"如坎宫年生之人，其吉凶入方依次为，坎五天生延绝祸六。以上每字代表一方吉凶，顺时针方向转动变化，正北坎与坎具属水，相生小吉为伏位（本位）吉方；东北艮属土，水土相克大凶，故为"五"鬼凶方；正东震属木，水生木，为"天"医吉方；东南巽属木，相生为"生"气吉方；正南离属火，虽水火相克，但在离坎卦象中，为阴阳相配，天地交泰夫妻和睦，故为"延"年吉方。西南坤属土，水土相战，为"绝"命凶方；西方兑为金，虽相生而卦象不吉，为"祸"害凶方，西北乾金亦与坎报以象不吉为"六"煞凶方。九宫八宅之方位各有不同吉凶，全依卦象与五行生克而定。另外，各方吉凶亦与龙法九星相联系，生气吉方为贪狼木星，上吉；延年吉方为武曲金星，上吉；天医吉方为巨门土星，中吉，伏位吉方为辅弼木星，小吉；绝命凶方为破军金星，大凶；五鬼凶方为廉贞火星，大凶，祸害凶方为禄存土星，中凶，六煞凶方为文曲水星，小凶。吉凶之方既定，阳宅兴建当尽依而行，吉方门房宜高大，凶方门房俱宜低下。

　　方位：风水学上的方位，并不是简单的东西南北，它是以八卦、天干、地支，三种元素来表示方向，共计二十四山向与一年二十四节气相配合。周天十五度一个方位。

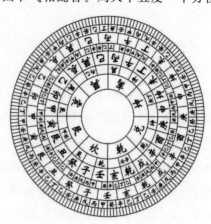

# 第二十六章　风水学的科目与流派

风水学严格的讲在发展之初，是先有阳宅的相地，到后来才有阴宅。从上古时期，从森林树架生活，来到山坡平地寻找洞穴，人类从山地洞穴走向平原建筑房屋，在这个过程中人类为了保护生命，渐渐的形成对自然的一套认知方法与人体生命需要的最基本条件。由于生产条件的有限，人类尽可能的去利用自然来保护自己，总结出一套对地形地貌的认知，同时也发现风向与水对生活的影响。因为这些因素都在影响着人的身体健康，影响着思维情绪，这些就决定了一个人的生产力与创造力，所以渐渐的被人类认知并成为一门术数学。到商周以后，尤其是到了春秋时期，生产力与学术思想的发展，使人们渐渐的转向追求长生不死，以及对生命价值的灵魂认知对后代的影响，阴宅的思想就此而产生，由于人类的自私性都希望自己的儿孙家族能兴旺不衰，从春秋开始，各国的诸侯都注重选择墓地，以此希望家国兴旺，儿孙福寿官贵亨通。

## 第一节　阴宅风水与阳宅风水

阴宅出现的历史要晚于阳宅，在我们的祖先还没有搞清楚活人的居住问题时，不会去研究死人的安居问题，虽然我们尊重生命可是文明是一个不断进步认知的过程。在商周以后，人类随着安居问题的解决，开始为去世的人选择地址。他们同样运用已经成熟的阳宅选择思想去为阴宅选择地址。最初的目的是想让去世的亲人有一个安息的场所。随着安葬的发展，古人发现那些安葬在山清水秀气场良好的逝人后代却发展很好，仕途顺利。这种阴宅选择的思想开始影响着人们，渐渐形成一门地理学说。到晋代时期，成为大乘，郭璞就著书《葬书》，来阐述阴宅选择的问题。

阴宅是对去世人的安葬之地。自古以来就由来这样的论点，说去世的父母亲属葬在吉祥的墓地可以影响到后代的子孙，使他们官运亨通，财运绵绵。那么这样的影响是否存在？若是存在那到底是什么作用？

实际这个问题是一个很纠结的问题，有人说影响存在，能举例很多的事实。有人说影响不存在，也可以列举很多的事实。若是说风水决定一切，那么这样的说法肯定说不过去，因为没有哪一位风水大师的后代可以封疆列国，富甲一方。既然是大师，为什么不把自己的后代关照的幸福美满呢？实际在风水学之上很有一个无形的"道"，这个"道"与老子的道，易学的道，同为一道，那就是万物的本体性命，当然，人也在其中。天地生人本身没有贫富贵贱，众生平等，可是为什么又有了三六九等呢？从物理学的角度讲，任何一个人的能量指数都是相同的，可是由于出生的环境与家族，以及因果的灵性不同，人生认知的价值取向不同，就形成了形色各异的人生画卷。有的人认为富贵为追求，得到富贵就失去了亲人，以亲人的能量来换取自己的富贵指数。有的人认为生儿育女，多子多孙是快乐，那么就去追求天伦之乐，结果是人丁兴旺，但是富贵不足。从命理学的角度讲，人生就是一个转化公式，相互之间遵循着能量守恒，此消彼长的量化关系。再者，就是灵学方面，一者是人本身的因果性命循环，二者是家族中的能量传递。而一切的一切，性命之灵要大于一切，没有一个高质量的灵性，任何一个生命，即使有再好的风水，恐怕是无济于事。这就可以理解，为什么风水大师可为别人寻找佳地吉穴，不能为自己的家族来寻找的原因，关键在于自己的家族遗传基因中，有没有这样的灵性传递，否则即使是佳地吉穴，也会是平淡无奇。这也是"一命二运三风水"的由来。

积善之家必有余庆。阴宅的应用绝对不是一个简单的有佳地吉穴就可以万事大吉的事情。它的形势要求只是万物修养生息的最佳磁场形式，是能达到藏风聚气的外在特征。这就像百姓耕田种地，地是良田，也不缺水肥，可是种子的质量决定是否丰收的关键。种子的质量就是灵性。因此，大家看到同年同月同日同时，出生的人很多，可是他们的命运相同吗？答案显而易知。他们出生时的灵性不同，则决定着他们的思维方式不同，出生环境的不同则决定着他们的行为与境界限制。因此，在家风水之上，还有一个天地的大风水，这也是自古地杰人灵的基本原因。

阴宅的另一个原因就是对去世亲人的灵性保护。在中国道家与医学中认为，人有三魂六魄，若是人去世后魂魄能在一个藏风聚气的地形中，则这种灵性就会受到滋养，亲人灵性的滋养程度，在一定程度上则影响着后代的灵性质量，因此，不论是过去的土葬，还是现在的骨灰葬，其灵性不会消失，也就影响着后代的穷通富贵。

综上所述，阴宅可不可信呢？若是说起可信，那么它必须建立在一套命学与空间学相互结合的情况下，若是抛开性命去空谈风水，则脱离了"形而上的道"只注重"形而下的器"。上善若水，宇宙就是一个大的能量转化体，事物之间此消彼长，舍既是得，得既是失，能够识得此中真理，风水之学也就在谈笑之中，举手抬足之间。

阳宅风水的历史要远远悠长，它是以气场学、物理学、心理学与生理学相结合的综合学科。首先在选址上，要符合藏风聚气的形势与人的生理需要要符合。所以，向阳、风向流通、山环水抱成为了阳宅的第一需要。向阳，万物生长靠太阳，阳光的照射可以祛除阴霾，杀死一些有害病毒；风向：任何一个居住空间，没有风不可以，有风但是不要太过，因为风向速度会影响人的健康。有本医书《伤寒论》，人一生最容易得的病就是伤寒感冒，所以阳宅周围的风向与速度绝对影响着，从温度气场相对稳定房间内出入的人，在风水学中称谓贼风、邪风等。现在的很多城市，开发商只知道扩大空间来谋取利益，却忽略楼与楼之间的风向流通与风速，造成在很多的建筑周围在刮风的时候，就像是狼哭鬼号的声音，同时由于楼宇的夹角不正确，加大了风速，使正面的建筑受到影响。山环水抱是藏风聚气的一种形势，只有后有靠山，左右环抱，才能使气场不散。再者，从环境学的角度讲，有水的地方，一定是山清水秀，植被茂盛，这种环境可以让人心旷神怡，产生兴奋，高浓度的负氧离子，足可以让人放下烦恼，释放智慧。所以，历来的修行人都选择在山清水秀的地方，修建庙宇禅房，境由心生，通过大自然的清美去陶冶啮人的情操。再有物与物之间的磁场影响，虽然这些细微的气场看不见，甚至于感受不到，但是并不能忽略它的存在，这些看是微弱人气场，天长地久也会影响到人。说白了，阳宅风水的一切，都是围绕人的生理健康与视觉感触为中心。只有人生理健康，觉悟智慧，才有可能去提高生产力，创造财富。

当然在阳宅风水学的发展中，由于江湖化的原因，有些作者也是为了神乎其神，不免注入很多糟粕论点，动不动就是伤夫克子，家破人亡，官非口舌，夫妻不和等等，使人望而生畏，也就不免被划为迷信。

2007年三月前往郑州"中原国学讲坛"演讲《曾国藩识人用人的智慧》，与组织方王主任成为朋友。王主任也是从河南杞县农村走出来的，他们兄弟兄弟四人三个大学生，一个经商，在他那村来说，算是光耀门庭。讲座之余，约我一起前往祁县老家看看！

车行驶一个多小时来到祁县老家，典型的农村风光，靠近国道。来到村前的一块麦田中，指着一座坟头，王主任说那是他爷爷的坟地，是抗日的时候牺牲的，奶奶九十多岁还健在。

从墓地的情况看，朝向是头向东北脚踩西南，北方是村庄，进村的路东西各有一条，东北向略高，村西路边有一条河流，现在河道变窄成为一条小溪。道路从西南而来，就像两条臂膀，拥抱着墓地，尤其是在墓地周围有五颗高大的梧桐树。常言说：

没有梧桐树，引不来金凤凰。不用再多的解释，开了这幅图，你也许就会明白了！

# 第二节　形势派

风水先生认为，千尺为势，百尺为形，形比势小，势比形大。势是远景，形是近观。形是势之积，势是形之崇。有势然后有形，有形然后知势。势立于形之先，形成于势之后。形住于内，势位于外。形得应势，势得就形。势居乎粗，形居乎细。势背而形不住，形行而穴不结。势如城郭垣墙，形似楼台门第。形是单座的山头，势是起伏的群峰。认势惟难，观形则易。由大到小，由粗到小，由远到近。来势为本，住形为末。左右前后谓之四势，山水应案谓之三形。

怎样判断形与势的好坏呢？缪希雍《葬经翼》云："势来形止，若马之驰，若水之波。形近而势远，形小而势大。审势之法，欲其来，不欲其去。欲其大，不欲其小。欲其强，不欲其弱。欲其异，不欲其常。欲其专，不欲其分。欲其逆，不欲其顺。"对势的要求是：势必欲行，行则远，远则腾。势不欲止，止则来无所从。势欲其来，势不畏露，势必欲圈，圈则顺。对形的要求是：形不欲露，露则气散于飘风。形必欲圈，圈则气聚而有融。而有融。形不欲行，行则或东或西。形必欲方，方则正。

为什么要这样看待形与势？是因为把势作为来龙，只有来龙大、强、异、专、逆，才会带来好运气。来龙如果太小、太弱、太平常、太多分支、太直奔，那就不会造成好形。形，实际是指一隅环境。形由势造成，形又决定了穴的好坏。形要厚实、积聚、藏气，这样才能结得好穴。有好穴，葬者就会安逸，生者就会发达。为了安逸和发达，就要择好形好势，这是相辅相成的。

形势观念主要用于看山。山有五势、五势是按方向划分的：

龙北发朝南来为正势。龙西发、北作穴、南作朝为侧势。龙逆水上朝、顺水下此为逆势。龙顺水下朝、逆水上此为顺势。龙身回顾祖山作朝为回势。按照山的形状势态，又可分为九龙：

回龙，形势蟠迎，朝宗顾祖，如舐尾之龙、回头之虎。

出洋龙，形势特达，发迹蜿蜒，如出林之兽、过海之船。

降龙，形势耸秀，峭峻高危，如入朝大座、勒马开旗。

生龙，形势拱辅，支节楞层，如蜈蚣槎爪、玉带瓜藤。

卧龙，形势蹲踞，安稳停蓄，如虎屯象驻、牛眠犀伏。

隐龙，形势磅礴，脉理淹延，如浮排仙掌、展诰铺毡。

腾龙，形势高远，峻险特宽，如仰天壶井、盛露金盘。

领群龙，形势依随，稠众环合，如走鹿驱羊、游鱼飞鸽。

飞龙，形势翔集，奋迅悠扬，如雁腾鹰举，两翼开张，凤舞鸾翔，双翅拱抱。

这样一些类，未免过于烦杂、模糊、笼统。而风水先生正是根据这种分类去择穴，去推测吉凶，这样他们势必堕入唯心论的深渊。形势观念采用了有机联系、变化、依存的思维方法，这是朴素的辩证法，是可取的。但他们的动机和目的都是为了得到好的地气，用以保佑生者，这就便辩证法被歪曲了，失去了辩证法的实际意义。自然界的地形地势都不是偶然的、孤立地存在，而是一个相互联系、有规律的统一整体。

唐宋时期风水中最有意义的事，便是汉代开始萌芽、唐代开始分野的形势说与理气说，也称为"形派"和"理派"，因主要活动地分别在江西和福建，所以又称"江西派"与"福建派"。

"形势派"主要突出于因地制宜，因形选择，观察来龙去脉，追求优美意境，特别看重分析地表、地势、地物、地气、土壤及方向，尽可能使宅基位于山灵水秀之处。其主要代表为杨筠松。

杨筠松的风水思想强调"山龙落脉形势"为主，开创了后世风水中的"形法派"，因传播地点首先是在江西，故又称"江西派"，虽然杨筠松是提倡形势之说的宗师，但这一派并不完全排斥方位，与强调"理气"的"福建派"各有侧重。杨筠松的理论主要是针对阴宅的，但阳宅也常用之。

关于"理气派"，《青岩丛录》、《陔余丛考》等书对它的风水活动及理论有同样的概述："一曰屋宇之法，始于闽中，至宋王伋乃大行，其为说主于星卦，阳山阳向，阴山阴向，纯取五星八卦，以定生克之理。"因其开宗于福建，至南宋时期大行于世，所以该派又名闽派风水。

形势派分为哪三个门派？

形势派分为形象、形法、形势三个门派。

形象派利用的就是仿生学，将大地、山脉、山头或者一个区域，以人物或者动物的形象表现出来，就是把看到的地形想象成某些具体的事物。如把山形看作是嫦娥奔月、犀牛望月、天马腾空等，涉及的各种动物形象有上百种之多。然后根据这些仿生的形象，找到要害进行点穴。这种方法不论是阴宅、阳宅都可以应用。当然，也不排除一些风水师为了迎合市场的商业化，为了让一些人高兴，认为自己的风水与众不同，风水师就投其所好，来起一些吉祥名字来比喻这些风水格局。这就是风水学的文学化、艺术化。

形法派主要是观察周围的形象与主位的配合，看这些外在的形象与主位的现象对应，对穴位产生的吉凶效应。如房屋的右前面有一间小屋，并将门开在小屋的前面，这就是白虎探头；实际上的"白虎探头"是因为小屋在这个位置上影响了主房的通风或者是向阳，使主屋的阴气聚而不散。房屋的正前方有一条水沟直冲而来，称为穿心水。难道真的是"穿心"不成？以仿生学来看，房屋的中心好比人的心脏，现在水沟直冲而来，水沟中的水流动会带动水中的湿气直接冲向主屋，天长日久，里面的人比因湿气而影响到生理。实际这一切都是物理学与生理学的作用，其中并不存在着"鬼神"之说，所以，堪舆之道是自然科学的探赜索隐。这些形象实际就是在某种角度打破了主位的风向或者对称平衡。

形势派注重研究地理形势，将龙、穴、砂、水配合方向，以此地理五诀来论穴位的吉凶。形势派是将龙、穴、砂、水、向按照各自的特点相互配合而成。当然，很多时候即使地形地势，具有了五者的优点，但是由于相互之间的配合不足，或者地气不足，使它们空有外在的形势，而无内在的气机，五者形象再俊秀恐怕也是无用。在形势派中，一定要分清，真气蕴藏的地脉与无气而景色优美的地脉。南京的明孝陵与中山陵相比，明孝陵则为真龙结穴之地，而中山陵则龙气泄尽，只是景色优美胜过明孝陵而已！

形象、形法、形势三者之间关系密切相互参照印证，绝对不能去孤立的看待某一方面。三者配合完美是为得地之巧，但天之性命能否与大地之巧相互引动，岂是凡夫俗子所能利用也。

形势派的代表流派：过路阴阳又称金锁玉关。

过路阴阳就是将砂、水、向，在主位周围的二十四山向按照一定的高低出现。将高的形势事物定位"山"，低的形势事物定为"水"，以此来判断主位的吉凶祸福。过路阴阳在二十四山向的"山、水"形势上，有着固定的模式。

以下方位"山水"是一种固定的排列形势，并认为此排列组合是最佳的形势。

子位有山、丑位有水、寅位有水、卯位有山、辰位有山、巳位有山、午位有水、未位有山、申位有山、酉位有水、戌位有山、亥位有水、甲位有山、乙位有山、丙位有山、丁位有水、庚位有水、辛位有水、壬位有山、癸位有山、乾位有水、坤位有山、巽位有山、　艮位有水。

八官山水的组合如下：

东北艮宫有水　正东震宫有山　东南巽宫有山　正南离宫有水
西南坤宫有水　正西兑宫有水　西北乾宫有水　正北坎宫有山

《过路阴阳》的"山水"组合，虽然有一定的道理，但是过于形势化，缺乏灵动性与变通性。机械式的将灵活多变的风水组合，形成公式化，这与因地制宜的指导思想相违背，因此它的准确性也就受到影响。风水的形势组合，不是单一的对比，是从山川大地变化而来，不论其外在的形势如何变化，只要能藏风聚气，没有贼风、邪风及不和谐的放射物气场，就可以称之为较好的风水环境。

我们再看一下《过路阴阳》有关形势上的一些论述。

301

一、"过路阴阳（金锁玉关）风水学"原"一白方（北方坎官）凶水"断语如下：

壬水没儿郎，先绝是二房。形如一箭去，小口命难长；形如葫芦样，亦主腰腿伤；四季澄清蓄，尤主淋卵囊。子水一条沟，流去不回头，无子身外逃，凶死一笔勾，形如小米袋，妇女把命休。癸水妇不育，常为夫羞辱，亦主黄鹊怨，孤灯独伴宿，形若不齐正，犹被小姑逐，形若一条枪，毒死夫常哭。一白是汪洋，流若通两旁，流乾老父乖，流艮俊儿郎，聪明怕自误，身体算不强；流若通巽位，绝世长二房，形若七桠叉，财产不绵长。

"过路阴阳（金锁玉关）风水学""一白方（北方坎官）凶水"断语诠释如下：

（1）阳宅的壬位有水，也就是低洼，这里对父母宅而言。排行老二的儿子先绝。水的形状是长条形的，形如一箭去，二房孩子命难长。形状好似葫芦样，腰腿有疾血有病。壬位的水四季澄清蓄，此家贫困不用问，阳宅如此不分哪房人。

（2）阳宅子位有水一条沟，流去不回头，先二房后长房无子身外走，无妻无子不凶死。子位有水形如小米袋（金形），母亲大灾二房妇女不例外。

（3）阳宅癸位有水势大量大妇女不生育，夫妻口舌不停息，分居一定成定局。癸水形状不齐整，姑嫂相逢是仇人。癸水形如一条枪，二房妇女凶死早，丈夫泪常流。

（4）一白（这里指壬、子、癸三位）是汪洋，若遇乾水长，（这里指的是水流到乾方而止）老父必是有才人。若遇艮水长，（这里指的是水流到艮方而止）三房富贵光景长。

（5）"坎乾艮"三方全是水，三房大房出人才。二房富则不出贵，出贵则不富，如即富又出贵，则二房父子必损一人。

（6）"坎巽"两方全是水，长房二房绝后无子继。巽水形状怪异，则长房二房富不久。

（7）"坎坤"均是水，二房三房绝后无子女。

二、"过路阴阳（金锁玉关）风水学"原"一白方（北方坎官）吉砂"断语如下：

壬砂发武贵，秀逢高大位，出入佳备有，大名振海内，再得丙水照，儿孙以文会，子砂定发富，家有金钱库，开若兼破军，兴家是寡妇，远近午水照，丑名亦不顾。癸砂女当家，发在三元花，不问男和汉，惧内定数他，远近丁水秀，丁财足可夸，形如葫芦样，矮郎要怕他。一白砂兼有，形要梭与样，不问阴阳宅，曲然抱其中，立向宜留意，不要逼压官，隔溪并隔水，其之不为凶，形若中然断，定名寒透风，丁损财亦耗，定主不丰隆，若无离水照，孤苦不贫穷。

"过路阴阳（金锁玉关）风水学""一白方（北方坎官）吉砂"断语诠释如下：

（1）壬位有砂高大发武贵，丙水再照儿孙以文会。

（2）子位有砂二房能发富，砂形破军，兴家是寡妇，如有午水来相照，贪淫把家破。

（3）癸位有砂女主家，代代能发家，男儿平庸不须他。如有丁水照，财富足可夸，丁水形如葫芦样，女强男弱可肯定。

（4）一白全是优美砂，隔溪隔水不压宫，二房富贵定是他。

（5）一白砂，中间断，二房口折损财亦耗，如无离水来相照，虽孤苦但不贫穷。

（6）乾坎艮三宫全是砂，三房人丁冷落财亦难求。

（7）坎艮二宫全是砂，再遇辰砂直硬来，三房有小口凶死之灾。

《过路阴阳》的形势组合，是在一定的地域环境内应用的。比如，在北方地区，以面向南方背靠北方为主的情况下，坎宫作为靠山需要高大护卫着主位。放在其他地域，是否还符合这些硬性的规则呢？即使在这些现象之内，真的就与这些诠释相吻合吗？实际这些生搬硬套的"山水"形势，也有其使用技巧。风水学的形势分析，不是分析自身，而是分析主体周围的事物形势位置，是否影响到主体位置的气场稳定。西边有邪风吹来，若是有砂阻挡，使邪风不入，那自然是吉。若是主体位置上气场浑浊，正好西边有缓风吹来而被西边的砂阻止，不能调和气场的浑浊，此砂自然为凶。所以从某种意义上讲，并不是说哪儿有砂吉？哪儿有水吉？而是要看主体气场对周围环境的需要，该有山的地方有山，该有水的地方有水，那是自然大吉大利！

风水学实际是没有方位限制的，所以在形势要求上，"依山傍水，左右环抱，明堂宽阔，案山回朝"。有左右前后，而不分东西南北，因为要遵循因地制宜的原则。在台湾地区，阿里山山脉以南北走向贯穿台湾境内，在阿里山东西两侧，并不是以坐北向南为主向修建房屋，而是顺应山脉走势，阿里山西部以坐东向西为主向，阿里山东部则以坐西向东为主向，这就符合了因地制宜的原则。因此，风水之学并不是一门固定的形势学科，而是时刻保持变化的自然学科，一切都是遵循道的形势，不论是任何一个区域，任何一个空间，都是在遵循从大到小的风水格局，只有先大局后小局。才可能去认识风水，应用风水。日月运行，山河藏气。龙腾虎跃，识化真机。万物化育，舍得之间。若能尚德，何求风水！

2006年9月份前往杭州清华总裁华东分校，课程时间三天，是在美丽的西子湖畔授课。九月的西湖可以说是风景宜人，伴着细细的秋雨，品尝着诱人的杭帮菜，西湖醋鱼、东坡肉……。三天的课程在热情、活跃的气氛中很快结束了！课程中桐庐的一位老总邀请我课程结束后，前往他的公司去勘察一番。

最后一天的课程结束比较早，下午四点，我们开车直奔桐庐，著名的富春江流经桐庐县。驱车一个多小时，到达了桐庐县横村镇，这里是针织之乡。而这位D总，是横村镇做针织加工比较早的厂家，前些年以加工外贸订单起家，现在是横村镇比较大的加工企业，全厂有三千多人。

到达的时候已经五点多，工厂占地面积在五六十亩地，大门向南，中间是五层的办公楼，修建的豪华气派，为了更好地观察全厂的形势，我们登上了办公楼的楼顶。东边三排是生产车间，艮宫的丑寅位是水塔、锅炉房，办公室的后边是篮球场，篮球场后边是一大块空阔的菜地，工厂周围都是开放的栏杆。靠西边，有一栋原来的老生产车间，现在作为了仓库，在乾宫的戌、亥位置上是一排小房子，问了才知道是养猪圈。综合勘查后发现，在整个区域内，只有两点是致命的不协调。

一，西北乾宫的养猪圈不应该出现在工厂内，这类污垢之地对整个的工厂区域是最大的破坏。

二，办公室的后面，空洞无物，没有任何的屏障保护，哪怕是一棵树。

**杭州某针织有限公司**

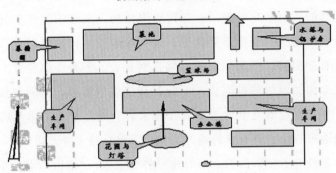

综合以上两点对 D 总做出一些信息判断。今年岁在丙戌，从今年开始业务上一定会发生一些倒霉、悔单时间，尤其是在下半年，同时公司内部注意有麻烦，注意人员受伤事件。D 总听完我的分析，脸上露出了一些忧伤。说道："今年七月份，原来最大的订单商突然取消百分之七十的订单量，使生产进入懈怠。另外今年五月份，他与公司副总都发生车祸，虽然人没有大问题，但是车辆报废。"我对其解释了原因，他疑惑的说："养猪圈在这个位置很多年了，为什么今年会出问题？"我答道："是啊！从空间与时间的交叉来看，养猪圈是在整个工厂的乾宫戌、亥位置，这种破坏力等到时间与空间重叠时就会爆发出来，今年是丙戌年，正好符合时空的交叉，自然会发生问题。"另外，我又对 D 总说："你做事喜欢自己做，不需要什么后台，也不喜欢巴结领导等事情。"D 总回答："是的，这些年都是自己打拼，和政府的关系很平淡，一切的业务往来，公事公办，不走关系托门子，那样做生意太累。这一点老师你是怎么看出来的？"我说道："你的办公楼是整个区域的最高点，后边又无靠山，这就体现了你性格的独立性与社会关系。"在工厂的正门朝南的方向，有一家工厂，看上去面积要比 D 总的工厂还大，按园区规定对方的大门也应该是向南，可是这家工厂却在与 D 总工厂大门的对面，做了一个高低宽窄相同的大门，这是明显的争财门，使 D 总每天出入工厂时，极其的不舒服。下了办公楼，我们又在工厂园区内详细的转了一圈，我把一些细节上的问题给 D 总又做了一个交代。

由于养猪圈不能挪动，那么就在养猪圈的旁边用植树的方法来造一个八卦九宫阵，要求中间的一棵树一定要高大、粗壮。在办公楼的后面，菜地的一边种植树木来保护办公楼的后边形成护卫，要求种植三排，最好是比较粗壮的树木。来到大门前，巡视了一番，大门还是原来十几年前建厂时修建的，这么多年也已经有点破旧，因此告诉 D 总，能不能将大门进行翻修，门墙加高，公司 logo、名字也随着门墙加大，将三根旗杆放在门墙的后面。在办公楼前面有一圆形的花圃，中间一根高大的灯杆，上面有五盏卤素灯管，可是下面的花圃中却空空的，因此让其购买五只小的石雕动物放在花圃中，增加花圃的生气。又把一些细节问题对 D 总做了交代。

**办公室后面**　　　　　　　　　　　　　　　　**养猪圈位置**

外部勘察完毕，来到 D 总位于三层的办公室。办公室的位置位于整个楼层的东南方位，也就是巽宫。进入办公室的左手，是一个敞开式的小会议区，没有遮挡，使进入办公室的生气容易先被会议区吸纳，因此而影响生气进入办公主区。主办公区有差不多四十平方，D 总的办公桌坐北向南，偏东一点，办公桌上放着两部电话，一些参差不齐的文件夹，一些杂志，还放着一些工艺品摆件。在办公桌的东北角，放着一弥勒佛的东阳木雕，高有接近两米，一手如意，一手元宝。办公桌对面是一茶台，上面放着功夫茶具。东南角上放着一盆发财树，高有一米七八。西面的墙上贴着一书法作品，写的是苏东坡的《浣溪沙·赤壁怀古》。在办公桌的偏后方，是卧室的门。从整个办公室的布局来看，D 总在 97 年前后遇到贵人相助，事业开始起步，并在 2000 年事业有成并遥遥领先成为当地领头兵，以后可以说是财源滚滚，到 2004 年前后，受到政府嘉奖，到 2006 年一定会出现争财的事情。D 总验证了过去的一些事情。针对 D 总的办公室布局，又做了一些调整。告诉 D 总按照拿出的方案调整，过段时间我再来看看！

两个月后我到合肥授课，又转路到桐庐，看了 D 总的调整。并对 D 总说："风水虽然做了调整，要和自己的命运紧密相连，虽然当下有些问题，过段时间一定会有改善。08 年以后 D 总会迎来一步新的时运。"

**调整后的大门**

# 第三节 理气派

理气派又称屋宅派或三元理气派。由于理气派将阴阳五行、八卦、河图、洛书、星象、神煞、纳音、奇门、六壬等几乎所有五术的理论观点都纳入其立论原理，形成了十分复杂的风水学说。正因为理气派过于繁杂，才分出许多小的门派，也正是因为这一点，学习风水学的人要特别注意选择，否则不但学不到东西，还可能做出凶祸的风水来。

1. 八宅派。八宅派综合起来只有两点：一是将坐山配游星论吉凶。所谓游星就是：伏位、天医、生气、延年四吉星和五鬼、绝命、祸害、六煞四凶星。以此八星根据住宅的八卦山起伏位，分别将此游星配在先天八卦方位，配吉则吉，配凶则凶。二是根据住宅八卦坐山，分为东四宅与西四宅，然后与人命结合，即东四命配东四宅，西四命配西四宅而论吉凶。一般来说，八宅派计算命卦都是以年支为准。换句话说，在同一年出生的人，如果性别相同他们的命卦都是相同的，对他们的风水布局也是相同的。那么一年之中出生有几百万人，按照八宅派风水观点来论，他们都在一个共同点上。因此，八宅派的风水理论过于简单粗略。特别是东西命配东四宅，西四命配西四宅的观点更是粗陋不堪，难以准确。希望学习风水的读者千万不要照搬不误。但以游星论吉凶，在放门路或在室内布局与玄空飞星配合起来可有参考价值。

2. 命理派。以宅主命局中的五行喜忌配合廿四山方位的五行及玄空飞星进行风水布局，配合装饰颜色等，对各类阳宅的室内装潢以及风水调整具有很大的指导作用。

3. 三合派与二十四山头派。以山水为主，将廿四山与坐宅配山论生克关系，所谓坐宅山，实际上是指坐宅在罗盘上的五行与宅外山峰或各个建筑物之间构成的五行生克关系。配水则以十二长生位来论吉凶。十二长生就是命理学中长生、沐浴、冠带、临官、帝旺、衰、病、死、墓、绝、胎、养。一般都以向上配水和水的来去论吉凶，主要是用于阴宅。但在三合派中向上配水与十二长生存在阴阳混杂之象，运用起来往往会有偏差。以十二长生论水的来去之吉凶，不可全用，一定要分辨阴阳，配尽阴尽阳为善。

4. 翻卦派。以八卦翻出九星卦为主，然后再配合山水以论吉凶。翻卦派有几种翻法，如辅星翻卦，又名黄石公翻卦法，它是根据纳甲起以贪狼、巨门、禄存、文曲、廉贞、武曲、破军、左辅、右弼九星来推断吉凶。

5. 玄空飞星派。是将山向配合元运挨排山向，元盘九星，从而看水山配合室内布局论旺衰吉凶。所谓玄空九星指的是：一白在坎为贪狼，二黑在坤为巨门，三碧在震为禄存，四绿在巽为文曲，五黄中央为廉贞，六白在乾为武曲，七赤在兑为破军，八白在艮为左辅，九紫在离为右弼。玄空学的实质就是注重元运的旺与衰，以及1—9九个数字的生克制化与命局中喜忌配合、只要读者能把握住这一点，就算是玄空学已入门，一般来说就可以为人调整室内风水。但要把握玄空学的真髓，当然还要深入学习。

有关风水派别，严格地说起来就是形势派和理气派。它们的理论也是彼此渗透、互相融通的，这正是万法归宗之意。所以，学习风水学要对两派的精华兼收并蓄。既要精通理气派，也要吸收形势派的精髓。但由于风水学门派繁多，有用和无用驳杂其中，学习者一定要去伪存真，去粗取精，不要走入风水学的误区。

## 第四节　象数派

象数派风水是从梅花易数的心易方法变化过来，它的原理是以勘察的对象作为主体，从事物周围的八个方位、十二个方位、二十四个方位出发，依据各个方位出现的事物高低、破败、形势、形象、颜色、名称、行业特点等来判断分析，主体事物的流年吉凶与风水格局。

把环境与人放到天人合一的思维下，人在其中，就与各个方位上的事物发生对比关系，从八卦到十二方位对应十二流年一个循环。八卦的方位本身没有吉凶，要有八卦方位上的事物形象、寓意、颜色来决定吉凶。这些事物包括装饰品、字画、花草、衣物等一切有形可以看到的物品都可以来判断吉凶，这是事物的本身并没有吉凶，是这些事物来显示出环境中主人的对应信息。要想运用好象数风水法，首先熟悉八卦与十二地支方位，以及八卦取象，与事物的身后意义。比如，一朋友家刚刚搬进新房，让朋友们去欣赏新居。当进入客厅发现，这位仁兄在正对门的方位上，做了多宝格来摆放饰品，其中中间的一个多宝格竟然放着一个正在向门口打高尔夫球的模型，这个形象寓意着进入大厅的福气都被打出了，因为对他开玩笑，"老兄最近好像运气不佳，很多好事都被别人抢走了"。他很惊讶的看着我，"老弟，你如何知道?"，我对其解释了其中的玄机。象数派就是以象言事，有其象必有其事。人所在的空间一般都是自己的气场在无形无意之间摆放而成，暗合玄机，故易言：天地悬象，圣人则之。在日常应用中，并不是都要按照固定的风水外形模式，"依山傍水，左右环抱，明堂宽阔，案山回朝。"处在城市中间，或者办公楼的包围中，这时"风与水"的影响可以说是忽略不计，而是要看整个空间的形象组合，这些事物之间的信息反馈，则无形中演示了空间主人的流年运气。因此，大风水与小格局不可以千篇一律的去套用，当然，你说我在办公室中按照"依山傍水，左右环抱，……"的形式来布局，可不可以？当然可以，但是室内风水，基本上不再考虑"风"的吹破，还需不需要这种造势？金銮殿上，皇帝高高的坐在龙椅上，他的面前正对着大殿的门口，左右没有环抱之势，只有上朝时，文武大臣各自站在左右两边，象征性的为"青龙、白虎"，到真不需要形式上的"青龙白虎"。

2004 年五月，受河南学生的邀请前往郑州。未到郑州前，平顶山的老翟就在电话中联系，他已经到郑州北汽车站接我，禹州的老王也已经出发，郑州的小李则一直联系我到什么位置。

快到郑州时，小李电话通知，他在黄河大桥接我，到达黄河大桥，小李接上我到北站与老翟汇合。此时老王来电话，已经到达郑州，但是突然有急事，只好返回。老翟已经安排前往黄河游览区。我们先到了游览区管理所，老翟的外甥女在这里任领导。在旁边的旅游山庄吃过午饭，品尝了中原的饮食特色。饭后直接到达邙山游览区。

邙山游览区是最近几年投资兴建的游览区，多次接待国家领导与国外客人。游览区，位于郑州市西约 30 公里黄河南岸邙山（又名岳山）东麓，北倚波澜壮阔的黄河。游览区主要分东西两部分。东部是 1953 年 31 日毛泽东视察黄河、1958 年周恩来两次在邙山脚下指挥防洪大军战胜历史上特大洪水的地方。穿过濒河洞，便是西部游览区，仰望邙山一片葱绿、引鹭轩、开襟亭、紫金阁、山河一览阁等，亭台楼阁，若隐若现。各种建筑错落有致，造型各异，古香古色。在五龙峰半山腰有 5 米高的大型雕塑《哺育》，是一位勤劳、善良，朴实、慧美的慈母形象。她怀抱吮吸奶汁的婴儿，仿佛在听着母亲的摇篮曲。这组塑像深刻地表现了黄河与中华民族的血肉关系，象征着黄河是孕育中华民族的摇篮。五龙峰西雕塑《黄河之子》，栩栩如生，若立在这组雕塑中，无论谁都会油然发出一种炎黄子孙的自豪感。在骆驼岭上，有高 10 米、重 160 吨的《大禹》雕像，古朴生动，表现了夏禹既是劳动者、又是指挥者的英雄风貌。游览区西部汉霸二王城遗址上，建立有铁铸大型雕塑"战马嘶鸣"。嘶鸣的战马面对波浪滔滔的黄河，增加了古战场的声威。在游览区的腹地，还有一处黄河古渡，晋楚之战，楚汉相争都曾发生在这里。登上邙山最高处，站在红柱黄瓦的凉亭上，放眼远眺，可以饱览那水天一色，"黄河之水天上来，奔流到海不复还"的壮阔情景。五月季节，百花竞放，姹紫嫣红，争奇斗艳，使游人赏心悦目，流连忘返。

旅游后，我们直接到达游览区管理所做了指导。当时办公桌的位置位于房间的震宫，背南向北而坐，门在坤宫向西。背后的离宫挂着挂历，挂历的画面是以红色、金色为主的富贵牡丹。对面的坎宫，放一书柜。兑宫与乾宫放着沙发，用以接待来者。办公桌的西边兑宫放着一盆四季常青的花木。西边兑宫的窗台上放着一个假山盆景。我当时坐在房间的乾位，小李与老翟坐在兑宫与乾宫之间。这样的一个场就形成了。

首先断其背后的挂历，上面的图案为富贵牡丹，在离宫，对应地支的位置为午，则断其壬午年（2002年），职务提升。答：从教导员转为所长。因为富贵牡丹图就是吉祥幸福的特征，故断壬午年有提升之喜。办公桌西边的常青花木与窗台上的假山盆景遥相呼应，故断己卯年（99）工作腾飞，癸酉年（93）有学业之喜。答：99年调入此派出所任指导员，93年考入西南政法大学读硕士研究生。何以此断？常青灌木在兑宫（酉），本性为卯，长势茂盛，与酉相冲，冲则为动，固有99年工作腾飞之断。窗台上的假山在兑，为文笔峰，文笔峰主学业之喜，兑宫对应酉年。背后除了挂历没有任何的东西，说明没有后台，是靠自己的能力。其次还断了一些单位的状况。实际生活中大家处在的场，会不知不觉地反映出自己的生活、工作情况。我们在用的时候，根据易象，用看图说话的形式说出来就可以。

住宿安排在假日酒店，晚上又给他们的朋友看了几个八字。第二天与老王相约一同到登封市中岳庙聚会，我们便游览便就中岳庙的一些场景，作出一些分析。

第三天，小李朋友的邀请，到河南省高速公路有限公司进行调理。由于河南省交通厅连续出现问题，这个公司的前身也是某厅长的夫人主办的，主要业务是维护河南省境内的高速公路，涉及经济金额重大，已经携款外逃。现在这位董事长，是小李的朋友。我们从假日酒店到达公司的时候，正在开会。会后我们来到董事长办公室，这是一个有60平方左右的办公室，房门开在乾宫，坎宫放着电视音响，艮宫有沙发，震宫到巽宫，是一个长条几，上面放着几盆花草，中间是一盆比较大的假山盆景，上面种着一些文竹，但是基本上已经枯萎，只有一支还稍微的有些绿色。办公桌的后方也就是房间的离宫与坤宫到兑宫之间，放着一排的橱柜，摆放书籍和一些工艺品，这是简单的房间布局。

我首先看到的是兑宫的橱柜顶上，放着一个小花瓶，里面插着一支红色的玫瑰绢花。断道：这个办公室，原来是一个女同志的，人长得比较漂亮，爱打扮，口才好，这次工作调动后，基本上比较清闲，可以说是一个闲职。当时小李与董事长马上笑了起来，表示正确，但是不明白是怎么断的。因为这位老总也是一位易学爱好者，参加过别人的学习班。我笑着分析到"都是这支花告诉我的，你们看，一支红色的玫瑰，这是女人的爱好，它的质地是绢制的，能够长久地保持，花的鲜艳。所以断长相漂亮，爱打扮，花放在兑宫，兑为口，故断口才好。因为这支花和花瓶，放到了厨顶上，不再当作饰品，闲置起来，故断此次工作变化后，是闲职。我又接着分析到，现在这个单位换了很多人，原来的领导已经几乎不存在了，只有一个还在。老总答道"是的，你怎么知道"。我说你看，东边震宫的假山，可以看作这个单位，上面的文竹看作这个单位的领导人，大部分已经枯萎，说明很多的原领导已经不存在，只有一支还有绿色，说明原来的领导还有一个。后来又断了一些琐碎的小事，把一些地方做了相应的调整。

想应用好象数风水必须先对八卦有所了解。（见《易经》象数篇）

某日在餐厅用餐，其李经理与同时用餐的朋友是朋友，用餐时聊到风水，李经理甚是好奇，故以餐厅的布局分析如下：首先我看到的是西北乾宫，在乾宫有一张工商部门的标语，在标语的前半部分是一为工商执法者的图像也在标语的乾宫，而这个标语的乾宫角，已经向下张落，当时的思维是，张落的标语角已经盖住了工商执法者的脸，并有向下弯腰的样子。根据这个象，断出李经理在工作上出现过问题，得到批评通告，（正确。因工作失误，受到全局批评检讨。）这时我看到震宫的墙上挂着一幅画，又说到，你有一个大哥，此人前半生平顺，应该有官职，在人生中间，四十岁左右，几乎是山穷水尽，进入低谷，过去此段后，又开始平顺，现在晚年不错。（李经理回答，是的。我哥哥是军人，早年参军，为团长职务，解放后，因为自己没有文化，放弃政府安排的工作，回家务农，带着几个孩子，别提那日子怎么过得！但也是因为这个，在文化革命期间，没有受到影响。后来又找政府重新安排，现在不错。）为什么这样断？因为震宫挂的山水画，从坎宫到离宫，有一条大道，而在中间的部分出现了断接。李经理说，开饭店时，这幅画还是他大哥亲自挑选的，看来万事万物都存在必然的联系性。再看巽宫，挂着一幅山清水秀、竹林茂密的山水画，故断你有一个姐妹，生活富裕，条件很好，（李经理说"对"。）这时李经理问"赵老师，你看我弟弟怎么样？"这时我看了一下艮宫，回答道"你的弟弟本来是不错，有个不错的工作，可是现在就很差"。"是的，我弟弟原来给市长开车，由于把车丢了，被开除，现在自己开出租车，很不好"。为什么这么断？因为艮宫为少男，在艮宫有一个自来水龙头，说明原来的财运不错。可是水龙头下，又安放了一个洗手溢，就不好了，为什么呢？因为这里是处理污垢的地方，所以就出了问题。这些都是应用易学的"心易"思维。什么样的场景反映什么问题，远取诸物，进取诸身的易学思维。

以上课企业家邀请到其企业看看办公室。此办公室艮宫开门；兑宫是一个窗户，窗户下放着一个沙发。坎、离宫分别放着两张办公桌，墙上分别挂着一大幅山水画。厂长坐乾宫，背后顺北面有一个文件柜，厂长的座位离西墙1.5公尺左右。震宫墙上挂有一只钟表。根据以上情况分析，上层没有后台，现在工作比较被动，99或00年职工有受伤或者自己的兄弟有灾。另外还断了一些个人生活问题，反馈正确。工作被动是因为每次来人，坐在兑宫的沙发上，厂长都要转过身来讲话。没有后台，是因为背后空虚，离墙太远。震宫为木，表为金，金克木必然受伤。从办公室出来，看到远方有三只丹顶鹤，鼎立着一只轴承，说道"你们单位现在的领导是99年调来的""是啊，你怎么知道"。"丹顶鹤在十二地支为酉，99年为卯，卯酉相冲必然要动"。同去的轴承厂易友说"看来一切都是在必然中，原来的厂长弄的是"哪咤闹海"脚踩两只轴承，"丹顶鹤"是新领导来了后换的"。

从公司出来，来到一位朋友家，经过一家幼儿园，此幼儿园的名字为"大风车幼儿园"，在牌匾的震宫，有一个"风车"图标，这个"风车"图标有五个翅膀，可是图标的震宫翅膀已经折断。我说"这家有人，手臂受伤折断了"。朋友很奇怪："你怎么知道"。我指了一下牌匾说"是它告诉我的"。

# 第五节　风水方法的比较

虽然将风水分为了峦头派、理气派、象数派，但是它们之间的关系密不可分，任何的一个派别，都不能抛开其他两个流派，峦头是形势的体现，理气是时运的转动，象数是信息的表演。

在目前的城市结构中，过去的四合院，苏州园林，徽派建筑，地域特色，都几乎一去不复返了。随着高楼林立，层层的小区高楼，好似一层层屏障罗城，将吹入城市的疾风减速，风的冲击也越来越小，从门进入的"生气"也转向了窗户。水的作用更是忽略不计。这个时候若是还是用最原始的风水形式去套，那就失去了"变易"的思想。易曰：易之为书也不可远，为道也屡迁，……。所以，在高楼林立的现代城市，还要以过去的平房结构，来分析"风"的影响，未免是死搬硬套，缺乏灵活变通。风水与生理有着直接的关系，而生理的健康指数，直接影响到工作效率，工作效率则决定着经济收入的多少，因此，风水就与财运挂钩了。

北方为寒带地区，那么北风的寒气影响比较大，大家可以比较一下，到了冬天，只要是楼门开在北方的风速要大于南向的楼门。北地寒冷，则较多的选择南向的房子，为了防止北风的侵扰，背部需要有靠山护卫，这是北方注重形势派的重要原因之一。而南地气暖潮湿，则不用考虑到，北风侵扰的问题，所以在流派上偏重于玄空理气派。玄空注重于流年的地气演变，依据九星飞宫的变化，来确定各个方位上的"砂水"吉凶，从实际的应用来看，各有所长，实际不论是命，还是风水，都不能超越于道性，人若是能悟透天地玄机，自能趋吉避凶，何谈"风水"改运！

八宅派是以出生时间为基础，分为东四宅与西四宅，一年中出生的人。不论阴阳旺衰五行喜忌，都以同样的格局去论风水，未免是过于笼统失偏很多。而与风水学的"风水"要义更是失之交臂，风与水都是外在的影响因素，只要是住宅达到了和风聚气，与人的生理需求相吻合，就是最好的风水，而不是这些片面的形式。天地命道有很多元素，同样的人八字相同，可贫富贵贱并不同，命是一个多元素的组合，其中的元素能量彼此消长相互影响，并在不同的命相中体现出来，因此风水是服务于命性，给命提供一个健康的载体，去把命能量在自己优越的角度发挥出来，风水不能改变命性，因此在历史发展中的一些风水思想存在着糟粕。

形势派则往往注重于形势的组合。风水学的形势组合，要由小看大，一个一户的气场有限，要有周围的建筑高低以及形成的风道流通、采光、声音辐射、光辐射、植被疏密等多个条件决定。所以，一个国家是大风水，仅次于天地，而一个国家的首都位置相当重要，要承担起这个领土面积的栋梁。就像是北京城周围的形势组合已经形成，这个城市中的区域建筑，已经在这个大包围中，具有了山环水抱的大形势，那么一家一户的小格局之间，可以相互借用，家户之外是区域，区域之外是城市，一家一户之间，可以互为青龙、白虎，前后可以互为靠山，互为朱雀、玄武，并不是任何的一家一户，一个建筑，都自身具有完美的形式，每一个建筑之间相互依存，相互影响。所以，风水的大形势、大格局已经形成，就不要在拘泥于一家一户的小环境。就像现在的城市建筑，高楼层层包围，可以说是已经"密不透风"，在这种情况下，你还在按照原始的乡村、城市形势来勘测评定风水，就不知"变易"之道，完全是公式化的套用。

在形势派中，比如"过路阴阳"，在建筑周围的八个方向或者二十四山向上，按照固定的砂水组合来分析吉凶，这一点实际上缺乏了"变易"的思维，不论建筑区域是如何的环境，都是以一个固定的形势去确定风水吉凶，这样的理论肯定过于死板，在其应用性上也就限制很大，应用价值也大打折扣。

任何的一家理论，可能都存在某些缺陷，只有将形势、理气、象数三者合一，才能做到理论的全面性。根据地域特点各个流派个有点重，北方地区，寒冷风大，必要在形势上，需要前后左右，有护卫环抱，才能藏风聚气。所以，形势派是首选。而江南地区，气候温暖适宜，没有寒流侵袭，则首先就不必去考虑后部靠山的问题。所以，南方的很多地区喜欢理气派。但不论形势派还是理气派，去用象数思维解读判断风水信息。

# 第二十七章 风水学的应用

对于风水学的应用，一定要持有客观的态度，风水只是利用周围的山川河流、建筑形式来达到天人合一的最基本要求。让自然地气场与人身气场达到和谐的最佳状态。气场的和谐与人体生理发生共振，因此人具有了良好的身体素质与思维状态，去创造财富，成就个人理想。但是，一定要清楚，人是主体，风水环境是客体，人的智商、情商不高，即使再好的风水环境也不会产生作用。一命二运三风水，没一个人的"性命"是主体因素，环境是辅助因素，好命好运好风水，没有好命作为基因，或者说离开"命"去空谈风水，风水就失去了真正的意义。

## 第一节 勘察风水的原则与方法

日常中，购买房屋楼盘，不论是用于住宅还是公司办公。购买土地，造建工厂，开办科技园区，商业楼盘开发等，人们都喜欢请风水师去现场勘察，挑选合适了楼盘楼层。对购置的土地进行规划，对建筑设计进行修改完善，风水的信仰在近年来已经深入人心，那么如何去勘察风水？

### 1. 从大到小的原则

勘察风水必须了解大势，比如在中国就必须了解中的地形地貌，山川走势。我国地势西高东低，以青藏高原为基点，呈阶梯状至太平洋。这种态势，早在二千年前的《史记·天官书》就作过说明：中国山川东北流，其维首在陇蜀，尾没于勃碣。我国陆地可分成三级阶梯，这三级阶梯是由东、西两列山脉呈现出来。西列山脉是昆仑山、祁连山、岷山、邛崃山、大雪山，它们从西南方向的青藏高原向东倾斜，构成一级阶梯，海拔在 4000 米左右。东列山脉是大兴安岭、太行山、巫山、雪峰山。东、西两列山脉之间有内蒙古高原、黄土高原、云贵高原，海拔在 1000. 至 2000 米，构成二级阶梯。东列山脉以东，有东北平原、华北平原、长江中下游平原，海拔在 500 米以下，构成第三级阶梯。第三级阶梯与海洋之间是大陆架和岛屿带。在宏观的地形中，各种山势并不是都由西而东。我国有东西向山脉，如北有天山、阴山；中有昆仑山、秦岭；南有南岭。我国也有南北向山脉，如北有贺兰山、六盘山；南有横断山。我国还有东北棐西南向山脉，如西有大兴安岭、太行山、巫山、武陵山、雪山；东有长白山。此外，我国又有西北棐东南向山脉，如阿尔泰山、祁连山等。这些山脉相互交织、纵横

313

罗列，呈网格状。造成这地势的原因是由于太古时期的两次大的造山运动。一次是中生代的燕山运动，奠定了高低起伏的格局。另一次是新生代的喜马拉雅运动，产生了明显的地势高低差别。

以武汉为例，武汉附近有两条山系，一条是从锅顶山到九峰山，另一条从金口到纸坊，都是东西向。这两条山系由许多小山组成，如马鞍山、磨山、喻家山、南望山、珞珈山、元宝山、洪山、蛇山、龟山、扁担山，这是九峰山棗锅顶山山系。马龙山、大军山、神山、铁锦山、公子山、鱼尾山，这是金口棗纸坊山系。根据地层分析，这些山是在不同地质历史阶段海水侵入而在水下沉积而成，平铺于海底。到了距今1亿5千万年时，长江中下游和我国北方广大地区发生了地壳运动棗燕山动，将海底变成了群山。武汉的山比世界之颠珠穆朗玛峰的形成要早得多，后者至今不过3千万年，堪称武汉群山的晚辈。如果说风水先生尊西贬东，那是最不讲"孝"道了。因为东部的长江中下游群山比西部的高山年龄大多了。

将风水先生所说的"三龙"与科学的观点比较，我们可以看到；风水中碱龙的是对中国山势的模糊认识，他们注意到山势之间的联系，注意到西北比东南地势要高，这说明他们具有较全面的地理知识。介是，晕种知识是不科学的全正确的的，没有真实地反映我国山势的实际情况。可笑的是，他们基于这种一知半解的地理知识，大谈山势与人事的关系，预测未来的吉凶，居然还有许多人愿意相信，这未免太愚蠢了。

勘察风水必须要从大局出发，要知道勘察的地域处在什么位置中，勘察的地域大环境是什么样的形势？整体的大环境是什么样的风水格局？风从哪来？水向哪流？路从何向来又往何向往？明堂在哪里？青龙、白虎、朱雀、玄武四方八向，二十四方位都有什么特点，都要了然于胸，若是不识大格局而去勘察小区域的风水优劣，恐怕是难以权衡，解决问题。

在前面已经做过介绍，风水学往往是应用仿生学，依据一个地域的地形走势，山脉形势，河流走向，地域界限，看其形象象何东西？传统的风水地形往往都以龙脉为佳，这是受到文化的影响，往往统称为"炎黄子孙，龙的传人"，崇尚龙的文化，山川河流的走向又与人的经脉相像，故以龙形为上。其次向虎形、龟形、蝴蝶型、狮子形、旗形、木形、火形、土形、金形、水形等，各有春秋，实际不论其形势如何，只要是能得风聚气，都算是风水佳地。

一个区域，一个村镇，一座城市，大到一个国家的疆域图。从建筑群体的形式到区域界线，建筑形象与区域形象是否相匹配，五行形象是否相克。比如说一个区域为虎形，而其村镇建筑形象却像一只鸡形，那么区域形象与村镇形象存在相克的关系。比如，北京的风水环境，前面已经做过介绍。其北方与西北方位以燕山山脉为靠山，所以，从古至今，一直把海淀、昌平作为北京城的上风上水之地。北京城靠山最近的地方是西方的香山以及玉泉山，很多的政要都选择在西边居住。而作为帝王皇权象征的紫禁城，其修建之初就考虑到各个方面的自然条件进行结合。

在过去那个年代，旱路交通运输十分落后，水路漕运是国家的运输命脉，北京城东有通州，以京杭运河为漕运条件，在将运河之水通过通惠河引入北京城，与护城河相连接。西有永定河，而北有长城作为天然屏障。北京城以"八臂那吒"为形象，建有九门。北京城，是以坐向西北，朝向东南为基础。左为青龙，右为白虎。直到今天，北京的北部区域商业价值都比南部区域高，北五环的房子价位比南二环都要高出很多，这都是人们认为北京城的北部是上风上水的结果。

2012六月受朋友之约前往吉林省吉林市，朋友是房地产开发商，在吉林市做了一个高档的住宅别墅区，因为到了楼盘交房的时候，请我过去给业主们讲一讲装修风水的一些注意事项，为业主提供一次增值服务。

吉林市位于长白山区向松辽平原过渡地带，自然环境优越，地貌类型复杂，有"远迎长白，近绕松花"之势。由于不同时期的大地构造运动，以及江河的侵蚀、剥蚀和堆积形成的流水地貌，地势由东南向西北逐渐降低，形成中山山区—低山丘陵区—峡谷湖泊区—河谷平原区四大地貌景观。中心城市四面环山，三面环水，松花江呈倒"S"形穿城而过，整个城市由江而来，沿江而走，依江而展，为江而美，具有山水园林城市特有的魅力。

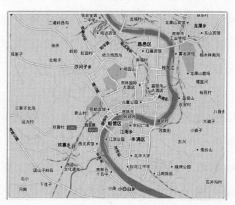

吉林市处在群山环抱之中，具有藏风聚气、山环水抱的格局形势，可谓是天然的风水宝地。松花江呈"S"型经过吉林市区，就好像是天然的太极图分界线，吉林大街南北贯穿整个城区，像似太极图的平分线。大江大河从城市中间流过，要看其走向，松花江弯曲有情，在吉林市形成一个完美的太极图，阴阳既济，山水相依，可谓是人杰地灵之地。

有了吉林市的大环境风水，我们在看楼盘的所在地，楼盘名称为"泊逸台"，取意"澹泊明志，逍遥自在的颐养之地"。从太极图来看，其位置是在坤宫，坤为母性，易曰"利牝马之贞"。坤为大地又象征母性，大地宁静致远，厚德载物，与"泊逸台"之

315

名又暗合天机，可谓是名正言顺。整个小区建筑设计大气恢宏，错落有致，园林设计，体现出人与自然的和谐，就像是进入到公园之中，花草树木四季分类，让人心旷神怡。物业的管家式服务，更是体贴入微，让人享受到舒适、高雅、便捷、安全的物业服务。

风水没有大局衬托，只谈一家一户是"小巫见大巫"，不知道自己身处什么环境中，只要是环境的大形势是好的，具备了藏风纳气的条件，真个区域都是好的，只不过是受气的量能会有所不同。就像人的八字运程，正是行旺运的时候，即使流年不利，他也不会坏到不可收拾。

2. 分辨区域地形、地势与气候环境

在勘察风水时，由于山川河流是大气势，是生气的源头，所以真正的吉地风水不是小范围，是要有大到小的去识别分析风水。

想应用风水，就要首先了解中国的地理特征，知道山脉的走向与分支，掌握河流湖泊的流向与支流汇合，熟悉各个区域的气候特征与季节变化。

在不同的地域环境，有着不同的环境要求，一切都是要遵循"以人为本"的前提下。古人虽然很有智慧，但是在很多的风水著作中，不免有"一孔窥天"与"想当然"的错误论述。从现实世界的大环境来看，每一个地域都有自己的环境特点与气候特点，而风水的最核心就是从人的生命需求出发，在环境中创造条件去达到人生理的最大需求，从而生命力旺盛，身体素质增强，有能力去创造财富，实现人生价值，这是古人发生风水术的最基本需求。但是由于人类的贪婪，都希望自己富贵天下，自己的后人更富有。风水师为了生存，为了迎合这些贪欲，就开始在风水著作中加入"催财、催官"的论述，难道真的可以"催"吗？当有一天你真正悟透了风水的真谛时，你会发现我们被很多的古人愚弄了，他们在用书本文字兜圈子！

中国地域广阔，地形复杂多变，地势西高东低，气候北部寒冷，南部炎热。不论地域怎么变化，而其根本核心的"人"没有变，所以一切都没有变！

北部寒冷冬天多风，从地形地势上，选择首先要避风、保暖、向阳，在这样的条件下再去考虑周围的生存环境。为什么在很多的偏远山区，人们离水源很远，生活条件很是艰苦，可是他们为什么不搬到水源边上去居住呢？因为生存是第一，水源虽然远，但是可以解决，而居住点不是一时一刻，而是要孕育生命。在中国北部地区及西北地区，在选择地形、地势上要避风、保暖、向阳，就形成北部地区典型的四合院与窑洞。北部地区的住宅多有院墙为的就是遮挡寒风其次才是防盗，不使风吹进住宅影响生命的气场。

西南地区，山脉纵横，没有冬天的寒风，不靠近海域也不会发生强台风，由于植被丰富却潮湿阴霉，云贵川地区的住宅不把朝向首先考虑，而是依从山脉走势，利用通风来解除潮湿阴晦，就形成了干栏式的建筑风格，上下通风，才能保持室内干燥，有利于身体健康，所以这些地区的建筑多窗户。并不是把向阳、保暖、避风作为首先。

所以任何一个地区，都是有自己地形地貌与气候特点，以人为本的去辩证这些自然条件，回避杜绝那些不利于身体健康的自然因素，发挥那些有利于身体健康的自然因素。风水没有那么神秘，也没有那么夸张，因此要想得到风水的应用要领，就要了解一个区域的地形、地势、四季风向、气候特点等自然因素，然后针对这些因素因地制宜，因人制宜。

### 附录：中国地形地势

(1) 中国的地形特征 地形复杂多样，地势西高东低低呈阶梯状分布是中国地形的主要特征。众多的山脉，大小相连，绵延不断成网络状分布于全国。雄踞于中国西南的青藏高原，面积约 230 万平方千米，平均海拔 4000 米以上，是中国地势的第一级阶梯；从青藏高原往北跨越昆仑山和祁连山脉，往东越过横断山脉，大部分地区平均海拔 1000～2000 米，属地势的第二级阶梯，分布着许多巨大的高原和盆地；从第二级阶梯往东，越过大兴安岭——太行山——巫山——雪峰山一线，直至海滨，平均海拔多在 500 米以下，是丘陵、低山和平原交错分布的地区，构成了我国地势的第三级阶梯。

(2) 中国的山地 中国的山地面积约占全国总面积的 33 %，大大小小的山脉构成了我国地形骨架。按照山脉的排列和走向，可归纳为五个大的体系：(1) 散列东西走向的山脉，又称纬向山脉：最北一列是天山——阴山——燕山山脉；中间的一列是昆仑山——秦岭——大别山山系；南列是南岭山系。(2) 三列东北——西南走向的山脉：西列是位于内陆的大兴安岭——太行山——巫山——雪峰山；中列北起长白山，经东北的千山、山东丘陵到东南的武夷山；东列是位于海山的台湾山脉，他是亚洲东部岛屿山系的一部分。(3) 两列西北——东南走向的山脉：北列是地处西北不边境的阿尔泰山脉，还有绵亘在青藏高原东北部边缘有祁连山脉。(4) 南北走向的山脉：贺兰山、六盘山、和横断山脉。(5) 弧形山脉：主要为喜马拉雅山系。

(3) 中国的高原 约占全国总面积的 26 %．高原主要分布在中国的西部和中部地区，位于地势的第一、二级阶梯上。青藏高原、内蒙古高原、黄土高原和云贵高原是著名的四大高原。他们在地形上各具特色：青藏高原，群山汇聚，是世界上海拔最高的大高原，有"世界屋脊"之称；黄土高原，是世界上黄土层覆盖最厚、最广阔、黄土地貌发育最典型的高原；云贵高原，是世界上著名的喀斯特高原之一；内蒙古高原，地形坦荡，东西自然景观差异很大，以东部的辽阔草原和西部的干旱的风沙地形闻名全国。

(4) 中国的盆地 总面积约 180 万平方千米，占全国总面积的 19 % 左右。著名的盆地有：塔里木盆地、准格尔盆地、柴达木盆地、四川盆地、哈密盆地、吐鲁番盆地、汉中盆地、南阳盆地、台北盆地等。在众多的盆地中，塔里木盆地、准格尔盆地、柴达木盆地和四川盆地，被称为我国的四大盆地。

（5）中国的丘陵 面积大约有95万平方千米，约占全国总面积的10％．大部分分布在东部地区，在辽东半岛和山东半岛有辽东丘陵和山东丘陵，在黄土高原上有黄土丘陵，在长江中下游以南有江南丘陵，在东南沿海有浙闽丘陵，在珠江流域有两广丘陵。

（6）中国的平原 中国的平原面积约占全国总面积的12％，大约有115万平方千米。其中东北平原、华北平原、长江中下游平原等三个大平原，占平原面积的绝大部分；其他平原的面积都比较小。平原地势低平，多分布在东部季风区内，经过劳动人民千百年的耕耘，多成为我国重要的农耕区。

**中国气候类型：**

（1）**热带季风气候。**

包括台湾省的南部、雷州半岛和海南岛等地。年积温≥＝8000℃，最冷月平均气温不低于16℃，年极端最低气温多年平均不低于5℃，极端最低气温一般不低于0℃，终年无霜。

（2）**亚热带季风气候。**

我国华北和华南地区属于此种类型的气候。年积温在4500－－8000℃之间，最冷月平均气温－8－－0℃，是副热带与温带之间的过渡地带，夏季气温相当高（侯平均气温≥＝25℃至少有6个侯，即30天），冬季气温相当低。

（3）**温带季风气候。**

我国内蒙古和新疆北部等地属于此种类型的气候。年积温低于1600－－3400℃之间，最冷月平均气温在－28－－8℃、夏季侯平均气温多数仍超过22℃，但超过25℃的已很少见。

（4）**温带大陆性气候。**

广义的温带大陆性气候包括温带沙漠气候、温带草原气候及亚寒带针叶林气候。包括温带沙漠气候、温带草原气候。

（5）**高原山地气候。**

我国青藏高原及一些高山属于此种类型的气候。年积温低于2000℃，日平均气温低于10℃，最热的气温也低于5℃，甚至低于0℃。气温日较差大而年较差较小，但太阳辐射强，日照充足。

3．风与水的识别

风与水与人的身体健康有着直接密切的关系，这也是堪舆变成风水的原因吧！

风可以直接理解为流通的风，流动的空气，引申为风动磁场。在风水学中，并不是要回避风，而是对风的方向与流通有着要求，和风、缓风则吉，它可以使气场流通，加大生气的交换。而疾风、贼风、邪风则不吉，因为它破坏气场，打破人体生理指数，容易引发生理疾病。

水的关系也自不必说，首先在上古时期饮水问题，人们过着群居的生活，在没有掌握掘井技术之前，人们的定居就选择在离水源比较近的区域，以方便取水与洗涮。再者水质比较好的区域与河流周围，一般植被丰富，花草树木茂盛，不但是环境优美，而且空气新鲜，负氧离子含量高，有利于身体健康。好的河流附近，土地肥沃，便于农业开发。好的河流，要求水流十八弯，这样的水流势能较缓，就可以带动山环中的浊气，使生气缓慢流通，及达到交换又新鲜健康，使身体健壮，大脑发达，萌发智慧，建功立业，创造财富！所以，常说"山主人丁水主财"。

水的作用还可以从另一个方面来了解。古时候，地表水比较肤浅，水位较浅。早期人去世后，采用土葬的方法，可是并没有棺木。那么尸体的腐烂就会影响水质，因此，选择地下水较深的地方来埋葬去世的人，防止尸体被水来侵泡，同时避免污染水源，影响健康。

（1）水势安宅的原则

水有天门地户之说，什么是天门地户呢？水来之方谓天门，若水来而不见源流显露谓天门开，天门开则财源茂盛。水源滚滚，可以使水道流域植被茂盛，农作物种植容易，五谷丰登，即使天旱，有滔滔不绝的河水，也能连年有余，粮谷满仓，自然是财源滚滚。水去之处谓地户，不见水去谓地户闭，户闭则财用不竭。不见水去，自然是河道九曲十八弯，弯弯有情，可以使水生气不失，气场缓缓可以使周围的植被受气茂盛。若是水道直直而去，水流速度加快，使河道周围气流也加快，生气场得到破坏。所以古人说："源宜朝抱有情，不宜直射关闭，去口宜关闭紧密，最怕直去无收。"选择好这样的水势，接下来要寻找安宅之地，一般要寻找"兴汭"落基，所谓汭位就是环抱的一面，通常水的冲击一面不能落基。这很符合河水的力学原理。河的限曲一边，由于水的惯性冲力，时间越久得到的地越多，若在相反的方向，则久而久之宅基地都有可能被河水侵蚀。

（一）水汇则气聚

河流的源头一般都是在万山之中，不论河流的源头起于何山中，最后都汇集在一起，象重庆的朝天门，长江、嘉陵江两江交汇处。在东北的三江平原，有三条江交汇一起，它们分别是乌苏里江、松花江、黑龙江。不论是那一条河流最后都是流入大江大河，而聚水之处就形成"聚水格"。这些地方都是生气聚会之处，在这些地方建造城市，有利于码头运输，客商云集，自然就成为了风水宝地。

## （二）山环挡风，界水则止

风水宝地的靠背方一般都有环形山挡住风口，符合"山环水抱必有气"、"山环水抱必有发者"的风水格局。一方地域有一方格局，风水格局不论东西南北，都要遵循因地制宜的原则。在台湾地区，阿里山脉南北纵横，在阿里山修建房屋，阿里山东面是背西向东。阿里山西面是背东向西。包括在阴宅风水中，不论方向，要看结穴位置与朝向，只要龙脉有气，真龙结穴，背后与左右环抱有情，明堂宽阔，案山回朝，四面八方围城紧锁，气场和合，必然是风水宝地。"气遇水则止"，大江大河，就像是一条封锁线，因为河道的水流可以有效地控制气场的向外扩散。即使是湖泊坑塘之水，同样可以阻止气场越过水域向外扩散。

## （三）生气进口在南方则源源不断

万物生长靠太阳，阳光是人赖以健康生存的必要条件，所以选择南方为生气的进口是比较科学的。靠北向南，左右青龙白虎相交环抱，尤其是西方山脉纵横，就像北京现在的大环境。若是坐北向南的环境，在南方有一山脉东西纵向，使南方的生气阳光不能进入明堂，则使格局破坏！

## （四）挑选支流水，水流徐徐则气聚

这个问题关键在于外气流速是否与人体气血流速相符合。

大江大河必然流速大，所以形成的气场速度就快，这样就不利于人的居住。当然，若是河流有弯曲怀抱就是好气场，即所谓"曲则有情"。但因流速较大，所以生气易散，或曰气冲。正如《水龙经》言"大江大河虽有湾抱，其气旷渺。"又说："须于其旁另有支水，作元辰绕抱成胎，其气内生，并大小之气脉皆收揽无余。"是说在大河支流上可选好气场，其奥秘在于支流水量小，流速慢，比较接近人之气血流速。而不应在江河干流旁选宅址。当然，这是指一般的老百姓住宅而言。由小见大，如若建造较大的城镇，大江大河附近则是难能可贵之处，因为一座城镇就好比一个大住宅。由于城墙、院墙等遮挡及门的方位优选，也可将旷渺气收拢而纳入，而致使气流之速最终接近体气血速了。

## （五）曲水收气

"水抱"的形势很重要，占了风水学的大半个内容。尤其到了没有山的平原，"水抱"的重要性不可不知。《水龙经》说："龙落平洋如展席，一片茫茫难捉摸，平洋只以水为龙，水绕便是龙身泊，故凡寻龙，须看水来回绕处求之。"风水学中以龙为山，到平原不见了高山，则以水为龙，但好气场表现在河流弯弯曲曲的地方。

3. 吉地水的作用

吉地不可无水，无水则生气不足，无水则龙脉不活。观风水须先观山形，再观水势；甚至于"未看山时先看水，有山无水休寻地"；水者好比是大地的血液，没有血液可以说是生气绝无。因此，水的功能与形势，以及水的质量相当重要。因为水与生态环境必须的生气息息相关，认为大地山川之血脉乃为水，山之骨肉毛即石土草木，气血调宁而荣卫敷畅，骨肉强壮而精神发越。俗称"山主人丁水管财"，在以农为本的社会，水为农业生产之命脉，喻水为血脉财气。凡渔耕、饮用、舟楫之利，以及调节水气侯，莫不仰给于水。故风水理论认为："水飞走则生气散，水融注则内气聚"；"水深处民多富，浅处民多贫；聚处民多稠，散处民多离"。水质与人疾病夭寿关系密切，种种事象，不只风水家之言，史书也多记载。

风水家相地注重水，一方面防备水害。不但水淹之忧虑，而担心由水流冲刷、浸蚀、淘切等而引起诸多灾害，也为堪舆所注重，通过合理选址兼以城防、堤坝及人工河渠而避免诸多原因。平洋地区水又代表龙脉。"行到平洋莫问龙，只看水绕是真龙"水与气关系密切，水飞走则生气散，水融注则生气聚。众水停注之地，为沼为涉，为池为湖，乃真龙憩息之所。气为水母，水为气子，子母相随，环聚斯美。最典型莫过于河曲处的选址，大江大河之水一二十里而来不见回头环顾，中间虽有屈曲，决不结穴。直至环转回顾之处，方是龙脉止聚。水在风水中的重要作用，它跟龙的关系密切。水是龙的血脉，水大，来龙长。水小，来龙短。水来处是发龙，两水相汇，水尽处龙亦尽。水又是构成风水景观的基础，水曲则生气聚财禄聚，水直则生气散贫贱夭亡。前水不宜直射，后水不宜直流，全以屈曲为贵。

水在自然界的地位非常重要，它对调节气侯，净化空气，美化环境起到重要作用。但选址不当或者使用不善，它也会变成无情的洪水吞噬庄稼和房屋，或者引起污染，破坏生态系统。甘肃舟曲的泥石流，北京房山的山洪，都是暴雨之祸。所以在建筑选址中如何处理水的问题是至关重要的。

在风水学的选址中，择水具有极其重要的意义。风水理论认为"吉地不可无水"，所以"寻龙择地须仔细，点穴先须观水势"，"未看山，先看水，有山无水休寻地"，水受到了堪舆家的特别重视。认为水是山的血脉，凡寻龙至山环水聚，两水交汇之处，称为"水龙"，堪舆书《水龙经》就是专门讲水系形势与择地之关系，其中汇总了上百种关于阴宅和阳宅的吉凶水局，以供人参考。在无山脉可依的平原地区，风水学家择地便是以水代山，"行到平原莫问纵（山脉），只看水绕是真龙。"《水龙经》便专门讨论了水经寻脉的要旨和法则。"然水有大小，有远近，有浅深，不贸然见水便为吉。当审其形势，察其性情，别其吉凶，以作取舍之标准。"风水学家取舍水标准，主要是以水的源流和形态为依据的，"水飞走则生气散，水融注则内气聚"，"水深处民多富，浅处民多贫，聚处民多稠，散处民多离。"认为来水要屈曲，横向水流要有环抱之势，流去之水要盘桓欲留，汇聚之水要清净悠扬者为吉；而水有直冲斜撒，峻急激湍，反跳倾泻之势者为不吉。

风水理论中对水的认识除了考虑了灌溉、渔耕、饮用、舟楫、发电之利外，还很注重对水患的认识。古人早就认识到了水的刚柔两面性，水淹、冲刷、浸蚀等水害已使人们总结了许多合理选址和建筑防御水患等措施。较典型的例子是在河流的弯曲成弓形的内侧之处，其基地为水流三面环绕。这种形势称为"金城环抱"，按五行，金象圆，且金生水；水亦为险阻，环抱之水故有"金城"、"水城"之称。风水学中又称其为"冠带水"、"眠弓水"，是风水水形中的大吉形势，所以皇家如故宫中的金水河，颐和园万寿山前的冠带泊岸，到民宅前的半月形风水池和众多汭位住宅均由此衍出。这种水局之所以被认为是吉利的除了近水之利外，主要于其基地的安全，不断扩展 和环顾有情。由现代水文地理学可知，河流夺形岩性的限定和地球自转引起的偏向力，形成了弯曲婉转的状态，弯曲之处便有了许多河曲之处，由于水力惯性的作用，河水不断冲击河曲的凹岸，使其不断淘蚀坍岸，而凸岸一侧则水流缓慢，泥少不断淤积成陆，既无洪涝之灾又可扩大基地，发展住宅。同时，冠带状的水流曲曲如活，给人以良好的视觉感受。而反弓水被认为会"退散田园守困穷"，十分不吉利。古代风水学中关于水的认识，大多是符合科学道理，故可多为今日选址所借用。如可选择河流凸岸的台地上，且要高于常年洪水水位之上，避免在水流湍急，河床不稳定，死水沼泽之处建房等等。除此之外，对水源水质也要详加注意。就水源来说，不外有三种，其一是井水，井址的选择应考虑到水量、水质、防止污染等因素。尽可能设在地下水污染源的上游，方便取水处。要求井位地势干燥，不易积水，周围20～30米内无渗水厕所、粪坑、畜圈、垃圾堆场和工业废水等污染源。其二为泉水，常见于山坡和山脚下，水质良好和水量充沛的泉水不仅是适宜的水源，而且还有净化空气和美化环境的作用，所以住宅周围有山泉者，当为吉利住宅。风水书也说："有山泉融注于宅前者，凡味甘色莹气香，四时不涸不溢，夏凉冬暖者为嘉泉，主富贵长寿。"其三为地面水，如江河湖泊和蓄存雨水等，此类水污染情况较井水和泉水严重，所以水的饮用取水点尽量选在聚落河流的上游，排污点设在下游。如有条件饮用的水最好在岸边设砂滤井，净化水质，提高清洁卫生程度。就水质方面来说，以观察品尝的简单易行的方法来判断时，当掌握水应清澈、透明、无色、无臭、无异味、味甘等。有条件的应当作化学生试验，检查水的软硬度、矿物含量和细菌含量等。看来，对水环境的考虑不外注意水势、水源、水质三方面而已。

# 四、水口

　　风水中还有一个常见的因素谓水口。水口是相地的重要内容。所谓水口，就是在某一地区水流进或水流出的地方，一般指出水口。凡水来之处谓之天门，若一来不见源流谓之天门开。水去处谓之地户，不见水去谓之地户闭。源宜朝抱有情，不宜直射关闭。去口宜关闭紧密，最怕直去无收。水流去处的两岸之山，称为水口砂。水口若无砂。则水势直奔而出。砂要周密交结，狭塞高拱、犬牙相错、群鹅相攒、高峰特立、异石挺拔。其形如印笏、禽兽、龟蛇、旗鼓。其势如猛将当关、卫士护驾、车马盈塞、剑戟森立。凡重叠不计其数、迂回至数十里，有罗星、华表、捍门、北表、关砂排列的，属于水口砂的贵格。

　　为什么说这样的水口砂为贵格呢？这是以山水喻人情。山水情意顾内、横截逆转，犹如人步步回头，恋恋不舍。山水层层排列、密密集集，犹如人团团朝拱、簇簇拥拥。从生活需要看，四周的水越多，资源越丰富。所以风水先生说：水主财，门开则财来，户闭则财用不竭。

　　水口的范围有大有小。从水入至水出，水所流经的地区即是水口的范围。《人地眼图说》卷七《水口》云："自一里至六、七十里或二、三十余里，而山和水有情，朝拱在内，必结大地；若收十余里者，亦为大地；收五、六里、七、八里者，为中地；若收一、二里地者，不过一山一水人财地耳。"这就是说水口范围与富贵成正比例。水口包容的地面越大，所能承受的容积越大，造福的涵盖面越大。水口的概念是相对的，大水口内有小水白，许多小水口的面积构成大水口面积。每村有村里的水口，每县有县里的水口，每省有省里的水口。有水就有水口，有水口就圈定出一特定地围，依地围而讨论吉凶，讨论人与环境的关系，这种方法是可取的。

　　我国地势西高东低，通常情况下，入水之口多在西北，出水之口在东南。风水术以西为尊，西来之水为吉，出水之口在、东南亦为吉。风水罗盘上巽位表示东南，属吉方，我国农村乡镇的出水之口多在东南，并且有特定的标志。一般有桥梁、大树、祠庙立在水口，这些标志是不能损坏的，它关系吉凶。以桥梁为例。桥梁不仅是交通设施，也是村镇居民进出的咽喉；反映村镇面貌的窗口。桥梁内是一个小世界，桥梁外又是一个大世界。桥梁如果被大水冲坏了，预兆着不幸的事将要发生。因此，农村中修宗谱都要记桥梁，把桥梁作为地理的重要标志。

城市与村镇一样，一般都有水口，只因距城市较远，常被人忽视。例如泉州市就有三大水口，以三塔层层引入，形成了城市的极为丰富的外部空间形态。第一水口为溜江石塔，第二水口为石湖之塔，第三水口为姑嫂塔，又叫"关锁塔"，这三座塔构成了泉州市的门户。城市水口的位置与环境要求与乡村大同小异，如泉州第一水口处的溜江石塔就与两侧的凌霄、宝盖二山在鼎足之势。而福建明溪县城东面的水口，右岸为象山，左岸为狮山，两山对峙，被形家称为狮象交牙，足见其为风水宝地。水口在村落中有极重要的意义，它象征财源、前程等，往往引起村民的极大注意。水口一般分为天门和地户，它要求天门开而地户闭，这样才能聚气，从而使财源滚滚、家丁兴旺。最典型的例子是安徽绩溪县冯村的天门地户之设，显得十分规整。水口的位置以具体情况而定，一般多选在山脉的转折或两山夹峙清流左环右绕之处。我国河流多源自西北流向东南，故水口多在东或东南方，即所谓"巽位"吉方。水口距村落的距离一般在一里至六七十里之间，它根据地气的大小而定。平原地区的水口常在去水中央立洲或土墩，并在其上建阁或庙同样能够达到保留风水的目的。如浙江乌青镇在分水墩上建阁，即所谓"今又于水墩之左建一杰阁则风水愈固，财源愈美。"像这样在分水墩上建阁建塔者，江浙一带枚不胜举。风水术中寻水，不但要求水要环，要澄，要源远流长，要从生旺方来，并且还要求水要朝对山脉的来龙。所谓"水口"，就是一方众水的总出之处，也就是聚会之处。原来山的贵贱，格局大小，都和水口有关，比如祖龙开展，形成罗城样的格局，而罗城余气，又各自延伸回环成关阑。这种术名为砂的关阑，不管是缠护周密，或起捍门，相对持峙，还是锦旗，或出禽曜，或如狮象蹲踞，都要有止水回护前面而留得生气的，才能身价倍增。如果在群山之中，又必须有交互水口的，生气才有能力。如果寻找帝王落葬的山陵佳地，还必定要有北辰尊星坐镇水口，高昂耸异，远远看去能够惊摄住人的，方才能够称为"上格"。又有正局和偏局的不同。正局水口砂势两面合抱收回，偏局水口砂势一面单卷，一面借揍。然而不管正局也好，偏局也好，那水口的砂势，又要以"跌断或星体"的为贵。以上这些，都是就总水口而说的。正水口也叫大水口。

如果大格局里不只一龙，不只一穴的，则必定每龙每穴之身，又各自有着自己的小水口。古人有云："大水之中寻小水。"就是指由大水口中派生出来的小水口。因为水口和砂势有着极为密切的关系，所以对于两者的巧妙结合，又有"专结"的说法。这种专结，就是说，不管小水口还中洋，外洋，周围最好都要有一重重的砂势收结，这样水澄砂坏，以水口作为咽喉的门户，墓地的风水自然就趋吉了。这用一句话来说，就是："关门若有千重锁，必有王侯居此间。"

然而，以上这些风水术中的问水方法，都是总体要求而说的。其实在自然界中，水的形态千差万别，千姿态百态，因此，有关干水、支水、顺水、曲水、缠水、界水、湖荡水等自然水法，以及所谓的"五星"分类和异形之法等等，也就引起风水家们的重视。自然水法的范围包罗很广，这里仅就干水、支水、曲水顺水等等，作一扼要的探讨。干水：所谓"干水"，就是大江大河的主干之水，就好比树木一样，粗大的树身是干，分散的树枝是支。自然界的干水，就风水的看法来说，大致有两种情况，一种是干水成垣，另一种是干水散气。前者可用，而后者不可用。干水成垣。垣就是墙，风水家认为，迢迢而来江河之水，也只有形成了环形的"墙"，才能围住地气而为所用。在平原中看宅地或墓地，水也是龙。如果水流泻而去，不见回头环绕之处，那末流过之处即使偶然有着一些屈曲的处所，也决不可能结成生气凝聚的吉穴。原来地中生气，直至环绕回顾之处，才是龙脉止聚的地方，这就是古葬书所说的"气乘风则散，界水则止"，"界水所以止来龙"了。如果水流迢递而来，十里二十里处还不见水流回环成墙，那就说明以往的屈曲之处，就是行龙之处。古诗有云：

龙落平洋如展席，一片茫茫难捉摸。

平洋只以水为龙，水缠便是龙身泊。

因此，在地势平坦之处寻找龙穴，必定要在水城大缠大回之处作仔细的探求，一些小许的屈折的回头，只是真龙束气结咽的地方，是形不生气凝聚的结穴的。

干水聚气。干水汪洋恣肆，斜行而来，中间看去虽有屈曲，然而却又形不成环抱之势，这时其间如果没有支回水以作内气，那就结不成凝聚之穴了。由于这种干水未有回环成桓，聚得生气，所以人们便管它叫"干水散气"。

支水：

支水就是干水的分支，就好比树的有枝的样。支水有种种情况，如果直流而去，不能交界回抱的，就结不成穴。交界的支水，有各种各样的状态。

几种交界的支水，不是前后重重交锁，就是左右重重交锁，几分几合，说明束气结咽，龙脉到头，加之看去圆净端严，形势秀逸，这时如果再见局内龙虎前生左右，护卫周密，就可在此立穴了。

曲水：

水流曲曲回环，形成墙垣，往往有结穴。其中又有两种情况，一是"曲水单缠"。这种单缠，就是曲水一支，回环缠绕，形成种种不同形式的墙垣。这是曲水单缠中较为有名的。据说葬得这种吉地吉穴，家属爵尊福厚，富贵悠久，美不可言。

另一种是"曲水朝堂"。曲水不只一枝，或三曲五曲，回收周匝，各各包裹朝护着墓前生气凝聚的明堂。曲水朝堂有多种形式，除了"风摆柳条"稍逊一筹外，绝大多数都能钟秀聚神。

顺水：

水流顺势而来，只要不径直流去，到止息处有所回抱的，也能结穴而聚生气。刘基《堪舆漫兴》说：

> 顺水之龙穴要低，有砂交锁始堪为。
>
> 面前若见滔滔去，纵是龙真罹祸危。

综上所述，水在风水学中占有非常重要的分量，加上其科学性和实用性，值得进一步研究和发扬。（本节内容部分引用之《慧缘风水学》）

4. 水龙

《管氏地理指蒙》卷三对水龙作了宏观的介绍："龙探其祖，水溯其源，探其祖固贵，其入首之兴宗，溯其源尤严。夫出口之归替，北以河汾为宗，东以江海为宗，西以川洛为宗，南以闽浙为宗。谓山不独贵承其宗，水亦各有其祖宗也。河水出昆仑山，汾水出太原，晋阳山，江水出眠山，洛水出家岭，浙水出歙县玉山。"这些提法虽然不确切，但却勾勒出我国水势的来龙去脉。

天下之水，唯有黄河之水发源最远，但河水汹涌，造化不可妄测。河水四时皆浊，五百年一澄清，明主应之。这是一种历史循环论的观点。又认为长江为四渎之长，其势浩荡，九曲肠回，所以南京成为天下都会。这又是地理决定论观点。不知道是什么原因，为什么从宜昌至武汉一段如此屈抱，而武汉怎么没能成为都会。而长江一泻不止，在南京也不回顾，南京却成了六朝故都。

山龙和水龙是什么关系呢？山有行止，水分向背，乘其所来，从其所会。寻龙点穴，先观水势。观水之法，凡两水之中必可观山。水会即龙尽，水交则龙止。水飞走则生气散，水融注则内气聚。水为龙之血脉，穴之外气。龙非水送，无以明其来；穴非水界，无以明其止。凡属龙穴，端赖水为证应。山管人丁水管财，山水都造福于人。这里，水即水龙，龙即山龙。谈到龙，就必然扯到穴。《管氏地理指蒙》卷十云："产龙长者水会于江湖，龙短者水会于溪涧……以千百里之势为襟带者，其气概自可见矣。然亦有穴结于此而水媚于彼者，穴上虽不见水，暗拱之势为力更大，不可谓非将相之穴也。"

水龙有分有合有聚。水自穴前一分合，至龙虎所交二分合，少祖山处三分合。小合为小明堂，大合为大明堂。合聚之水，又有许多分类，十分复杂。如：

太极晕水，远看则有，近看则无，圆晕在微茫隐显之间。

天心水，穴前明堂正中的天心处有融聚不涸之水。

真应水，穴前应真龙结作之水。

缘储水，穴之四周的积水。

朝怀水，层层投入穴怀之水。

此外，又有聚面水、卫身水、荡胸水、穿臂水、割脚水、淋头如绕带形，不但荣华及富贵，满门和顺世康宁。屈曲之玄号水。

**附：自然水法歌**

水法最多难尽述。略举大纲释迷惑。世传卦例千数家。彼吉此凶行不得。

自然水法君须记。无非屈曲有情意。来不欲冲去不直。横不欲反斜不急。

横须遶抱及湾环。来则之元去屈曲。澄清渟畜甚为佳。倾泻急流何有益。

八字分开男女淫。川流三派业将倾。急泻急流财不聚。直来直去损人丁。

左射长男必遭殃。右射幼子受灾伤。若还水从中心射。中房之子命难长。

扫却罗城子息少。冲心射胁孤兼寡。反跳人离及退财。卷帘填房与入赘。

澄清出人多俊秀。污浊生子多愚钝。大江汪洋朝万顷。暗扶爵禄食五鼎。

池湖凝聚卿相职。汪洋水朝贵无敌。飘飘斜出是桃花。男女荒淫总破家。

生人出入好游荡。终朝吹唱逞奢华。屈曲流来秀水湖。定然金榜有名标。

水如流去无妨碍。财丰亦主官高迈。水法不拘去与来。总须屈曲去仍回。

三回五转来顾穴。悠悠眷恋不忍别。何用九星并八卦。生旺死绝皆虚说。

述比一篇其口诀。读者胸中须透彻。莫惑时人卦例言。祸福有无当自别。

# 第二节　住宅风水的变迁与应用

前面已经论述了一些风水的历史，从原始社会的森林居住，到走向平原建筑房屋是人类的一个文明进步，在这个过程中，人类通过观察体会，发现自然密码，寻找自然优势，更好的有利于人的身体健康，这是风水学的最基本出发点。

随着选址技术的发展，一些富贵穷通的思想与风水术渐渐结合，在这种融合中客观的说夹杂了一些人为的趋利思想，宣传富贵穷通与风水关系密切，若能得到一块风水宝地，就能荫及子孙，小则发家致富，大则封侯入相，甚至于九五之尊。实际我们大家知道，作为风水师游遍天下大川，寻遍龙脉奇穴，可是风水师的后代为什么却不能封侯入相呢？

依据易学思想，风水也是一种象数，是通过穴位的周围环境结构来推演人事的事业运程。人类的成功更多地在于思想的认知与价值观的确定，一个人的成功绝对不能简单地用风水来以偏概全，要从他的思想与行为出发去研究总结。历史上的每一个朝代，皇帝之家几乎都选择风水宝地来埋葬，可是子孙并没有兴旺不衰，朝代还是在更替中，子孙的王朝并没有万万年！很多的风水书籍将北京的故宫列为典范，可是从紫禁城落成的那天起，就注定那是一个勾心斗角，尔虞我诈的地方，一多半的皇帝大人没有长命百岁，而是中年夭折，这又如何对待呢？

以我的学术思想与认知来看，早期的风水术是用来选址，选址首先从以下几个方面考虑：向阳、避风、空气流通、地基亢实、饮水方便、避免雨水淹没、避免洪水冲蚀等。这些条件的选址并没有任何的迷信色彩，是客观的健康需求！到后来，建筑师将《河图》、《洛书》之数用到建造中，将房屋、宫室的高度、宽度、窗户的数量宽窄，都进行数据规定，并制定礼制，来区分社会的阶层与官民是不同。当然有些数据也是考虑到当时建筑条件的限制。比如，窗户没有玻璃没有纸的年代，如何挡风？

中国早期的城市结构比较单一，除了诸侯和一些士大夫的宅院占地较大，老百姓的房屋结构都是比较单一。在城市的选址中，首先考虑到整个城市的结构布局与城市处在的位置。一座城市就是一个大家庭，一个大家庭的选址首先考虑到所处在环境的重要性。依山傍水，周围环抱有情，交通方便。为了防止战争与风沙，同时便于管理，城市都修建城墙，挖掘护城河，将百姓划区分户管理。在中国的大部分地区，基本上都是应用相同造成理念。以南门为上，东门进，西门出，建筑基本上以坐南向北为主向，早期的宅门基本上选择南向或东向，都是向阳的方向。住宅的围墙就像是城墙，不但是防护还可以遮风，使邪风不进入屋室，保护家人健康。

早期的城镇甚至于很多的村寨都修建城墙，这个特征一直到新中国解放，建国后为了城市的发展，再者很多的领导认为这些都是封建糟粕，只是这样的城市文化一去不复返，北京的城墙不见了，剩下一点可怜的千疮百孔的城墙却要重点保护。全国的重点城市就只有西安还算不错，保留了不少，却成为了一大城市亮点和旅游景点。

城镇虽然失去了城墙，可是改革开放却使城镇在以几何公式的速度成长。层层向外扩展的民房与亭亭玉立的高楼也起到了城墙护卫的工作。民居也随着近几年城中村的改造，传统的居民搬到了楼上，如何在于传统的平房思维看待今天的高楼大厦，也就失偏很多。比如，过去平房的大门口非常重要，因为那是一宅的生气入口，可是现在楼房门却是建在楼里，楼门也就不在作为生气的入口。过去在胡同里两个宅门不喜欢正对，是因为两门相对争夺生气入口，可是在楼中的两户人家基本都是对门，这就是楼房的现实，不能改动。而窗户作为生气入口，其作用比原来重要。因此，注意观察窗户周围的楼距、楼间夹道，若是楼间夹道正对窗户，要看夹道的方位对窗户是否有邪风、贼风来吹，若是有则需要将这个方位的窗户最好封闭，或者根据季节的信风来确定窗户的开闭！也就是说风水学的应用一定要根据现在的居住条件来确定，过去的居住宅院是散居结构，人从主房到餐厅，到配房，到厕所，都需要出主房到院落中，所以要需要庭院中气场和谐，不然邪风进入庭院，居住者容易受风邪侵扰而影响身体健康。现在的居住在楼房中，进了门，只要不下楼，就一直生活在稳定的气场空间中，所以只要是邪风、贼气不从窗户进入，居住者基本上就不受侵扰！现代的楼房居住，基本排除了风的因素影响！当然，若是四合院或者是平房结构，还是要特别注重风的影响！

解决了外部影响因素，那么内部的环境布局处理起来就简单得多。布局不以豪华奢侈为选择，而是以简约朴实实用为标准。在选择装修材质上，要考虑材料的辐射性，极尽可能的环保。在选择装饰品上，一定要符合文化信息，符合自然色调与五行生克原理。比如，黑色为水，红色为火，若是选择黑色在上红色在下，能就是水克火。但是中间若是加上绿色，那就是水生木，木生火。有关这方面的一些注意事项，我们会在下面的章节进行进一步阐释！

# 第三节 三因制宜

风水学在发展的过程中，被不断的分支。当然在这个过程中，不排除由于地域不同的原因，风水师根据自己生活区域的现实条件，总结归纳出一些经验。但是在我看来这些经验都未免有一些限制性。实际风水学有一个核心，那就是不论其形势如何，只要是能得风聚气就可以。因此，风水学不是简单的一个流派理论，而是一切要建立在灵活实用的基础上，一个风水学习者，不应该被书本理论限制，要灵活掌握区域变化对风水的要求。

## 一、因地制宜

风水学既然是讲地的，那么地域的不同对客观条件的要求就不同。中国地域广阔，南北东西跨越很大，分别处在热带、温带、寒带地区，而青海、西藏、新疆所处在的地区气候特征更是和内地悬殊较大。因此，若是按照一个固定的模式去分析风水格局，未免就会出现问题。地域不同，纬度不同，气候条件明显区别很大。

北方地区：以黄河为界，黄河以北的地区，天气寒冷，尤其是黑吉辽蒙四省，冬天气温偏低，甚至到零下二十几度，冬天寒风呼啸。因此，北部地区首先要考虑避风、御寒、向阳，卧室内不是床而大多数是火炕，窗户偏小。冬天门口挂上布帘，来遮挡寒风。整个村子的选址，最好选择避风，不要在山口洪水容易形成的通道上，院门尽可能不要向着风口，这些是最基本的条件。至于室内的布局，完全要根据生活的习惯性与实用性来设计就可以。

中部地区：黄河以南长江以北，象河南、江苏、湖北、安徽等地区，这些地区基本上是处在北温带地区，虽然冬天时候低温偏高，可是却潮湿寒冷，过去这些地区冬天基本上不用取暖，所以室内偏潮湿。江苏东北部的连云港地区，受海洋气候的影响，冬天风大寒冷，所以在选择住宅上，基本上也是以坐北向南为主，与山东青岛、烟台等地区都基本相同。向河南地区，虽然处在中州地区，地温偏高，可是冬天还是温度偏低，北部与南部温度有几度的差距，冬天室内没有暖气。现在条件有些改变，条件好的一些住宅也增加了取暖设备。其中皖北地区与山东很是相似，在皖东南地区，与江苏、浙江相接壤，可能是由于早期皖商的原因，将北方的四合院形势根据自己的地域需要进行修改，形成灰瓦白墙的徽派建筑，这些建筑很具有气派，院墙很高，可以遮风护卫，挺岸伟拔，很想一件雕琢的艺术品。

南部地区：南部地区象福建、浙江、广东、海南、广西、云贵川等地区。南部地区阳光充足，空气新鲜，山多林密，荷塘沟壑又多，所以气候潮湿炎热。在这个地区修建房子，基本上不用考虑坐南向北的朝向，只要是能阳光充足，通风，不是阴暗潮湿基本就可以。在这些地区，为了解决潮湿通风问题，就出现了一种建筑形式'干栏式'，将房子架起，下面可以蓄养牲畜，同时又通风，不用考虑朝向问题。而福建、浙江沿海一带，面朝大海，背靠青山，可是沿海地区台风较多，在建筑上要考虑如何避免台风的侵犯，房屋要牢固。在过去的海南地区，气候炎热，不用考虑保暖问题与建筑材质，而是注重通风疏导。

西部地区：青海、西藏地区，地处青藏高原，常年气温较低，气候寒冷，这些地区建造房子，首先考虑向阳、保暖与防止风沙。所以，在这些地区一般除了选择避风地带建造房屋，还要房屋的墙体比较厚实，窗户较小，并带有一定的坡度，为了防止风沙直接吹入室内。去过西藏、青海地区的朋友都知道，大昭寺、布达拉宫还有过去的很多土司衙门等。

西北地区：山西与陕西西北地区，地处黄土高坡，当地老百姓就地取材，选择向阳避风的高坡地带，挖掘窑洞，由于处在寒带地域，窑洞就起到了保暖御寒的作用。当然，现在很多地方也不在居住窑洞，可是这一天然的居住方法却是很有意义。

以上的列举是为了让大家能更好的理解建筑房屋与人的确切关系，不是为了升官发财，是为了身体健康，为了更好的生活！只有良好的环境能创造灵性，萌生智慧，去实现人生价值与理想！

## 二、因时制宜

从原始社会到现代社会，是一个不断发展进步的过程，而建造屋室关系到人类休养生息的最基本要求，没有房屋居住，就好像没有落脚之地，所以到今天为止，房屋需求还是社会最大的供需产业。从几十万到几千万的豪宅，说明什么？说明房屋在人类生活中的重要性。

但是在历史的长河中，随着科技与财富增长，以及人类的富贵贪婪之心，房屋建造越来越豪华，装饰越来越奢侈，可是这些都是为了满足于自己的欲望之心。宅院房屋是人之安身之所，以符合人之生理需求为前提。一个时代有一个时代的特征，可是从周代到明清，建筑规模与建筑形式几乎没有太大改变。而从建国后，由于西方文化的进入，中国的高楼大厦多了起来，但只限于一些政府机关，而百姓住楼，也就是从上世纪末开始，从平房到楼房，经历几千年的历史，楼房的建筑形式与建筑环境与平房时期大大不同。因此，若是继续以原来的平房思维来对待楼房，则不敢苟同！

形式的改变则决定了应用条件的改变，所以我们还以原来的思维对待今天的居住空间是错误的。

2013年五月份前往北京大学国际经济中心的EMBA班授课《易经与风水》，两天的课程可以说是气氛活跃，学员们眼都不眨的注意听讲，听课人员不断的增加，原来看似神秘的《易经》与《风水》却与生活息息相关，拔掉神秘的外衣，八卦是伏羲氏参天悟地的符号表达，而占卜只是一种规律的推演。风水与生理息息相关，因为只有好的身体，才能创造价值。很多的同学表示，听了很多的易经与风水课程，基本上是糊里糊涂，而只有这次才明白了它们是大道的体现，明白了气场运动组合与命运以及企业发展的关系，课程结束后，多位同学邀请前往企业勘察与命理指导！

其中有一位鄂尔多斯的王总，是蒙古族，做桥梁与绿化工程，企业非常大，在鄂尔多斯迅速发展的年代每年的产值几亿元。在听课的过程中，邀请我课程结束后，前往他的企业去勘察一番。

到了王总的企业，因为不是生产性企业，所以主要要对办公室进行勘察。来到王总的办公室，首先对王总的命理进行了一番推演，王总是63年生人，排出八字，结合大运进行了命运的验证，完全符合王总的命运趋势与流年节点的变化。也就是说在勘察风水之前首先对人有一个了解。

通过命理推演，王总的命理运程从11年下半年进入调整期，这一点和鄂尔多斯的经济发展趋势相巧合，造成了一些工程款难以收回。通过这一点我们会明白一个道理，个人命运受地域环境的影响。因此，要因人、因地、因时的去辨证问题，不要只考虑一个单一方面。

331

王总的办公室空间大概在四、五十平房左右，坐北向南，左手边放着一排柜子，里面摆放着一些瓷瓶与玉石雕刻品，以及成吉思汗铁木真的雕像，从青龙的角度讲，青龙强硬，并有民族汗王坐镇。右手边是一排窗户，摆放着一盆花草，西南角放着两只红色的皮沙发，右手边是窗户，所以不宜摆放高大的东西，以免遮挡阳光。综合分析左右的配置问题大不。再看后面，左右两只橱柜，中间挂着一幅山水画，在一般人看来后有靠山，实际在一个人运气不佳的情况下，却是背上了大山，压得人喘不过气来。在东北角放着一条紫檀的如意雕刻，上面刻着八仙过海，上面摆着一个博古架放着一些木雕壶。在休息室的门口，摆放着一只金鼎，鼎内放着一些小额人民币。

综合命理与办公室情况，做出了一些催财的调整。首先将背后的山水画拿掉，换成了一张伟人像。因为道路桥梁多与政府打交道，那就需要有贵人相助，而伟人是国家的领导者，是政府最大的管理者。房屋的东北角，是一个死角，是阴气聚集的地方。将博古架拿掉，将一只红色的瓶子放着上面以使气场形成运动，在瓶子内插入三支红色的仿真花。在办公桌的右手边放一尊太极转运仪，并用葫芦收起财气。将金鼎拿掉，放上一只玻璃瓶，里面插入十支转运竹，并加入三支百合。左手边放置了一颗幸福树，有所依靠，大树下面好乘凉。没有想到，调整的当天，王总就好事连连！

## 第四节　活学活用

在风水学的发展中，应该说很多流派的出现，注入了很多不同的内容，但是有些内容未免是死搬硬套的公式化，因为这些理论的产生都是因为不明气场和谐原理，而是一种表面的生克原理。

比如，《阳宅三要》中，门主灶的位置与大游年，什么"天医、延年、五鬼、破军、六绝"等，这些名称都是依据五行生克而来，没有明白五行生克的真正含义，认为相生就吉，相克就凶。岂不知生克只是一个表面现象的误区，殊不知五行生克是一个气场的转化过程。木为春天，火为夏天，金为秋天，水为冬天，土为四季之月。春天万物生长，秋天万物收敛，一生一收，一生一克，这个生是春天木气对万物的生发之气，这个克是秋天金气对万物的收敛之气，而不是表面意义上的"金克木"。夏天为太阳之气，冬天为太阴之气，阴阳相克，可是并不是水克火，因为火也可以克水。实际，气场与人的生克来源于空间温度的高低与风速，若是空间的气场符合人身体的需要，就是生；若是空间气场过高或者过低，违背了身体生理的需要，就是克。因此，脱离以人为本的生克是毫无意义的。

象《阳宅三要》、《金锁玉关》等一些书籍上的固定公式，实不可取，而应该灵活应用。即使在当今的风水流派中，也有这样的思想。

八卦分为先天八卦与后天八卦，在风水学中一般应用后天八卦。但是一般人不明白后天八卦的真正含义，而是以八卦的五行属性来确定吉凶，未免闹出很多笑话。乾兑卦五行为金，乾卦为西北，兑卦为正西；震巽卦五行为木，震卦为东方，巽卦为东南；坤艮卦五行为土，坤卦为西南，艮卦为东北；离卦为火，方位正南；坎卦为水，方位正北。然而，一般人都被其五行含义所代替，却不深究卦位深意。后天八卦是根据卦象来定位，乾卦主高大，以中国的位置来定，西北的昆仑山脉是世界屋脊，是最高的地方，因此乾卦位置在西北。虽然在占卜之中，乾卦为领导、官位，但并不是乾卦位置是领导、官位，有人认为，厨房灶具为火，若是处在西北位置就是火克金，这家人就会工作不顺，甚至于丢官罢职，实乃大缪矣！甚至于在企业办公中，有些风水师不论环境如何，不论办公楼的设计原理，一味的要让领导办公室放在乾宫，不放在乾宫就是大事不妙，这个观点是有问题的，是错误的。一个工厂，一个公司的布局就像是一场战役的前沿，领导在什么位置能纵观全局，站在有利的位置上指挥全局。而不是死搬硬套的讲八卦理论，不加理解，不加分析的去使用，未免贻笑大方。

其根本是对易学的很多逻辑没有搞清楚，对于卦象与五行之间的关系不加深究。以五行的概念来代替卦象，以生克的物象取代气场和谐原理。风水指的是天地，堪天测地，而不是陋室几间。风者天地之风，运行之气。水者，天地之脉，润风和尘。风水是人生理需求的最基本条件，它不是一个用简单的物象生克可以阐述的。生克只是阴阳气场的一种进退关系。比如，金克木，木为春天的生发之气；而金是秋天的肃杀之气；一生一杀所以相克，不是金属克木头。水火相克，是指寒暑相克。我们现在的

333

很多所谓风水大师，为了生计为了经济收入，不惜夸大事实，来骗取利益，这种行为是有问题的。为什么很多人说是江湖骗子？原因出在哪儿？现在汽车多了，很多人又找到了生财之道，将汽车五行与五行外相相结合，一顿胡说八道。汽车是以机械，机械是按照自己的运行规律在运动工作。难道汽车会认人？你的车别人开不走？我一直再讲一个道理，万物都是道法的体现，只能依附于道，可是并不能改变道，不然这个世界，这个宇宙就会失去规律。风水师只是一个医生，只能看病治病但是不能救命。为什么我们研究了那么多的八字命理，发现他们再按照自己的规律生活，富贵穷通在自己的五行与六亲伦理间相互转化。命的本源就是道，是一个不以个人为志愿而能改变的道。这一点无论是任何人都不能改变，因为那是一个能量总和的定数，只能转化不能改变。

一个楼房的整体设计，是和它的空间居住以及实用分不开。合理、实用是处理问题的基本。比如，什么南方为火，鱼缸为水，鱼缸不能放在南边的位置。西边为金，金生水，鱼缸可以放在西边；花草为木，不宜放在西边等等这些不合乎逻辑的问题。实际都是不明白五行生克的原理所致。

房屋内的布局与饰品摆放，都围绕一个视觉效果为中心，一定要符合视觉习惯，负责就会觉得不舒服。从气场学的角度出发，虽然室内的饰品、家具等都对室内气场有一定影响，但是这些气场不足以影响大道气运！

2012年冬天前往河南驻马店做风水讲座，其中有位朋友姓纪，喜欢风水，看过很多书，一直也存在一些疑问，对现在的一些宣传嗤之以鼻，宣传过度，商业气息太浓。课下与我交流，然后邀请我去他家看看。因为，聊得投机，我也欣然同意前去。

纪朋友是为干部，家住在二楼，是一个三居室的房子。进门靠南边就是客厅，大概有二十多平房，呈匡字形摆着沙发，沙发的东南角放着一个花凳，上面摆着一盆假山。在西边墙上挂着一幅牡丹，下面摆着一平面电视机。靠近东边是厨房，东墙下是饭桌，东南角放着一个橱柜，在橱柜顶上摆放着一主席像。看到这几个信息，我就说道："老纪啊！你为人比较底调，不喜欢张扬。你的仕途好像是没有高升的机会了，非常赏识的人已经退下来了。"

老纪看着我，非常惊讶！"赵老师，你说的很对，你说说这是怎么看出来的？"

"你看这电视机摆放的位置高低，一般应该是略高于视线，或者平视，可是你家的电视机白的却比平视还要低，这说明你做人低调，不喜欢张扬，也不喜欢拍马屁和好高骛远。再看电视机上面的画，虽然画的是牡丹，可是老气横秋色调过于陈旧，缺乏鲜艳的生机，所以你的仕途恐怕是止于此地。再看你橱柜顶部的主席像，你却放在了橱顶上，说明赏识你的领导已经不在位置。"我一边走着，一边指着这些东西给老记看，老纪是频频点头。

又看了三间卧室，分析了一些信息。然后来到了老纪的办公室一看。其大无外，其小无内。信息一定是共振的，因为老纪的办公室与家里几乎是信息同步。

办公楼是坐南向北，机关大门向北，中间飘扬着国旗。老纪的办公室在二楼，门开在了东南角。坐东向西，后面是一排橱柜，里面放着一些书，一些照片。厨上放着一张表好的山水画。东北角摆放着一颗常青树，靠近窗子的位置摆着三盆花草，是茶花、两盆兰花。对面放着黑色的真皮沙发，在沙发上横放着以书法横幅，没有挂在墙上。南面的墙边放着一排东西，有冰箱、茶桌。洗脸盆等。综合整个情况看与老纪家的客厅同出一辙，信息同步。

后面的橱柜上面放着一座大山，说明头上有山，上升有阻。旁边的树木，虽然粗壮，可是高度太低，大树底下难乘凉。对面的横幅字，放在沙发上没有挂到高处，与电视机的高低何其相似。大千世界，一切都在无形之中心息相同。

这些是内心信息的一种现象表现，不是风水。是通过局部的布局，读出居住着的信息。实际不论你怎么布局，都是一种磁场，一种信息局。

# 第五节　行业风水

在日常的学术讲座与学术交流中，很多人总是喜欢问问自己的行业风水。实际前面已经有所阐述，风水最初时的概念指的是天地之气，堪天舆地，山川河流，平原沼泽。而我们的一家一户很难用风水去论述。但是人都有趋吉避凶之心，所以也能理解。

在日常的生活交往中，每到一些地方，总是有人喜欢向我咨询一些命理、风水的问题。实际上，每一个行业都有自己的行业特点，首先要抓住行业的主导因素，然后使风水来配合，使之锦上添花。谈起行业风水，首先要看是哪一个行业。不同的行业，有着不同的决定因素！

比如餐饮业。谈到餐饮业，这是在生活中最为接近的话题，经济条件好了，不只是来朋友谈事情去酒店，而在平常的日子里，家人聚会换换口味，老人生日，重大节

335

日都需要到酒店去吃次。对于餐饮行业的风水要领是什么？第一，饭菜的味道质量。酒香不拍巷子深，现在人为了吃一顿好东西，开车二三十公里那是一个平常事。老子说"五味令人口爽"，提起好吃的东西，大家都有感受，满嘴生香，口水直流。因此，餐饮行业的最基本要求就是以饭菜的味道来吸引人。所以，大家经常看到，在一些街道边上的有名小吃，虽然环境不是太好，却宾客临门排气长队。我经常到一些地方讲学，每到一地方，喜欢寻找一些当地的著名小吃来打牙祭，像武汉的热干面、太原的羊杂割、郑州的羊肉烩面、西安的羊肉泡馍、北京的卤煮火烧等，这些小吃让人一听到就流口水，可是都是一些小门脸，卫生条件跟不上五星级的酒店，为什么那么火？就是因为地道！因此，餐饮一定要味道质量第一。第二，服务态度与仪表。好吃的东西还需要有好心情，良好的服务与仪表可以让人感觉舒服。进门吃饭，服务员都像是大爷，一个个像是黑白无常，再好吃的东西也没了胃口。第三，舒适的就餐环境，就是风水。根据自己的餐饮特色，在大厅房间内进行点缀装饰，可以起到神来之笔，温馨惬意，增加就餐的心情。随着餐饮行业的发展，国内的一些高端的餐饮品牌，慢慢形成了自己的文化品牌。在全国各地开起了连锁店，统一装修风格，融入大量的地域特色，让人有身临其境的感觉。一个餐饮酒店，在当今的城市规划中，你是没有权利去对外部的环境进行改造，只能在内部做文章，让环境与菜品相融合。像近几年的绿色餐厅，把整个餐厅建在大棚的温室中，在大棚中种植上各种欣赏植物，再将假山流水相配合，打造出一个自然风光，人在花丛中就餐，看着绿油油的植物，各色的鲜花，闻着沁人心脾的花香，瀑布喷泉，鱼儿游来游去，自然就增加了就餐的乐趣，一时间，绿色餐厅在各地火爆。打着红色文化的毛家菜，服务员都是红军着装，房间内都是湖南的民间装饰，自然就让你增加了就餐的欲望。风水的发展不再是外部的风水，因为今天高楼林立层层环绕，风的作用已经在淡化。因此，就需要在内部做功夫。进了老北京炸酱面，墙上的老北京照片让你回想起历史的沧桑，进门的一声吆喝"来了您二位，里边请"带着老北京人的亲切敞亮。

在任何一家大型餐饮的考察中，要考虑周围的消费群体，考虑客流量的计算。在一定的地域内，这样的餐馆有几家，他们的特点是什么？他们是哪几道菜特别的吸引顾客，我们的优势是什么？等等都要提前做出预估性！

现在越来越多的行业开始人性化的设计空间，希望给顾客一个舒适的环境，这一点是不容置疑的，可是绝对不能抛开自己的技术领域去可以追求环境，因为，干嘛吆喝嘛！吆喝的不对，环境在好也是白搭！

大家出国，很多人去过国外的赌场，经常会说，赌场的风水让某某大师看过等等。实际，大家首先明白赌场的宗旨是什么？不是让你赢钱，而是让你输钱最好。因此，世界各地的赌场，几乎都是装饰华丽，空间高大宽阔，灯光都是暖色基调，播放着激情的音乐，服务小姐都是迷你的短裙，喷着诱惑的香水，完全打造了一个令人放松迷失的环境，你会认为幸运之神一定会在保佑你，你就不断的掏钱，直到你输完为止。

环境，人对环境的适应性很强，人性的本质是自负，总觉得自己是上帝的宠儿，入耳的音乐使你心情膨胀，烈性的水酒使你激情澎湃，环境是你忘记了自己。赌场的装饰灯光、音乐、服务小姐都是风水的因素，是诱导你的因素！因为，他们抓住了人性的本质！这是文化风水！

## 第六节　办公室风水

不论是机关单位还是企业公司，所有的管理者有意无意中都很关心自己的办公室风水，因为大家都关心自己的事业，关心自己的前途。

对于办公室也存在着两种情况，一是，独立办公。二是，群体办公。

我们先看一下独立办公，一般领导与企业家，中层管理者的独立办公室布局。很多的管理者，认为办公室越大越好，越阔气越好，实际情况是这样吗？由于每个人的身体能量有限，所带动的生气场也有限。因此，办公室不是越大越好，而是存在一定的范围性。

1. 面积切记不宜太大，太大不易聚气，生气有限呈孤寡之象，不利于身体健康，并影响人的神经系统，身体素质下降，影响业务会衰退。千万不要以为房间越大越气派，当然太小也不宜，让人感觉压抑、郁闷，则缺乏生气，影响心情，代表业务不易拓展，格局发展有限。一般来说，应该在 20～30 平方米之间，最大不要超过 40 平方米。

2. 老板办公室的桌椅摆放

（1）椅子后面不能空，一定要以实墙为靠山，坐向上不宜虚空，身后不宜有窗户，身后不宜摆放千奇百怪的东西。

（2）老板椅靠墙正确的距离应该是距离墙有二尺左右的距离，最好后面有一排书架，或者有书柜。若是挂字画，那就非常讲究，必须结合自己的命理与空间实际情况进行调整。

3. 办公室开门

（1）老板办公室的门不能从"靠山"开。就是说开门的方向不能在老板的身后这边墙，这样容易造成公司的下属暗地里捣鬼，而自己不能觉察，从而会给公司带来意想不到的灾难。

（2）大门直冲着老板台也不宜，最标准的开门是在老板台的右前方开门，这样才是最符合风水的总经理办公室开门原则。

337

（3）进入老板房间的路线也应顺畅。虽然总经理房间大都在后面，但从大门走到房间的路线也不可弯弯曲曲，或杂物阻碍，或曲径幽深。这样财气不易进入房间，反而会使业务发展困难重重。

（4）老板办公室形状要方正，最好长款的比例为3∶2，不宜三角形，不宜为"L"形。柱角多的办公室也不宜，不易与员工、客户协调沟通。圆形办公室也不宜。

4．办公桌位置的选择

办公桌财位的位置：最佳位置是老板办公室进门的对角线方位，这包含以下三种情形：如果住宅门开左边时，财位就在右边对角线顶端上；如果住宅门开右边时，财位就在左边对角线端上；如果住宅门开中央时，财位就在左右对角线顶端上。（办公桌位置的选择与财神的位置安放异曲同工之妙！）

（1）大公司的老板通常有自己的办公室，所以办公桌不会有冲着大门的事情发生，但是小公司的企业主或是利用客厅做点生意的，就常摆几张桌子当办公室，使得自己的办公桌面向大门，这是不吉的方向，一定要转个向才好。有些大公司有部分董监事要天天上班，最好是将每人的八字和董事长的八字请风水高人做一次总按排，找出每人相辅相成的方位和坐向，以避免日后易生口舌和纠葛。

（2）凡属高级领导、老板、董事长、总经理等决议计划人的办公桌，一般应以卦命吉向为依据，即吉向在南，座位则向南，吉向在东，座位则向东。

（3）凡属中层领导、经理、副经理等人的办公桌，一般应以命理四柱为依据，即缺木，座位应朝东；缺火则座位应向南等。

（4）此外，办公室乃至办公桌的朝向还要考虑办公楼所在地的水文地质、环境景观、景象形象天气乃办公楼内部结构情况和气场因素等。

# 第二十八章　中国家具与风水的关系

在中国传统风水的发展中，中国家具在风水发展中起到了重要的作用。从某些方面讲，家具的出现，就是为了风水服务，这些都与生产力的进步与发明创造有着重要的关系。

中国祖先在很早时期，就已经掌握了建造房屋的技术，由于工具的限制，门与窗户并不能达到缝隙合闭，在冬天寒风袭击，没有棉衣、没有棉被，如何避风成为问题。当然，在电视剧中，大家看到夏周时期，生活场面华丽，建筑雕梁画栋，绫罗绸缎，翩翩起舞，黄金装饰，无处不是，准确的说这都是一些无知的导演，拍出的蹩脚作品。一个不尊重历史，不尊重文化的导演，他根本不知道影视作品所要承担的文化意义。

## 第一节　家具的出现

祖先在掌握建筑技术后，可是铁器工具匮乏，建筑中有很多的缺陷。早期的人睡在地上，铺上一些稻草，好的铺盖一些兽皮，或者一些编制的席子。因为睡床的出现很晚，大概是唐宋以后的事情。早期的睡具叫做榻，并不是床。由于门与窗户的不严密，又没有遮挡窗户的东西，白天为了阳光要挑起柴草的遮挡物，可是风就会吹进房间，影响身体健康。在早期，窗户都是比较小，是为了便于遮挡，把柴草捆绑起来，遮挡窗户。同时，人类早期的取暖是问题，没有棉衣。只有用棉麻编制的衣服，结构松散，透气性强，夏天是很凉爽，冬天却是寒风刺骨。到了冬天，若是有上一两件毛皮御寒，可谓是奢侈之极。虽然，宫室会用一些布匹遮挡窗户，可是非常昂贵。这一点，直到汉代蔡伦造纸以后，才有改变。在玻璃没有被广泛应用前，窗户上糊上白纸。窗户不是现在的敞开型，是挑起向外，用竹竿顶好。历史上因为开窗竹竿落地的事情，引发了一段故事《潘金莲与西门庆》。为了遮挡风的骚扰，聪明的先人就在睡觉的旁边立起东西来遮挡风的侵入，在这样下，屏风就出现了。屏风可以说是第一件家具，那个时候还没有椅子、凳子，人们都是席地而坐。不论是聚会还是讨论事情，都是坐在一张席上，久而久之，中间主要席位的主持者，就被称为"主席"。

慢慢的屏风被大量使用，并加以装饰，渐渐出现了雕刻、绘画等。打屏风打扮的更加细致漂亮。由屏风的功能演化过来的就是影壁，在传统建筑中包括现在，影壁的应用到处都是，它的功能与屏风相同，是为了调整大门口进入的风速，使风速降低变为缓风，进入院中，以免疾风进入吹散院中的生气。

## 第二节　圈椅、太师椅

随着科技的进步，圣贤的发明创造也是越来越多，这些进步都是以人为本，都是从生理上与人密切相关。圈椅、太师椅都是结合风水形势与生理需要所制造的家具。人的生理结构中，脊椎的作用非常大，一身的神经系统，几乎都会记在脊椎左右，保持脊椎的生理弯度与神经系统的畅通则是非常重要。因此，因劳累过度引起的脊椎增生与弯曲压迫神经，对身体的损害非常厉害。并且一旦发生，则很难痊愈。

太师椅　　　　　　　　　　　　圈　椅

古人的天人合一思维，坐卧行走都与生理相联系。看一下太师椅与圈椅，这些坐具不同于西方的欧式坐具。这些坐具不能斜躺，必须是正襟危坐，两腿弯曲几乎成九十度，背部挺直，两手放在左右环抱，和武术中的蹲马步极其相似，真正达到了"山环水抱必有气"的气势。椅背就是背部的靠山，左右把手就是青龙白虎相抱，多么完美的一幅风水图。现在大家已经习惯了欧式的舒适性，想躺就躺，想卧就卧，不考虑对生理的需求与和谐性。

中国人的思维方式，一直是效仿天地，天地之所以能天长地久，是因为天地之气的雄厚与宏大。想与天地相似，那就顺应天地。所以，中国的道家修仙得道，以天地为法则，吸收天地日月之精华，收敛心性，宁静致远，效仿龟息之法，清心寡欲，蛰伏颐养。只有这样才能与天地同春，与日月同辉！

# 第二十九章　调整风水的灵器与灵物

对于风水调整，很多人都抱着一种幻想，认为可以改天换地，可以化腐朽为神奇。我不愿夸大它的效能，如果是那样，如何理解朝代更替？如何理解那些英雄豪杰的英雄气短？其实风水的调整首先来源于内心，是内心的一种欲能，是内心的一种期望。由于这种信心的确定，使内心产生一种磁场，从而相由心生，境由心改。佛曰：万法由心。在风水的调整中，不论是那一类别的器物，其本质是没有太大区别。而真正让化解调整起到作用的不是风水师，而是命主本人的心，是心得改变产生作用力，从而达到趋吉化凶的作用。就像这样的一个故事，一个人得了绝症，医生让其准备后事。这时候他遇到一个人说他没有绝症，可以治疗。治疗疾病的方法就在其村前面的大山中，只要是在早上去山中看到一头五彩的梅花鹿，他的病就可以痊愈。从这一天起，他天天早上起来到村前的山中寻找梅花鹿，一天天过去了，五十年过去了，这个人还活着。《黄帝内经》曰：人身为大药。所以大家一定要明白一个道理，调整化解不在器物而在其心，心在则万物有灵，心灭则万法不存，只有自己才是更变一切的操控者！其次，一些门窗的位置确实存在贼风、邪风、冲击风等，这就需要调整它们的位置。再有就是视觉的调整，这些调整需要一些花草植物，或者一些吉祥意义的工艺品。

## 第一节　植物与动物

在风水的化煞、催财、转运应用中，很多的时候首先选择一些植物与动物。

很多的风水书中介绍一些植物放在屋中，有聚财、催财、甚至于催桃花的作用，事实是这些植物真的有这些功能吗？真的可以招财吗？回答是肯定不会的。因为，一切的行动结果都取决于人的思想行为，而不取决于这些外在的花草树木。但是，这些花草树木在室内环境中真的没有作用吗？肯定是有的。

在人的生活环境中，花草的布置给人以赏心悦目的效果。在客厅中，摆放几盆花草，不但可以温馨，还可以让人感觉到大自然的气息，使人的视觉效果大大改观。象茉莉花、兰花、君子兰、杜鹃花开花时候，花朵绽放，淡淡的花香沁人心脾。提起水壶，给花草浇浇水，使人身心放松，疲劳消失。

　　在风水学中，绿色是最吉利的健康色系，如果在居室中摆放适宜的植物，不仅能够营造一种安定静谧、温馨祥和的环境，在一定程度上还可以增进夫妻间的"和谐"。比如，炎热的夏日容易使人心情变得急躁，尤其是夫妻双方下班回家后，伴随着身体的不适，很可能为一点芝麻大的事争吵起来，而如果看到大片的绿叶或者精致的绿色，"暑气"也就烟消云散了。另外，绿色植物还是庞大的"吸碳制氧厂"。植物的绿叶吸取空气中的二氧化碳，在日光和叶绿素的作用下，与植物吸收的水分发生反应，形成葡萄糖，同时放出氧气，再由葡萄糖分子形成淀粉。所以，在房内摆放一些绿色植物，比如富贵竹，发财树等，能制造新鲜的氧气，对健康大有裨益。

　　另外在一些环境的死角，客厅的犄角旮旯，会出现一些空气流通的死角，可以摆放一些花草，用来促进空气流通，改变视觉效果。

　　动物首选是鱼，很多的家庭、办公室都喜欢摆放一个养鱼缸，养一些热带鱼或者海洋鱼，在鱼缸内再摆放一些沙石、水草，不但是赏心悦目，更让人可以欣赏鱼的悠闲，在清净的水中，虽然空间不大，可是鱼儿身在其中，围绕着鱼缸反复的游荡，虽然已经熟悉，可是仍然乐此不倦。有人说摆放着鱼缸，放上几条发财鱼，可以催财。我还是那句话，可以调整心情，当心情淡定的时候，可以萌发智慧。

　　现在的一些家庭，孩子少了，有没有什么事情干，就饲养一些宠物来陪伴调节心情。宠物狗、猫、小兔子、画眉鸟、鹦鹉、八哥等，使人忧郁的心情可以转移到这些动物身上，心情好了，身体就健康，身体健康一切就都 OK 了！

一句话，不是植物或者鱼的本身可以催财，而是好的环境可以有好的心情，好的心情可以促进大脑兴奋，萌发智慧的火花。使人处在一种兴奋的工作状态中，提高效率，创造经济价值。

# 第二节　锻造与瓷器

在风水的调整化解中，各种金属的铸造器具比较多，一般主要体现在佛教与道家的法器上，由于古代造币的形式需要，铜器则显得比较贵重，从夏商时期一直到清代，铜一直是作为锻造钱币的重要材料。因此，随着佛家与道家信仰的深入普及，佛像、神仙像、包括一些佛道的灵器，基本上都选择铜材质铸造。当然，材质的选择一般与社会的发现相联系，比如陶瓷出现以后，尤其是宋代，官窑的陶瓷非常昂贵，它的价格超越了铜价，就出现了陶瓷的佛像。作为一种信仰，佛像、神仙像都有一定的光环，一定的信息承载，更深层的心灵暗示，或者说是一种寄托。

不论是铸造还是瓷器，包括深度开发的一些工艺品。这些器物，虽然是一些普通的材质，可是当赋予它一种信仰的时候，它的灵性就具有了，甚至于心灵与器物之间心息相通，在很多时候能起到难以莫测的效果。

在铸造与瓷器的基础上，出现了木雕，尤其是在宋代以后，随着技术的发展与名贵树种的出现，黄花梨、紫檀、红木、黄杨木、鸡翅木等材质，这些材质非常名贵，被工匠用来雕刻一些信仰器物，当然材质只是满足社会地位与表示雕刻物品的重要性，而深入心灵的信仰力量才是发生神奇的原动力。

# 第三节　玉石与翡翠

在中国关于玉石的历史非常悠久，关于玉石的传说更是不胜枚举。在中国人的思想中一直相信玉石与人是通灵性的，玉石与人之间有着一种难以诠释的默契，玉石与人之间有着某种冥冥之中的缘分。所以，从新石器时代开始，人类就与玉石结上了不解之缘。

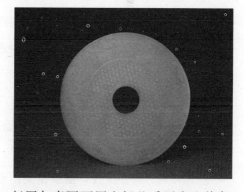

著名的"和氏璧"的故事，因为一块玉石，赵国与秦国两国之间几乎要发生战争，一块玉石价值连城。从新石器时代开始，人类就将玉石打磨成一些动物的形状。比如，红山文化出土的玉猪龙与 C 型龙，足以证明中国玉石文化的悠久与中国人对玉石的情有独钟。

其次是翡翠，它的历史不长，可是却已经站在了前列。自缅甸发现玉石传入中国，被乾隆皇帝所喜欢，翡翠的身价就日益看涨，关于翡翠的传世更是数不胜数。

玉器通灵，玉石可以养人，玉石可以消灾避难。在历史的长河中，这些思想已经根深蒂固。所以，才有了"黄金有价玉无价"的说法，玉石就成为了中国人的精神追求，从佩戴玉器的那一刻起，它不简单的只有庇佑与身份，更甚的是注入了中国人的精神，才为了中国人的精神领跑者。

在日常的生活中，总是有很多朋友找到我咨询一些有关命理的事宜。人生总是起起伏伏，没有人能一帆风顺，可是每一个人都想自己是幸运宠儿，希望自己心想事成。当在告诉他在未来的流年中会出现一些问题时，他们总是喜欢向你询问化解的方法，而这个时候总是先想到身上带些什么？或者家中摆些什么？这是一种趋吉避凶的思想，一般情况下为了鼓励这些人，增强他们的内心思想，就选择一些生肖，或者一些吉祥的动物，包括八卦、神佛等玉石雕刻的玉器，戴在身上来保佑自己。在佛像的选择上，一般大家都是"男戴观音女带佛"，为的就是阴阳协调。再有就是用玉石、翡翠来雕刻一些带有吉祥意义的玉器佩戴与心灵沟通。"猴子摘桃"寓意属猴的人富贵长寿，心想事成。"一截竹子"寓意生活、运气节节升高。"一只玉米一颗笋"寓意多子多孙。"一支笔配上如意花"寓意笔下生花，创作出优秀作品。"一颗白菜"寓意着百万家财，清清白白。……。这些思想，就加入了人们的美好祝愿中，久而久之与人的生活密不可分，其作用也是潜移默化难说清楚！

提醒大家，购买玉石、翡翠需要很专业的鉴赏知识，不懂的人不要自己购买。

# 第四节 字 画

字画在风水的调整中经常应用，字画可以在内心世界中遥相呼应，见到字画就有思考，提醒自己。几乎现在所有办公室、家庭中都有字画的摆放，字画的意义与主人信息关联性很大。准确说，字画不要违背空间的协调，不要违背命理的需要。在日常中，我也经常会寻则字画来进行调整环境。但是，字画的要求很高，不是任何一幅字画就可以，因为它也是一种信息。因为，字画也是人之所思，人之所喜。比如，有位房地产朋友，知道我研究风水，便要我前去他办公室，一进办公室门，一面墙上挂着一幅范曾的《钟馗捉鬼》，我就问他，为什么要挂这幅画？他回答："钟馗是捉鬼的不好吗？"。我问他："鬼是什么？鬼是好东西。还是坏东西？"他答："是坏东西"。我又问："你自己去世后是不是鬼魂？"他思考着回答："是"。大家应该清楚，鬼不是坏东西，只是魂魄的一种符号。我们的亲人包括我们自己，去世后都是这样。看看聊斋，鬼是坏的吗？任何的一个空间，都不能阴阳失调，过犹不及皆为乖道。因此，我问他："你从挂上这幅画，恐怕一直麻烦不断吧？"他转身问他的秘书，"是不是去年四月份挂上的这幅画"，秘书："是的。从挂上这幅画一直是非不断。"

字画也是一种信息，潜移默化的影响着一些事情。一位听课的上市公司老总，听完我的课后，邀请前往他的办公室。办公室有一百多平方，一张办公桌加上几只沙发，一排橱柜，房间觉得空荡荡，人气不足，为了弥补人气，就设计了一种《孔子讲学图》，按照八卦九宫之数，结合君子之风，喜鹊报喜等组合，六尺整张挂在墙上，顿时觉得人气十足。由于是工笔画，画工精美细致，每次来人讲述画面的构思反而成为了一种性趣！

# 一、环境气场画

环境气场画是依据传统易学原理创作而来，是以易学的象数作为基础与中国画相结合的一种画。易学家根据命道与环境提出创意，画家依据易学家的创意，将万物与阴阳五行性质相结合展现在画中。

传统易学认为有形必有意，有意必有气，通过画面的山川、河流、池塘、人物、花鸟、庙宇、禅院、建筑、太阳、月亮等形势表达意境，产生气场。而这个画面的组合完全是依据命理之道构思而成，人出生的时间带有了阴阳五行的量能气场，这个气场在人生的命运中起到至关重要的作用。古人云"知命而为"，那么首先要知天命，而后知我命，只有天命与我命气场和谐，方可"自天佑之，吉无不利！"

由于天道对人道的影响，人们被动的接受了周围环境气场的影响，以及自身命运中阴阳五行气场的不足与过剩，这时人就会受到周围气场的影响，从而影响到自己的命运，造成对工作、身体、财运等方面的不利影响。

在中国的传统建筑文化中，殿台楼阁、庭院走廊、飞檐照壁等的绘画都是按着一定的寓意在绘制。从个人大厅、中堂到县衙、州堂、皇宫大殿，都有绘画。在很多情况下，画起到调动气场，弥补环境不足，视觉上赏心悦目的感觉，从而达到心神合一，烘托环境，协调气场的作用。环境气场画以居住空间、办公空间与自己命道为判断依据，找到空间与人道之间的不利因素，通过环境气场画与室内布局、装饰、饰品、花卉相结合。使气场画与主人的命道在办公环境、家居环境中，达到调整气场促进和谐的作用，更大的加大人与自然的和谐性。环境气场画是在易理、命理、环境风水的指导下，有易学家提出创意，依据木、火、土、金、水的阴阳性质与万物相结合，再有中国著名画家绘画，将易学创意、风水原理、命理辅助与画家修为气场相结合，达到天人合一、趋吉避凶的良好效果。

例如：某一女士，自己居住一百多平的房子，总是觉得屋内空荡荡，气场阴暗，不想回家。实际这就是宅大人少，气场生气不足，女性又身体虚弱，不能带动整个生机。就设计了一幅工笔画《牡丹图》，画面以红色为主，五只蝴蝶翩翩起舞，震动气场，达到生生不息！

# 第五节　太极开运仪

太极开运仪是结合《易经》原理，以天地人神为设计原理，所开发的一款开运灵器。

太极开运仪是由笔者根据多年的易学研究及调整风水的经验，偶的启示而设计出来的一款开运灵器。以天地人神为结构，效仿天圆地方，四方八极之说，结合阴阳术数之理，巧夺天工，精心设计而成。

产品分为福禄寿系列，可以用来求财、祈福、健康长寿等调整应用。结合命理与环境空间进行摆放，并结合八字的运动气机，才生不可思议的转运效果，近年来已经被很多企业高端人士所运用。

**附：太极开运赋**

世界之博大，皆因五洲辽阔，四海幽深；宇宙之奇渺，观乎日月交替，斗转星移。春夏秋冬，物故者新；昼隐夜来，花开又谢。天行由甲至癸，地过从子到亥，世道之兴衰，人事之蹇曲，冥冥中似有定数也。观乎尘世，或帝王、或将相，或达官、或贵人，乃至平民百姓，无不喜趋吉避凶，免灾至祥，财禄亨通，求通达以少蹇曲，乃吾等尘之世人皆所祈望也。

戊子年春，和风惠畅，政通人和，奥运待开，举国欢悦，偶得神启，筑太极开运，盗天地智慧，以便民用，造福于世。

太极开运，依天地阴阳之数，合天地人神，巧夺造化。

天圆地方，人智神精，五金合晶，布场生福。天动自强不息，地静厚德载物。四兽雄踞，把关拒魔；春夏秋冬，变通四时，进退之机，合于时运；天盘布阵，太极居中，化育万物，神立其中，引吉通幽。先天护翼，通天接地，卦类万物，以通神明。青龙朱雀，白虎玄武，飞临围城，祈福护主；元亨利贞，四德守本；河图居底，衍变阴阳，托载乾坤！

至哉！太极开运，人神相通，开运化瑞，御外卫主，化煞成祥，财运亨通，福寿绵绵，承启贵禄，地久天长！！！

参考书目：《地理人子须知》、《慧缘风水学》